権利擁護と成年後見実践

社会福祉士のための成年後見入門

第3版

公益社団法人　日本社会福祉士会　編

発行　民事法研究会

第３版の発刊にあたって

本書は2009年３月、㈳日本社会福祉士会の成年後見人養成研修のテキストとして発行され、2013年４月に第２版が発刊されました。

第２版では「民法等の一部を改正する法律」「家事事件手続法」の制定や、高齢者福祉分野における「介護サービスの基盤強化のための介護保険法等の一部を改正する法律」、「老人福祉法」32条の２の新設、また、障害者福祉分野における「障害者基本法」の改正、「障害者総合支援法」の施行等、多くの法改正を受けて、改訂を行いました。

その後、2016年５月に「成年後見制度の利用の促進に関する法律」が施行されました。これは、2010年に横浜で開催された第１回成年後見法世界会議において示された「横浜宣言」（2016年改訂版発表）において示された、日本の成年後見制度の課題への対応が議論されたところから具体的に動き出して成立した法律であり、内閣府に設置された「成年後見制度利用促進委員会」において検討された内容を受け、2017年に「成年後見制度利用促進基本計画」が閣議決定されました。そこでは財産管理に偏りがちであった運用のあり方の見直しや、制度を利用する本人を主体とした運用となるよう、本人の意思決定支援や身上保護に重点を置いた運用のあり方、地域共生社会を実現するために地域社会全体でこの取組みを進めることが工程表とともに示されています。

このたびの本書の改訂においては、第２章「制度をめぐる動向」として、これら直近の流れを織り込むとともに、全体の構成を見直し、新たに第12章「後見事務とリスク・マネジメント」の章を起こしています。

社会福祉士が成年後見制度を学び、理解を深める目的・理由は、成年後見人等として実務を担うためだけではなく、成年後見制度利用促進基本計画で位置づけられる中核機関や地域連携ネットワークを構成するメンバーとして、地域の中で制度を必要とする人が本人の意思を尊重され、本人を中心とした支援方針の検討がなされたうえで、制度利用につながるシステムを構築することに向けて、調整を行う役割がこれまで以上に求められているからです。

また、地域の中で担い手を育成することは喫緊の課題であり、親族や市民などさまざまな担い手を支え、状況や必要に応じて専門職として後見実務に携わる人材を育成することは、社会福祉士だけではなくこれまで後見制度にかかわってきた専門職や専門職能団体に求められる責務であり、役割です。

本書がさまざまな立場で成年後見制度にかかわるすべての方々に、研修等で広く活用されることを願います。

2019年５月

公益社団法人日本社会福祉士会会長　**西　島　善　久**

はしがき（初版）

近年の介護保険法や障害者自立支援法等の施行を契機として、高齢者・障害者等の福祉の充実を図るために、福祉サービス利用のほとんどにおいてサービス提供者とサービス利用者とが対等な立場での契約利用が前提となってきています。そのため、判断能力等が不十分な方々の自己決定の尊重、残存能力の活用やノーマライゼーション等といった理念の実現には福祉専門職による積極的な支援が欠かせません。

また、最近では複合的な課題を持つ要援護者が多くなってきているほか、近年の社会経済の著しい進展に伴い、司法、教育、労働、環境などの多くの隣接分野においても福祉問題が顕在化してきており、一部では権利侵害等のおそれがある問題も生じていることから緊急な対応が迫られており、専門性の高い力量と実践力を備えた福祉専門職が介在した支援が待たれています。

このような課題に取り組むために、㈳日本社会福祉士会では「権利擁護センターぱあとなあ」を立ち上げて、各都道府県支部と共に、弁護士会、司法書士会等との連携を強化しながら成年後見人養成研修を行ってきていますが、このたび、この研修に対応したテキストや後見活動に従事する方々の手引書として本書を発行いたしました。また、2009年度より社会福祉士養成課程にも「権利擁護と成年後見制度」が加わりましたことから、大学等における科目履修のサブテキストとして本書が活用されることも期待しています。

今後、福祉専門職がさまざまな社会的な課題に対して実践現場で幅広く応えていくためには、近い将来において各分野の福祉専門職の方々と、専門性の高い「ソーシャルワーカー」として結集を図り、一体となって研鑽と実践を進めて、社会的な活動に結びつける必要性が高まってきています。

本書の発行を契機に、社会福祉士としての力量のさらなる向上を図るとともに、専門職団体としての社会福祉士会の組織力の充実や行動力の活性化を図って、多くの分野に積極的に貢献していきたいと考えています。

2009年３月

社団法人日本社会福祉士会会長　**村　尾　俊　明**

本書の特徴

◇権利擁護の視点から成年後見人の実務を理解するための一冊として

・本書は、社会福祉士が成年後見人として活動するために必要な基本的な知識をまとめています。

・本書は、権利擁護の視点から成年後見人として必要な理念、価値について解説し、実務上で留意すべき点をまとめています。

◇成年後見人として実践するための一冊として

・本書は、成年後見人として実践するため、具体的な実務の流れや留意点について解説しています。

・本書は、事例を用いた解説を挿入しており、成年後見人として実践し、判断に迷った場合の手引書となります。

・すでに経験豊富な後見活動者には、自らの後見活動を振り返る参考書として利用できます。

◇「成年後見人養成研修」のテキストとして

・本書は日本社会福祉士会が実施している「成年後見人養成研修（成年後見人材養成研修・名簿登録研修)」のカリキュラムに対応して編集されています。

・研修を通じて十分に理解できなかった部分、再度確認したい部分を、本書で復習することができます。

◇「権利擁護と成年後見制度」の参考書として

・本書は社会福祉士養成課程の科目「権利擁護と成年後見制度」において、理解を深め、成年後見人としての実務を理解するための参考書として利用することができます。

編　者

権利擁護と成年後見実践〔第3版〕

目　次

第1章　社会福祉士と成年後見——権利擁護の視点から

第2章　制度をめぐる動向

第3章　社会福祉士会と成年後見活動

第４章　成年後見制度の解説

第5章　成年後見活動のための精神医学

第6章　家庭裁判所の実務の理解

第７章　財産法の基礎

第８章　財産管理のための知識

第９章　家族法の基礎

第10章　身上監護のための知識

第11章　受任の事務

第12章　後見事務とリスク・マネジメント

資　料

凡　例

円滑化法	成年後見の事務の円滑化を図るための民法及び家事事件手続法の一部を改正する法律
憲法	日本国憲法
後見登記法	後見登記等に関する法律
高齢者虐待防止法	高齢者虐待の防止、高齢者の養護者に対する支援等に関する法律
子どもの権利条約	児童の権利に関する条約
児童虐待防止法	児童虐待の防止等に関する法律
出資法	出資の受入れ、預り金及び金利等の取締りに関する法律
障害者虐待防止法	障害者の虐待防止、障害者の養護者に対する支援等に関する法律
障害者権利条約	障害者の権利に関する条約
障害者雇用促進法	障害者の雇用の促進等に関する法律
障害者差別解消法	障害を理由とする差別の解消の推進に関する法律
障害者総合支援法	障害者の日常生活及び社会生活を総合的に支援するための法律
女性差別撤廃条約	女子に対するあらゆる形態の差別の撤廃に関する条約
心神喪失者等医療観察法	心神喪失等の状態で重大な他害行為を行った者の医療及び観察等に関する法律
精神保健福祉法	精神保健及び精神障害者福祉に関する法律
成年後見制度利用促進法	成年後見制度の利用の促進に関する法律
臓器移植法	臓器の移植に関する法律
特定商取引法	特定商取引に関する法律
任意後見契約法	任意後見契約に関する法律

※「障害」の表記については、法令上の表記方法に合わせている。

※身上保護と身上監護の用語について：利用促進法および基本計画では「身上保護」を用いているが、本書では裁判所の運用等も勘案し「身上監護」の用語を用いている。

※発刊に際し、編者の責任において、最新の統計を反映した箇所がある（「成年後見関係事件の概況」等）。

第 1 章 社会福祉士と成年後見 ——権利擁護の視点から

1 はじめに

基本的人権は、誰にも平等に保障されるべきものである。皆さんの多くは、これまで「自分がどこに住み、どのような仕事をして、どのように暮らすか」等という私的な事柄について、当たり前に自分で決め、実現してきた方々であるだろう。しかし現実には、この21世紀の世界においても、戦争や貧困、飢餓、門地・身分、そして障害がある等の理由により、自分の生活と人生を自分で決定することさえできない人々がいる。

私たち社会福祉士は、日々の職務の中でも、自らの持つ権利を理解し「声」を上げて主張する術を持たずにいる、このような方々の「声なき声」を受け止め、これを「権利」としてとらえ、その「権利」を擁護（アドボケート）していく視点を身に付けているはずである。そして、それが権利擁護の制度としての成年後見制度に取り組むにあたっての基本であり、成年後見人等（成年後見人、保佐人、補助人、任意後見人）としての社会福祉士の存在の重要性につながる。私たちが成年後見を学習・実践していくうえで、「個人」の意思を尊重し、それを「権利」としてとらえる基本的な姿勢が、最大のポイントとなるのである。

欧米諸国でも、この「人権」や「個人の権利」を、法的に、どのような立場の人に対しても平等に保障するために、意思決定支援のしくみを内包した成年後見制度が活用されるという前提があったからこそ、ノーマライゼーションやソーシャルインクルージョンが進んだといえる。地域包括ケアの推進が叫ばれている今、この事実を、私たちは、その支え手であるソーシャルワーカーとして知っておかなくてはならない。

21世紀の日本社会において、人として生まれてきたすべての方が、地域社会で自らの人生の主人公としての暮らしを保障できるよう、私たち社会福祉士は、ソーシャルワーカーとして、また成年後見人等として、人権と権利に根ざした支援を行っていくものである。そこに、1人の人間の弱さを抱えたありのままの姿を尊重し、人を人・社会との関係の中でとらえ、人間の可能性を信じて支えるソーシャルワーカーとしての社会福祉士の専門性が求められている。

皆さんが、この成年後見の学習を通し、成年後見人等として、また地域のしくみづくりにかかわる活動に役立つ視点と知識を学び取り、活躍することを、心から期待するものである。

2 権利擁護の考え方

(1) 憲法と人権——人権とは、権利とは

人権とは、人間にとって普遍的な「人」としての権利であり、「義務は伴わないもの」だとされている。

人間としての自由（どこでどのように暮らすか等）を保障する自由権（国家からの自由）は人権体系の中心であり、自己決定権（憲法13条等）との関係が深い。憲法13条にある「すべて国民は、個人として尊重される」との規定は、一人ひとりの人間が個別の価値観や幸福感を持ち、自由に「その人らしさ」を形づくる自己決定権が尊重されることをめざしている。また、その自由を保障するための社会権（国家による自由）は、憲法25条において国が国民に「最低限度の健康で文化的な生活」を保障すると規定されているように、社会資源などの整備に関係する。そして、国家に対して国民が政治を通じて参加するための参政権も人権の1つである。

「人権意識」とは、このような人として普遍的な人権について、他者がそれを奪われている場合に、怒り、主張し、訴えていく意識である。「権利意識」とは、自分の存在（自分固有の価値観や幸福感を基盤にしたもの）が尊重され、自分を活かしていきたいと思う意識のことで、誰にでも当然にあるものである。

これまで「人権擁護」というと、事件性のある虐待などの問題が第1にあげられてきた。これは、人命の尊重という人権の基本的な理念からして当然のことではあるが、事件として取り上げられる人権侵害行為は、氷山の一角でしかない。ありふれた日常の中に構造的な人権侵害行為があり、そのために「人として当たり前に社会に参加し地域で生きる」という人権を侵害する行為については、意識されないままに見過ごされてきたのである。

生命や生活を支える介護や福祉も例外ではない。ますます複雑になっていく制度やサービスを、国民の誰もが無条件で「利用者」として主体的に使いこなせるわけではない。合理的な考え方と行動力がある人には利用できても、すでに制度・サービスの利用が必要な状態にある「弱者」にとっては、自らが主体的には使えないという現実もある。自己決定・自己責任・自己負担という前提の前に、「権利」はあっても、その行使や実現の過程に困難を持っている人も多い。法的平等は、支援があってはじめて実現することができるのである。

社会福祉士は、ソーシャルワーカーのアイデンティティとして、そのような人の「声にならない声」を聴き、誰もが自分の人生の主人公として、介護や福祉等の社会サービスを使い、自分らしい生活と人生を、当たり前に地域で続けられるよう支えることに使命感を持っている。そしてそれが、とりもなおさず、人権意識に基づく権利擁護（アドボカシー）であり、専門職の仕事としての使命（ミッション）なのである。

2006年末に国際連合（以下、「国連」という）の総会で障害者権利条約が成立した。障害者が、保護の対象ではなく人権の主体として差別されないことをめざす動きの中で、障害を持つアメリカ人の法律（Americans with Disabilities Act：ADA）が1990年に成立して以降、わずか10年で、全世界43カ国に差別禁止法が成立した。2006年の国連での条約成立は、これらの取組みの1つの集大成として位置づけることができる。同条約は、国内法にも多大な影響を与えることとなり、2012年10月には障害者虐待防止法が施行され、2016年4月からは障害者差別解消法も施行された。

⑵　個人の権利とその擁護

「尊厳ある暮らし」を実現するための鍵となるのが、自らの価値観や幸福感を形にする自己決定権である。現代の日本社会は、介護保険法・障害者総合支援法によるサービス利用のしくみ、そして社会福祉法改正の趣旨からも、「本人意思」が問われる時代になってきている。

意思は、介護・福祉サービス等を利用する際に「契約」として表れることになるが、契約は本来、合理的な判断能力を持っている人同士が、対等な立場で、自分の意思に基づいて結ぶものである。

現代を生きる私たちは、契約を通して社会の中で各種サービスの受領や物品の購入をし、それに対して金銭を支払い、それぞれの「私らしい」生活と、その集積としての人生を成り立たせている。しかし、これらの契約の決定においても、日本では欧米諸国と比べ、「個の確立」が未だ十分なされていないといえる。これは、家族全員で使い回すことのできる印鑑を利用しているというような、家族意識の強い文化であることとも関係しているのかもしれない。

従前、介護や福祉についても、家族がその機能の一部を担うことが暗黙の前提として成り立ってきた。医療や福祉というような、完全に「私」の個人的な問題の決定に際しても、家族が本人に代わって決定することに疑問を抱くことなく、それを「よし」としてきた社会の現実がある。

しかし、家族が必ずしも本人の最善の利益を代弁するものではなく、時にはその利害が対立することもあることに気づいている者も多い。また、この少子・超高齢社会において、このような家族機能への期待はすでに成り立たなくなっているという現実も見逃せない。

そのような中では、社会福祉関係者が、正式な権限のないまま周囲の求めに応じる形で、「本人に一番よいと思われる」として、身寄りのない者などの処遇に関し、法的には曖昧なまま、本人の権利を侵す行為に関与せざるを得ないことも多々あったのである。

このように、日本においては、本人の権利（自分の資産を使用し、どこでどのようにサービスを利用して暮らすかを決め、契約する等）について、本人が合理的な判断ができない場合、誰がどのように責任ある関与をし、決定するのかについて、正面から議論し、社会システムとして確立させていく土壌が、これまではなかったのである。

しかし、憲法の制定など日本の現代社会化の進展の過程で、「個人の尊重」が前面に押し出されてきた。そして、「個人の権利」の根幹として、自己決定権は国民の一人ひとりに当然に保障されるべきものであるという意識も育成されてきた。本人意思の代理・代行についても、社会福祉の対象者だけが「福祉」という名のブラックボックスの中で「本人のため」という名分のもとに自己決定権を尊重されない、ということがあってはならない。一般市民と同様に、社会のルールである民法のもとに遵法化（コンプライアンス）され、国民の納得を得るものとして、社会に周知されていかなくてはならない。

自己の権利を主張し形にすることが困難な人が、支援の対象となり、権利擁護が意識され、保障されていくことが重要なのである。

3 権利擁護を支える理念

(1) 自己決定権の尊重と本人中心（パーソンセンタード）

成年後見制度の理念の第1には「自己決定の尊重」があげられている。

私的な生活に関する人の決定は、自分以外の者（他者）によって決定されてよいものではない。しかし、社会福祉関係者の中には「なぜ、生き方や選択の自由が尊重されなければならないのか」という質問を繰り返す者も未だにいる。

自己決定権については、福祉関係者から「死に至るようなとめどない飲酒をしている人がいても、放っておいてよいのか」と問われたことがある。ここでいう「とめどない飲酒をしている人」とは、福祉対象者をイメージしてのことであろうが、それが有名な作家や資産家等であったら問題にされないこともありうる。このような事案では、福祉関係者から福祉対象者に対して、父権的保護主義（パターナリスティック）なかかわりがなされる場合も多い。

「これまで、福祉を受けるということは、自己決定権をなくすということであった」と、障害当事者でもある法律関係者から指摘されたことがある。「福祉を受けるような人には『指導』が必要であり、本人の決定に任せておけない」と考えているのではないかと、福祉関係者はまず自問しなくてはならない。もちろん、生命にかかわるような問題については、危機的介入として、本人の意向と対立する形でソーシャルワーカーが関与する場合がある。しかし、それまでの前提として、自己決定に必要となる情報の伝達や、個人に内在する力への十分な働きかけ（エンパワメント）がなくてはならない。自己決定能力の多寡には個人差があるが、大切なのは、自己決定権がすべての人にあることをまず認識することである。そのうえで、個人的な能力の差をどうするかという条件整備を個別に考えればよい。この支援やかかわりが、「慈善」とか「恩恵的」なものでなく、社会という視点から行われる対人ソーシャルワーク支援であることはいうまでもない。それが必要なのは、先の例であれば、資産家や作家であろうと、路上生活者であろうと、そのことが生活上の障害となっていれば同様に必要なことなのである。自傷他害など、生命の危険を伴うような場合は、本人の立場を常に支持すべき成年後見人等でさえ、本人の意思に反する決定をしなければならないときもある。しかし、尊重されなければならない本人の意思の重さは、資産家であれ、有名作家であれ、路上生活者であれ、同じであることに留意しなくてはならない。

自己決定権とは、自分に関する私的なことを、自分の判断と意思によって決定し、判断により発生する結果についての責任を引き受け、その利得と損害とを自分のものとして受け取ることである。その前提の上に個人の「権利」、そしてその権利を有する主体として人格が成立すると考えられている。これが、いわゆる「私らしさ」につながる。そして、この「個人の確立」の上に個人が自己の利益を判断し選択すると考えると、「私」に対する「公」の役割も限定されることになる。

成年後見制度について、「公」が、保護を目的として「私」である自分の人生に関与するものであり、これは決定することに関する「私」の自衛策である、という考え方を理解しておくのは重要なことである。自分の人生を、「おかみ」（公）の決定として行政に決められるのでなく、成年後見制度を利用することによって「私」の側で決定していくことが重要なのである。

人の生き方や人生はそれぞれの価値観に従ってさまざまである。自らの生活を決定する主体者は当事者自身であって、支援者ではない。パーソン・センタード・ケアは、認知症を持つ人を1人の「人」として尊重し、その人の立場に立って考え、支えようという認知症ケアの理念である。この考え方は、1980年代に英国で提唱され始めたが、サービスを使いながらも本人が生活の中心にあるべきということでは、現代のケアを支える理念として基本であるといえよう。当事者自身が「自分の人生の主役は自分自身である」ことを確信し、自らの人生に参加できるように、セルフアドボカシーを発揮できるように、エンパワメント等の支援をしていくことは、成年後見制度においても大事な視点である。

ただし、成年後見人等と成年被後見人等との関係は、本質的には対等でなく、支配的・管理的になりがちであることについて、成年後見人等は常に注意しておかなくてはならない。そして、こうした力の差（パワーインバランス）は、ともすれば、当事者と支援者が「共にある」のではなく、力の強い側（支援者である成年後見人等）の判断による安易な決定を生みやすいことにも注意しなくてはならない。その場合、善意や専門的判断に基づくものであって、結果的に本人に利益をもたらしたとしても、父権的保護主義（パターナリズム）は、「自己決定」の機会と本人の権利を奪うものになってしまうことを、あらためて認識する必要がある。

サービス利用者と事業者は対等に位置づけられ、ハンディを持つ者にはその立場に寄り添える支援者を配置することによって、はじめて当事者の「最善の利益」を護ることができる。このような欧米諸国の権利擁護の考え方に学び、成年後見人等が本人の権利擁護者であり、法的な立場を保障する存在であることを、忘れてはならないのである。

(2) エンパワメント

(A) エンパワメントと意思決定支援

成年後見制度の理念には、「ノーマライゼーション」が第2にあげられている。ノーマライゼーションは、健常者といわれる人も、障害者や病気などで生活上の困難を抱えている人も、地域で共に生き共に歩む社会をめざすことである。

しかし、地域社会で人が主体的に生きること、そのための「本人中心主義」の実現にあたっては、権利擁護システムの構築等、いくつかの条件整備が必要となる。その中でも、支援者の持つべき視点として、本人が決定プロセスに主体的にかかわることへの支援をエンパワメントととらえて促進することが、その基盤となる。成年後見制度の第3の理念としてあげられている「残存能力の活用」には、このエンパワメントの考え方が含まれていると考えられる。

エンパワメントは「力づけ」と訳される場合もあるが、本人自身に内在するパワーを回復させ湧き出るようにもしくは引き出すようにかかわるという、目に見えにくく時間を要する支援である。診断的・指導的なかかわりではなく、支援を要する人と同じ土俵に立って、主役は本人であることを何よりも本人が理解することができ、自らの意思決定が可能となるようなかかわりを支援者がしていくことは、ソーシャルワーク支援の基本である。意思決定支援については、MCA（Mental Capacity Act）の考え方とともに、その重要性があらためて強調されている。しかし、ノーマライゼーションを進め、利用者中心主義を実現するために、エンパワメントがソーシャルワークの最も重要な視点であることは、今更であるが強調したい。

成年後見人等においてもその姿勢は同様である。ソーシャルワーカーである成年後見人等には、その専門性において特に強調されるべきものである。当事者としての本人は、自分で決定し、自立して地域生活をしていく権利を持っている。指導や指図をするのではなく、本人が意思や意見を出しやすいように、エンパワメント・アプローチを意識してかかわりたいものである。

(B) エンパワメント実践

生活者としての本人に内在する力として、「生命力」「回復力」「成長力」「向上力」「適応能力」「自己決定能力」等、多種多様な力がある。潜在的・顕在的に誰にでもあるこれらのパワーに働きかけ、本人がその力に気づき、回復し、活用していく実践がエンパワメントである。

エンパワメント実践は、ソーシャルワーカーの価値の3前提（後記6(1)参照）としての、人間の変化の可能性（能力、成長・発達等）に対する信頼から、ストレングス視点を基盤として導き出されるかかわりである。

第1段階は、当事者の自分自身への信頼と自信の回復が目的である。自分と向き合い、理解しようとし、信頼してくれるソーシャルワーカーとかかわることから始まる。

第2段階は、自分以外の他者や環境との関係の中で自分を見直し、役割を見つけたり、自分の求めるもの・思い・意思・意見を述べることができるようになっていくことである。ここでは、ソーシャルワーカーは、その思いを取り上げ、それにより当事者が変わっていくことを援助するかかわりをする。

そして、最終的にはソーシャルアクションにつながり、市民や当事者自身による参加と改善につながることが期待される。

ソーシャルワーカーによるエンパワメントは、このように目に見えにくく時間がかかり、もどかしいと思われがちな支援である。しかし、この実践が権利擁護の土台である。保護する対象としてのみ高齢者や障害者をとらえるのではなく、自立した主体としての高齢者や障害者の尊厳を支え、それにより当事者が変わっていくことを可能とするエンパワメントの理論と技術の成熟化が、利用者中心主義を実現する要になるのである。

(3) ソーシャルワーク専門職としてのアカウンタビリティ

社会福祉士には説明責任（アカウンタビリティ、理解できるように説明する責務）がある。

従前、社会福祉の分野においては、行政処分としての措置制度により福祉サービスが提供されてきた。この状況において、住民や一般市民、入居者等に対し、福祉関係者が説明を行い理解を求める必要性が感じられなかったことは、想像に難くない。しかし、契約の時代にあって、ソーシャルワーカーは、専門職として説明責任＝アカウンタビリティを求められるようになった。

自由意思のもとにサービス提供者と利用者が対等に契約を結ぶためには、利用者が契約を結ぶために必要な情報をサービス提供者から十分に受け取ることが必要であり、それに基づいた選択の結果としての契約でなければならない。成年被後見人等の最善の利益を護る成年後見人等としても、情報を集め、説明を受け、納得したうえで進めるべきである。

(4) セルフアドボカシー

(A) 権利擁護とアドボカシー

介護保険制度の導入など個人の意思の尊重を理念とした社会福祉制度改革は、「完全に合理的な個人」として、自己決定・自己責任を実現できる国民にとっては従前のシステムよりも使いやすいものとなった。しかし、そうあることのできない人を支援するための基盤整備については十分になされないまま施行されたという面もある。そしてそれが今、社会のインフラとして必要となっている。

今日の権利擁護の問題について、2000年５月に出された第17期日本学術会議社会福祉・社会保障研究連絡委員会報告では、以下のようにまとめられている。

> 今日では、福祉の利用を必要とする者は、低所得者にとどまらず、子どもから高齢者まで、障害者や慢性疾患患者等を含む、生活上何らかの問題や障害を有し、自立生活のために支援を要する人々である。従って今日では社会福祉の目標は、憲法25条の最低生活保障のみでなく憲法第13条の幸福追求権の具現化と個人の尊厳の保持を目的とした普遍的なサービスへの変換を必要としている。そしてそれに伴い福祉先進国では、国民生活を包括的に保障することを目的として社会福祉社会保障の内容を広くとらえ、所得保障と対人サービス（医療、保健、福祉、介護）の社会保障、教育保障、住宅保障、移動保障、雇用保障等をふくめた社会サービスという概念による生活全般の保障を考え、人間の生活を支えていく方向を模索している。
>
> また、これまでの福祉は行政責任において直接サービスを提供してきたが、これからは民間サービスも活用しながら、すべての人が主体的な選択と自己決定の基に普遍的サービスとして利用できることが求められている。そして、その際における選択や決定のできない人への権利擁護のシステムの確立は必須である。
>
> このような考え方とそれに基づく政策・実践は、イギリスやスウェーデンなど福祉先進国ではすでに一般的となっている。

「権利擁護」という言葉は、advocacy の日本語訳である。これは、個人の権利と生活を、その人の「立場・感情・利益」の側に立って代弁・弁護する支援のことである。

アドボカシーは、利用者や生活者自身と向き合い、その人の権利主張を受け止め、支援・代弁する活動であり、ソーシャルワーカーとしての重要な視点である。そしてこのアドボカシーは、利用者・当事者主体を可能とするエンパワメントの基盤であり目的でもある。決して、本人に代わって支援者自身の考えを勝手に述べることではない。

アドボカシーについて、北野誠一は、「アドボカシーとは、①侵害されている、あるいはあきらめさせられている本人の権利がどのようなものであるかを明確にすることを支援するとともに、②その明確にされた権利の救済や権利の形成・獲得を支援し、③それらの権利にまつわる問題を自ら解決する力や、解決に必要なさまざまな支援を活用する力を高めることを支援する方法や手続きに基づく活動の総体」として「サービス利用者である障害者や高齢者の権利性に強くアプローチする活動であると言える」としている（北野誠一「アドボカシー（権利擁護）の概念とその展開」河野正輝＝大熊由紀子＝北野誠一編『講座障害をもつ人の人権３』より）。

また同氏は、リーガルアドボカシーやアシスティブ・アドボカシーといった専門家によるアドボカシーについて、その目的の違いから、トラブル自体の法的解決を志向する法律家によるリーガルアドボカシーと、本人の自覚や情報と技術の確保、サービス提供者を含む周囲への意識啓発を志向する主にソーシャルワーカーによるアシスティブ・アドボカシーを整理している。

アドボカシーはこのように、その担い手による問題意識の持ち方、ウエイトの置き方、アプローチの仕方が異なることにより目標の設定が異なるものであり、必要に応じて、さまざまな専門家により重層的に行われるべきものである。しかし、日本においては、当事者を権利主体としてとらえたアシスティブ・アドボカシーの必要性がこれまで理解されず、社会福祉士もその役割を自らのアイデンティティとして認識してこなかったように思える。そしてそのために、現在でも、利用者である本人にとって最も身近で私的な事柄である医療や介護、福祉等の利用という面において支援が十分されないまま、本人が主体的に意思決定をすることが困難な状況は変わっていない。国連の障害者権利条約においても法的権利の平等と意思決定等の支援がうたわれており、その重要性はますます高まっている。

(B) セルフアドボカシーと当事者運動

ソーシャルワーカーの価値前提には、人間が本来持つ力への信頼があることは前述したが、セルフアドボカシーの基本は、当事者としての本人たちが持っている可能性への信頼である。

これまでは、施設等において、障害者自らが「声」として主張することをためらわざるを得なかった状況があった。しかし、権利主体として、自らがまず権利主張し声をあげていくセルフアドボカシー活動が、権利擁護の原点として必要である。

障害者の運動は、欧米において1970年代から始まった自立生活運動 Independent Living Moving が紹介され、日本でも活発化していった。ノーマライゼーションの理念は、まず当事者が主体的に考えていくものでなければ実現は困難であった。そして、そのことにより、支援者であるソーシャルワーカーの役割や、当事者と支援者との関係も変化していったのである。

「自立生活運動」の考え方は、障害者である当事者自身の自己決定権と選択権がきちんと保障されていれば、全面介助を受けていたとしても人間として「自立」しているというものである。その考え方をもとに、IL センター（自立生活センター。障害を持つ当事者が中心となって、障害者が地域で主体的に生活することを援助する）は、情報提供や権利擁護活動、またサービスとして、介助者の派遣、ピアカウンセリング、移送サービスなどを自ら行っている。

また、知的障害者においても、これまでは家族会が活動の中心であったが、本人たち自身が自分の声で話し始めている。ピープルファースト（知的障害を持つ当事者が、自分たちの問題について、自分たちで、自分たちのために発言する、セルフアドボカシーを目的とする団体）などのこうした活動は、人間としての本来の願いに基づく人権の基盤であり、支援者としてのソーシャルワーカー、そして判断力の低下した方々の支援にあたる成年後見人等にとっても、その活動から学ぶべきことは大きいと思われる。

日本において採択された本人決議は、代理や代行をしなくてはならない成年後見人等にこそ向けられた主張であると、真摯に受け止めなくてはならないものである。参考として、以下にその趣旨等を掲げる。

本人から支援者へ

私達に関することは、私たちを交えて決めてください。

世話をやくのではなく支援をしてほしい

大切なのは本人が権限を持つことです。
決定に加わることが許されることは、経験と成長につながります。

（第43回全日本育成会全国大会本人決議文をもとにその趣旨をまとめたもの）

支援者はつねに：
注意深く相手の意見を聞く。
私たちをよく理解する。
私たちに代わって発言する必要がある場合には、許可を求める。
可能なときはつねに、私たちが自分で発言できるようはげます。
私たちがどういった選択が可能かを理解できるよう援助する。
プライバシーに関する私たちの権利を尊重する。

重要なことは、コントロールでなく支援だ

（「支援者の役割」インクルージョンインターナショナル
『信念と価値、そしてセルフアドボカシーの原理』61頁より抜粋）

4 権利擁護の諸制度

(1) サービス評価、情報開示、相談、苦情解決、オンブズマン

(A) サービス評価、情報開示

サービスの質の向上に関しては従前、行政によっていわゆる「最低基準」を適切に設定し、監査によってその質を担保するという方法が行われてきた。しかし、契約制度のもとでは、サービス提供者を選択するための情報を利用者が知ることができなければならない。利用者からみたサービスのあり方が評価方法の１つに取り入れられ、利用者はそれをもとに契約するかどうかの判断をすることになる。

社会福祉法78条では、社会福祉事業の経営者は、自ら提供する社会福祉サービスの質を評価することにより良質・適切なサービスを提供するように努めること、国はその評価のための措置をとるように努めることが明記されており、社会福祉事業経営者と国の責任を明らかにすることで、「評価」遂行のための基盤整備としている。

これを受ける形で、市民を中心にした特定非営利活動法人（NPO 法人）や市民団体、自治体が、評価事業に取り組んでいる。他の領域、たとえば医療分野における病院機能評価や ISO（国際標準化機構）の認証なども参考にされ、「介護サービスの情報開示の標準化」がなされており、介護事業者すべてについて義務化されている。この情報は、WAMNET〈http://www.wam.go.jp/〉などで見ることができる。

社会福祉士の成年後見人等としては、これらの情報を利用することによって、専門性を発揮し、成年被後見人等に「最善の利益」をもたらすための判断が可能となると思われる。

(B) 総合相談・苦情解決

福祉サービスの評価とともに、利用者を中心としたシステムへ変換していくための鍵となるのが苦情解決である。社会福祉サービス提供者の苦情解決への取組みについては、社

会福祉法82条に規定されており、これを受けて「社会福祉事業の経営者による福祉サービスに関する苦情解決の仕組みの指針について」（平成12年6月7日障第452号、社援第1352号、老発第514号、児発第575号通知）が示されている。

苦情解決については、まず担当者・責任者を置き、問題を公平・中立の立場で解決するために第三者委員を置くことにしている。そして、そこで解決しない場合には、都道府県社会福祉協議会に苦情解決のために設置された運営適正化委員会（社会福祉法83条）において解決を図る（同法85条）。

しかし、実際には、第三者委員は経営者の責任で選任されるもので（前記指針2(3)）、中立性の確保や専門性を備えた人材の供給などについて問題が指摘される。また、生活に困難を持っている利用者に対し、基礎自治体ではなく都道府県のしくみだけで相談に応じ苦情解決までの支援を行うことは困難であると考えざるを得ない。

一方、介護保険の苦情解決については、解決に向けたシステムが制度上組み込まれており（介護保険法176条等)、事業者、居宅介護支援事業者、介護支援専門員、保険者としての市区町村や広域連合、都道府県の国民健康保険団体連合会等への申立てが可能で、重層的なシステムが整っている。

しかし、福祉や介護のサービスは主に対人サービスであることから、利用者は苦情や不満を申し立てることについて躊躇（ちゅうちょ）したり不安を持ったりすることも多いと思われる。また、認知症などのために自分の権利が侵害されていることに気づかなかったりすることも予想され、逆に、勘違いや思い込みによるもの、制度等を理解できていない場合も往々にあるものである。このような場合、適切に苦情や相談に対応し、権利侵害を未然にもしくは早期に発見して対策を講じ、利用者が自己決定することをサポートし、自分が尊重されているという実感を持てるようにすることは重要なことである。

本来、「苦情」は、事業者にとってニーズの的確な把握やサービスの検証につながり、とりもなおさずサービスの質の担保・向上につながることが期待できるものでもある。介護保険の実施にあたっては、このような苦情解決のしくみとは別に、利用者が納得のできるサービスを利用し、事業者をチェックして必要に応じて改善につなげられるようなしくみとして、「介護相談員派遣等事業」がある。地域や施設において日常の本人の状況と生活環境に配慮して、「苦情」として出されたものへの対応だけでなく、「声なき声」をいかにくみ上げ支援していくかということが、本来的な権利擁護（アドボカシー）として重要なのである。そういう意味において、地域包括支援センターにおけるワンストップ総合相談を社会福祉士が担い、権利擁護（アドボカシー）を実行していることには大きな意義がある。

これらの苦情や不服申立てなどについても、法的に体制が整備されているだけでは、その実現や実際の利用は難しいことも多い。対人援助者として成年後見人等が選任されていることによってはじめて、本人の意思をくみ上げ、日常的な不満や苦情を適切に相談や苦情解決窓口につなげることで、権利侵害への対応ができるのである。

(C) オンブズマン（オンブズパーソン）

オンブズマン制度とは、19世紀にスウェーデンで創られた行政を監視する制度である。日本では、国レベルで確立された制度にはなっていないが、自治体や民間などで、特に福祉分野においてさかんになってきている。

福祉オンブズマンには、自治体が設置した「行政型」、福祉施設などの法人が単体でオンブズマンを委嘱する「施設単独型」、地域を単位として考え閉鎖性の高い福祉施設を地域として刺激し底上げを図る「地域ネットワーク型」がある。また、情報公開制度をもとにして福祉施設の問題点等を市民に伝える役割を持つ「市民運動型」もある。

いずれの型においても、オンブズマンは、直接利用者から苦情を吸い上げ、閉鎖的なサービス事業者側の情報を利用者に伝え、利用者自身の選択に資することができるもので、利用者支援の一環と位置づけられる。

本人中心の生活を実現するためには、自分の人生の主役は自分自身であることを、市民や利用者自身が自覚するという意識の変換が重要となっているが、そのためには時間がかかる中で、権利擁護の実践者（アドボケーター）としてのオンブズマンや福祉・介護職等、そして当事者・利用者によるソーシャルアクションがさかんになされ、意識の啓発につながることが意味あることと考えられるのである。以下は、福祉オンブズマンの先がけである湘南ふくしネットワークの理念を明確にした活動宣言である。

〈湘南ふくしネットワークオンブズマン活動宣言〉

1、私たちオンブズマンは、「権利」とは「その人らしく生きるために欠かせないもの」ととらえ、これを守り、かつ実現するために活動します。

2、私たちオンブズマンは、「権利」を奪うこと、特に体罰、虐待、拘束などを絶対に許しません。

3、私たちオンブズマンは、その人自身が決めたこと、考えたこと、訴えたことを尊重し、秘密を守り、最善の利益のために活動します。

4、私たちオンブズマンは、一人ひとりが市民として地域社会でともに暮らせるように社会のあり方を変えるように努めます。

5、私たちオンブズマンは、利用者の人たち、まわりにいる人たち、地域のあらゆる人たちと協力し、福祉社会の実現をめざします。

(2) 高齢者虐待防止法と成年後見制度

(A) 養護者による高齢者虐待

各種の統計によれば、高齢者虐待の被害者の６～７割程度は認知症高齢者であるとされる。自らの生活と権利を護れなくなったとき、養護してくれる家族や施設関係者に依存せざるを得ない中で、虐待は起こることが少なくない。一方で、養護者として介護する立場の家族も、実は、困難な問題を抱えていて支援が必要な者である場合も多いという現実がある。虐待は、どこの家庭でも起こりうる問題として、早期発見・早期対応が求められる（〈図１〉参照)。

高齢者虐待防止法において、「高齢者」とは、65歳以上の者と定義されている（同法２条１項)。また、同法では、高齢者虐待を、①養護者による高齢者虐待、②養介護施設従事者等による高齢者虐待に分けている。「養護者」とは、「高齢者を現に養護する者であって養介護施設従事者等以外のもの」とされ、高齢者の世話をしている家族、親族、同居人等が該当すると考えられる。

養護者による高齢者虐待とは、養護者が養護する高齢者に対して行う次の行為である

〈図１〉 養護者による高齢者虐待への具体的な対応

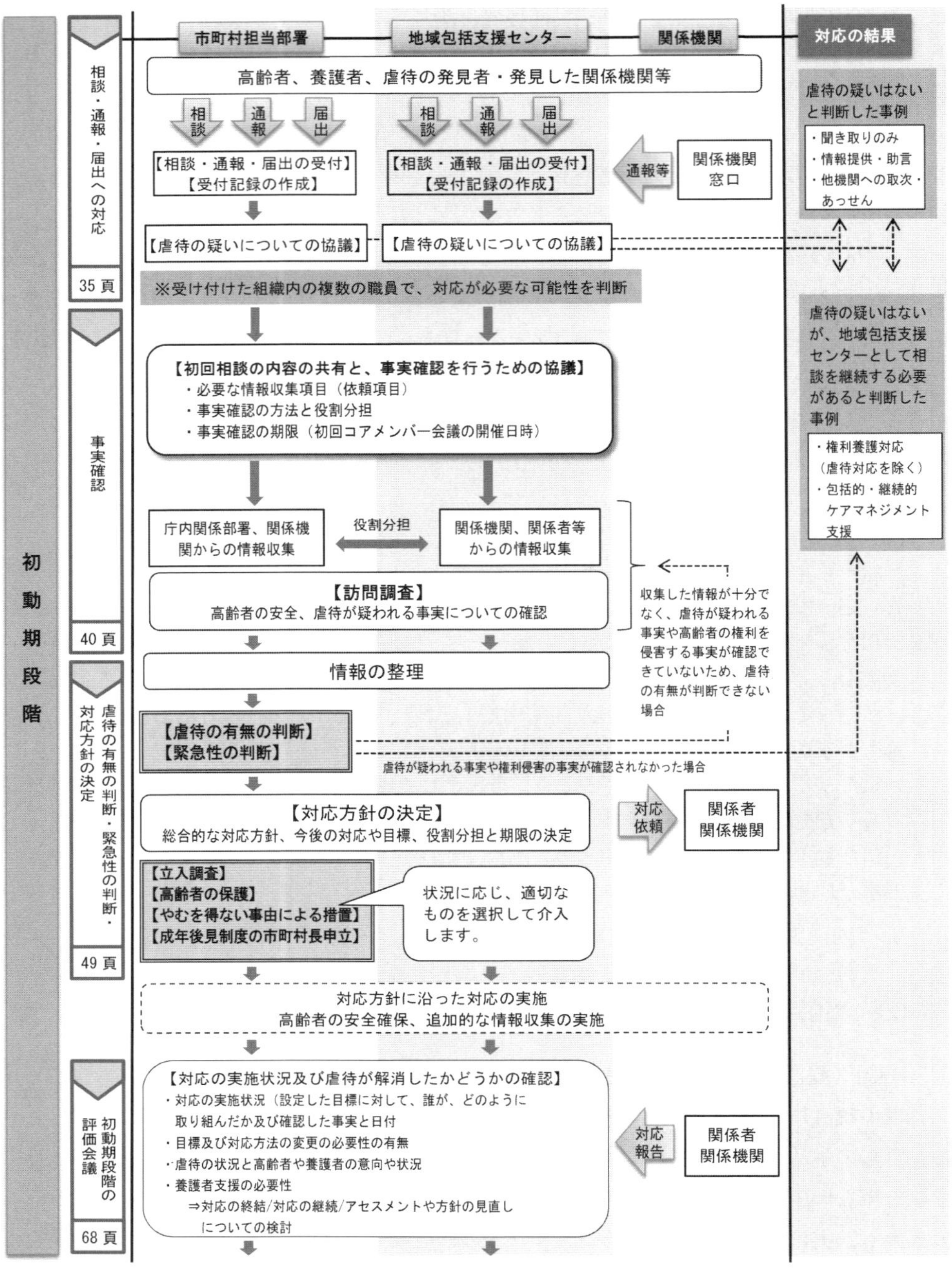

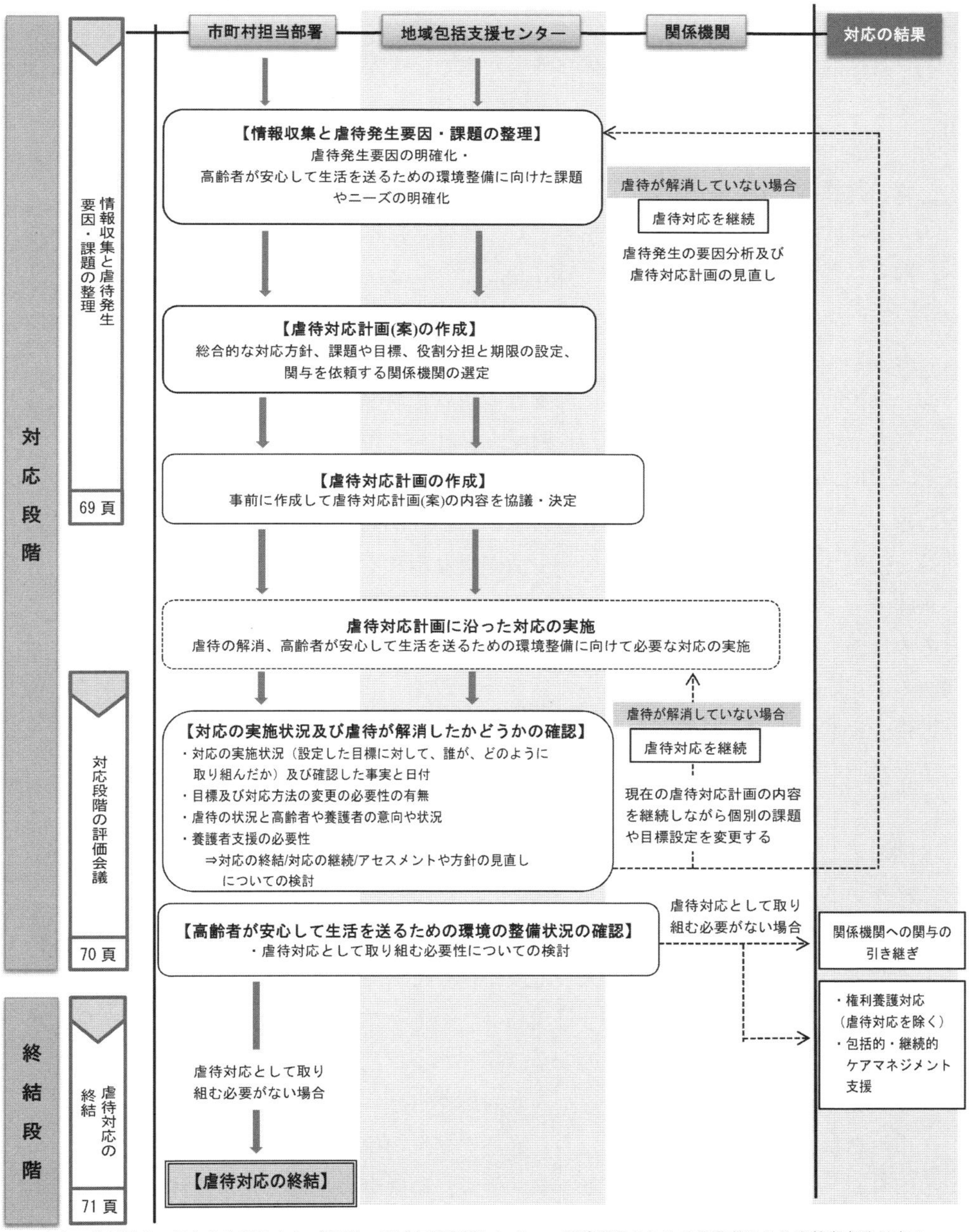

出典：社団法人　日本社会福祉士会. 市町村・地域包括支援センター・都道府県のための養護者による高齢者虐待対応の手引き. 中央法規, 2011, 207p., 38-39. を元に作成

出典：厚生労働省老健局「市町村・都道府県における 高齢者虐待への対応と養護者支援について 」（2018年３月）33・34頁

（高齢者虐待防止法2条4項）。

① 身体的虐待　高齢者の身体に外傷が生じ、または生じるおそれのある暴力を加えること
② 介護・世話の放棄・放任　高齢者を衰弱させるような著しい減食、長時間の放置、養護者以外の同居人による虐待行為の放置など、養護を著しく怠ること
③ 心理的虐待　高齢者に対する著しい暴言または著しく拒絶的な対応その他の高齢者に著しい心理的外傷を与える言動を行うこと
④ 性的虐待　高齢者にわいせつな行為をすること、または高齢者にわいせつな行為をさせること
⑤ 経済的虐待　養護者または高齢者の親族が当該高齢者の財産を不当に処分することその他当該高齢者から不当に財産上の利益を得ること。

このような虐待の定義は、高齢者虐待を、高齢者が他者からの不適切な扱いにより権利利益を侵害される状態や生命、健康、生活が損なわれるような状態に置かれること、と広い意味でとらえたうえで、高齢者虐待防止法の対象を規定したものということができる。

そのほか、高齢者虐待防止法の概要は以下のとおりである。成年後見制度に関しては、同法の全規定がわずか30条という中で、9条・27条・28条と3回も触れられており、同法が世帯や家族の中でも「個」としての権利を護るために成年後見制度の活用が重要であることを示唆していることに着目したい。

・国および自治体には、連携強化・体制整備、専門的人材の確保研修、啓発広報の責務がある（3条）。
・介護・福祉・保健・医療等関係者には早期発見努力・協力が求められている（5条）。
・高齢者の生命または身体に重大な危険が生じていると思われる場合、発見者には市町村に通報する義務がある。守秘義務はこの通報に関しては免除される（7条）。
・通報を受けた市町村は高齢者の安全確認をし、連携・協議し保護の必要に応じ措置や後見の審判請求をする等の速やかな対応を行う（9条）。
・市町村は、9条の対応をとるために必要な居室の確保の措置を講じる（10条）。
・市町村・直轄の地域包括支援センター等は、高齢者の生命または身体に重大な危険が生じているおそれがあると認めるときは、立入調査をすることができる（11条）。
・市町村長は立入調査等に際し、警察署長に援助を求めることができる（12条）。
・養護者による虐待である場合、市町村長や措置された施設の長は、虐待を行った養護者の面会を制限することができる（13条）。
・市町村は、高齢者虐待・養護者支援に専門的に従事する職員を確保する義務がある（15条）。
・養介護施設に従事する者等が高齢者虐待を受けたと思われる高齢者を発見した場合、速やかに市町村に通報しなければならない（通報義務：21条）。
・市町村は、高齢者の財産上の被害、消費生活等の相談や機関紹介等を行う（27条）。
・財産上の不当取引の被害を受け、またはそのおそれのある高齢者について、成年後

見制度の市町村長申立て（老人福祉法32条）を行う（27条）。
・国および自治体は、高齢者虐待の防止および高齢者虐待を受けた高齢者の保護並びに財産上の不当取引による高齢者の被害の防止・救済を図るため、成年後見制度の周知のための措置、成年後見制度の利用に係る経済的負担の軽減のための措置等を講ずることにより、成年後見制度が広く利用されるようにしなければならない（28条）。
・職務上知り得た秘密を漏洩した場合には1年以下の懲役または100万円以下の罰金が科される（29条）。
・立入調査拒否や忌避、質問への虚偽答弁等に対しては、30万円以下の罰金が科される（30条）。

(B) 施設における高齢者虐待

虐待は決して家庭内だけで起こるものではない。福祉施設などでも、集団的な生活の中で個別的な「声なき声」は無視され、「不適切な処遇」として慢性的な虐待や放任がなされている可能性については否めない。施設では今でも、要求をする利用者は「わがままでかわいくない人」、不平・不満を言わない利用者は「いい人」という考え方が残っている。成年後見人等は、このような状況に置かれる可能性のある成年被後見人等が、入所契約やケアプランに基づいた適切なケアのもとで安定した生活を送ることができているか、法律行為としての入所契約やケアプラン同意を行った者としてその履行についてチェックし、必要な場合には本人を代弁することが重要である。

(C) 身体拘束

高齢者の身体拘束については、事故防止のためとして、これまで特に医療施設において広く行われてきた実態がある。2008年には介護施設と同様、医療施設でも原則禁止とする高裁判決が出された（名古屋高裁平成20年9月5日判決）。障害者虐待防止法には身体拘束が明確に位置づけられている。成年後見人等としては、成年被後見人等の安全確保と権利擁護の面からの配慮が必要となる。

欧米では、身体拘束について社会的な監視が制度化されている。たとえばドイツでは介護ホーム法によって厳しく取り締まられており、安全のためにどうしても必要な場合は成年後見人等と第三者の専門家である判定者の同意によってはじめて裁判所から許可がなされるシステムである。

日本では、介護保険指定基準で具体的禁止事項になっている。禁止対象となる具体的な行為は次のとおりである。

① 徘徊しないように、車イスやいす、ベッドに体幹や四肢をひも等で縛る。
② 転落しないように、ベッドに体幹や四肢をひも等で縛る。
③ 自分で降りられないようにベッドを柵で囲む。
④ 点滴・経管栄養等のチューブを抜かないように、四肢をひも等で縛る。
⑤ 点滴・経管栄養等のチューブを抜かないように、または皮膚をかきむしらないように手指の機能を制限するミトン型の手袋等をつける。
⑥ 車イスやイスからずり落ちたり、立ち上がったりしないように、Y字型抑制帯や腰ベルト、車イステーブルをつける。

⑦　立ち上がり能力のある人の立ち上がりを妨げるようなイスを使用する。
⑧　脱衣やおむつはずしを制限するために、介護衣（つなぎ服）を着せる。
⑨　他人への迷惑行為を防ぐために、ベッドなどに体幹や四肢をひも等で縛る。
⑩　行動を落ち着かせるために、向精神薬を過剰に服用させる。
⑪　自分の意思であけることのできない居室等に隔離する。

しかし、身体拘束が個人の自由を脅かす重大な権利侵害行為であるという意識は、未だ十分には持たれていない。

日本で、緊急やむを得ない場合の対応として身体拘束が認められるには、以下の３つの要件すべてを満たすことが必要である（厚生労働省「身体拘束ゼロへの手引き」（平成13年３月））。

①　切迫性　　本人または他の利用者の生命や身体が危険にさらされる可能性が著しく高いこと
②　非代替性　　他に介護方法がないこと
③　一時性　　身体拘束その他の行動制限が一時的なものであること

また、できれば第三者も入れて施設全体で判断し、本人や成年後見人等に詳細に説明し、そのつど記録をつけることが求められている。

成年後見人等として、成年被後見人等の身体拘束の同意を求められた場合、施設側にあらためて①②③について確認することは、最低限必要なことと考えられる。

身体拘束に関しては、施設側の人手が十分でないことを理由にしたケアの怠慢であることも多く、ケアスタッフも「仕方がない」と思い込むうちに意欲が低下し、当たり前になってしまい、よいケアに取り組む意欲をなくすこともある。第三者後見人であるからこそ慢性的な身体拘束には注意を促していかなければならない。

(3)　地域包括支援センターと成年後見制度

たとえば以下のような場合、地域の支援システムができているといえるであろうか。

①　独居の認知症等高齢者で、世帯内に適切な意思決定のできる人がいない。
②　虐待やリフォーム詐欺等、他者からの権利侵害の存在が疑われる。
③　近隣住民とトラブル等があり、他者からの支援を自ら拒否している。
④　世帯内にアルコール疾患や精神障害等を持つ者が同居するなど、高齢者として介護保険のサービス利用だけでは解決できない複数の問題を内包している。また、適用できる制度やサービスがないなど困難を伴う調整が必要である。

介護保険制度が開始されて以降、高齢者等が、地域での生活に困難を抱えた場合、一般的に、ケアマネジャーを通じ、適切な介護保険サービス等を利用して、その生活を維持していくことになる。しかし実際には、ケアマネジャーの援助だけでは生活上の問題が十分に解決できない場合もある。

地域包括支援センターの行う権利擁護業務の基本は、ケアマネジャーだけでは解決しづらい問題について、状況把握・事実確認を行い、広い視野で支援計画を作成・実行していくことである。しかしその支援をしていくうえで、事業者や高齢者・家族の判断に任せることが適切でない場合等には、権利擁護事業の一環として、市町村による責任ある関与が必要となる。地域包括支援センターにはそのために専門職が配置され、専門的な判断に基づき社会的な支援が行えるようなしくみとされているのである。

「地域住民の生活の安定」をうたう地域包括支援センターが設置されたことにより（介護保険法115条の46)、市町村の役割として、地域住民へアウトリーチして権利擁護支援を行う枠組みが、はじめて構築されたのである。

この地域支援事業（包括的支援事業）の１つである権利擁護業務の中に、成年後見にかかわる業務としては、以下の５つがある。

① 成年後見制度普及の広報等
② 成年後見制度の利用に関する判断（スクリーニング）
③ 成年後見制度の利用が必要な場合の申立支援
④ 診断書の作成や鑑定に関する地域の医療機関との連携
⑤ 成年後見人等になるべき者を推薦できる団体等との連携

また、高齢者に対する虐待の防止およびその早期発見のための事業その他の高齢者の権利擁護のための必要な援助を行う事業（介護保険法115条の45第１項４号）の実施が市町村に義務づけられている。このために、法に規定する高齢者虐待かどうか判別しがたい事例であっても、高齢者の権利が侵害されたり、生命や健康、生活が損なわれるような事態が予測されるなど支援が必要な場合には、高齢者虐待防止法の取扱いに準じて地域包括支援センターが実際の対応を担うことになる。また、身寄りがないなどのために、自らの権利を行使して介護保険制度等を適切に利用できない人について、市町村長申立てにより成年後見制度につなげるなどの支援についても、地域包括支援センターが関与していく。

このように、地域社会における生活弱者等への支援、特に「出かけていく」形での社会的支援の基盤整備や危機介入における公的責任の明確化等は、徐々に進められている段階である。

基礎自治体による基盤整備として、地域で一般市民・住民の生活状況を把握し、その力の差に着目した支援がなされること、そしてその支援の利用を保障する必要がある。

虐待などの問題が明確化されることによってはじめて、日本では置き去りにされてきた本来の地域福祉フィールドソーシャルワークの必要性が着目されるようになった。地域包括支援センターの構想はその布石であった。ここで期待されている社会福祉士のソーシャルワーカーとしての役割の中核は、本質的なアドボカシー、権利擁護活動であることは間違いないのである。

平成29年３月には、成年後見利用促進基本計画が閣議決定され、国、都道府県、そして基礎自治体それぞれにその責務として権利擁護・成年後見に関しての基盤整備が求められている。成年後見制度を本人の権利擁護の制度として必要としている方の発見・相談等について、あらためて地域包括支援センターの力が問われている。

(4) 障害者虐待防止法と成年後見制度

(A) 法律の趣旨

児童虐待防止法、高齢者虐待防止法に続き、障害者虐待防止法が、2011年６月17日に成立し、2012年10月１日から施行された。この障害者虐待防止法では、障害者虐待は障害者の尊厳を害するものであるとし、障害者に対する虐待の禁止、障害者虐待の予防および早期発見、障害者虐待の防止に関する国等の責務、国民の通報義務、虐待を受けた障害者に対する保護および自立の支援のための措置、養護者に対する支援等の措置等を定めることで、障害者虐待の防止、養護者に対する支援等の施策を促進し、障害者の権利利益を擁護することがうたわれている（同法1条）。

障害者虐待防止法は、その対象となる障害者の定義について、2010年改正障害者基本法における定義（「身体障害、知的障害、精神障害（発達障害を含む。）その他の心身の機能の障害の障害……があるものであつて、障害及び社会的障壁により継続的に日常生活又は社会生活に相当な制限を受ける状態にあるもの」）を準用している。障害者手帳を交付されている者のみを対象にしているわけでないことが特徴である。今後は、「その他の心身の障害」に「難病」が含まれることで、対象は拡大されていくと思われる。

(B) 障害者虐待とは

障害者虐待防止法では、障害者虐待を、①養護者による虐待、②障害者福祉施設従事者による虐待、③使用者による虐待を障害者虐待と分類し（同法2条2項）、そのうえで、「何人も、障害者に対し、虐待をしてはならない」（同法3条）としている。この条項は高齢者虐待防止法にはないもので、国民に対して障害者虐待の禁止と防止を強く求めており、その意義は大きい。障害者虐待防止法では、家庭、障害者福祉施設、職場での虐待を対象としているが、それ以外の場所での虐待についても、この3条により、虐待として対応できる可能性が残されているのである。

なお、附則では、学校、保育所等、医療機関、官公署等における障害者虐待を防止するための体制のあり方や障害者・養護者への支援のための制度等について検討していくこととされており、障害者虐待について議論されていくことが期待されている。

(C) 障害者虐待に当たる行為とは

障害者虐待防止法では、高齢者虐待防止法と同様に、①身体的虐待、②性的虐待、③心理的虐待、④養護・世話の放棄・放任（ネグレクト）、⑤経済的虐待を、虐待の行為としてあげている（同法2条）。

「身体的虐待」とは、暴力や体罰による傷やあざ、暴れる利用者を個室に閉じ込め鍵をかけること、医療的必要性に基づかない抑制やミトン・つなぎ服を着せる等の身体拘束、施設側の都合で睡眠薬を服用させること等があげられる。特に、高齢者虐待防止法では触れられていない正当な理由のない身体拘束を身体的虐待に当たるとした点に大きな意義があり、施設従事者等にこれまで以上の支援技術を求めることになる。

「性的虐待」とは、性交、性器への接触、性的行為やその強要、裸にする、キスをする、わいせつな映像を見せる等の行為をいう。障害者が雇用されている職場で、男女が同一の場所で着替えさせられることも問題となると思われる。

「心理的虐待」とは、「障害者だから○○できない」「ばか」等の侮蔑的な言動や、脅す、怒鳴る、子ども扱いする、仲間外れにする、意図的に無視する、嫌がらせをする、からかう等による精神的苦痛を与えることも含まれている。障害者への呼称についても、年齢に応じた適切なものにするような配慮が求められるであろう。

「経済的虐待」とは、本人の同意なしに（あるいは騙すなどして）、財産を処分する、年金・賃金を使う、勝手に運用する、無駄遣いをするからと日常生活に必要な金銭を渡さない、支払うべき賃金を支払わない等の行為をいう。

「放棄・放任（ネグレクト）」とは、食事・排泄・入浴・洗濯などの身辺の世話や介護をしない、必要な福祉サービスや教育・医療を受けさせない、不衛生な生活環境で障害者の身体・精神的状態を悪化させることをいう。

障害者虐待防止法では、先に述べたように、高齢者虐待防止法では虐待とされていなかった正当な理由のない身体拘束については身体虐待として、差別的発言については心理的虐待として、他の障害者による虐待行為を放置することについては放棄・放任として定義するなど、障害者の生活に配慮して幅広く虐待をとらえ、対応することになっている。

また、障害者虐待にかかる通報義務については、高齢者虐待防止法のように生命や身体に重大な危機が生じている場合にのみ通報義務を課すのではなく、障害者虐待を受けたと思われる障害者を発見した場合に広く通報義務を課している（同法7条・16条・22条)。

一方、虐待の認定においては、高齢者虐待防止法と同様に、虐待者や被虐待者が虐待という自覚を持っているかどうかを問わないこととしている。

これらの規定に基づき、積極的な通報のもとで、適切な虐待認定、そして速やかな対応をすることにより、障害者の権利擁護が図られることになる。

(D) 虐待への対応

虐待の対応として、障害者虐待防止法では、高齢者虐待への対応とほぼ同様だが、たとえば、養護者による虐待への対応として、居室の確保、立入調査、警察署長に対する援助要請、面会の制限、養護者の支援が規定されている。また、使用者による障害者虐待に対しては、都道府県労働局や公共職業安定所など労働行政の関与を求めている。老人福祉法による「やむを得ない事由による措置」については知的障害者福祉法や身体障害者福祉法でも措置できるとされており、虐待を受けている障害者が身体障害者や知的障害者以外の障害者である場合は、身体障害者または知的障害者とみなして適用することになっている（障害者虐待防止法9条2項)。

(E) 市町村障害者虐待防止センターと都道府県障害者権利擁護センター

障害者虐待防止法では、都道府県に障害者権利擁護センターを、市町村に障害者虐待防止センターを設置し、障害者虐待へ対応することを求めている。

自治体の中には、あえて虐待防止センターを設置せず、立入調査等行政の権限を速やかに発動するために、同様の機能を行政の障害担当部局に位置づけたところもあるようである。また、高齢者虐待防止法における地域包括支援センターの役割と同様に、2012年に強化された障害者相談支援事業に基づく基幹相談支援事業者が、地域で障害者虐待の対応をしている。

(F) 障害者虐待の防止における成年後見の役割

障害者虐待防止法9条3項では、養護者による虐待の通報または届出があった場合には、障害者虐待の防止や障害者の保護および自立の支援が図られるよう、市町村長は後見等開始の審判の請求をするものとしている。また、同法43条2項では、財産上の不当取引の被害を受け、または受けるおそれのある障害者についても、市町村長は後見等開始の審判の申立てをすることになっている。さらに、同法44条では、成年後見制度の利用促進を国・地方公共団体に義務づけており、その中では、成年後見制度利用にかかわる経済的負担の軽減の措置も求めている。

障害者総合支援法の市町村地域生活支援事業で必須事業とされている成年後見制度利用支援事業や、成年後見を担う人材の育成・確保の取組みについては、地域による格差があるが、障害者虐待対応の有効な手段となるよう、具体的な事業の充実が期待される。

(5) 障害者総合支援法と成年後見制度

社会福祉基礎構造改革の流れの中で、「契約によるサービス利用形式」は、「支援費制度」において初めて障害者福祉に取り入れられた。これを踏襲した障害者自立支援法は、発達障害や高次脳機能障害も対象とし、2006年から施行された。

障害者自立支援法では、知的・身体・精神の障害の種類にかかわらず、障害福祉サービスの体系や公費負担医療の利用のしくみ等を一元化し、必要なサービスを安定して利用できるようにすることを目的としていた。その要点は、以下の6点である。

① 市町村を基本とする一元的なサービス提供
② 障害福祉サービス体系の「介護給付」「訓練等給付」「地域生活支援事業」への再編
③ 入所施設や病院で24時間生活するサービスを「日中活動の場」と「生活の場」に区分し、地域で生活できるような基盤の整備
④ 障害者に対する就労支援の強化
⑤ 障害福祉サービス支給決定の透明化と明確化を目的とした「障害程度区分」の認定とケアマネジメントの実施
⑥ 障害者福祉サービスを安定・継続して供給するために、費用の負担を国と都道府県が負うものとし、その受給量に応じ、サービス利用者に、一部費用負担を求めていく定率負担の導入

障害者総合支援法は、2013年4月1日から、障害者自立支援法が改正・改称され、施行されたものである（一部は2014年4月1日施行）。

障害者総合支援法では、新たに難病の人を障害福祉サービスの対象とすることとした。

また、ケアホームをグループホームへと一元化したり、重度訪問介護の対象に知的障害・精神障害を加えたりするなどの改正をした。

障害者自立支援法のときから議論のあった障害程度区分については、「障害支援区分」とし、障害者総合支援法の施行後3年をめどに検討することとなっている。

これらの法の下で、安全・安心な障害者福祉サービスの利用契約を実現するために、権利擁護の視点を持つ法定代理人である成年後見人等の役割は大きい。2010年12月に公布された障害者自立支援法の改正法では、「成年後見制度利用支援事業」は市町村の「地域生活支援事業」として必須事業化され、2012年4月から施行された。

また、障害者に対する支援として、障害者総合支援法では、地域生活支援事業の必須事業として以下の事業が新たに追加され、地域社会における共生を実現するため、成年後見制度の利用促進および意思疎通支援の強化が求められている。

① 障害者に対する理解を深めるための研修・啓発
② 障害者やその家族、地域住民等が自発的に行う活動に対する支援
③ 市民後見人等の人材の育成・活用を図るための研修
④ 意思疎通支援を行う者の養成

(6) 日常生活自立支援事業と成年後見制度

日常生活自立支援事業は1999年に地域福祉権利擁護事業としてスタートし、その後、社

〈図2〉 成年後見制度と利用範囲

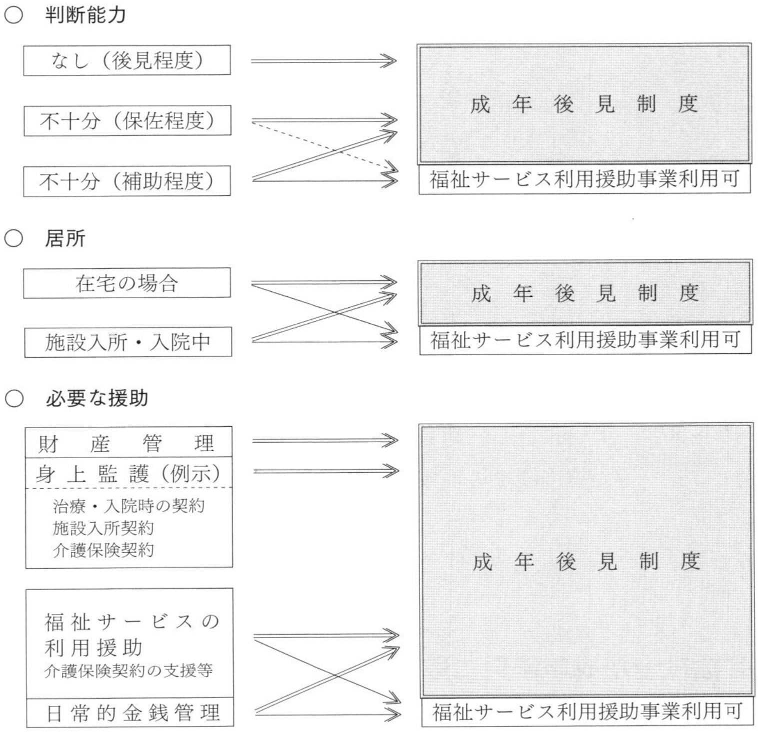

出典：東京都福祉局編『成年後見制度及び福祉サービス利用援助事業の利用の手引き（改訂版）』（平成14年5月）を参考に作成。
（注） 日常生活自立支援事業は厚生労働省の補助事業として位置づけられており、福祉サービス利用援助事業と事業の啓発、従事者の研修等を含む。

会福祉法上「福祉サービス利用援助事業」として位置づけられ、2007年度から現事業名に変更となった。社会福祉協議会等との契約により、判断能力が不十分な方々に対し、①福祉サービス利用援助、②日常的金銭管理、③通帳・印鑑などの書類預りサービスを実施し、利用者として主体的に生きる権利を擁護し地域生活維持のサポートを図るものである。

この事業の対象者に関しては、対象者が、判断能力の不十分な方であることから、成年後見制度への円滑な移行を前提とした支援が考えられるべきであり、制度間の連携が十分できるよう留意すべきである。

成年後見制度と日常生活自立支援事業の2つの制度について、日常生活自立支援事業を軸にして利用のポイントを考えると、以下のようになる（〈図2〉参照）。

① 本人と事業主体である社会福祉協議会が契約することによって行われる支援であり、不十分ながらも本人に契約能力がまだあると思われる場合のみ、日常生活自立支援事業は利用できる（成年後見人等が社会福祉協議会と契約を結ぶケースもある）。

② 2002年度から施設入所中や入院中にも利用できるようになったが、基本的には在宅生活の維持が前提である。

③ 福祉サービス利用契約の支援が基本である。付随するものとして、日常的金銭管理の支援を行う。

④ ③以外の、代理権をもって施設入所契約や入院契約を本人に代わって行ったり、資

産を生活全般について活用するなどの援助が必要になる場合は、判断能力に応じて成年後見制度を利用し、成年後見人等によって生涯にわたる支援ができるようにする必要がある。

このように、日常生活自立支援事業は、判断能力が低下し始めた人に対して提供される「契約に基づくサービス」の一種である。

この事業のメリットとしては、次のようなものがある。第1に、日常生活維持の基盤となる金銭管理についてサポートを受けられることである。第2に、そのことを通して、アウトリーチにより本人の生活と権利の見守りができることである。この意味で、対人支援サービスである日常生活自立支援事業は、貴重な権利擁護システムの1つといえる。

しかし措置制度のない欧米諸国にならえば、本来「社会的弱者」への支援は「権利擁護」の問題として、まず代理権の授受以前に、公的責任による「包括的生活支援」として、行政等のソーシャルワーカーにより、地域にアウトリーチして行われるべきものである。地域包括支援センター等が担当圏域の地域住民の生活の安定にかかわってはいるものの、より根本的なフィールドソーシャルワークの基盤ができてこそ、この事業のメリットは活かされるものである。

5 社会福祉士が成年後見に取り組む意義

(1) 本人の権利擁護者（アドボケイター）としての成年後見人等

民法858条では、「成年後見人は、成年被後見人の生活、療養看護及び財産の管理に関する事務を行うに当たっては、成年被後見人の意思を尊重し、かつ、その心身の状態及び生活の状況に配慮しなければならない」とされている。保佐人については民法876条の5、補助人については876条の10（876条の5を準用）で触れられており、任意後見契約法6条にも同様の規定がある。成年後見人等に課せられたこれらの義務が「身上配慮義務」と呼ばれるものである。

身上配慮義務は、成年後見人等がその職務遂行について負う善管注意義務（善良な管理者の注意をもって職務を行う義務（民法644条)。行為者の職業等に応じ通常期待されている注意義務で、専門家としての平均的な注意を尽くさなければならない）に加え、成年後見人等として事務遂行の際に遵守すべき理念であるとされている。

一方、成年後見制度において一般に掲げられている理念は、①自己決定の尊重、②ノーマライゼーション、③残存能力の活用の3点、および、それらと本人の保護との調和である。しかし、ここで留意しなくてはならないのは、本人意思を尊重すべきことの重要性は明確であるにせよ、本人の意思と客観的な本人の福祉や保護が常に調和するものでないという点である。

ここにおいて、経験のあるソーシャルワーカーは、同じような状況にある障害者等を数多く見てきたからこそ、気を付けなくてはならないことがある。父権的・保護的（パターナリスティック）に「先読み」して保護し、「私に任せておけば安全」とばかりに、本人の「やってみたい」「やりたい」という気持ちを無視し、失敗するかもしれないが経験して学習する機会をも摘み取ってしまうことである。

障害を持っている方や高齢者の「○○したい」「やってみたい」「これがほしい」などといった要求は、人間として当たり前の感情であり、それを実現することは、本人が自分の人生を生きている証でもある。しかし、これまでの社会福祉を取り巻く環境の中では、そういった本人の声は取り上げられることが少なく、無視され、聞いてもらえないことが多かった。そういう経験ばかりをさせられてきた人は、「声」として自分の欲求をあげることさえ躊躇（ちゅうちょ）するようになっていくであろう。

成年後見人等は、本人の代弁者として、そのような声をきちんとくみ上げることがその役割である。もちろん、本人の意思を尊重するあまり生命を失うような事態に陥ることは許されないが、本人の声が無視されがちな環境において、権利擁護者としての成年後見人等は、まず何よりも本人の代弁者であることを忘れてはならないのである。

福祉関係者は、福祉の対象者とされる方々に対し、「本人のために」という言葉のもとに権利制限的・行動制限的な環境をつくり、あまりにも保護的にかかわってきたことについての反省を持たねばならない。その反省が根底にないと、強力な権限を持つ成年後見人等としてのかかわりが、望ましいものとならないこともある。

《事例１－１》

成年被後見人は、中年の知的障害者であるが、これから施設を出て地域生活を始めるところである。親や兄弟姉妹はおらず、叔父・叔母は「施設に入っていたほうが安全だから」と言って施設から出ることに否定的でかかわろうとしない。しかし本人は、いろいろなことに興味を持っており、地域生活支援のワーカーとともに相談しながらできるだけ自立した生活をしていきたいと思っている。

成年後見制度の目的は、本人意思を尊重し実現することのみにあるのではない。しかし、ソーシャルワーカーである成年後見人等が、成年被後見人等自身が自分の人生の主人公として生きる積極性を少しでも引き出せるようにかかわることができれば、事例１－１のような場合、本人の地域生活は可能になる。最善の生活を自らが手に入れられるように援助するという目的のもとに、地域での社会資源を最大限に利用するといった点で、社会福祉士が成年後見人等としてかかわることにはメリットが大きいのである。

《事例１－２》

生活保護を受給している高齢の成年被後見人が、デパートでカシミアのコートを買ってきた。いとおしそうにそのコートをなでながら「若いときから、こんなコートを一度は着てみたいと思っていたの。もう老い先長くないのだから、三度の食事を減らしても欲しかったの」と言いながら頬ずりをしている。訪問してきたケースワーカーの指導に応じず、どうしても返しにいこうとしない。コートの購入に１カ月分の生活保護費の半分を使ってしまい、しばらくは食事も満足にすることができない状況である。

事例１－２のように、成年被後見人等の自己決定や本人意思が、本人の利益や福祉に反する、もしくは結果的に害すると予測されるものであったときに、成年後見人等はどのように行動するべきであろうか。

まずこの場合、成年被後見人等は、周囲（この場合はケースワーカー）に対し、自分の意思や思い、望みを十分に出すことができていたであろうか。判断能力が低下している方であっても、意思や「こうしたい」という思い、願いは当然にある。それをまず十分に受け止めて代弁することが成年後見人等の役割である。先回りして「ぜいたくだから」と、すべての可能性や楽しみ、願いを摘んでしまうのは、成年後見人等の役割ではない。

「愚行権」を持ち出すまでもなく、人間は正しいこと、安全なこと、間違いないことしかしない生き物ではない。実際に経験してみて、学んだり反省したりすることで、成長していくものでもある。また、その人なりの価値観や趣味・嗜好を持っている。しかし、これまでの社会福祉対象者には、慈善的・恩恵的な社会福祉のしくみの中で、行動制限・権利制限されて当たり前だ、という考え方があった。「これまで、福祉関係者や親が私たちの権利を侵害してきた」という当事者の声には、真摯に耳を傾け、反省しなければならない。

事例1－2の場合、成年後見人等としては、まず本人意思を尊重し、本人の側に立って、その思いを擁護（アドボケイト）する姿勢を忘れてはならない。そして、残された保護費でどうにか生活できないかということを探ってみる姿勢が大切である。そのうえで、本当にどうにもならず生命に危険を及ぼすほどの栄養状態であるならば、本人にあきらめさせるしかない。成年後見人等は、成年被後見人等を重大な生命の危険から守らなくてはならないからである。

(2) 市民をサポートする専門職として

(A) 現代社会における社会福祉士の意義と役割

ソーシャルワーカーの国家資格である社会福祉士の専門職団体である日本社会福祉士会では、社会福祉を市民と当事者の人権を尊重するものとするためには権利擁護の問題が大きいと考えてきた。そのため、欧米諸外国から学びつつ、成年後見制度についても、個人への生活支援の視点を持つ権利保障システムとしての期待を持ち、深くかかわってきたのである。国家後見や公後見人といった低所得者でも利用できるような制度について、権利保障として整備されるべきであると考え、提言もしてきた。また、本来的な権利擁護（アドボカシー）を担い、エンパワメントの実践者になるべく、会員に研修等を通して伝えるという努力をしてきたのである。

今後、日本においても、個の確立と権利・義務・責任がより明確になる。現代の日本社会における陰の部分の問題であるホームレスや虐待、孤立化の問題等、社会のステージに自ら乗ろうとしなかったり、乗りたくても乗れない人の生活にかかわる問題が大きくなっていくことは間違いないと思われる。また、少子超高齢社会が進展する中で、家族による支援を期待することができない人も増え、生活者の抱える困難は重層的かつ複雑なものになりやすい。当然、それにかかわる制度も多岐にわたるものになるであろう。このような状況は、わが国においても、ソーシャルワークの存在と、実際に地域でアウトリーチし対人援助を担うフィールドソーシャルワーカーの存在が重要となることを意味しており、地域包括支援センターの役割もこの方向性の上にあると理解できる。

また、社会福祉士については、利用者中心主義などの理念を真に活かすために、現在の地域包括ケアやその深化としての地域共生社会の実現を目指す際にも、その専門性を発揮した関与が求められている。そしてこれらのシステム・制度は、利用者支援の大きな柱として、個人の権利としての選択・決定を可能とし、利用者の主体性維持を支援する権利擁護の基盤ともなるものである。

(B) 社会福祉システム

「社会福祉士及び介護福祉士法」は平成19年12月に改正された（平成19年法律第125号）。この中で、社会福祉士の業務について、「この法律において社会福祉士とは、……日常生活を営むのに支障がある者の福祉に関する相談に応じ、助言、指導、福祉サービスを提供する者又は医師その他の保健医療サービスを提供する者その他の関係者……との連絡及び調整その他の援助を行うこと」と規定されている（同法２条）。また、社会福祉士の専門職団体である日本社会福祉士会の定款においては、会の目的として「社会福祉士の倫理を確立し、専門的技能を研鑽し、社会福祉士の質と社会的地位の向上に努めるとともに、社会福祉の援助を必要とする人々の生活と権利の擁護及び社会福祉の増進に寄与すること」として、社会福祉士および会の目的として「生活と権利の擁護」を掲げているのである。

日本社会福祉士会は国際ソーシャルワーカー連盟（IFSW）にも加盟しているが、欧米諸国に比べ日本では、ソーシャルワーカーが人権・権利擁護の担い手であることの認識が、社会においてだけではなく、ソーシャルワーカー自身にも弱かったように思われる。

対人援助を担う専門職として、ソーシャルワーカーの権利擁護実践は、ますます重要性を増している。しかし、組織に所属する者としてのソーシャルワーカーが、利用者の主張を受け止め意思を尊重する過程では、自分たちの組織を批判せざるを得ない場合も当然に想定できる。このようなロイヤリティのジレンマ（個人とその者が所属する組織との利害の対立により生じる葛藤）において、ソーシャルワーカーが組織への忠誠心によってその利益だけを優先させることなく、利用者のアドボカシーを支える立場に立つためには、独立した立場と役割、権限が必要となる。また、それとともに、そのための専門職としての価値と倫理に支えられた、専門的知識とスキルが必要である。これらの獲得を保障し実践の基盤をつくること、そしてそれらを通して政策等への提言・社会への発信をしていくことは車の両輪であり、専門職団体としての役割である。

専門職として、当事者たちのセルフアドボカシーを支援しつつ、たとえばシチズンアドボカシーとしての市民を巻き込んだオンブズマン活動や、弁護士によるリーガルアドボカシーとの連携も必要となる。

また、リーガルアドボカシーは、ともすると、権利侵害に対し、法的な枠組みを利用した事後的なアドボカシーにとどまりやすい傾向がある。その結果、本人がこれまで大切にしてきた人間関係が壊れたり環境が大きく変わらざるを得なくなったりするという事態に追い込まれることが予想されるとしたら、事後的ではなく早い時点でのソーシャルワーカーによるエンパワメントとアシスティブ・アドボカシーが重要となることはいうまでもない。

6 成年後見人等の倫理

(1) 社会福祉士の倫理綱領

前　文

われわれ社会福祉士は、すべての人が人間としての尊厳を有し、価値ある存在であり、平等であることを深く認識する。われわれは平和を擁護し、人権と社会正義の原理に則り、サービス利用者本位の質の高い福祉サービスの開発と提供に努めることによって、社会福祉の推進とサービス利用者の自己実現をめざす専門職であることを言明する。

われわれは、社会の進展に伴う社会変動が、ともすれば環境破壊及び人間疎外をもたらすことに着目する時、この専門職がこれからの福祉社会にとって不可欠の制度であることを自覚するとともに、専門職社会福祉士の職責についての一般社会及び市民の理解を深め、その啓発に努める。

われわれは、われわれの加盟する国際ソーシャルワーカー連盟が採択した、次の「ソーシャルワークの定義」（2000年７月）を、ソーシャルワーク実践に適用され得るものとして認識し、その実践の拠り所とする。

ソーシャルワークの定義

ソーシャルワーク専門職は、人間の福利（ウェルビーイング）の増進を目指して、社会の変革を進め、人間関係における問題解決を図り、人々のエンパワーメントと解放を促していく。ソーシャルワークは、人間の行動と社会システムに関する理論を利用して、人びとがその環境と相互に影響し合う接点に介入する。人権と社会正義の原理は、ソーシャルワークの拠り所とする基盤である。(IFSW; 2000.7.)

日本社会福祉士会が成年後見制度を研究し、提言し、研修を行ってきたのは、この「社会福祉士の倫理綱領」にある理念を実現するために、成年後見制度への深い理解とかかわりが必要だったからである。

倫理綱領では、まずその前文に、社会福祉士が、平和擁護、人権と社会正義という人類普遍の原理に則った専門職であることを明言している。自己決定権の尊重は民主主義の基本であり、それを守ることは個人の尊厳を守ることにつながるものである。

要支援者との関係について社会福祉士は、第１に、利用者の利益を最優先することを求めている。成年後見制度の場合は、成年被後見人等が無視されやすい立場であることに留意し、まずはその意思を尊重し、本人に寄り添いつつ、共に考え、代弁し、実現を支援する者として位置づけることができる。

社会福祉士はまた、所属機関が求めることと社会福祉士としてとるべき行動との間にジレンマを感じることがあれば、専門職としての良心の証と実践現場との関係をとらえるべきであろう。そのような専門職であるからこそ、サービスの質を評価する基準として、「組織機関に社会福祉士が存在するか」ということが問われる時代がくると思われる。社会福祉士をはじめソーシャルワーカーの責務は、行政や社会との関係でも問われる。今までよりも明確な形で利用者と共にソーシャルアクションを行うことが必要で、対人支援のみではなくそれを基盤として、社会のメゾシステムやマクロシステムへの働きかけであるソーシャルアクションを行っていくことも非常に重要となる。

社会福祉士の倫理綱領の根底には、ソーシャルワーカーの価値前提がある。ここに、ゾフィア・T・ブトゥリムがあげた①人間尊重、②社会性、③変化の可能性というソーシャルワークの3つの価値前提がある。

① 人間尊重　1人のかけがえのない存在としての個人へのかかわり。「何ができるか」などで差別されることなく、そこに「いる」だけで尊い人間という存在。その存在をとことん見つめ大切にすること。これはソーシャルワーカーとしても成年後見人等としても、最も基本的な理念であり倫理である。

② 社会性　人は、無人島で、1人で生きているものではなく、人と人とのつながり、社会の中で支え合いながら、喜びや悲しみなど人間としての感情を持って生きている。判断能力が低下した成年被後見人等でも、社会生活を構成し規定する法律や経済活動の枠組みの中で、地域社会やこれまでの人間関係とできるだけ隔絶されずに生きていけるように支えるのがソーシャルワーカーである。成年後見人等の存在意義として、社会とのつながりを理解することは大切なポイントである。成年後見制度は、「施設入所契約」のためではなく、介護・福祉サービスを利用して本人の生活を支え、ノーマライゼーションを目的とした、脱施設化のための制度だといえるのである。

③ 変化の可能性　知的障害者として生まれようとも、認知症であったとしても、1人の人間として、環境の変化や働きかけで能力が向上する、成長するという感覚を持つことができるなど、本人が変化する可能性があることに、ソーシャルワーカー、そしてソーシャルワーカーとしての成年後見人等は信頼を置く。最初から「何もわからない」「できない」と決め付けてしまうことは、その存在と向き合うことにならない。エンパワメントの考え方とつながるが、これらの価値前提はソーシャルワーカーとしての成年後見人等にとって、特に意識されなくてはならないものである。

なお、社会福祉士の倫理綱領は、2020年に改訂版が採択されている。

(2) 成年後見人等の倫理

成年後見人等としての倫理は万国共通であり、ソーシャルワーカーや法律家等専門職であろうと、一般市民であろうと、親族であろうと、本来変わるべきものではない。

成年後見制度の理念である、①自己決定の尊重、②ノーマライゼーション、③残存能力の活用を理解し、成年後見制度利用促進基本計画で求められている“利用者のメリット”を実践の基盤に置いたうえで、必要な支援に努めなくてはならない。

そのために、成年後見人等が倫理として持つべき姿勢としては、常に成年被後見人等にしっかりと向き合い、関係者との連携・共同によって、地域社会における成年被後見人等の生活が実現できるよう、求められる事務や職務について、的確に、そして公正・公明に行うことである。

「権利」はあっても、声として主張されなければ無視されがちな社会にあって、声をあげることが難しい状況にある福祉サービスの利用者ほど、その権利をしっかりと理解し、主張できるように支えられなければならない。その主張を受けるサービス提供者側のソーシャルワーカーと、利用者の成年後見人等としてのソーシャルワーカーとしての立場と役割の違いを、まず成年後見人等自身がしっかりと理解することも必要である。

(3)に、日本成年後見法学会身上監護研究会がまとめた、いわば成年後見人等としての行動規範ともいえる、成年後見人等として踏まえるべき基本的な視点を掲げる（日本成年後見法学会身上監護研究会「平成19年度報告書」74頁以下をもとに作成）。

(3) 成年後見人等として踏まえるべき視点・倫理

(A) 成年後見人等としての基本姿勢は本人の権利擁護者である

成年後見人等は、あくまでも本人の立場に立ち、本人の「最善の利益」を追求するという成年後見人等としての基本姿勢を認識する。

判断能力の不十分な人は、適切なサービスの選択やサービス内容のチェックが難しい場合もあり、時には消費者被害や虐待等の権利侵害にあうこともある。こうした場合に、成年後見人等は本人の利益や意思を代弁することが求められる。身上監護には、契約等の法律行為のみならず、契約内容の履行監視（福祉サービスのチェックをすること、必要に応じて苦情申立てをすることなど）も含まれている。

(B) 本人の意思と状況を本人面談により確認し、尊重する

成年後見人等には、本人の意思を尊重することが義務として課されている。同時に、成年後見人等は、本人の意思に反してでも、与えられた代理権や取消権を行使して本人を保護するという大事な役割を担っている。「本人の意思の尊重」と「本人保護」のどちらを優先させるのか、どのようにバランスをとるのか。このことは、成年後見人等の実務の中で最も悩ましい課題である。本人がどこまでは自分でできるのか、どこからは危険なのか、あるいはどのような資源があれば本人を支えることができるのかなど、さまざまな角度から検討したうえで判断することが大切である。

本人の意思の尊重と保護は、取消権の行使や施設入所といった重大な決断の場面で問題にされやすいが、毎日の生活のさまざまなレベルで、その調和が求められることになる。安易に保護を優先させることなく、また、本人の言うがままでもなく、成年後見人等として、適度でかつ適切なかかわりが必要になる。

本人との面談は、本人の意思確認と状況把握のために最も有効な方法である。本人の状況に応じた定期的面談を後見活動計画の中心に据える必要がある。また、本人との面談に合わせて、関係者から情報を得ることも行う必要もある。

時には本人の意思と客観的利益（最善の利益）が食い違う場合もあり、成年後見人等にとって最も難しい問題である。

(C) 成年後見人等としての自らの権限を確認し、自らの権利の侵害に注意する

成年後見人等としての活動を進めるうえで最初に行うべきことは、自らに与えられている権限の内容・範囲を確認することである。成年後見人等は、与えられた権限の範囲外の事務については権限が及ばない。権限外の事務遂行は、無権代理（代理権を持っていない人が、本人に代わって法律行為を行うこと。原則として無効（民法113条））になることに注意が必要である。また、成年後見人等の権限が当然に及ばない事項を明確に意識しておく。

本人の生活にとって第三者が提供するさまざまな事実行為が必要な場面は多くある。それらの事実行為が必要な場合には、成年後見人等は付与されている代理権を行使して、本人が必要とするサービスを契約することによって問題の解決を図ることが基本となる。

成年後見人等は、たとえ判断能力が不十分であっても、本人を単なる保護の対象者としてとらえるのではなく、その人らしい生活の主体者としてとらえる必要がある（本人の意思尊重義務、身上配慮義務）。成年後見人等が「本人のことはよくわかっている」「こうすることが一番本人のためだ」というような独断や決めつけを行うならば、それは本人の権利を侵害することにつながりかねない。成年後見人等は代理権や同意権・取消権という大きな権限を有しているだけに、成年後見人等による権利侵害に注意する必要がある。

また、成年後見人等は本人の法定代理人としての立場を常に認識しなければならない。他者との利害関係や利益相反には厳しい制限がある。

成年後見人等は、本人との利益が相反する行為がある場合は、特別代理人の選任申立てが必要となる（成年後見人の場合は、民法860条・826条。成年後見監督人等が選任されている場合はその必要がなく、成年後見監督人等が本人を代理することになる）。

《成年後見人等の利益相反の例》

・自己契約、双方代理に当たる場合（成年後見人等が、本人から借財したり、本人所有の不動産を購入したりする場合）
・成年後見人等がサービス提供者で、本人がそのサービス利用者である場合
・第三者後見人等が、夫婦、親子等双方の成年後見人等になることは、該当する夫婦、親子間の利害対立が生じた場合に適切に対処できるかなど、利益相反の可能性を含んでいることに注意が必要である。

(D) 本人らしい生活の質の向上をめざす

身上監護の目標は、たとえ判断能力が衰えてもその人がその人らしく生活することを追求することにある。そのために、成年後見人等は与えられた権限を行使し、日常生活における身上に関する種々の手当を施すことになる。本人らしい生活の質（QOL）の向上をめざした身上監護を実施するうえでは以下の視点が重要である。

① 衣食住等の健康で文化的な生活のための基本的ニーズは満たされているか。
② 必要とする医療・福祉サービス等社会サービスは適切に確保されているか。
③ 生活の質を高めるための配慮はなされているか（趣味、教育・労働、社会参加）。
④ 本人が構築してきた社会関係の維持（家族・親族、友人、隣人・地域住民、その他人間関係）。
⑤ 財産は本人の生活の質を高めるために有意義に使われているか。

(E) 成年後見人等の限界を認識し、ネットワークの中で活動する

成年後見人等の身上監護事務は生活全般の広範囲に及ぶが、その権限は限られた範囲のものであり、その行う事務については法律行為とそれに付随する事実行為という限界がある。本人はいくつもの生活課題を抱えており、成年後見人等がそのすべてを１人で解決することは、とうていできるものではなく、１人で抱え込むことは適切でない。後見活動を行うときには、成年後見人等の限界を知ったうえで、専門的相談機関とのネットワーク（家庭裁判所、法律専門家、財産管理の実務家、福祉・医療サービス実務家）、本人支援のネットワークを構築し、そこへの参加や強化が必要である。

この視点は、成年後見制度利用促進基本計画においても、あらためて“チーム”や“ネットワーク”体制の重要性が強調されていることを再確認したい。

7 おわりに——成年後見人等としての社会福祉士に望むこと、市民後見人等について

人がよりよく生きていけるための支援を受けるためのシステムが、社会サービスの１つとして「契約」による利用となり、誰もが必要に応じて自分の意思に基づきサービスを選び決定する時代となった。このような中にあって、成年後見制度は判断能力の低下等のために自分で「適切に決めることが難しい」人々に関して、「誰が決定するのか」という問題への解決策であり社会的な支援である。

しかし、この制度は、本来は人が当たり前に持っている「どこで、どのように生き、どのように暮らすか」という私的なことについて決定し実行する権限を、本人から取り上げることにもつながる。だからこそ、諸外国でなされてきた成年後見制度の改正は、来るべき高齢社会を前にリスクを最小限に抑え、判断能力の不十分な人についても、権利主体として本人意思を尊重し、そのための支援を重要視し、それを現実に反映できることをめざしているのである。

日本では「老いては子に従え」という言葉が示すとおり、生活にかかわる契約や財産管理などについて、「個人の権利」としての考え方が定着しているとは、未だいえない状況にある。しかし、成年後見人等として職務を行う者は、声なき声となりやすい「個」をしっかりと見つめ支えてほしい。

成年後見人等は、「個」としてこの世にある本人意思を十分に尊重し、本人が望む生活に近づけるべき権利擁護者であることが求められているのである。

国連の障害者権利条約１条にもうたわれているとおり、すべての国民に法的地位を保障する必要性は、日本社会でも理解されなくてはならない。低所得・低資産で成年後見人等の報酬を支払うことができない人には「後見は必要ない」、あるいは「法人後見」や「市民後見人等」でよい、というのではない。必要な人に、その支援ができる成年後見人等を提供できるようにしていかなくてはならないのである。

知的障害者や認知症等の成年被後見人等にも顔が見え、成年後見制度の本来のあるべき姿である人と人との関係の中で、「『個』としての自分を見つめて大事にしてもらっている」という実感を本人に与えることのできる後見事務を行うには、市民や障害者の親などが、本人に対し、成年後見人等と共に適切な支援をしていくためのバックアップ組織とサポートがいる。社会福祉士には、そのような市民後見人や親族後見人等の支援に対するかかわりも期待されている。

一方、判断能力が不十分であるがゆえに虐待を受け人間関係が困難であったり、罪を犯したことから社会から排除されるなどの問題を抱えた人や、医療の課題を抱えるなど身上監護面での困難を抱えている人の成年後見人等として、社会福祉士への期待がある。これらについては、本人が低所得・低資産であっても、公的負担で成年後見人等が選任されるようなしくみを海外から学ぶべきである。欧米では、家族や市民の成年後見人等が見つからなかったり支援が困難な場合には、市民後見人以外に職業後見人（ドイツ）や公後見人（カナダ、オーストラリア等）によって支援が受けられるシステムが確立し、そこでは、ソーシャルワーカーとしての教育基盤を持つ者が活躍している。ちなみに2000年から2006年までIFSW（国際ソーシャルワーカー連盟）の会長を務めたイメルダ・ドッズ女史は、オースト

ラリアの公後見人である。

介護保険のみの支援では、人は地域社会で生きていくことはできない。

判断能力が不十分な人の場合、成年後見制度を利用しなければ、本来は介護サービスを利用する契約を結ぶことも困難なのである。さらに、地域での生活を考えれば、医療やその他の保健福祉サービス、利用者支援、そして財産管理サービスや居住に関しての支援等を、有機的につなぎ、十分に連携させ柔軟に対応していかなければ、その生活を支えることはとうていできない。成年後見制度や意思決定支援は地域生活の推進、ノーマライゼーションのためにこそ必要であり、重要である。

現在、地域包括ケアの実現が目指されているが、その際にあらためて重要性を増すのが成年後見制度の利用促進である。成年後見制度利用促進法の１条は「認知症、知的障害その他の精神上の障害があることにより財産の管理又は日常生活等に支障がある者を社会全体で支え合うことが、高齢社会における喫緊の課題」としている。成年後見制度利用促進基本計画では、そのために必要な国・都道府県・市町村の体制整備等の役割を明らかにしている。

しかし、成年後見制度利用促進法や成年後見制度利用促進基本計画が求める方向を実現し「利用者本人のメリットある制度」にしていくためには、これまでの地域福祉のネットワークにあらためて司法を位置づけた「地域連携ネットワーク」の構築と機能が重要となる。

そして、そこにはソーシャルワーカーとしての社会福祉士が意思決定支援等のスキルや意識、人権や権利擁護についての理解を持って関与していくことが求められている。

日本の将来、急激な人口減少と超高齢社会に備え、今、国を挙げて「地域共生社会」を志向し模索している。成年後見制度利用促進法１条が上記に続けて「共生社会の実現に資する」としていることと照らし合わせても、市民後見人養成やさらに親族後見人も含め地域でバックアップしていく体制の構築と支援が不可欠である。そこにも、それを支える人材として成年後見を権利擁護として理解し携わってきた社会福祉士には、期待がかかっていることを忘れてはならない。

8 未成年後見

(1) 未成年後見とは

未成年後見とは親権を行使する者がいなくなった未成年者に対し開始するもので（民法838条１号）、未成年後見人が、遺言により指定され（同法839条）または家庭裁判所の審判により選任される（同法840条）。

未成年後見人は財産を管理する（民法859条）ほか、身上の監護に関する権利義務（同法857条）として、監護および教育の権利義務（同法820条）、居所の指定（同法821条）、必要な範囲の懲戒（同法822条）、職業を営むことへの許可（同法823条）とされ、親権を行うものと同一の権利義務を有するとされている。

まさに「親代わり」であるが、さらに不法行為による損害賠償（民法709条）、概ね12歳未満の児童についての無責任能力者の監督義務者の責任（民法714条）といった責務も伴う。

従来は親族が多かったが、近年、第三者後見人の必要性が高まっている。

なお、厚生労働省の補助事業である未成年後見人支援事業では、児童相談所長が選任請求を行い（児童福祉法33条の8）第三者後見人が選任された場合等、一定の要件の下で、「報酬の補助（月額2万円以内）」および「損害賠償保険料補助」の支援を受けることができる。この損害賠償保険事業は日本社会福祉士会が運営している。

⑵ 財産管理と身上監護

財産管理に関して親族後見においてトラブルが生じやすいことは認知されており、未成年後見人には親権者以上に厳密な対応が求められている。

身上監護について、児童は成長発達過程であるので、年齢によって、または家族関係や生活環境による影響で、学校やアルバイト先等で多様な問題が生じる。また、輸血を拒否する親権者の親権停止後（または剥奪後）の医療同意、養子里親等への養子縁組等、特殊な事例に遭遇することもある。

⑶ 社会的養護の状況

未成年後見の対象児童は、在宅（親や親族などと同居）の場合と社会的養護の制度を利用している場合（または、利用していた場合）がある。

社会的養護とは「社会全体で子どもを育む」という意味であり、養護とは養育保護を意味する。実際は児童相談所が措置を行う施設、里親等を指している。

要保護児童（児童福祉法6条の3第8項）とは、保護者のない児童または保護者に監護させることが不適当であると認められる児童であるとされているが、実際は被虐待児や非行児である。

(A) 児童福祉施設

乳児院（児童福祉法（以下、この項で「法」という）37条）は乳児（1歳未満）のみでなく幼児（6歳に満たない児童）まで保護できることになっている。かつては棄児（捨子）を乳児院に保護した後、養子縁組里親に委託し、児童相談所長が未成年後見人となり、養子縁組を承諾するという事例があった。

児童養護施設（法41条）は国内で最も多くの児童を保護している（18歳未満の児童を保護できるが、20歳までの延長もできる）。近年はユニット化、小規模化が進み、地域小規模児童養護施設（6名まで生活できる分園）が増加している。

児童心理治療施設（法43条の2）はかつて情緒障害児短期治療施設といわれ、心理職員、精神科医等が配置されている。

児童自立支援施設（法44条）はかつて教護院といわれ、「非行児」が中心の施設であったが、現在は性格行動上の逸脱、不適応等の多様な状況を示している児童が多い。

母子生活支援施設（法38条）は配偶者のいない女子、またはそれに準ずる事情にある女子およびその者の監護すべき児童を入所させる施設である。養育能力のない母親、アルコール等の依存症、虐待する母親等課題を持つ世帯が多い。入所については、福祉事務所が所管する。

自立援助ホーム（法34条）は児童福祉施設ではなく、事業である。義務教育を終えた児童（高校中退等で施設を退所した場合等）が自立する前段階の生活施設で相談役がいる下宿といえる。

(B) 里親（児童福祉法6条の4）

里親には、次の種類がある。

① 養育里親　保護者の引き取りを前提に、必要な条件のもと養育を行う里親である。養育期間や保護者の面会などの約束事がある。

② 専門里親　養育里親の経験者が専門研修を受け、被虐待児で性格行動上の課題、障害や非行等の課題を有する児童の養育を行う里親である。

③ 養子縁組里親　養育里親とは異なり、養子縁組を前提にした里親であり、多くは特別養子縁組（民法817条の2）を希望している。

④ 親族里親　親が死亡、拘束、入院等の理由で養育できない場合、扶養義務のある親族を里親として認定するものである（実質的に経済的な支援）。

(C) ファミリーホーム（児童福祉法6条の3第8項：小規模住居型児童養育事業）

ファミリーホームとは6名までの子どもを養育する里親であるが、上記の里親とは異なり、里親夫婦が里親を生業とする事業である。実務的には3番目の職員も加わり児童の養育を行うが、地域小規模児童養護施設と養育形態は近いといえる。

(D) 新しい社会的養育ビジョン

厚生労働省は、2017年8月、「新しい社会的養育ビジョン」（新たな社会的養育の在り方に関する検討会）を発表した。その内容は、すべての子どもの権利擁護と包括的な成育の保障を目指したものである。内容は9項目あり、以下のとおりである。

① 市区町村の子ども家庭支援体制の構築
② 児童相談所・一時保護改革
③ 里親への包括的支援体制（フォスタリング機関）の抜本的強化と里親制度改革
④ 永続的解決（パーマネンシー保障）としての特別養子縁組の推進
⑤ 乳幼児の家庭養育原則の徹底と、年限を明確にした取組目標
⑥ 子どものニーズに応じた養育の提供と施設の抜本改革
⑦ 自立支援（リービング・ケア、アフター・ケア）
⑧ 担う人材の専門性の向上など
⑨ 都道府県計画の見直し、国による支援

特に③～⑤については、我が国における児童保護の施設依存傾向の流れを大きく変更するものである。児童福祉法の歴史において里親委託のピークは1960年代前半にあったが、それは一時的な施設不足の時期であった。また1970年代にも第二次ベービーブームの影響での施設不足があったが、いずれにしても一時的な状況であった。この「新しい養育ビジョン」の施設から養子縁組、里親委託へのシフトは、子どもの権利条約の子どもの最善の利益という理念を実現する動きであるといえる。

(4) 起こりうる問題の例

未成年後見の実務では、しばしば次のような問題も生じる。

① 保護者（現に養育している者）、施設、里親に対して、特別支援教育等の就学問題、進学・就職などの進路問題、友人関係、小遣いの使い方等の日常的な問題等々の具体的な課題の解決について、本人（児童）の意見表明権、最善の利益を守るために代弁

する場面が生じる。また、施設、里親等への措置に関して、児童相談所に対しても児童の代理人として対立する場面が生じることもある。

② 保護者宅、施設内、里親宅において生じる虐待の発見、必要があれば虐待通告、保護等の対応などが求められる。また、本人の生活、行動上の問題について指導的かかわりも生じる。

(5) 生活行動上の特徴、自立への支援

(A) 対人関係・社会生活上の課題

愛着形成が十分に育たず、対人関係、社会生活上の課題を抱える場合が多い。特に社会的養護の対象であった場合、被虐待経験の影響、または、施設入所前の生活での実親とのかかわり不足、および施設集団生活の中で特定の大人と人間関係を築きづらい状況等で長期施設生活すること等から、社会的自立に課題を負いながら施設退所をする児童は多い。このような場合、ソーシャルワーカーとして日常生活上の些細な判断に迷うとこと等への相談相手となる必要がある。

(B) 発達障害、知的障害等

発達障害、知的障害等の課題を背負っている児童は多い。障害としての程度は軽いが成育環境の劣悪さから本人の価値観、対人関係の偏りが固着して社会的自立に大きな支障を生じる場合が多い。状況によっては医療機関等への受診を勧める場面が生じる等、社会福祉士の専門性を発揮する場面が生じる。

(C) 児童本人の視点の例

① 施設入所等の理由が虐待であっても「自分が悪いから」と思う児童が多く、そのため自己評価が低くなり人生に対する意欲が少なくなる。

② 気がついたら常に集団生活をしていた。家庭にあこがれる。しかし、どのように家庭をつくるのかわからない。

③ 里親の家で生活していることは承知しているが、実親のことを知りたい。しかし、そのことを言えない。

等々、言語表現できない気持ちを抱いている。未成年後見人はこのような背景を持つ児童を取り巻く環境のアセスメントを行い、課題を十分に理解したうえで、親代わり、相談役、時にはカウンセラー的な役割等、社会福祉士としての持てる限りの能力を発揮することが期待される。基本的な信頼関係を築いたうえでと付き合う姿勢が重要である。

第2章 制度をめぐる動向

1 障害者権利条約の批准

(1) 障害者権利条約に至るまでの過程

第二次世界大戦後、世界における「平和」と「人権の尊重」を推進してきたのは、国連であり、その出発点が「世界人権宣言」(1948年) である。「戦争は最大の人権侵害である」との立場に立ち、前文では、同宣言を公布した理由を「人類社会のすべての構成員の固有の尊厳と平等で譲ることのできない権利とを承認することは、世界における自由、正義及び平和の基礎である」とうたっている。この「世界人権宣言」を踏まえて、障害の領域では、「知的障害者の権利宣言」(1971年)、次いで「障害者の権利宣言」(1975年) が採択され、すべての障害者の人権を前提に、自由、平等が主張された。またリハビリテーションや労働・経済保障、レクリエーションなどの権利、差別や搾取からの保護などがうたわれ、1976年には1981年を「国際障害者年」とすることが決議された。

この国際障害者年の前年には、「国際障害者年行動計画」(1980年) が策定され「障害者問題の解決はすべての人々の社会づくり (A society for all)」が打ち出され、障害と社会の関係のあり方が以下のように強調されている。

「障害という問題をある個人とその環境との関係としてとらえることが、より建設的な解決の方法であることは、ますます明らかになりつつある。多くの場合、社会環境が人間の日常生活での身体や精神への影響を決する。社会はいまなお身体的・精神的能力を完全に備えた人々のみの要求を満たすことを概して行っている。物理環境、保健・社会サービス、教育、労働機会、スポーツを含む文化的・社会的生活全体を障害のある人々にとって利用しやすいように整える義務を社会は負っている。これは単に障害者のみならず、全ての人々にとっても利益となるものである。ある社会がその構成員のいくらかの人々を閉め出すような場合、それは弱くもろい社会なのである」(下線：筆者)。

上記の考え方は、障害を個人とその環境との関係でとらえており、障害のある人だけのみの社会環境の調整ではなく、障害のある人がアクセスでき、参加できる社会環境はすべての人にとって利益になるという考えであり、バリアフリーなどの社会づくりの指針としていくべき権利条約の社会モデルの考え方に影響を与えている。この行動計画を具現化する起点となる年として、国連は、1981年を国際障害者年と定め、そのテーマを「完全参加と平等」とし、世界規模のキャンペーンを展開していくことになる。さらに1982年には「障害者に関する世界行動計画」と「国連障害者の十年」(1983年～1992年) 決議が採択され、1993年には「障害者の機会均等化に関する標準規則」が採択され、障害者の社会的障壁を取り除くべきとの理念が示された。2001年12月の国連総会では、「障害者の権利及び尊厳を保護・促進するための包括的・総合的な国際条約」決議が採択され、国際条約を起草するための「アドホック委員会」が設置された。このアドホック委員会では、障害者団体は傍聴に加えて、発言する機会も設けられた。そのことは、障害者権利条約の根幹をなすスローガン「"Nothing About Us Without Us"（私たちのことを、私たち抜きに決めないで）」に表れている。2006年12月、「障害者の権利に関する条約」（障害者権利条約）が国連総会で採択され、2008年5月に同条約は、発効することになる。

(2) 障害者権利条約の批准～医学モデルから社会モデルへ～

わが国では、国連で障害者権利条約が採択された翌年の2007年9月に条約に署名を行った。そして2009年に「障がい者制度改革推進本部」を設置し、障害者基本法の改正（2011年)、障害者総合支援法（2012年、障害者自立支援法の改正)、障害者差別解消法と障害者雇用促進法の改正（2013年）等を成立させた。2013年、国会においてわが国の障害者権利条約の締結について議論が始まり、衆参本会議において、障害者権利条約の締結が全会一致で承認された。2014年1月20日、日本は条約の批准書を国連に寄託し、日本は141番目の締約国となった。

障害者権利条約とは、障害のある人の人権や基本的自由の享有の確保と固有の尊厳の尊重を促進するための人権条約である。これまでの障害のある人に関する法制度は、医療、リハビリテーションや救済という保護的な観点から規定されてきたが、障害者権利条約は国際人権法に基いて、人権の視点から条文化されている。その前文においては、「全ての人権と基本的自由が普遍的であり、不可分であり、相互に依存し、相互に関連している」として、障害のある人の多くが、差別、乱用、貧困にさらされており、特に障害のある女性や子どもたちが家庭内外での暴力、ネグレクト、搾取等にさらされやすい現状にあることを指摘している。また個人は他の個人とその個人の属する社会に対して、障害者権利条約の条文を具現化していく義務を負い、国際人権法に定められた人権を促進する責任があることを明記している。

権利条約の特徴は、障害のとらえ方である。それは医学モデルから社会モデルへの転換である。従来の障害のとらえ方は、障害は病気や外傷等から生じる個人の問題であり、医療を必要とするものであるという、いわゆる「医学モデル」の考え方であった。しかし権利条約では、障害は主に社会によってつくられた障害者の社会への統合の問題であるという、いわゆる「社会モデル」の考え方が底流にある。これは障害者の医療やリハビリテーションなどの支援と障害者が直面する社会的障壁（バリア）の双方に取り組む必要性が打ち出されている。

(3) 障害者権利条約の目的と方向

障害者権利条約の目的は、「全ての障害者によるあらゆる人権及び基本的自由の完全かつ平等な享有を促進し、保護し、確保すること並びに障害者の固有の尊厳の尊重を促進すること」である。この条約では、障害者には「長期的な身体的、精神的、知的又は感覚的な機能障害であって、様々な障壁との相互作用により他の者との平等を基礎として社会に完全かつ効果的に参加することを妨げ得るものを有する者を含む」とされている。

障害者権利条約の4条（一般的義務）では、締約国に障害者に対する差別となる既存の法律等を修正・撤廃するための適切な措置をとることを求めており、また締約国は障害者に関する問題についての意思決定過程において、障害者と緊密に協議し、障害者を積極的に関与させるよう定めている。５条（平等及び無差別）では、障害に基づくあらゆる差別を禁止することや、合理的配慮の提供が確保されるための適当な措置をとることを求め、この「合理的配慮の否定」を障害に基づく差別に含めたことは、障害者権利条約の特徴の１つとされている。

そのほか、当事者の自尊心、自己決定権の重視、不可侵性（インテグリティ）の保護、雇用や医療を受ける機会も含めた生活のあらゆる場面における差別禁止、障害があることに由来する社会からの隔離や孤立の防止、その個性と違いを尊重されたうえでの被選挙権をも含めた社会参加の権利、医学的乱用、実験からの保護やインフォームド・コンセントの権利、成人教育や生涯学習、当事者に対する社会全体の差別や偏見と闘う意識向上の政策の必要性を強調している。

(4) 障害者権利条約と社会福祉士

障害者権利条約は、締約国の既存の制度、法律より上位概念の規定とされている。障害者権利条約の50条からなる条文は抽象的であり、それを具現化していくために法律や制度がつくられている。それが障害者虐待防止法であり、障害者差別解消法である。しかし法律が成立しているにかかわらず、障害者虐待は後を絶たず、障害者差別の解消には多くの課題が山積している。社会福祉士はソーシャルワーク価値の具現化の中に権利条約を位置づけて社会変革を志向していく実践を積み重ねていかなければならない。

2 障害者差別解消法の成立

(1) 障害者権利条約と障害者差別解消法の関係

障害者権利条約における関連規定を踏まえ、障害者基本法が改正され（2011年）、「社会モデル」の考え方を反映し、障害者は「身体障害、知的障害、精神障害（発達障害を含む。）その他の心身の機能の障害がある者であり、障害及び社会的障壁により継続的に日常生活又は社会生活に相当な制限を受ける状態にあるもの」と規定された。また、社会的障壁については「障害がある者にとつて日常生活又は社会生活を営む上で障壁となるような社会における事物、制度、慣行、観念その他一切のもの」と規定された。

障害者権利条約の２条（「障害に基づく差別」の定義）や５条（平等及び無差別）の規定に関して、上記の障害者基本法改正の際に、同法の「基本原則」に「差別の禁止」が規定され、障害者が社会的障壁の除去を必要とし、そのための負担が過重でない場合は、その障壁を除去するための措置が実施されなければならないことが定められた。この規定を具体化する法律が「障害を理由とする差別の解消の推進に関する法律」（障害者差別解消法）である。この法律は、すべての国民が障害の有無によって分け隔てられることなく、相互に人格と個性を尊重し合いながら共生する社会の実現に向けて、障害を理由とする差別を解消することを目的としている。

(2) 差別の規定

障害者差別解消法では、障害を理由とする差別を「不当な差別的取扱い」と「合理的配慮の不提供」の2つに整理している。

「不当な差別的取扱い」とは、障害があるというだけで、商品やサービスの提供を拒否するような行為をいい、国の行政機関や地方公共団体、事業者の区別なく禁止されている。また、障害者等から何らかの配慮を求める意思の表明があった場合に、その実施が負担になりすぎない範囲で「合理的な配慮」を行うことも求められている。この合理的な配慮を欠くことで障害者の権利利益が侵害される場合は、差別に当たるとされている。

具体的に何が不当な差別に当たり、どのようなことが合理的な配慮として求められるのかは、個々の状況で判断されるため、この法律では、対応要領や対応指針を各省庁や各機関が具体的に示すことになっている。

(3) 障害者差別解消法の内容

(A) 基本的位置づけと目的

障害者差別解消法は、障害者基本法の理念にのっとり、同法4条の「差別の禁止」の規定を具体化するものとして位置づけられ、障害を理由とする差別の解消の推進に関する基本的な事項、行政機関等および事業者における障害を理由とする差別を解消するための措置等を定めることによって、差別の解消を推進し、それによりすべての国民が、相互に人格と個性を尊重し合いながら共生する社会の実現に資することを目的としている。

(B) 基本方針の策定

政府は、障害者差別の解消の推進に関する基本方針として、差別解消に関する施策の基本的な方向、行政機関等および事業者が講ずべき措置に関する基本的な事項等を定めることとしている。基本方針案を作成しようとするときは、あらかじめ、障害者その他の関係者の意見を反映させるために必要な措置を講ずるとともに、障害者政策委員会の意見を聴くことが必要となり、内閣府において関係行政機関の連携の確保等のための体制整備を図りつつ、基本方針案を作成し、行政機関等および事業者が適切に対応するために必要なガイドライン等の基本となる考え方を示すとともに、ガイドラインの運用状況の把握や基本方針の見直し等を行うこととされている。

(C) 「差別的取扱い」の禁止

行政機関等および事業者が事務または事業を行うにあたり、障害を理由として障害者でない者と不当な差別的取扱いをすることにより、障害者の権利利益を侵害してはならないものとされている。

(D) 合理的配慮不提供の禁止

行政機関等および事業者が事務または事業を行うにあたり、障害者から現に社会的障壁の除去を必要としている旨の意思の表明があった場合、その実施に伴う負担が過重でないときは、障害者の権利利益を侵害することとならないよう、当該障害者の性別、年齢および障害の状態に応じて、社会的障壁の除去の実施について必要かつ合理的な配慮をしなければならないものとされている。

なお、民間事業者については、「私的自治」の点に配慮し、「合理的配慮不提供の禁止」は努力義務として意識啓発・周知を図るための取組みを進めることとし、法的義務とするか否かは、本法施行後の状況を踏まえて検討することとされている。

(E) 行政機関等の職員のための対応要領の策定

行政機関の長、地方公共団体の機関等は、基本方針に即して、行政機関等の職員が適切に対応するために必要な対応要領を定めることとされている（地方公共団体の機関および地方独立行政法人については努力義務）。

なお、対応要領を定めようとするときは、あらかじめ、障害者その他の関係者の意見を反映させるために必要な措置を講じなければならない（地方公共団体の機関および地方独立行政法人については努力義務）。

(F) 事業者のための対応指針の策定

各事業分野を管轄する主務大臣は、基本方針に即して、事業者が適切に対応するために必要な対応指針を定めることとされている。なお、対応指針を定めようとするときは、あらかじめ、障害者その他の関係者の意見を反映させるために必要な措置を講じなければならない。

(G) 事業主による差別解消の推進のための措置

行政機関等および事業者が事業主としての立場で労働者に対して行う措置については、障害者雇用促進法によることとされている。

(H) 環境の整備

行政機関等および事業者は、必要かつ合理的な配慮を的確に行うため、自ら設置する施設の構造の改善および設備の整備、関係職員に対する研修その他の必要な環境の整備に努めなければならない。

(I) 実効性の確保

各事業分野を管轄する主務大臣は、特に必要があると認めるときは、対応指針に定める事項について、事業者に対して報告を求めたり、助言、指導、勧告を行うことができるとされ、これに従わなかったときや虚偽の報告を行ったときは、過料が課される。

(4) 差別解消のための支援措置

(A) 相談および紛争の防止・解決のための体制の整備

国および地方公共団体は、障害者およびその家族その他の関係者からの障害を理由とする差別に関する相談に的確に応ずるとともに、紛争の防止または解決を図ることができるよう必要な体制の整備を図ることとされている。

(B) 啓発活動および情報収集

国および地方公共団体は、障害を理由とする差別の解消について国民の関心と理解を深めるとともに、特に、障害を理由とする差別の解消を妨げている諸要因の解消を図るため、必要な啓発活動を行うものとされ、国内外における障害を理由とする差別にかかわる情報の収集、整理および提供を行うものとされている。

(C) 障害者差別解消支援地域協議会の設置

国および地方公共団体は、関係機関等により構成される「障害者差別解消支援地域協議会」を組織することができる。同地域協議会は、障害を理由とする差別に関する情報の交換、障害者からの相談および事例を踏まえた協議並びに差別解消のための取組みを行うとともに、同地域協議会を構成する機関等に対し、事案に関する情報の提供および意見の表明その他の必要な協力を求めることができる。

(5) 障害者差別解消法と社会福祉士

以上、障害者差別解消法の概要を述べたが、地域社会におけるさまざまな当事者参画が保障されることによって、差別と直面し、それを表明することにつながる。そのためには、社会福祉士は、相談支援等の中で、障害者権利条約に規定されている「合理的配慮」「意思疎通保障」「意思決定支援」の具体的工夫、配慮が重要となる。特に重度の障害のある方、意思表示の困難な方などの特別な配慮を必要とする方々への参画に関しては、十分な検討と実施が求められていく必要がある。この配慮や工夫のプロセスや試行錯誤が、「合理的配慮」を地域の中での普遍的な取組みとして展開していく起点となり、差別解消の方向を示すものとなる。

3 精神保健福祉法の改正

(1) 精神保健福祉法の歴史

精神障害はよく「見えない障害」といわれる。見えないという1つの意味は、内部障害の方たち同様に外見上障害の有無が判断しがたいということである。もう1つの意味は、国の隔離収容政策によって、精神科病院への隔離が進んだこと、障害者を抱える家族がそのスティグマによって存在を隠し続けてきたことなどにより、地域でその姿が顕在化することが少なかったという事情による。

精神保健福祉法の前身は明治に遡る。1900（明治33）年に制定された「精神病者監護法」において、精神病者の監護義務を後見人や親族等に負わせるしくみが始まった。医療が十分に普及してない状況下で家族が自宅で患者を監視する「私宅監置」を正当化するための立法であった。

第二次世界大戦後の1945（昭和25）年に「精神衛生法」が制定され、精神病者が医療の対象であることが明らかにされた。それと同時に、私宅監置は廃止されたが、都道府県知事による行政処分である「措置入院」とともに、後見人や家族の同意による「同意入院」が制度化された。「精神病者監護法」における「監護義務者」は「保護義務者」となり、同様の責任を負うこととなった。

昭和20年代には、抗精神病薬が開発され、治療は飛躍的に進んだが、同時に好景気を背景に民間の精神科病院の建設が進み、東京オリンピック開催という国としての大きなイベントも相まって、精神病者の病院への隔離が進んでいった。折しも1964(昭和39)年に起こった精神病患者のアメリカ大使刺傷事件により、精神病者は何をするかわからないという差別や偏見が助長される結果となった。1965（昭和40）年の法改正では、通院公費負担制度を創設し、在宅精神障害者の訪問指導・相談事業の強化が行われた。国際社会ではノーマライゼーションが提唱され、隔離収容から地域で普通に生活するための支援が進められていた時代に、日本では私立病院が乱立し、30万床を超える病床を持つ国へと変化していったのである。

そのような中、1984（昭和59）年に報徳会宇都宮病院において、患者への搾取、虐待、虐殺等が告発され、閉鎖的な病院の中で蔓延していた人権侵害が国際的にも批判にさらされた。その結果、1987（昭和62）年には、精神障害者の人権に配慮した適正な医療および保護の確保と精神障害者の社会復帰の促進を図る観点から、任意入院（自発的入院）制度の創設や退院請求や処遇改善請求のしくみとして精神医療審査会の創設等を含む法改正が行われ、法律の名称も「精神衛生法」から「精神保健法」へと改められた。

1993（平成5）年には「障害者基本法」の中で精神障害者が基本法の対象として明確に位置づけられたこと等を踏まえ、「精神保健法」も、1995（平成7）年に、「精神保健及び精神障害者福祉に関する法律」（精神保健福祉法）とされ、法の目的においても「自立と社会参加の促進のための援助」が加えられた。精神障害者の社会復帰のための施策も徐々に強化され、2005（平成17）年に成立した障害者自立支援法（現・障害者総合支援法）により、福祉サービスに関しては、障害の種別にかかわりのない共通のサービスとして位置づけられている。

(2) 精神保健福祉法における「保護者」制度

1888（明治31）年に制定された禁治産・準禁治産制度の時代から、後見人は「精神病者監護法」における精神病者の監護義務者であり、第二次世界大戦後に制定された「精神衛生法」以降は後見人はいずれも順位としては筆頭に置かれてきた。当時から、保護義務者には、①障害者に治療を受けさせること、②障害者が自身を傷つけまたは他人に害を及ぼさないよう監督すること、③障害者の財産上の利益を保護すること、④障害者の診断、医療にあたっては医師に協力すること、⑤精神障害者に医療を受けさせるにあたっては、医師の指示に従わなければならないことといった義務が課せられてきたのである。1993（平成5）年の改正で、「保護義務者」の名称は「保護者」になり、措置解除により退院した場合等において、保護者は必要に応じて精神科病院および社会復帰施設（障害福祉サービス事業者）等に対して支援を求めることができることが新たに規定された。

精神疾患は「否認の病」ともいわれるが、自分が精神疾患であることを自覚することが難しい。それゆえに、保護者は患者の意思に添わない医療を受けさせることと、本人の代理として人権が尊重されることに配慮するという相反する立ち位置に置かれ続けてきた。その義務は重く、家族などから保護者制度の撤廃を求める運動が展開されてきた。1999(平成11）年の精神保健福祉法の改正で、ようやく任意入院者および通院患者への保護者の義務が除外され、精神障害者が自身を傷つけまたは他人に害を及ぼさないように監督する「自傷他害防止監督義務」も削除された。

2010（平成22）年5月に厚生労働省に「新たな地域精神保健医療体制の構築に向けた検討チーム」が置かれ、その下に設置された「『保護者制度・入院制度の検討』に係る作業チーム」による検討が2010（平成22）年10月から実施された。その背景には、2004（平成16）年に打ち出された「精神保健福祉施策の改革ビジョン」による「入院医療中心から地域生活中心へ」の基本理念の推進という方向性や障害者権利条約の批准という目的があった。2012（平成24）年6月に作業チームのとりまとめが公表され、2014（平成26）年の精神保健福祉法改正に至った。精神障害者の医療の提供を確保するための指針(厚生労働大臣告示)の策定、医療保護入院の見直し等が盛り込まれ、長年継続してきた「保護者制度」も、保護者の高齢化等に伴い負担が大きくなっている等の理由からようやく撤廃されたのである。

(3) 現行法における成年後見人・保佐人の役割と課題

2014（平成26）年の精神保健福祉法改正により、成年後見人・保佐人も保護者としての義務は解かれた。しかし、非自発的入院における手続上、家族等（配偶者、親権者、扶養義務者、後見人または保佐人）のうちのいずれかの者の同意を必要し、該当者がいない場合等は、市町村長が同意の判断を行うということとなった。また、精神医療審査会に対し退院等の請求をできる者として、入院者本人とともに新たに家族等を規定し、同意者である成年後見人・保佐人にも退院請求権が保障された。

改正における議論で、これまで保護者に課せられていた精神障害者の財産上の利益保護に関しては、成年後見制度等でカバーすることが可能とされており、成年後見人・保佐人（代理権のある場合に限定される点はあるが）が選任されている場合は、これまでの精神保健福祉法上の保護者の義務ということではなく、その職務の範疇として成年後見制度の活用がなされることに期待が寄せられている。

しかし、法改正によりすべてが解消されたわけではない。1つは、民法714条の監督義務者の問題である。認知症、知的障害者や未成年などの後見に関しても同様であるが、結果として生じてしまった事態に対して、成年後見人等がどのような責任を求められるのかはあらかじめ予測できることでもない。精神障害者の成年後見人等に関しては、精神障害者への理解が十分に広がっていない中で、受任者不足も懸念されるところである。

もう1つの課題は、医療同意の問題である。精神障害者の場合、身体疾患の治療に際して、閉鎖的な環境が用意されていないと手術等の医療行為ができない人がいたり、精神科の治療薬との関係で配慮が必要など、同意以前の問題も山積している。治療に関するインフォームド・コンセントやそもそも治療を選択することが保障されているのかどうかなどを含め、長期入院者が高齢化している中、成年後見人等として身体疾患への治療に関しては、当面も課題として抱え続けていくことになると予測される。

また、精神保健福祉法上では廃止された保護者制度ではあるが、心神喪失者等医療観察法にはまだ保護者制度が残されている点に関しても、今後対応が求められる。

4 介護保険の動向

(1) はじめに

介護保険制度はその創設から18年が経ち、サービス利用者は介護保険制度創設時の3倍を超え、500万人に達している。その一方、2025年にはいわゆる団塊世代すべてが75歳以上となり、2040年にはいわゆる団塊ジュニア世代が65歳以上になるなど、人口の高齢化は今後さらに進展することが見込まれている。一方、75歳以上人口は、都市部では急速に増加し、もともと高齢者人口の多い地方でも緩やかに増加するなど、各地域の状況は異なる。

介護保険法（平成9年法律第123号）の一部改正（平成30年法律第52号。以下、「改正法」という）に伴い、高齢者の自立支援と要介護状態の重度化防止、地域共生社会の実現を図るとともに、制度の持続可能性を確保することに配慮し、サービスを必要とする人に必要なサービスが提供されるよう、所要の改正が行われた。

⑵　基本指針

介護保険法において、厚生労働大臣は、介護保険事業に係る保険給付の円滑な実施を確保するための基本的な指針（以下、「基本指針」という）を定めることとされており、都道府県および市町村は、基本指針に即して都道府県介護保険事業支援計画および市町村介護保険事業計画を定めている。

第７期（平成30年度から平成32年）の市町村介護保険事業計画および都道府県介護保険事業支援計画の策定の基本指針においては、地域共生社会と地域包括ケアシステムの関係性を含めて次のように整理して明記している。

> 地域共生社会の実現に向けて、地域包括ケアシステムの強化のための介護保険法等の一部を改正する法律（平成29年法律第52号）（以下「改正法」という。）により社会福祉法（昭和26年法律第45号）が改正され、地域住民と行政などが協働し、公的な体制による支援とあいまって、地域や個人が抱える生活課題を解決していくことができるよう、「我が事・丸ごと」の包括的な支援体制を整備することが市町村の努力義務とされている。地域包括ケアシステムは、高齢期におけるケアが念頭に置かれているが、必要な支援を地域の中で包括的に提供し、地域での自立した生活を支援するという考え方は、障害者の地域生活への移行や、困難を抱える地域の子どもや子育て家庭に対する支援等にも応用することが可能な概念である。
>
> 地域共生社会の実現に向けた「我が事・丸ごと」の包括的な支援体制の整備は、この地域包括ケアシステムの「必要な支援を包括的に提供する」という考え方を障害者や子ども等への支援にも広げたものである。これにより、高齢の親と無職独身の五十代の子どもが同居している世帯、育児と介護に同時に直面する世帯等、課題が複合化していて高齢者に対する地域包括ケアシステムだけでは適切な解決策を講じることが難しいケースにも対応できるようにするものであることから、地域包括ケアシステムの強化につながるものと考えられる。また、地域包括ケアシステムの実現に向けた取組においては、これまでも、生活支援コーディネーター（地域支え合い推進員）や協議体が中心となり、サービス提供者と利用者とが「支える側」と「支えられる側」という画一的な関係性に陥ることのないよう高齢者の社会参加等を進め、世代を超えて地域住民が共に支え合う地域づくりを進めてきているが、地域共生社会は、同様の考え方を発展させ、障害者、児童、生活困窮者等を含む地域のあらゆる住民が役割を持ち、支え合いながら、自分らしく活躍できるコミュニティを育成し、公的な福祉サービスと協働して、助け合いながら暮らすことのできる社会として、その実現を目指すものである。

⑶　改正法の概要

主な改正内容は、次のとおりである。

(A)　保険者機能の強化等による自立支援・重度化防止に向けた取組みの推進

高齢化が進展する中で、地域包括ケアシステムを推進するとともに、制度の持続可能性を維持するために、保険者が地域の課題を分析して高齢者がその有する能力に応じた自立した生活を送ってもらうための取組みとして、全市町村が保険者機能を発揮することによる自立支援・重度化防止に向けた取組みの推進として、①データに基づく課題分析と対応、②適切な指標による実績評価、③インセンティブの付与の制度化、④地域包括支援センターの機能強化、⑤居宅サービス事業者の指定等に対する保険者の関与強化、⑥認知症施策の推進等がある。

(B) 新たな介護保険施設の創設

今後、増加が見込まれる慢性期の医療・介護ニーズへの対応のため、「日常的な医学管理が必要な重介護者の受入れ」や「看取り・ターミナル」等の機能と、「生活施設」としての機能を兼ね備えた、介護医療院が創設され、要介護者に対し、「長期療養のための医療」と「日常生活上の世話（介護）」を一体的に提供する機能を有し、介護保険法上の介護保険施設だが、医療法上は医療提供施設として法的に位置づけられた。

(C) 地域共生社会の実現に向けた取組みの推進

市町村による包括的な支援体制の推進として、地域住民の地域福祉活動への参加を促進するための環境整備や住民に身近な圏域において、分野を超えた地域生活課題についての総合的な相談体制づくりに努める旨が規定された。

また、高齢者と障害児者が同一の事業所でサービスを受けやすくするため、介護保険と障害福祉両方の制度に新たに共生型サービスが位置づけられた。

(D) 現役世代並みの所得のある者の利用者負担割合の見直し

世代間・世代内の公平性を確保しつつ、制度の持続可能性を高める観点から、２割負担者のうち特に所得の高い層の負担割合が３割とされた。ただし、負担増となる者は約12万人（全体の約３％）月額４万4400円の負担の上限が設定された。

(E) 介護納付金における総報酬割の導入

第２号被保険者（40～64歳）の保険料は、介護納付金として医療保険者に賦課しており、各医療保険者が加入者である第２号被保険者の負担すべき費用を一括納付している。各医療保険者は、介護納付金を、「加入者数に応じた負担」から「報酬額に比例した負担」とされた。

(4) まとめ

「地域共生社会」の実現が今後の重要な福祉施策として位置づけられており、地域包括ケアシステムの概念が、全世代へと展開される。社会福祉士は、介護保険の動向および関連する制度・施策の変化をとらえ、専門的知識および技術を有するソーシャルワーク専門職として、地域包括ケアシステムの深化・推進に向けて、ミクロ・メゾ・マクロレベルのソーシャルワークの機能を発揮するなどの役割を担うことが期待される。

5 成年後見制度利用促進基本計画

平成28年５月「成年後見制度の利用の促進に関する法律」（成年後見制度利用促進法）が施行された。成年後見制度利用促進法は、ノーマライゼーション、自己決定権の尊重、身上の保護の重視といった成年後見制度利用促進の基本理念を定めるとともに、今後推進されるべき施策の基本方針を掲げ、政府は総合的かつ計画的な施策の推進を図るため基本計画を策定すべきことが規定された。この成年後見制度利用促進法に基づき内閣府に「成年後見制度利用促進委員会」（委員長：大森彌東京大学名誉教授）が設置され、同委員会の審議の結果をとりまとめた意見を踏まえ、平成29年３月、「成年後見制度利用促進基本計画」が閣議決定された（成年後見制度の利用の促進に関する事務は、成年後見制度利用促進法により、平成30年４月１日より厚生労働省が担当している)。

(1) 成年後見制度利用促進基本計画の性格、対象期間

成年後見制度利用促進基本計画は、成年後見制度の利用の促進に関する施策の総合的かつ計画的な推進を図るため、政府が講ずる施策の基本的事項を定めたものである。市町村は、国の基本計画を勘案し、各市町村における成年後見制度の利用促進に関する施策について基本的な計画を定めるよう努める（成年後見制度利用促進法23条１項)。成年後見制度利用促進基本計画の対象期間は、平成29年度から平成33年度までの５年間である。

(2) 成年後見制度の利用促進に係る基本的な考え方

成年後見制度は、ノーマライゼーションや自己決定権の尊重等の理念と、本人保護の理念との調和の観点から、精神上の障害により判断能力が不十分であるために契約等の法律行為における意思決定が困難な人について、成年後見人等（成年後見人・保佐人・補助人）がその判断能力を補うことによって、その人の生命、身体、自由、財産等の権利を擁護することを趣旨としている。今後、認知症高齢者の増加や単独世帯の高齢者の増加が見込まれる中、制度の重要性はますます高まっている。

成年後見制度の利用者数は近年、増加傾向にあるものの、認知症高齢者数等と比較すれば少ない実態にあり、預貯金の解約、介護保険契約など、社会生活上の大きな支障が生じない限り、あまり利用されていない。

また、親族よりも法律専門職等の第三者が成年後見人等に選任されることが多くなっているが、第三者後見人の中には、意思決定支援や身上保護等の福祉的視点に乏しい運用がなされているものもあると指摘されている。

さらに、後見等の開始後に、本人やその親族、さらには成年後見人等を支援する体制が十分でないという課題がある。基本計画では、今後の成年後見制度の利用促進にあたっては、成年後見制度の趣旨でもあるノーマライゼーション、自己決定権の尊重の理念に立ち返り、本人の利益や生活の質の向上のために財産を積極的に利用するという視点や、本人の意思決定支援・身上保護等の福祉的な観点も重視し、個々のケースに応じた適切で柔軟な運用が検討されるべきであるとの基本的考え方が示された。

(3) 今後の施策の目標

基本計画では、今後の施策の目標として、次の４点が掲げられた。

① 利用者がメリットを実感できる制度・運用へ改善を進める。
具体的には、以下のような点が明記された。
○本人の生活状況等を踏まえ、家庭裁判所が、本人の利益保護のために最も適切な成年後見人等を選任することができるような方策を検討する。
○制度利用・類型の決定にあたり本人の精神の状態を判断する医師が、本人の生活状況や必要な支援等を含め十分な判断資料に基づき判断することができるよう、本人の状況等を医師に的確に伝えるための方策や、診断書等のあり方について検討する。

② 全国どの地域においても必要な人が成年後見制度を利用できるよう、各地域において、権利擁護支援の地域連携ネットワークの構築を図る。

③ 成年後見人等による横領等の不正防止を徹底するとともに、利用しやすさとの調和を図り、安心して成年後見制度を利用できる環境を整備する。

④ 成年被後見人等の権利制限に係る措置（欠格条項）を見直す。

(4) 工程表

これら４つの施策目標を達成し、成年後見制度の利用を着実に促進するため、国・地方公共団体・関係団体等は相互に連携しつつ、〈図３〉の工程表に掲げた各施策につき、段階的・計画的に取り組むこととされた。

〈図３〉 成年後見制度利用促進基本計画の工程表

		29年度	30年度	31年度※	32年度	33年度
Ⅰ	制度の周知	パンフレット、ポスターなどによる制度周知（29年度～33年度）				
Ⅱ	市町村計画の策定	国の計画の周知、市町村計画の策定働きかけ、策定状況のフォローアップ（29年度～33年度）				
Ⅲ	利用者がメリットを実感できる制度の運用 ・適切な後見人等の選任のための検討の促進 ・診断書の在り方等の検討 ・高齢者と障害者の特性に応じた意思決定支援の在り方についての指針の策定等の検討、成果の共有等	適切な後見人等の選任のための検討の促進 診断書の在り方等の検討 意思決定支援の在り方についての指針の策定等の検討、成果の共有等（29年度～33年度）		新たな運用等の開始、運用状況のフォローアップ		
Ⅳ	地域連携ネットワークづくり ・市町村による中核機関の設置 ・地域連携ネットワークの整備に向けた取組の推進	中核機関の設置・運営、地域連携ネットワークの整備（29年度～33年度） 相談体制・地域連携ネットワーク構築支援（各地域の取組例の収集・紹介、試行的な取組への支援等）		相談体制の強化、地域連携ネットワークの更なる構築		
Ⅴ	不正防止の徹底と利用しやすさの調和 ・金融機関における預貯金等管理に係る自主的な取組のための検討の促進等 ・取組の検討状況等を踏まえたより効率的な不正防止の在り方の検討	金融機関における自主的取組のための検討の促進 専門職団体等による自主的な取組の促進		取組の検討状況・地域連携ネットワークにおける不正防止効果を踏まえたより効率的な不正防止の在り方の検討		
Ⅵ	成年被後見人等の医療・介護等に係る意思決定が困難な人への支援等の検討	医療・介護等の現場において関係者が対応を行う際に参考となる考え方の整理		参考となる考え方の周知、活用状況を踏まえた改善		
Ⅶ	成年被後見人等の権利制限の措置の見直し	成年被後見人等の権利制限の措置について法制上の措置等 目途：平成31年５月まで				

施策の進捗状況については、随時、国において把握・評価し、必要な対応を検討する。
※基本計画の中間年度である平成31年度においては、各施策の進捗状況を踏まえ、個別の課題の整理・検討を行う。

(5) 権利擁護支援の地域連携ネットワークづくり（〈図４〉参照）

「全国どの地域においても必要な人が成年後見制度を利用できるよう、各地域において、権利擁護支援の地域連携ネットワークの構築を図る」などの施策目標を達成するため、各地域において、①権利擁護支援の必要な人の発見・支援、②早期の段階からの相談・対応体制の整備、③意思決定支援・身上保護を重視した後見活動を支援する体制の構築、という３つの役割を念頭に、従来の保健・医療・福祉の連携（医療・福祉につながる仕組み）だけでなく、新たに、司法も含めた連携のしくみが構築される必要があり、具体的には、以下の基本的しくみを整備すべきこととされた。

① 親族、福祉等の関係者と後見人等がチームとなって本人を見守る体制（「チーム」対応）

② 福祉・法律の専門職団体が協力して個別のチームを支援するしくみ（「協議会」）

③ 地域連携ネットワークの整備・運営の中核機関（「センター」）

中核機関は、協議会の事務局機能を担い、中立的な立場から、地域連携ネットワークの

〈図４〉 地域連携ネットワークのイメージ

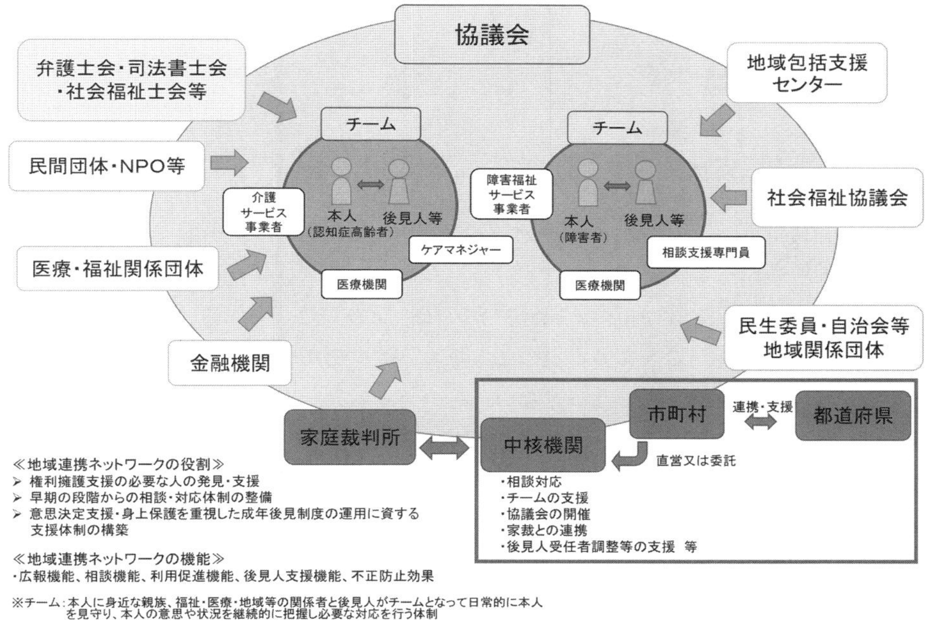

活動全体をコーディネートする。「地域連携ネットワーク」および「中核機関」が、適宜地域の関係機関等と分担しつつ担うべき機能としては、ⓐ広報機能、ⓑ相談機能、ⓒ成年後見制度利用促進機能、ⓓ成年後見人等支援機能の４つがあり、これらの段階的・計画的整備が求められる。実際には、既存の「成年後見支援センター」、地域包括ケアや地域福祉のネットワーク、実績のある専門職団体等の既存資源を十分活用しながら、柔軟に整備を進めることが想定される。

成年後見制度利用促進法に基づき市町村が定める計画には、地域連携ネットワークの上記３つの役割を各地域において効果的に実現させる観点から、チーム、協議会、中核機関（センター）といった基本的しくみを具体化し、それらの機能の段階的・計画的整備に向けた具体的な施策を定める。また、既存の地域福祉・地域包括ケア・司法のネットワークといった地域資源の活用や、地域福祉計画など既存の施策との横断的・有機的連携に配慮した内容とし、成年後見制度の利用に関する助成制度のあり方についても市町村計画に盛り込むこととされている。

各都道府県は、地域連携ネットワーク・中核機関の整備の支援および広域的な対応が必要となる業務等につき、市町村と協議を行い、必要な支援を行うものとされ、具体的には、都道府県下の状況を継続的に把握するとともに、広域での協議会・中核機関の設置・運営につき市町村と調整すること、特に成年後見人等の担い手の確保（市民後見人の研修・育成、法人後見の担い手の確保等）や、権利擁護支援のニーズの発見・対応等に対応できる専門性確保など市町村職員を含めた関係者の資質の向上に関する施策に取り組むこと等が期待される。

協議会等の構成メンバーとなる関係者のうち、特に、専門職団体（弁護士会、司法書士会、社会福祉士会等）は、市町村と協力し、協議会の設立準備会に参画するとともに、地域連携ネットワークにおける相談対応やチームの支援等の活動などの中心的な担い手として、中核機関の設立およびその円滑な業務運営等に積極的に協力することが期待される。

6 意思決定支援

(1) 意思決定支援とは

「1 障害者権利条約の批准」でも述べられているとおり、人の意思は「ある」ことが前提として理解されることが求められている。しかし、意思表出が難しい状況や、支援関係者側がその意思表出を受け止め、理解する方法や能力が乏しい場合、その人の意思は正確に受け取られることができない。そのことをもって、その人には「意思がない」、「意思決定ができない」と判断されてはいけない、といえる。

つまり、意思決定支援とは、その人の意思がどこにあるかを探ることではなく、その人の意思の形成や意思の表出へ向けて、どのような支援やかかわり方が求められるのかを検討するプロセスであり、本人や関係者で合意形成が可能となった場合においても、繰り返し見直すことが求められる。また、包括的な意思決定ではなく、決定事項や場面によって細かく丁寧に確認していくことが求められるのは、イギリスの「意思決定能力法（MCA)」でも解説がなされている。

(2) イギリス「意思決定能力法（MCA)」

イギリスの意思決定能力法は、2005年に制定された。法の中では、意思決定能力のとらえ方を3つの条文で、さらに、意思決定能力がないと評価された本人に対してどのような対応をとるべきかを2つの条文で表している。

以下、1から5の条文の訳を示すが、菅富美枝『イギリス成年後見制度にみる自律支援の法則』（ミネルヴァ書房、27・28頁）よりの引用である。

1．人は、意思決定能力を喪失しているという確固たる証拠がないかぎり、意思決定能力があると推定されなければならない。
2．人は、自ら意思決定を行うべく可能な限りの支援を受けたうえで、それらが功を奏しなかった場合のみ、意思決定ができないと法的に評価される。
3．客観的には不合理にみえる意思決定を行ったということだけで、本人には意思決定能力がないと判断されることはない。

つまり、支援者側の主観や支援のしやすさを基軸として、本人の意思決定能力を判断してはいけないこと、大前提は、すべての人には意思能力が存在するのであり、その意思を支援者側が把握し、理解し、受け止める能力や技術が不足しているということである。上記2に示されている内容は、大変重い。いったいどこまで、誰が、どのように実行可能な方法を行えるのか、また、行わなければならないのかということである。しかし、人にはさまざまな限界があることも事実であり、いつまでも延々と実行可能な方法を探り続けることが許されない場合もある。タイミングを逃してしまうことで、他者決定であったとしても、本来本人が得られるメリットがあったのではないか、ということである。この利益衡量の考え方が、支援者側ではなく本人にとってどうなのかという判断基準にもなる。

そして、1から3を踏まえたうえで、本人ではない他者が本人側に代わって行為をなすときの条文が以下の2つである。

4．意思決定能力がないと法的に評価された本人に代わって行為をなし、あるいは、意思決定するにあたっては、本人のベストインタレスト（最善の利益）に適うように行わなければならない。

5．そうした行為や意思決定をなすにあたっては、本人の権利や行動の自由を制限する程度がより少なくてすむような選択肢が他にないか、よく考えなければならない。

ベストインタレストという言葉は、ときに誰にとってのベストなのか疑問に思うこともある。ここでは、3のように、多くの人が選択しない方法であっても、本人にとってベストインタレストに適しているのか、という視点が求められる。そのためには、5が考慮されていなければならない。選択肢があるのに本人に情報として伝えていないことはないのか、「本人は知らないほうがよい」という理屈のもとに、きちんと情報提供をしていない中で4が行われてしまえば、それは他者にとってのベストインタレストなのである。

(3) 日本におけるガイドライン

日本においても意思決定支援にかかわるガイドラインが整備され始めている。

① 人生の最終段階における医療ガイドライン

2007年に「終末期医療の決定プロセスに関するガイドライン」が示され、そこでは患者の意思決定を行うことが明記された。2015年には「終末期医療」から「人生の最終段階における医療」と表記を変えることとなり、2018年には改訂版が公表された。

改訂のポイントは、まず、本人の意思の確認を行い、意思確認ができる場合とできない場合とに分けてプロセスを示している。また、いずれの場合においても複数の専門家からなる話合いの場の設置をし、医療関係者だけではなく、ケアチームや家族等（ここには成年後見人等も含まれると解される）が方針の決定に際して合意を得ることとし、合意が困難な場合は別途複数の専門家からなる話合いの場を設置する、としている。

② 障害福祉サービス等の提供に係る意思決定支援ガイドライン

2017年3月に作成されたガイドラインでは、意思決定支援を次のように定義している。「意思決定支援とは、自ら意思を決定することに困難を抱える障害者が、日常生活や社会生活に関して自らの意思が反映された生活を送ることができるように、可能な限り本人が自ら意思決定できるよう支援し、本人の意思の確認や意思及び選好を推定し、支援を尽くしても本人の意思及び選好の推定が困難な場合には、最後の手段として本人の最善の利益を検討するために事業者の職員が行う支援の行為及び仕組みをいう」（ガイドラインより抜粋）。

③ 日常生活や社会生活等において認知症の人の意思が適切に反映された生活が送れるようにするための意思決定支援のあり方に関する研究事業

認知症の人の意思決定支援に関する指針策定のため2015年度、2016年度に実施した意思決定に関する研究を参考に、2017年度、認知症の人の意思決定支援に関する検討を行い、策定されたガイドラインが2018年6月に提示された。このガイドラインは、認知症の人の意思決定にかかわる人が、認知症の人の意思をできる限り丁寧にくみ取るために、認知症の人の意思決定を支援する標準的なプロセスや留意点を記載したものであり、成年後見制度等における代理代行には及んでいないことが、②とは異なることとして指摘されている。

⑷ 「意思決定支援に配慮した成年後見制度活用のための手引き」

日本社会福祉士会は、2000年の民法改正による新たな成年後見制度創設の動きを踏まえ、1998年より単なる財産管理ではなく、本人の権利擁護のしくみとしてこの成年後見制度が活用されるよう、受任者養成等に取り組んできた。当初は法律専門職による高額な資産を所持している認知症高齢者への対応が多かったが、特に2006年の介護保険法改正により、地域包括支援センターが地域に設置され、社会福祉士が必置となり権利擁護事業を行うことが明確になったことや、同年に高齢者虐待防止法が施行されたこともあり、資産の多寡にかかわらず、権利擁護の目的のために成年後見制度へつながる事例が増えてきた。2006年は、障害の分野においても契約の概念が浸透して、入所施設における集団申立てなどが各地で行われ、障害者の利用が少しずつ増えてきたことでも大きな変化がみられた年である。社会福祉士が専門職団体として、最高裁判所に認識され始めたのもこの頃で、統計資料の中に福祉専門職である社会福祉士の選任件数が明記され始めた。

社会福祉士による後見実務が増加する中で、成年後見人等とソーシャルワーカーの違いは何なのかという課題も表出した。本人の意思決定を支援し、本人の自己決定権を尊重するためのさまざまな支援を行うソーシャルワーカーである社会福祉士が、成年後見人に選任されたとたんに本人のために代理権を行使する立場になる。本人の意思決定支援をどこまで、どのように行うことが必要なのか。法律行為と混在する成年後見実務の中では、本人の保護こそが成年後見人等の責務であるという認識は、当初は強かったと感じる。しかし、本人にとって、成年後見人等が行う実務はどのように受け取られるのか、そのことで、成年後見人等と本人の関係性はどのように変化していくのか、何よりも、本人の権利を侵害することの少ない補助類型や保佐類型がほとんど使われていない理由は何なのか。日本社会福祉士会の統計資料をみると、国の統計資料と異なり、保佐や補助類型がそれなりの件数はあること、また、全体の割合としては少ない市区町村長申立てに係る事件を受任している割合が、社会福祉士受任件数全体の4割程度あることなどを鑑みると、社会福祉士は本人側の視点に立ち、この制度を活用するという本来の成年後見制度の理念に沿った活動をしているといえるのではないか。

そこで、2014年に、日本社会福祉士会は、保佐・補助類型を受任している会員を対象に、代理権を行使しなかった状況や、取消権の行使状況についてアンケート調査を行った。代理権を行使しなかった案件は、数としては少なかったが、取消権を行使した案件も多くはなかった。代理権を行使しなかった状況や、取消権を行使しなかった場合の状況を記述式で回答してもらった結果は、保佐人・補助人だけで何とかしようとせずに、本人を取り巻く関係者との協議や、本人に対する丁寧な説明や本人の意向の確認、権限行使の前にとり得る支援方策がないかを検討しているものが多かった。このプロセスこそが意思決定支援

〈図5〉「認知症高齢者に対する意思決定支援としての成年後見制度の利用促進の政策的課題と活用手法に関する実証的研究」における意思決定支援の枠組み

支援の目的と内容、支援者の役割 ／ 求められる地域の支援システム

本研究で想定する意思決定支援の3段階

個別ニーズや地域課題の発見と支援へのつなぎ

◎住民自身が、判断能力低下後の自身の生き方、安心して暮らせる地域のあり方について学び、関心をもち、行動する。
◎支援関係者は、申立てが予定される前から、後見制度利用を意識した関わり、ネットワークを地域として活かす。

- ●住民一人ひとりが自身の問題として認識し相談する
- ●相談を受けた様々な人、機関が制度活用を自らの意思で行えるよう、つなぐべき機関を知っている
- ●成年後見制度担当機関は、制度説明に留まらず、本人が自らの意思で申立てができる支援体制を整える。必要に応じてインフォーマルな適切な支援ネットワークも活用する
- ●特に、消費者被害や虐待対応など、緊急かつ専門的な対応を要するものについては、速やかに、適切な部署につなぐ
- ●これらの潜在的なニーズが、集団として起こりうるような一定の地域（集合住宅、エリア等）については、地域全体として予防策を講じておく

↔

- ←認知症等判断能力の有無や状況に関わらず「本人意思を尊重する」ことの重要性について、専門職や支援関係者はもとより、住民一人ひとりが理解を深められるような実践的な啓発・教育（含専門職団体の連携共有）
- ←地域のなかで、ゆるやかな見守りや気軽に相談できる仕組みづくり
- ←市民の理解協力者拡大、市民後見人の育成と周知啓発
- ←補助類型・保佐類型の段階で制度利用が可能となるような支援関係者への横断的な教育（制度の理解、本人申立ての支援の仕組みづくり（スキルアップを含め）
- ←情報源情報の共有などを含め、地域のネットワークづくりでは、地域ケア会議、担当者会議等を活用。（適切なアセスメント）

⇩

本人意思の引き出し

◎日常生活上の嗜好、選好から法的な手続き、契約まで、全ての意思に関して、支援にかかわる全ての人が、チームとして役割分担しながら、本人意思を引き出す。そのための環境を整備する。

- ●支援者側の支援のしやすさではなく、どのようにすれば本人のスタイルを継続できるかを一緒に考えていく支援により、本人が自己決定を支えられたという体験をすることが重要
- ●虐待やその他の事情でパワーレスな状態にある人の場合は、本人が「自分の意思を出してよい」と思えるように、エンパワメントしていく必要
- ●本人の自己決定よりも保護が優先される場合のチームによる緊急かつ適切な判断の必要
- ●制度利用や医療対応、転居等の場合、本人が意思決定するまでの間、本人に寄り添いながら、本人の自己決定を支援する役割を担うチームが必要となる
- ●専門職（特にソーシャルワーク）の役割として、支援者への関与を通じて、本人の意思決定を間接的に支援することも有効

↔

- ←支援者、成年後見人等（市民後見人を含む）の、生活の各局面における本人意思の引き出しの重要性に対する理解促進と具体的アプローチ手法の浸透
- ←意思の引き出し段階から、支援チームとして役割分担をしながら、段階に応じて各人濃淡をつけながら関われるようにチーム編成ができる体制づくり
- ←被虐待者などパワーレスになっている人に対しては、適切な専門職の関与
- ←成年後見制度利用促進に向けた、自治体各種支援制度の充実
- ←各地域において、市民後見人を含む成年後見人等、関係する支援者が、適切な制度や資源を利用できるような情報源情報の共有

⇩

表明された意思の実現

◎本人意思の実現に向けて、社会資源の開発を含め、チームとして適切な役割分担をしながら支援計画を練る。
◎特に法律行為を行う・行わないの判断根拠を本人を含むチームとして明確にし、共有する。

実現に向けて契約等の法律行為が必要なもの	実現に向けて法律行為を伴わないもの
⇒成年後見人等の固有役割	⇒成年後見人等を含む支援者チームで役割分担
⇒示された本人の意思を代理権等を適切に行使することで実現する（手続き代理を含む）	⇒示された本人の意思を日々の日常生活のなかで実現

↔

（成年後見人等の活動環境整備、支援）
- ←本人意思実現のための適切な代理権行使のあり方等に関する、市民後見人を含む後見人等への研鑽機会の確保
- ←成年後見人等の活動支援に向けた、自治体権利擁護センター、家庭裁判所等のバックアップ体制の強化（情報共有機会の確保、相談・連携体制強化、研鑽機会の確保）

（成年後見人等を含む支援者支援）
- ←本人の安全・安心はもとより、本人のQOLを高めるための支援の重要性（趣味や社会参加の機会、有効なお金の使い方、ネットワーク形成等）に対する理解促進

⇧

意思決定支援のプロセス（全ての段階に共通して）

☆わかりやすい情報を受けられる環境の整備
☆アセスメントにおけるニーズ判定への利用者参加
☆苦情を申し立てる権利の尊重と環境整備
☆意思の表出が困難な場合のコミュニケーションの支援
☆サービス決定過程における利用者の同意と選択の尊重
☆苦情に対する説明と具体的な対応

のあり方といえる。

このアンケート結果から、2014年に厚生労働省老人保健事業推進費等補助金事業として「認知症高齢者に対する意思決定支援としての成年後見制度の利用促進の政策的課題と活用手法に関する実証的研究」を報告書としてとりまとめた（〈図5〉参照）。

そして、2015年に厚生労働省老人保健事業推進費等補助金事業として、意思決定支援の枠組みを具現化するための二つのツール（「ソーシャルサポート・ネットワーク分析マップ」と「アセスメントシート」（2019年書籍化とともに「意思決定支援見える化シート」として改編））を開発した。

意思決定のレベルは日常的事項から法律行為に至るまで多様であり、地域の中でこの仕組みが機能するためには、成年後見人等だけではなく、さまざまな支援関係者がかかわることによって本人の意思決定支援を実現することが必要である。そのためには、システムの整備とともにノウハウの構築も重要となり、ツールはノウハウを具体的に示すことで本人や支援関係者が共有することができる。ただし、ツールに頼りすぎると、誰のための何のためのツールなのかというように、視点がずれていく危険性もあることは留意すべきである。

本人の意思決定支援という視点から、成年後見制度を利用している本人に対して、成年後見人等にたとえ権限が付与されていたとしても、いきなり権限行使をするのではなく、自己決定権の尊重のための意思決定支援をプロセスを踏んできちんと行う必要性を示したものといえる。

この「プロセスを踏む」ということは、成年後見制度を利用している人々だけではなく、また、成年後見制度の利用者になりうる判断能力が不十分な人々に対してだけでもなく、生活をしていくときに、家族も含めた他者からの何らかの支援やかかわりが必要となる私たち誰にとっても必要なプロセスであり、支援関係者という位置づけにいる者にとってもあらためて気づきを促すことにつながるものと考える。

第3章 社会福祉士会と成年後見活動

1 社会福祉士会が成年後見活動に取り組んできた経緯と意義

(1) 社会福祉士のミッションとしての権利擁護とぱあとなあの設置

社会福祉士の倫理綱領は、その前文において「われわれ社会福祉士は、すべての人が人間としての尊厳を有し、価値ある存在であり、平等であることを深く認識する。われわれは、平和を擁護し、人権と社会正義の原理に則り、サービス利用者本位の質の高い福祉サービスの開発と提供に努めることによって社会福祉の推進とサービス利用者の自己実現をめざす専門職であること」を明言している。また、日本社会福祉士会（以下、「本会」という）は、専門職能団体としての目的を、「社会福祉士の倫理を確立し、専門的技能を研鑽し、社会福祉士の資質と社会的地位の向上に努めるとともに、都道府県社会福祉士会と協働して人々の生活と権利の擁護及び社会福祉士の増進に寄与する」（定款5条）こととしている。

1999年の民法改正によって、成年後見制度は、旧来の家産の維持を目的とする制限的制度から、自己決定の尊重、ノーマライゼーション、残存能力の活用の理念と保護との調和を旨とする、判断能力の不十分な人の生活と権利を擁護する制度に変わった。具体的には、補助類型や任意後見制度の創出、身上監護の重視に、それらの理念が体現されている。また、利用しやすい制度とするため市町村長申立てを組み込むとともに、第三者後見人や法人後見人の活用等を図っている。

本会は、援助を必要とする人の生活と権利を擁護するという社会福祉士および本会に与えられたミッションを具体化し、身上監護を担う社会福祉士の成年後見活動の体制を整備することによって社会的後見の一翼を担うため、1999年10月に「成年後見センターぱあとなあ」（以下、「本会ぱあとなあ」または「ぱあとなあ」という）を設置した。

(2) ぱあとなあの沿革

(A) 成年後見制度の研究と民法改正のための提言活動

1995年6月、法務省民事局に成年後見問題研究会が設置され、成年後見制度改正の検討が開始された。1998年4月に、法務省民事局は「成年後見制度の改正に関する要綱試案」を公表し、意見照会を行った。一方において厚生労働省は、1996年頃から介護保険や社会福祉基礎構造改革の検討を本格化させていた。

この時期に本会は、新しい成年後見制度の研究に着手した。1996年6月に社会福祉士会ニュースで成年後見制度の概要と本会の基本的考え方を紹介するとともに、同年9月に「成年後見制度研究委員会」（以下、「研究委員会」という）を設置した。

研究委員会は、成年後見制度と社会福祉基礎構造改革との関係やソーシャルワーク的視点による身上監護の重要性などに関する研究および提言を行った。この時期の提言の主なものとしては、1997年8月の「『日本弁護士連合会成年後見法大綱（中間報告）』に対する意見と提言」、1998年10月の「成年後見制度の改正に関する要綱試案への意見書」などがある。

また研究委員会は、新しい成年後見制度の理念と身上監護を中心とする社会福祉士の役割の研究を進めた。1998年6月には『ソーシャルワーカーのための成年後見制度入門』を出版した。また、1998年3月には第1回日本社会福祉士会成年後見研修会を開催し、全国の支部（当時。以下同じ）への啓発を行った。この研修会は、後のぱあとなあ事業に発展する契機となった。

(B) 成年後見センターぱあとなあの設置と基盤整備

2000年4月に成年後見制度と介護保険制度がスタートした。1999年10月からは地域福祉権利擁護事業（現日常生活自立支援事業）も始まっていた。厚生労働省は、2001年に認知症高齢者を対象とする成年後見制度利用支援事業を開始し、翌2002年からは対象を知的障害者にも拡大した。

この時期に本会は、社会福祉士が新しい成年後見制度の担い手になるための受け皿の整備を進めるとともに、スタートした成年後見制度の普及・啓発のための活動を進めた。1997年から1998年にかけて後見人候補者養成研修の研修プログラムと教材の開発を行った。1998年10月には成年後見・権利擁護事業を推進するセンターとしてぱあとなあを設置し、第1期成年後見人養成研修を開始した。2000年4月には第1期成年後見研修修了者のぱあとなあ名簿登録を行い、成年後見人等候補者の紹介を開始するとともに、活動報告書、成年後見保険のシステムを整備した。

また、地域において成年後見活動の具体的展開を図るために、都道府県社会福祉士会にぱあとなあ（以下、「都道府県ぱあとなあ」という）を設置する取組みを進めた。2001年度には社会福祉・医療事業団（当時）の助成事業として「成年後見に関する相談・啓発事業」を全国的に展開した。また、2002年度には、同助成事業として「福祉関係者のための成年後見活用講座」のプログラムとテキスト開発を行い、全国的に展開した。これらの活動を通じて都道府県ぱあとなあの整備は急速に進み、2001年度には30支部、2002年度には40支部、2005年には全国47支部すべてに都道府県ぱあとなあが設置された。

(C) 権利擁護センターぱあとなあへの名称変更

2003年4月から障害者福祉分野で支援費制度がスタートし、契約福祉時代における利用者の権利擁護があらためて問われることになった。また、2003年11月には、成年後見にかかわる研究者、実務家により日本成年後見法学会が設立された。

ぱあとなあにおいても、2002年9月から日本弁護士連合会との間で、両会の連携のあり方に関する連携協議がスタートした。連携協議はその目的を、成年後見と権利擁護に関する政策提言等についての検討と都道府県レベルでの両会の連携促進を図ることにおいた。連携協議をもとに、2003年9月に本会は日本弁護士連合会とともに「成年後見制度の市町村長申立の活性化と成年後見人等報酬助成の速やかな実施を求める意見書」をまとめた。

このような成年後見と権利擁護をめぐる内外の情勢の発展を踏まえ、本会は、2003年4月にぱあとなあの名称を「成年後見センターぱあとなあ」から「権利擁護センターぱあとなあ」に改称した。この名称変更は、ぱあとなあの事業目的をより明確にすること、すなわち、社会福祉士である成年後見人等の役割は成年後見実務にとどまらず援助を必要とする人々の権利擁護の推進にあること、成年後見制度を権利擁護制度の重要な制度の1つとして位置づけたうえで広く権利擁護にかかわる事業を展開すること、日本弁護士連合会など他団体との連携を一層深めていくこと等を明確にするため、名称に権利擁護を冠し、広く内外にその姿勢と考え方を表明することとしたものである。

(D) 権利擁護をめぐる展開

(a) 虐待対応

2006年4月の改正介護保険法の施行により、総合相談・権利擁護業務等を含む地域支援事業が地域包括支援センターの必須業務と位置づけられた。また、2006年4月から施行された障害者自立支援法の中でも、地域生活支援事業として権利擁護相談が盛り込まれた。さらに、2006年4月施行の高齢者虐待防止法において、虐待防止・対応における市町村の責務が明確にされた（2012年10月に施行された障害者虐待防止法においても同様の規定が盛り込まれた）。これらの法整備の中で、成年後見制度は、判断能力の不十分な高齢者・障害者の権利擁護に大きな役割を果たすことが期待され、その利用促進がうたわれている。

(b) 矯正施設退所者の地域生活定着支援

新たな「社会福祉事業に従事する者の確保を図るための措置に関する基本的な指針」（2007年8月）や、「社会福祉士及び介護福祉士法」の改正（2007年12月）における国会の附帯決議では、社会福祉士の職域が従来の福祉分野にとどまらず、司法・労働・教育・保健医療等へより拡大すべきことが指摘され、2007年度より刑務所への社会福祉士の配置が徐々に進められている。

また、厚生労働省は2009年度から「地域生活定着支援事業」を創設し、高齢または障害により福祉的な支援を必要とする矯正施設退所者について、退所後直ちに福祉サービス等につなげるための準備を保護観察所と共同して進める「地域生活定着支援センター」を各都道府県に整備することにより、その社会復帰の支援を推進している。

(c) 市民後見人

成年後見制度の定着とともに、親族後見人以外の第三者後見人が選任される比率が高まり、成年後見人等の担い手の育成が大きな課題となっていた。地域においてさまざまな職種が連携したNPO法人等の活動や市民後見人を育成・活用する取組みが先進的自治体で行われるようになった。

国においても、2011年4月施行の改正老人福祉法により、「市町村は、後見、保佐及び補助の業務を適正に行うことができる人材の育成及び活用を図るために必要な措置を講ずるよう努めるものとする」との規定（同法32条の2）が新たに盛り込まれ、後見等に係る体制の整備を市町村の役割とし、都道府県は、市町村の措置の実施に関し助言その他の援助を行うよう努めるものとすることが明示された。同様の規定が、2012年の改正により、知的障害者福祉法にも盛り込まれている（同法28条の2）。また、市町村が市民後見人を育成し、その活用を図ることなどによって権利擁護を推進するための「市民後見推進事業」が開始された。

(d) 未成年後見

法務省・厚生労働省では、審議会の答申・報告書を受け、児童虐待の防止等を図り、児童の権利利益を擁護する観点から、親権の停止制度を新設し、法人または複数の未成年後見人の選任を認める等の改正を行うとともに、関連する規定について所要の整備を行った。

すなわち、2011年の「民法等の一部を改正する法律」（2012年4月施行）では、未成年後見制度等の見直しがなされ、法人または複数の未成年後見人を選任することが認められ（民法）、また、里親等委託中および一時保護中の児童相談所長の親権代行（児童福祉法）の規定が整備された。

(E) 権利擁護をめぐる展開とぱあとなあの活動の広がり

(a) 虐待対応

本会は、2006年度から施行された高齢者虐待防止法において、高齢者虐待防止の責任主体とされた市町村の高齢者虐待対応体制の整備を支援することを目的に、日本弁護士連合会高齢者・障害者の権利に関する委員会と連携して、「養護者による高齢者虐待対応専門職チーム」（以下、「虐待対応専門職チーム」という）を都道府県域に設置し、市町村の行う虐待対応ケース会議にアドバイザーを派遣する取組みを2007年度から進めた。虐待対応専門職チームの登録者の中心的役割は、都道府県ぱあとなあの名簿登録者が担った。

(b) 矯正施設退所者の地域生活定着支援

本会は2007年度に司法福祉研究委員会設立準備会を開催し、本会が司法福祉の何について取り組むべきか等を協議し、2008年度にリーガル・ソーシャルワーク研究委員会を立ち上げた。そして、2008年度から2010年度にかけて、独立行政法人福祉医療機構の助成を受け、「刑余者の再犯防止等司法領域における社会福祉士の活動の可能性についての基礎的研修事業」、「更生保護等司法と福祉との連携を担う社会福祉士の養成事業」、「地域生活定着支援センターの機能充実に向けた調査研究事業」に取り組んだ。2011年度からは、会の独自事業として「被疑者・被告人段階の福祉的支援についてのヒヤリング調査」を行っている。

また、地域で福祉施設や相談機関に従事している社会福祉士や司法分野に関心のある福祉関係者が、福祉の支援が必要な非行や犯罪をした人々の自立生活への理解を深めるとともに、ソーシャルワーカーとしてのスキルアップと情報交換を目的としてリーガル・ソーシャルワーク研修も開催している。

(c) 市民後見人

本会は、日本弁護士連合会との連携協議の場で、2009年度から「市民後見のあり方」について、協議・検討をしてきた。2009年９月には「成年後見制度のあり方等にかかる日本社会福祉士会の提言書作成に向けたアンケート」の一環として、市民後見に関するアンケート調査を行った。また、2010年４月には、日本弁護士連合会との共催で「市民後見のあり方」に関するシンポジウムを開催した。調査・協議会における検討並びにシンポジウムでの議論をとりまとめ、2010年10月には、日本弁護士連合会と同内容の提言書「市民後見のあり方に関する提言書」を作成・公表した。

現在、多くの都道府県社会福祉士会において、地域の市民後見人の育成と活用に積極的に関与し、市民後見人のシステムづくりと支援が行われており、成年後見制度利用促進に向けた地域社会の基盤整備という専門職団体の新たな役割を発揮している。

(d) 未成年後見

本会では、2009年11月に、「親権のあり方について」とする提言をとりまとめ、法務省民事局長宛に提出した。その中で、「第三者による未成年後見人制度を確立すべきである」とし、「実際の後見人としては公的後見の仕組みも整えつつ、社会福祉士や弁護士などが適切である」という見解を示している。提言の中では、現実的に未成年後見人を見つけることは容易ではないことにも触れ、その解決策として、「専門職が受任しやすい新たな制度設計」を行うことにより、「本会等の職能団体等が後見人養成を担うことの研究や取組みが可能となると考える」としている。そこで、2011年2月には、「未成年後見」の実態把握と今後の本会が取り組むべき課題について整理をすることを目的として、「未成年後見受任についてのアンケート」を行った。

また、前述の2012年4月に施行された「民法等の一部を改正する法律」により、今後、児童福祉の各分野で、児童の権利擁護を担う社会福祉士の役割が一層大きくなることが予想されることから、「2012年度子ども家庭福祉全国研究集会」等で未成年後見制度をテーマとして取り上げた。

2017年度より、本会では新たに「未成年後見プロジェクト委員会」を設置し、未成年後見人養成研修の標準カリキュラムを開発するとともに、未成年後見人候補者の名簿登録、未成年後見人賠償責任保険等、都道府県社会福祉士会への支援のための規程類の整備を行っている。

2 権利擁護センターぱあとなあの組織と機能

(1) 会員が後見活動を行うにあたってのシステム

都道府県社会福祉士会会員（以下、「会員」という）が成年後見人等として行う活動は、家庭裁判所の審判や任意後見契約に基づいて、会員が個人として行う活動である。

本会と都道府県社会福祉士会は、成年後見活動が、判断能力の不十分な成年被後見人等の法的な代理人として身上監護や財産管理の重要な事務を遂行するものであり、専門職としての後見活動の質と安全性を確保することが専門職団体の社会的責任であるとの認識から、会員が後見活動を遂行するにあたり、以下の4つのシステムを整備している。

(A) 成年後見人養成研修

成年後見活動を行おうとする会員は、成年後見人養成研修を受講しなければならない。成年後見人養成研修は、1998年から通信研修とスクーリングを組み合わせた形式で開始され、2012年度までに約3500名が修了した。本研修の受講希望者が増大したこと、並びに各地での社会福祉士への受任要請が急速に高まったことから、2006年から5日間・30時間の集合研修形式によるプログラムを開始させ、2016年度までに約8250名が修了した。

認定社会福祉士制度がスタートした2012年度には通信研修が社会福祉士認証・認定機構の分野専門（高齢分野、ソーシャルワーク機能別科目群）研修としての認証を受けた。

2017年度以降、成年後見人養成研修は、成年後見制度を活用する社会福祉士のための「成年後見人材育成研修」（認証研修）と、ぱあとなあ名簿に登録し、受任する社会福祉士のための「名簿登録研修」の2つの研修に分かれている。そのカリキュラムは〔表1〕のとおりである。

(B) ぱあとなあ名簿登録

「都道府県ぱあとなあ成年後見人等候補者名簿（ぱあとなあ名簿）」は、成年後見人養成研修を修了した者で後見活動に従事しようとする者の名簿である。名簿は毎年4月に編成され、都道府県社会福祉士会を通じて家庭裁判所に提出される。名簿の有効期間は1年で、

〔表1〕 成年後見関係研修標準カリキュラム

① 成年後見人材育成研修　標準カリキュラム

課　目	課目の目標	時間(分)	形態	講　師
0　研修ガイダンス	1　研修の目的を確認する 2　研修概要、スケジュール、事前課題とその取り扱い等を理解する 3　受講における留意点及び修了要件を理解し、受講姿勢を明確にする	30	講義	社会福祉士会の権利擁護センターぱあとなあ成年後見人等候補者名簿登録者
1　成年後見制度の解説	1　成年後見制度が成立した背景及び制度の趣旨と理念を理解する。 2　法定後見制度と任意後見制度の概要を理解する。 3　成年後見制度の周辺にある制度を理解する。 4　弁護士や司法書士等の専門職との連携について理解する。	120	講義	成年後見実務に精通した弁護士、司法書士、有識者（課目の内容を専門にしている大学（大学院・短大・専門学校を含む）の教員）
2　成年後見活動における判断能力のとらえ方	1　成年後見制度における診断書、鑑定書について理解する。 2　認知症高齢者、知的障害者、精神障害者等を理解するために必要な医学的知識を修得する。	60	講義	医師
3　社会福祉士と成年後見～権利擁護の視点から	1　社会福祉士の専門性を活かした権利擁護の視点を理解する。 2　権利擁護の諸制度や成年後見制度の課題と最新動向を理解する。	180	講義	社会福祉士会の権利擁護センターぱあとなあ成年後見人等候補者名簿登録者
4　財産法の基礎	成年後見制度活用のための財産法の基礎的知識を修得する。	120	講義	成年後見実務に精通した弁護士、司法書士、有識者（課目の内容を専門にしている大学（大学院・短大・専門学校を含む）の教員）
5　財産管理のための知識	1　成年後見制度活用のための財産管理の基本的事項を理解する。 2　財産管理に必要な具体的方法に関する知識を修得する。	90	講義	成年後見実務に精通した弁護士、司法書士
6　後見事務の実際1	具体的事例を通して、財産管理の方法を理解する	60	報告解説	報告者：社会福祉士会の権利擁護センターぱあとなあ成年後見人等候補者名簿登録者解説者：課目5担当講師 等
7　家庭裁判所の実務の理解	1　家裁における後見担当部局の概要（裁判官、調査官、書記官それぞれの役割）を理解する。 2　家裁における家事審判手続きについて理解する。 3　不正防止への取り組み（監督人の選任、後見支援信託）について理解する。	90	講義	裁判官、家裁職員（元職含む）
8　家族法の基礎	1　成年後見制度活用に必要な親族法の基礎知識を修得する。 2　成年後見制度活用に必要な相続法の基礎知識を修得する。	120	講義	成年後見実務に精通した弁護士、有識者（課目の内容を専門にしている大学（大学院・短大・専門学校を含む）の教員）
9　身上監護のための知識	1　身上監護とされる項目を修得する。 2　成年後見制度活用上の留意点に配慮できるようになる。 3　権利侵害に対抗できる手続きを理解する。	150	講義	成年後見実務に精通した有識者（課目の内容を専門にしている大学（大学院・短大・専門学校を含む）の教員）、社会福祉士会の権利擁護センターぱあとなあ成年後見人候補者名簿登録者

10　後見事務の実際2	具体的な活動事例を通して身上監護の方法を理解する	90	報告 解説	報告者：社会福祉士会の権利擁護センターぱあとなあ成年後見人等候補者名簿登録者解説者：課目9担当講師　等
11　演習1 ニーズの把握と対応	1　権利擁護ニーズについて理解する。 2　権利擁護に関わる制度の特徴と活用方法を理解する。	120	演習	社会福祉士会の権利擁護センターぱあとなあ成年後見人等候補者名簿登録者
12　演習2 ネットワーク活用による権利擁護（それぞれの立場での権利擁護実践）	1　制度の限界を理解する 2　権利擁護について社会福祉士がとるべき態度について理解する。	120	演習	社会福祉士会の権利擁護センターぱあとなあ成年後見人等候補者名簿登録者
13　今後の活動について	1　研修を振り返り、成年後見人に必要な知識・技術を共有する。 2　成年後見制度を活用するために必要な知識の理解度を確認するため、修了試験を行う。	60	講義	社会福祉士会の権利擁護センターぱあとなあ成年後見人等候補者名簿登録者

② 名簿登録研修　標準カリキュラム

課目	課目の目標	時間(分)	形態	講師
1　都道府県ぱあとなあの仕組みについて	1　研修の体系と目的を確認する（研修ガイダンス）。 2　都道府県ぱあとなあの仕組みとぱあとなあ名簿登録・更新について理解する。	10	講義	都道府県社会福祉士会の権利擁護センターぱあとなあ成年後見人等候補者名簿登録者
2　都道府県ぱあとなあにおける受任の実際	1　都道府県における受任候補者推薦から受任まで、及び受任後の流れを理解する。 2　ぱあとなあの初回から終了までの報告書の提出方法を理解する。	50	講義	都道府県社会福祉士会の権利擁護センターぱあとなあ成年後見人等候補者名簿登録者
3　受任後の実務	1　家庭裁判所への財産目録及び初回報告の提出に必要となる受任直後の事務を理解する。 2　定期的に行われる実務について、必要事項の確認、必要性、注意事項、やり方考え方のバリエーションを学ぶ。	50	講義	都道府県社会福祉士会の権利擁護センターぱあとなあ成年後見人等候補者名簿登録者
4　演習（後見計画策定演習）	1　事例にもとづいて検討することで、後見業務の実際について理解を深める。 2　成年後見人等として、受任直後に行う財産の調査及び目録の作成事務について理解する。 3　今後1年くらいに想定される後見事務を中心に後見計画を策定し、後見業務の見通しをたてる。	150	演習	都道府県社会福祉士会の権利擁護センターぱあとなあ成年後見人等候補者名簿登録者
5　後見人のリスクマネジメント	1　法に規定される成年後見人の権限、義務、基本姿勢を把握する。 2　後見活動におけるリスクについて理解する。 3　都道府県ぱあとなあが行うフォロー体制について理解する。 4　不正防止策としての後見監督人と後見制度支援信託について理解する。 5　都道府県ぱあとなあの一員として、受講者自身は何をするのか考える。	90	講義	都道府県社会福祉士会の権利擁護センターぱあとなあ成年後見人等候補者名簿登録者
6　研修のまとめ	1　成年後見人材育成研修、名簿登録研修で学んだ内容を振り返る。 2　研修修了後の名簿登録、候補者紹介、受任、活動報告書の流れを理解する。	10	講義	都道府県社会福祉士会の権利擁護センターぱあとなあ成年後見人等候補者名簿登録者

毎年更新が必要である。

名簿登録は成年後見人等としての活動を始める第一歩であり、名簿登録をしないと成年後見人等候補者としての紹介を受けることや、後述する社会福祉士賠償責任保険の成年後見業務保険に加入することができないしくみとしている。

(C) ぱあとなあ活動報告書

(a) ぱあとなあ活動報告書の提出

「ぱあとなあ活動報告書」（以下、「活動報告書」という）は、名簿登録者が成年後見活動の状況を都道府県社会福祉士会に報告するものであり、名簿登録者の義務となっている。

報告の内容は、後見活動の有無および類型別件数と後見活動の個別のケース報告となっている。活動報告書は、受任していない場合も受任していない旨の報告が必要である。また、活動報告書が提出されないと、成年後見業務保険が適用されない。なお、活動報告書の書式は、成年後見人等の守秘義務に配慮し、成年被後見人等の個人情報が記載されないようになっている。

(b) 活動報告書に基づく助言

ぱあとなあでは、会員の後見活動の質と安全を確保するため、提出された活動報告書の内容をチェックし、助言するシステムをとっている。活動報告書のチェックは、後見活動の実態把握とより適切な助言が可能となるようにするため、2007年度から都道府県社会福祉士会を主体としたチェックを行うしくみとなっている。チェックを行うしくみとして、各都道府県社会福祉士会では、活動報告書チェックに加え、個別面談やグループ面談、インシデント・レポートの分析等を行っている。

(D) 社会福祉士賠償責任保険

本会は、会員の成年後見活動に伴うリスクに対応するため、社会福祉士賠償責任保険に成年後見業務保険を組み込んでいる。

ぱあとなあ名簿登録者は、名簿登録によって自動的に成年後見業務保険に加入し被保険者となる。ただし前述のように、ぱあとなあ名簿登録を行っていない者は保険に加入できないほか、活動報告書が未提出の場合は、当該後見活動について保険が適用されない。

(2) 本会ぱあとなあの役割

(A) 調査研究・提言事業

成年後見制度や高齢者・障害者の権利擁護に関する法制度の動向を踏まえ、高齢者・障害者の権利擁護のために成年後見制度の地域における一層の定着、活用を促すためのシステム整備とその中での社会福祉士（会）に求められる役割についての調査研究を行い、社会的に発信している（最新の情報については、本会ホームページ〈www.jacsw.or.jp〉を参照されたい）。

2014年（平成26年）度には、厚生労働省老人保健健康増進等事業「認知症高齢者に対する意思決定支援としての成年後見制度の利用促進の政策的課題と活用手法に関する実証的研究」を行っている。本研究では意思決定支援のプロセスを、「個別ニーズや地域課題の発見と支援へのつなぎ」「本人意思の引き出し」「表明された意思の表現」の３段階に整理し、特徴的な６つの支援場面における支援の視点を整理した。そして成年後見制度を「支援者中心」から「本人を中心」におくこと、本人の意思が反映されやすい予防的活用に重点を移すことを実現するための提言として、支援上の視点（早期に制度につなぐ、補助・保佐類型の活用、意思決定支援の段階に応じた役割についての共有、権限行使の判断根拠）、地域の権利擁護システム構築のための政策課題（市民後見の活用システム、市民への研修と支援者研修）についてまとめている。

続けて2015年（平成27年）度に実施した厚生労働省老人保健健康増進等事業「権利擁護人材育成・活用のための都道府県の役割と事業化に関する調査研究」の第２部「意思決定支援に配慮した成年後見制度活用のための手引き策定に関する研究」では、ソーシャルワーク手法の活用という視点に立って、意思決定支援に配慮した後見活動のためのツールとして、「ソーシャルサポート・ネットワーク分析マップ」と「アセスメントシート」を開発した。この二種のツールは、「本人に関わる意思決定の場面ごとに、ネットワーク分析マップに基づいて決定に関与させるべき関係者を選択したうえで、本人を交えた支援会議を開き、そこでの議論の内容をアセスメントシートの書式に従って記載していく」という一連のプロセスを可視化するものである。

成年後見制度利用促進法の制定、成年後見制度利用促進基本計画の閣議決定を受け、2017年（平成29年）度には、厚生労働省老人保健健康増進等事業「地域における成年後見制度の利用に関する相談機関やネットワーク構築等の体制整備に関する調査研究事業」を実施している。本事業では、規模や状況の異なる自治体にとって、地域連携ネットワークの構築並びに中核機関の立ち上げと運営の参考となるよう、支援の各場面やネットワークの構築について、中核機関の役割や、体制整備を開始するプロセスを整理し、地域連携ネットワーク関係者が各地で体制整備を進める際参考となる事例を紹介した「成年後見制度利用促進フォーラム」を開催するとともに、「成年後見制度利用促進に向けた体制整備のための手引き」を作成した。2018年度（平成30年度）は、厚生労働省社会福祉推進事業「成年後見制度利用促進のための地域連携ネットワークにおける中核機関の支援機能のあり方に関する調査研究事業」に取り組んでいる。

(B) 都道府県ぱあとなあ支援事業

2012年４月、日本社会福祉士会が都道府県社会福祉士会の連合体組織に移行したことに伴い、後見人候補者養成研修、名簿登録、業務監査・指導（報告書チェック・助言）等は、都道府県社会福祉士会の役割となり、本会は都道府県社会福祉士会ぱあとなあの活動を支援する活動を行っている。本事業は、専門職団体としての標準、質の確保を図ることおよび都道府県ぱあとなあの体制に格差がある現状を考慮し、その事務執行を支援するために実施している。

■名簿登録候補者養成関係
　① 成年後見人材育成研修（委託研修）、名簿登録研修のカリキュラム・ガイドライン作成、認証申請 等
■登録者支援関係
　① 都道府県ぱあとなあ連絡協議会の開催
　② 都道府県ぱあとなあの活動報告書チェックへの相談・助言
　③ 受任状況、都道府県ぱあとなあ活動状況の全国調査の実施
■法人後見

① 法人後見運営ガイドライン作成 等
② 都道府県ぱあとなあの活動報告書チェックへの相談・助言

(C) 賠償責任保険

成年後見業務保険は社会福祉士賠償責任保険の一環であることから、保険会社等との関係や事務の統一性を担保するため、当面本会事業とする。

3 ぱあとなあの現況

(1) ぱあとなあの受任状況

成年後見に関するぱあとなあの事業の概要（2018年1月現在）は次のとおりである。

① 組織面の整備では、都道府県ぱあとなあが全国47都道府県支部すべてに設置され、成年後見制度利用相談や成年後見人等の受任に組織的に対応することが可能となっている。
② 人材の面では、ぱあとなあ名簿登録者は、2018年4月時点で約7800人を超えている。
③ 実績の面では、成年後見人等の受任件数、任意後見の契約件数は年々増加し、2018年1月末現在で活動中のものが2万1900件を超えている。

成年後見人等全体に占める社会福祉士の割合は、最高裁判所の統計（最高裁判所事務総局家庭局「成年後見関係事件の概況～平成30年1月から平成30年12月～」）によれば、2018年の1年間で新規に選任された成年後見人等の13.3%となっており、司法書士29.0%、弁護士22.5%と並んで、第三者後見人の主要な受け手になっている。

(2) 社会福祉士の後見活動の特徴

社会福祉士の後見活動の特徴を概括すれば次のとおりである（2018年1月受任状況とりまとめより）。

第1に、社会福祉士がこれまでに法定後見を受任し現在活動中である件数のうち、市町村長申立てによるものが約38.3％と高い割合を占めている（ちなみに、統計のとり方に差があるので一概には比較できないが、前記最高裁「成年後見関係事件の概況」における2018年の全申立件数に占める市町村長の申立ての割合は、約21.3%となっている）。市町村長申立案件は、本人に身寄りがないか、あっても疎遠であるまたは虐待等の問題があるなどの理由により、親族申立てが望めない場合になされるものである。こうした案件では福祉ニーズが高く、その結果として社会福祉士への受任要請につながっているといえる。

第2に、判断能力が不十分な原因が、認知症41.5%、知的障害29.0%、精神障害17.6%であり、障害者の事案を受任する比率が全体の約5割弱となっている。

4 本会ぱあとなあの活動実績

(1) 受任者支援のためのマニュアル等の整備

社会福祉士の後見受任が進む中で、後見活動のノウハウが次第に蓄積されてきている。その蓄積の中から、ぱあとなあは、会員の後見活動を実務面からサポートするためのマニュアルや後見活動を実施するうえでの考え方、注意すべき事項を整理してきた。日本社会福祉士会編『成年後見実務マニュアル――基礎からわかるQ＆A――』(2011年改訂。以下、「実務マニュアル」という）は、その集大成である。

以下に、実務マニュアルの中で示されているものの中から、特に銘記すべき事項について、簡単に紹介する。

(A) 利益相反

成年後見人等が最も注意すべきことの1つに利益相反がある。ぱあとなあは、社会福祉士が遭遇しやすい利益相反についての考え方と注意点を以下のとおり整理している。

① 成年後見人等が施設およびサービスの管理者等で、成年被後見人等が当該サービスの利用者である事例：このような事例は、利用契約・利用料の支払いが民法108条の自己契約・双方代理禁止に抵触するおそれがある。また、契約等は特別代理人を選任したとしても、身上監護面においてもサービス提供者とサービス利用者という双方の立場を持つことになり、本人の権利擁護のための活動実践が困難となることも想定されるため、成年後見人等を受任するべきではない。

② 成年後見人等が勤務する法人が経営する施設およびサービスについて、成年被後見人等が利用者である事例：この事例は、①の民法108条に抵触しないまでも、身上監護事務の遂行において成年後見人等として雇い主である法人・施設に対して、本人の代弁が十分にできるかどうかなど立場が難しく、成年後見人等の受任を避けるべきである。

③ 夫婦および親子など、利害関係（遺産分割など）の生ずる可能性がある成年被後見人等を、1人の成年後見人が受任する事例：この事例は、家族関係や事情等により、家庭裁判所等から依頼される場合が多いと考えられるが、遺産分割等利害関係の状況によっては、特別代理人の必要性があることを認識する必要がある。本来的には、家族一人ひとりに別々の成年後見人等がつく形で受任することが望ましい。

(B) 身元保証人等

成年後見の実務面で、成年後見人等が身元引受けや身元保証を求められる場合がある。ぱあとなあは、成年後見人等がこれらの身元保証人等になることは、一般論としては避けるべきであるとの考えを示している。

実際に、入院や施設入所にあたって身元保証人等になることを要請された場合は、成年後見人等の職務内容と権限を施設等に十分説明し、理解を求めることが必要になる。

また、連帯保証人については、その責務は他の保証人と異なり大きなものとなること、債務者とその連帯保証人という成年被後見人等と成年後見人等との継続的な利益相反関係に鑑み、他の保証人以上に、成年後見人等が連帯保証人に就任することは望ましくないとしている（「後見人等が連帯保証人に就任することについて」(2002年9月19日))。

(C) 職務専念義務等との関係

勤務先を持つ会員が後見活動を行う場合に、職場における職務専念義務や兼業禁止規定との兼ね合いが問題になることがある。この問題について、ぱあとなあは、人事院・総務省に対し、公務員である本会会員の後見活動と職務専念義務等との関係について照会し、その結果として、以下のように整理している。

① 公務員の場合、職務専念義務との関連で成年後見人等に関する事務を勤務中に行うことは、特別の理由と所属長等の承認がない限りできないが、時間外、休日、有給休暇等を利用して行うことに問題はない。

② 公務員の場合、兼業禁止規定等の関連で、報酬を伴う後見活動を行うにあたっては、所属長に届け出ることが必要である。

この考え方は、民間の職場においても同様と思われ、勤務先のある会員が後見活動を行うにあたっては、後見活動の公益性、後見事務の遂行方法、報酬等について所属長に説明し、理解を得ることが必要である。

(2) 研究・提言

ぱあとなあは、成年後見制度の普及・定着および改善を図ることを目的に、活発な提言活動を行ってきたが、その中心は、誰でも安心して成年後見制度が利用できるようにするため「後見の社会化」を実現すること、とりわけ市町村長申立ての活性化と資力のない者への助成制度に関することであった。

また、これらの提言の中には、前述の本会と日本弁護士連合会高齢者・障害者の権利に関する委員会との連携協議で検討され、まとめられたものもある。

本会の成年後見・権利擁護に関する提言の主なものには次のものがある。

なお、巻末に一部提言等の原文を掲載している。

(A) 市町村長申立ておよび成年後見制度利用支援事業に関するもの

(a) 「成年後見制度の市町村長申立の活性化と成年後見人等報酬助成の速やかな実施を求める意見書」(2003年9月7日)

この意見書は、制度実施3年経過の時点で、市町村長申立てと成年後見制度利用支援事業の利用が低調であるという背景を踏まえ、その活性化を図ることを目的にして、日本弁護士連合会との連携協議でまとめられたものである。また、意見書とあわせて、市町村長申立てモデル要綱をまとめている。

本会と日本弁護士連合会は、意見書とモデル要綱を厚生労働省、最高裁判所、法務省民事局に提出した。また、両会の都道府県支部・単位会は連携して都道府県および市町村に要請行動を行った。この意見書のとりまとめと要請行動は、両会が連携して行った初めての取組みであり、その後の両会の連携の礎となった。

(b) 「成年後見制度利用支援事業の適用範囲の拡大についての要望」(2008年7月8日)

成年後見制度利用支援事業は、助成を受けなければ成年後見制度の利用ができない低所得の利用者に、申立経費および成年後見人等の報酬の一部または全部を補助する公的な助成制度で、2001年に認知症高齢者を対象にスタートし、知的障害者、精神障害者へとその対象が拡大されてきた。しかし、対象者の要件に「市町村長申立て」条項があり、親族申立て等には適用されなかった。このため成年後見を推進する関係団体は、成年後見制度利用支援事業の実施にあたって市町村長申立てを適用要件から外すことを求めていた。

その後、成年後見制度利用支援事業は、2005年の介護保険法改正により市町村の地域支援事業の任意事業に、障害者自立支援法により市町村の地域生活支援事業に位置づけられた。市町村によっては、適用要件を親族申立ての事案等に拡大するところもあったが、依然として要綱すら作成していない市町村も多く、地域格差が生じていた。

このような中、障害者福祉の分野では2008年３月の通知で成年後見制度利用支援事業の親族申立てへの適用が明示された。しかし、高齢者福祉の分野では地域支援事業実施要綱で成年後見制度利用支援事業の例示として「市町村申立てに係る低所得の高齢者に係る成年後見制度の申立てに要する経費や成年後見人等の報酬の助成を行う」とされていた。このため、自治体が適用対象を市町村長申立てに限定して解釈する誤解が生じていた。

そこで、本会と日本弁護士連合会は2008年７月に、市町村長申立て以外の事案にも成年後見制度利用支援事業の適用対象を広げることの明示を求めて上記意見書をまとめ、厚生労働省老健局に提出した。

この要望を受け、厚生労働省老健局は、2008年10月24日付け「成年後見制度利用支援事業に関する照会について」（事務連絡）において、「成年後見制度利用支援事業の補助は、市町村申立に限らず、本人申立て、親族申立て等についても対象となりうるものである」ことを明確にした。

(B) 成年後見制度等の見直しに関するもの

成年後見制度の見直しについては、日本弁護士連合会が2005年５月に「成年後見制度に関する改善提言」を、社団法人成年後見センター・リーガルサポート（当時）が2005年10月に「成年後見制度改善に向けての提言」を、それぞれまとめている。

本会は、本会が重視してきた身上監護を軸とし意思決定支援を踏まえた成年後見活動の展開と、より利用しやすい成年後見制度にするため、介護保険制度の見直し等の機会をとらえ、提言を行ってきた（「『（介護保険）制度見直しの基本的な考え方（案）』に関する意見」（2004年７月20日）、「成年後見制度・地域福祉権利擁護事業の見直しに関する意見」（2006年３月30日）、「意思決定支援を踏まえた成年後見制度の見直しと運用改善に関する本会意見の論点整理（中間まとめ）」（2016年６月18日、巻末【資料１】））。

2017年２月に内閣府の成年後見制度利用促進基本計画策定時、本会はパブリックコメント募集に対し、「『成年後見制度利用促進基本計画の案』に盛り込むべき事項について」（2017年２月17日、巻末【資料２】）をまとめているが、成年被後見人等の権利制限に係る措置の見直しの箇所において、この議論は法定後見の三類型の見直しとともに検討がなされるべきであり、障害者の権利に関する条約の第12条、第19条を踏まえ、法定後見の三類型及び診断書や鑑定書における本人の能力評価のあり方の見直しの必要性を提起している。

(C) 市民後見人等を活用する公的システムづくりに関するもの

成年後見制度の利用の増加に伴い、第三者後見人の担い手として市民後見人を活用する取組みが先進自治体を中心に行われている。

日本成年後見法学会は、厚生労働省の2006年度補助金事業として、市民後見人の養成の現状分析と市民後見人の養成のあり方について研究し、第三者後見人の新しい担い手として市民後見人を位置づけるとともに、その公的システムづくりを提言している（日本成年後見法学会市町村における権利擁護機能のあり方に関する研究会「平成18年度報告書」(2007年3月))。一方、都道府県ぱあとなあにおいても、当初より、ぱあとなあ東京、ぱあとなあ大阪等において、市民後見人等の養成、サポートの各段階で実施自治体に協力する取組みが始まっていた。

こうした状況を踏まえ、ぱあとなあでは、地域における市民後見人等の活用システムへの支援を専門職としての新たな役割の1つとして位置づけ推進していくことが必要であるとの考えから、市民後見人等の養成・活用に関するぱあとなあの考え方を、「市民後見人等の養成・活用システムとぱあとなあの係わりについて」(2007年5月)として整理し、2010年には「市民後見のあり方に関する提言」(2010年9月30日、巻末【資料3】)を発出した。

(D) 後見制度支援信託

裁判所が刊行する「後見制度において利用する信託の概要」のパンフレットでは、「後見制度支援信託は、後見制度による支援を受ける方(ご本人)の財産のうち、日常的な支払いをするのに必要十分な金銭を預貯金等として後見人が管理し、通常使用しない金銭を信託銀行等に信託する仕組みのことです。……このように、後見制度支援信託は、ご本人の財産の適切な管理・利用のための方法の1つです。財産を信託する信託銀行等や信託財産の額などについては、原則として弁護士、司法書士等の専門職後見人がご本人に代わって決めた上、家庭裁判所の指示を受けて、信託銀行等との間で信託契約を締結します」とされている。

本会では、最高裁判所から2011年10月に「後見制度支援信託」を開始することのプレスリリースおよび「後見制度支援信託の目的と運用(イメージ)」の提示を受け、当該内容について、「『後見制度支援信託』の運用にあたって(見解表明)」(2011年11月6日、巻末【資料4】)を表明している。

(E) 成年被後見人の選挙権

2013年3月14日、東京地方裁判所は、成年被後見人は選挙権を喪失すると規定している公職選挙法11条1項1号を憲法に違反するとした判決を下した。これを受けて、本会は、被後見人の選挙権喪失を違憲とした東京地裁判決に対し「被後見人の選挙権喪失を違憲とした東京地裁判決に対する会長声明」を発出した。

2013年5月、「成年被後見人の選挙権回復のための公職選挙法等の一部を改正する法律」が成立、公布された(2013年6月30日施行)。これにより、2013年7月1日以降に公示・告知される選挙において、成年被後見人は選挙権、被選挙権を有することとされた。

第 4 章　成年後見制度の解説

1　判断能力が不十分な者の権利擁護としての成年後見制度

(1)　法律行為

私たちは普段何気なく日常生活を送っているが、意識しないうちに数多くの法律行為を行っている。たとえば、コンビニエンスストアで水やおにぎりを買う、これは売買契約である。外出するために電車に乗る、これは運送契約である。銀行に行って貯金をしたり引き出したりする、これは寄託契約である。新聞を購読する、テレビを見る、タバコを買う、アパートを借りる、食堂で食事をする、映画館で映画を見る、会社に勤務する、自動車を購入する、土地を売却する、遺言を作成する、これらもすべて法律行為である。

法律行為とは、権利の発生・変更・消滅という法律効果を生じさせる行為のことをいうが、この法律行為は意思表示を要素としている。先に述べた法律行為は、いずれも意思表示によって成立しているのである。たとえば、コンビニエンスストアでおにぎりを買うときには、「おにぎりを買いたい」という意思表示と「おにぎりを売ります」という意思表示が合致することによって法律行為（売買契約）が成立し、買主にはおにぎりを手にする権利が発生し、売主には代金をもらう権利が発生する。また、会社に勤務するときには、「働きたい」という意思表示と「雇います」という意思表示が合致することによって法律行為（雇用契約）が成立し、働き手は賃金をもらう権利が発生し、雇い主は労働の提供を求める権利が発生する。

(2)　意思能力

正常な判断能力を有している人の場合、おにぎりは欲しくないと思っていれば「おにぎりを買いたい」などとは言わないだろうし、おにぎりを食べたいと思ったときでも、数あるおにぎりの中から自分が欲しいと思うおにぎりを購入することができるだろう。また、自動車を購入したいと思っている人は、通勤に使用したいと思っているのであれば、「安いけれど故障していて修理しても走らない」という自動車を購入することはないだろう。

しかし、私たちの社会の中には、３～４歳程度の幼児や泥酔中の人、あるいは重度の認知症であったり重度の知的障害の人のように、判断能力が不十分なために合理的な判断をすることができない人もいる。このような人は、十分な判断能力がないために、いわゆる悪質業者からだまされて不当な法律行為をさせられ、財産を侵害されたりするおそれがある。

そこで、民法では、意思能力という概念を設けることによって、判断能力が不十分な人の権利擁護を図っている。

意思能力とは、法律的な判断をなしうる資格（正常な判断能力）のことであり、民法上、自己の行為の結果を判断することができる判断能力のことをいう。ここでいう能力とは、たとえば、自分の物を売ればそれは自分の物でなくなり、自分はもはやそれを自由に利用したり処分したりすることができなくなることを理解できるという能力のことである。おおむね10歳程度の判断能力もない場合には、意思能力がないとされることが多いであろう。

民法上明文の規定はないが、判例は、意思能力を欠く者（意思無能力者）の法律行為は無効であるとしている（大審院明治８年５月11日判決。なお、2020年（令和２年）４月１日に施行される改正民法では、３条の２において、意思無能力者の行った法律行為を無効としている）。なぜなら、人が権利を享受したり、義務を負担することになるのは、それを望んだ当事者の意思（自己決定）にあるのであって、その意思を形成する能力に欠ける者（意思無能力者）が表面的には契約を結んだかのようにみえる法律行為（意思表示）をしたとしても、その法律行為に拘束力を認めることができないと考えられるからである。判例は、こうすることにより、意思無能力者が判断能力のないために自らの財産を減少させることを防止しているのである。

⑶　行為能力

判例は、意思無能力者の法律行為は無効とすることによって権利擁護を図っているが、実際に意思無能力であるとして法律行為が無効となるためには、「当該法律行為をした当時、本人が意思無能力であったこと」を証明しなければならない。しかし、一つひとつの法律行為について、当該法律行為をした当時に意思無能力であったことを証明するためには手間もかかるし、鑑定等の費用もかかってしまう。また、その証明が成功して法律行為が無効となると、取引の相手方にも不測の損害を与えてしまう可能性もある。

他方で、意思無能力者の法律行為を無効とすることになると、意思無能力者は必要な法律行為をすることすらできなくなってしまう。

そこで、民法は、意思無能力者だけでなく、意思能力はあるものの判断能力が不十分な者についても、保護者をつけて能力不足を補わせるとともに、保護者の同意を得ることなく単独でした法律行為を取り消すことができるとすることによって、本人および取引の相手方の保護を図ることとした。これが行為能力者制度である。

行為能力とは、権利義務を発生させる行為（法律行為）を単独で完全にすることができる能力のことである。民法には、行為能力のない者（制限行為能力者）として、未成年者、成年被後見人、被保佐人、被補助人の４者を規定している。

成年後見制度とは、精神上の障害により判断能力が不十分であるため、契約等の法律行為における意思決定が困難な人について、成年後見人等の機関がその判断能力を補う制度であって、判断能力の不十分な人の生命、身体、自由、財産等の権利を擁護することをめざしている制度である。ただし、2014年（平成26年）の障害者権利条約の批准以降、このような意思無能力の概念、行為無能力の制度は、障がいのある人の自己決定権を侵害し、不合理な差別であるとの批判が強く、意思決定支援の重視が求められている。

⑷　具体的な事例

少し具体的に事例を用いて説明しよう。

《事例４－１》

Ａ（長男）には78歳の父・Ｂがいる。Ｂは１年前から体調を崩して入院をしているが、最近は、認知症の症状も重くなり、Ａと会っても、自分の子どもであることもわからなくなっている。Bは、土地・建物を所有しているが、現金はないため、これまでBの治療費はAが支払ってきていた。しかし、次第に治療費もかさみ、Aの家計も厳しくなり、これ以上、Bのために治療費を支払い続けることが困難になってきた。そこで、AはBの土地・建物を売ってBの入院治療費を捻出したいと考えている。

《事例４－２》

Cには25歳の子・Dがいる。Dには知的障害があるが、これまでに、町で声をかけられては、高価な絵画とか宝石などをローンで購入する契約をしてしまうということを繰り返している。また、先日は、ある消費者金融会社で50万円もお金を借りてしまった。Cとしては、Dが支払いきれるわけでもないし、Dにとって明らかに不要な契約をしているので、Dに代わって契約を取り消したいと考えている。

事例４－１では、Bの入院治療費を捻出するためには、B所有の土地建物を売却するしか方法がなさそうである。しかし、民法上、Bは土地建物を売却することはできない。なぜなら、Bには意思能力はなく自ら法律行為をすることはできないし、たとえBが契約書に署名をしたとしても無効となるからである。そして、AがBの代理人となって土地建物の売却をすることもできない。なぜなら、いくら判断能力の低下した親といえども、子どもに当然に代理権が発生するわけではないからである。そこで、事例４－１の問題を解決するためには、判断能力の不十分なBのために成年後見人を選任して、成年後見人がBに代わって土地建物を売却し、入院治療費を支払うことが必要となるのである。

事例４－２では、Dの判断能力の程度にもよるが、Dの知的障害が軽度ないし中度であれば、意思無能力とまではいえないであろう。そうすると、Dの契約は無効とはならないし、特に詐欺や債務不履行、消費者契約法違反、特定商取引法違反等の特段の事情がない限り、Dは契約を解除したり、取り消したりすることもできない（これらについては、第７章参照）。また、CはDの親ではあるが、Dが成人している以上、当然に代理権が発生するわけではない。したがって、（仮にDの契約行為に何らかの解除・取消事由があったとしても）CがDに無断でDの契約行為を解除したり、取消しをしたりすることはできない。そこで、事例４－２で、Dが消費者被害による財産減少を防止し、財産を保全するためには、成年後見制度を利用することによって、保護者（成年後見人等）の同意なく行った法律行為については取り消しうるとすることが必要である。

(5) 「家族が事実上代理する」ということでは駄目なのか

事例４－１・４－２の説明を聞いた人の中には、「成年後見制度などという面倒な手続をとらなくても、家族が事実上の代理人として契約をしたり契約を取り消すことができるようにすればよいではないか」と思う人もいるかもしれない。実際問題としては、おそらく事例４－１のケースでは、AがBの成年後見人として選任され、AがBの代理人として土地建物の売却を行うことになるのであろう。

しかし、家族が判断能力の低下した人を事実上代理して法律行為を行うということについては、さまざまな問題が生じるおそれもある。

たとえば、判断能力の低下した人の家族の中で意見が分かれている場合にはどうしたらよいのだろうか。事例４－１で、Ｂの長男（Ａ）は「土地建物を売却したい」と言っているが、Ｂの次男は「父は元気だった頃、この土地建物は売却したくないと言っていた。今回、入院治療費を支払わなければならないのは大変だけれど、土地建物は売却しないで賃貸しよう」と言っている場合は、誰が代理人となることができるのだろうか。このような場合、取引の相手方は誰を代理人として取引をしたらよいのだろうか。また、もしかしたら、ＡはＢの土地建物を売却した後、売却代金を自己の借金の返済にあてるなど、Ｂの財産を侵害することをしてしまうことも考えられなくはない。

さらに、事例４－２のように、Ｄはある程度判断能力があるにもかかわらず、「知的障害がある」という一事をもって、家族であるＣが事実上Ｄの代理をしたり取消しをすることができるようになってしまうと、Ｄの自己決定権は著しく侵害されることになる。たとえば、Ｄが家族（Ｃ）の束縛から独立して一人暮らしをしたい、と思って部屋を借りたのに、Ｃが部屋を勝手に解約してしまうということでは、Ｄの自立生活はままならない。

そこで、判断能力が低下した本人に代わって法律行為をする必要があるとしても、家族や周囲の支援者が独断で代理人を決めるのではなく、第三者機関である家庭裁判所が適正・妥当な代理人を選任するしくみが必要なのである。そして、そのために成年後見制度があるのである。

(6) その他、成年後見制度が必要となる事例

その他、成年後見制度が必要となる場面として、以下のような事例があげられる。

《事例４－３》

Ａが死亡し、その相続人としてＢＣＤの３人の子がいるが、Ｄには重度の知的障害がある。

《事例４－４》

Ｅは多額の借金を抱えて死亡したが、唯一の相続人である妹Ｆは認知症があるため自分の状況がわからない。

《事例４－５》

Ｇはこれまで在宅で独居で生活をしてきたが、認知症も進み、在宅での生活が困難となった。しかし、Ｇには身寄りがいない。

《事例４－６》

Ｈは交通事故により重傷を負い、判断能力も低下してしまった。Ｈの妻Ｉは、保険会社に保険金を請求したいと思っている。

《事例４－７》

Ｊは所有不動産をＫに賃貸しているが、Ｋが賃料を６カ月分滞納している。Ｊの家族としては、Ｋとの賃貸借契約を解除して、Ｋに出ていってもらいたいと思っているが、Ｊは精神障害のため判断することができない。

《事例4－8》

Ｌは多額の負債を抱えているため借金を整理したいと考えているが、知的障害があるため、法律的な手続の方法がよくわからないでいる。

《事例4－9》

Ｍ（20歳）は重度の知的障害があるため、親であるＮがＭの預金を下ろしに銀行に行ったところ、窓口でＭの本人確認を求められた。

事例4－3は、遺産分割の問題である。遺産分割はすべての法定相続人の協議によって成立するものであり、相続人のうちに1人でも判断能力のない者がいる場合には遺産分割協議をすることができない。そこで、遺産分割をするためには、判断能力のない者について成年後見人を選任する必要がある。なお、他の相続人が成年後見人となる場合には、利害関係のない特別代理人を選任する必要がある（民法860条・826条）。

事例4－4は、相続放棄の問題である。借金も相続の対象となるが、相続が開始したことを知った日から3カ月以内に相続放棄をすれば、相続人とはならず、借金も返済する必要がない（民法939条。第9章❸(3)(F)参照）。しかし、相続放棄の手続は法律行為であるため、意思能力がない者が相続放棄をするためには、成年後見人を選任する必要がある。

事例4－5では、入所施設サービスの利用契約を締結する必要があるが、本人が契約を締結することができないのであれば、成年後見人等を選任し、成年後見人等が代わりに入所契約を締結する必要がある。

事例4－6では、保険会社に保険金を請求することができるのは、保険契約者であるＨのみである（特約で第三者の請求を認めている場合もある）。保険金を請求するためにはＨ自身が手続をとる必要があり、Ｈの判断能力が低下しているのであれば、Ｈに成年後見人等を選任する必要がある。

事例4－7では、賃貸借契約を解除し、場合によっては裁判を起こす必要があるだろう。その場合、Ｊ本人ができないのであれば、Ｊに成年後見人等を選任し、成年後見人等が契約を解除し、訴訟提起をする必要がある。

事例4－8では、自己破産等の債務整理手続をする必要がある。この場合も、本人の判断能力が不十分なために自ら手続を行うことができないのであれば、成年後見制度を利用する必要がある。

事例4－9では、預金をしたり、預金を下ろしたりする必要があるが、これらの行為は、寄託契約という法律行為に基づく行為である。したがって、本人に意思能力がない場合には法律行為は無効となる。そのため、金融機関としては、意思無能力者とは取引（預金の払戻し）をすることはできない。そのため、預金を下ろすだけであったとしても、Ｍには成年後見人を選任することが必要となる。

もちろん、以上のほかにも、判断能力が低下した者が法律行為を行いたいと思うのであれば、成年後見制度を利用する必要が出てくるのである。

2 成年後見制度の概要

(1) 旧制度（禁治産、準禁治産制度）の問題点

旧法（1999年改正前の民法）上、現在の成年後見制度に該当する制度として、禁治産および準禁治産の制度があった。禁治産制度は、本人が心神喪失の常況にあるときに、家庭裁判所が禁治産の宣告をし、後見人を選任するという制度であり、準禁治産制度は、本人が心神耗弱者か浪費者であるときに、家庭裁判所が準禁治産の宣告をし、保佐人を選任するという制度であった。

現行の制度と似ている制度ではあるが、この制度は1898（明治31）年に開始されて以降、必ずしも十分に利用されてはいなかった。また、約100年の間、ほとんど改正されていなかったため、時代に合わなくなってきて、数多くの問題点が指摘されてきていた。たとえば、従来の禁治産・準禁治産制度は、画一的に定められていて硬直的であったり、軽度の人に対する対応ができないなどの問題があった。また、準禁治産制度においては、保佐人には代理権がなかったため、本人援助のための必要な契約等をすることができなかったなどの問題もあった。そのほか、戸籍に記載される、広範な資格制限がある、鑑定に費用と時間がかかる、などの問題点も指摘されていた。その中でも、最も重大な問題点として指摘できるのは、旧制度は本人保護の理念に偏っていたために、本人の意思や自己決定の尊重の視点に欠けていたという点であろう。

(2) 改正の趣旨と理念

以上の各問題点を踏まえ、特に、①自己決定の尊重、②残存能力の活用、③ノーマライゼーション等の新しい理念と、本人の保護という理念との調和を図りながら、柔軟かつ弾力的な利用しやすい制度を構築することをめざして法改正が行われ、2000年４月から、現行の新しい成年後見制度がスタートすることになったのである。

新しい成年後見制度では、①柔軟かつ弾力的な利用しやすい制度とするために補助制度を新設する、②本人援助のために保佐人に代理権を認める、③戸籍制度を廃止し、登記制度を新設する、④資格制限の範囲を縮減する、⑤手続の中で本人の関与を保障する、⑥自己決定の尊重を図るために任意後見制度を新設する、などの新しいしくみが導入された。

なお、障害者権利条約の批准以降、特に次に述べる法定後見制度について、包括的な法定代理権・法定取消権、本人の意思決定を支援するシステムの欠如等が問題とされ、制度のさらなる抜本的改正が早急に求められている。

(3) 法定後見制度と任意後見制度

新しい成年後見制度は、法定後見制度と任意後見制度に分けられる。

法定後見制度は、法律による後見の制度であり、補助・保佐・後見の３類型から構成される。この法定後見制度は、法律の規定に基づいて、本人の判断能力が不十分な状態になってから、家庭裁判所が成年後見人等を選任し、その成年後見人等に権限を付与する制度である。

一方、任意後見制度は、契約による後見の制度である。この任意後見制度は、本人が判

断能力のある間に判断能力が不十分な状態になることに備え、契約によって任意後見人になる予定の者（任意後見受任者）を選任し、本人の判断能力が不十分になった場合にはその任意後見人に権限を付与する制度である。

3 法定後見制度

(1) 成年後見・保佐・補助の制度

(A) 対象者

《事例4－10》

Aは軽度の知的障害のため、療育手帳を取得している。Aは成年後見制度の対象となるか。

《事例4－11》

B（67歳）は独居生活をしているが、年金収入（月額8万円余り）しかないにもかかわらず、年金が支給されるたびにパチンコや競馬をして、あっという間に年金を浪費してしまう。Bは成年後見制度の対象となるか。

《事例4－12》

Cは視覚障害、肢体不自由のため、銀行に行ったり、貯金を下ろしたりすることが困難であり、自分の代わりに銀行手続をしてくれる人を探している。

成年後見・保佐・補助の制度の対象者は、判断能力が不十分な人（認知症高齢者、知的障害者、精神障害者等）であるが、具体的には、その判断能力の程度によって分けられる。後見は、本人が1人で日常生活をすることができない等、判断能力が全くない状態である。保佐は、本人の判断能力が失われてはいないものの、著しく不十分な状態であり、自己の財産を管理・処分するには、常に援助が必要な状態である。補助は、本人の判断能力が不十分な状態であり、自己の財産管理・処分の内容によっては援助が必要な状態であるときに利用できる。このような判断能力は、(2)(C)(c)で後述するとおり、医師の診断・鑑定によって判断することとなっており、療育手帳を持っているからといって、当然に成年後見制度の対象となるわけではない。事例4－10のAも、軽度の知的障害であれば、補助の対象にすらならないこともあり得る。

かつての準禁治産制度では、浪費者をその対象としていたが、現在の制度では判断能力を有する浪費者は対象とはなっていない。したがって、事例4－11のBも、精神上の障害等の理由により判断能力が低下して浪費をしているというのであれば成年後見制度の対象となるが、特に判断能力が低下しているわけではなく浪費癖があるというだけであれば、成年後見制度の対象とはならない。

身体上の障害があっても、判断能力に問題がなければ、成年後見制度の対象とはならない。したがって、事例4－12のCは、成年後見制度を利用することはできない。判断能力があるのであれば、任意代理で第三者に銀行手続を依頼するか、判断能力の低下の程度によっては日常生活自立支援事業の利用を検討するしかないであろう。

なお、後見、保佐、補助の３類型主義については、本人の状態の変化に柔軟に対応することができない、３類型の該当性の判断が困難な場合があるなどの理由から、これを一元的な制度に改正すべきとの意見が強い。

(B)　法定後見制度と資格制限

《事例４－13》

知的障害者施設に入所中のＡは、選挙があると投票に行くことを楽しみにしている。このたび、Ａには成年後見人が選任されたが、今後も選挙で投票することはできるのだろうか。

現行法では、保佐が開始されると、本人は、医師（医師法、歯科医師法）、医療法人の役員（医療法）、国家公務員（国家公務員法）、地方公務員（地方公務員法）、校長または教頭（学校教育法）、弁護士（弁護士法）、行政書士（行政書士法）、司法書士（司法書士法）、税理士（税理士法）、社会福祉士、介護福祉士（社会福祉士及び介護福祉士法）や自衛隊の隊員（自衛隊法）等の資格や会社役員等の地位を失う。

一方、後見が開始されると、保佐の資格制限のほか、質屋営業の許可（質屋営業法）、歯科医師国家試験の受験資格（歯科医師法）、薬局開設の許可（薬事法）等が加わるほか、印鑑登録が抹消される。

これらの欠格条項については、障がいのある人の権利を擁護するための制度の利用により本人が権利を制限される点で不合理な差別であると考えられるうえ、成年後見等の利用促進の阻害要因として指摘されており、政府は、2018年（平成30年）３月13日各種法律の欠格条項を原則的に削除する内容の「成年被後見人等の権利の制限に係る措置の適正化等を図るための関係法律の整備に関する法律案」を国会に提出している（2019年４月現在継続審議中）。

《事例４－13》について、旧公職選挙法は、後見が開始されると、本人の選挙権および被選挙権が失われると定めていた。これに対しては、当事者から訴訟が提起され、東京地方裁判所平成25年３月14日判決は、成年本人は選挙権を有しないと定めた公職選挙法11条１項１号は、憲法15条１項および３項、43条１項並びに44条ただし書に違反すると判示した。この判決を受けて、同年５月成年本人の選挙権の回復等のための公職選挙法等の一部を改正する法律が成立し同年６月30日施行された。これにより、平成25年７月１日以後に公示・告示される選挙について、成年本人の方は、選挙権・被選挙権を有することとなった。

したがって、《事例４－13》のＡは、後見開始の審判後も投票することができる。

(C)　申立権者

《事例４－14》

民生委員のＡは、近所の独居高齢者Ｂが認知症も進んでおり、在宅生活も困難であることから、施設入所が必要ではないかと思った。そのために成年後見の申立てが必要であると考えたが、民生委員Ａは成年後見の申立てをすることができるだろうか。

成年後見制度は家庭裁判所に後見等開始の審判を申し立てることによって手続が始まる

が、誰でも家庭裁判所に申立てができるというわけではない。法律上、成年後見の申立てをすることができるのは、以下の者に限定されている。

(a) 民法上の申立権者

成年後見・保佐・補助の開始審判の申立権者は、民法上、本人、配偶者、4親等内の親族、未成年後見人、未成年後見監督人、後見人・保佐人・保佐監督人・補助人・補助監督人または検察官となっている（民法7条・11条・15条）。

親族とは、6親等内の血族、配偶者、3親等内の姻族を指すので（民法725条）、申立権者である4親等内の親族とは、4親等内の血族、配偶者、3親等内の姻族のことをいう（第9章〈図5〉参照）。

なお、検察官の申立権は公益の代表者として認められたものであるが、実務上、検察官の申立ては極めて稀である。親族による申立てが困難な場合には、(b)の市町村長申立てで対応することが現実的である。

(b) 市町村長申立て

判断能力が低下したものの4親等内の親族がいない人、あるいは、親族はいるものの申立てを拒否していたり、本人に虐待をしている場合には、親族による審判の申立てを期待することはできない。

そこで、そのような場合に適切な対応をするために、「その福祉を図るため特に必要があると認めるとき」には、市町村長が法定後見開始の申立てをすることが認められている（老人福祉法32条、知的障害者福祉法28条、精神保健福祉法51条の11の2）。

事例4－14の民生委員Aには、成年後見の申立権はない。そこで、Aとしては、地域包括支援センター等に連絡し、成年後見制度の利用を促してもらうことが必要であろう。地域包括支援センターでは、市町村に相談しながら、Bの親族に成年後見の申立てを促したり、市町村長申立てにつなげたりすることになる。

(D) 代理権・同意権・取消権

法定後見制度では、成年後見人等が代理権、同意権・取消権を適切に行使することによって成年被後見人等の財産を保全することになる。そこで、代理権、同意権・取消権の意味内容については、正確に理解しておく必要がある。

代理権とは、特定の法律行為（たとえば、土地の売買契約）を本人に代わって行うことができる権限のことをいう。代理権に基づいて行われた法律行為の効果（たとえば、土地の代金支払義務）は、本人に帰属する。

同意権とは、本人（被保佐人・被補助人）が特定の法律行為をするには、保佐人・補助人の同意を得なければならないということを、保佐人・補助人の権限として表したものである。

取消権とは、本人が行った法律行為を取り消すことができる権限をいう。保佐人・補助人の取消権は、同意権を前提とするものであり、本人が保佐人・補助人の同意を得ずに特定の法律行為をした場合に、本人または保佐人・補助人において当該法律行為を取り消すことができる（ただし、補助の場合には、同意権が審判によって付与されていることが必要である。(G)参照）。一方、成年後見人の場合は、そもそも同意権がないので、成年後見人の同意の有無にかかわらず成年被後見人の特定の法律行為を取り消すことができる。

(E) 成年後見の概要

《事例4－15》

Aには成年後見人Bがいる。今度、Aは土地を売却することを考えているが、次のような方法で売却をすることができるだろうか。

① BがAの代理人として土地を売却する。

② AがBに無断で土地を売却する。

③ AがBの同意を得て土地を売却する。

《事例4－16》

Cには成年後見人Dがいる。Cの洋服の購入は誰ができるだろうか。

成年後見の制度では、家庭裁判所が後見開始の審判をして本人のために成年後見人を選任することとなる。その結果、成年後見人は広範な代理権と取消権を持つことになる（民法9条本文・120条1項・859条1項）。

そのため、成年後見人は、本人の財産に関するすべての法律行為（たとえば、不動産の売買・賃貸、預金の管理、介護契約など）をすることができるし、本人が自ら行った法律行為に関しては、本人に不利なものと認められるときは、当該行為を取り消すことができることになる。

また、成年後見人には同意権がないため、成年後見人の同意の有無にかかわらず成年被後見人の特定の法律行為を取り消すことができる。

ただし、自己決定の尊重の観点から、「日用品の購入その他日常生活に関する行為」（たとえば、食料品・衣料品等の買い物、電気・ガス代、水道料金の支払い等）については、取り消すことは認められていない（民法9条ただし書）。

それでは事例4－15について確認しておこう。成年後見人には包括的な代理権が認められることから、①の方法によって土地を売却することが可能である。しかし、本件土地がAの居住用不動産である場合には、家庭裁判所の許可が必要である（民法859条の3。家庭裁判所の許可なく売却した場合は、無権代理として無効となる。これについては、第8章❸(2)・第10章❸(1)参照）。一方、成年後見人には同意権はないので、②はもちろんのこと、③の方法によっても土地を売却することができない。したがって、Aが②③の方法によって土地を売却した場合、成年被後見人であるAまたは成年後見人Bは、取消権を行使して土地の売買契約を取り消すことができる（なお、第7章❷(4)(B)も参照）。

事例4－16は、日用品の購入に関する行為であると思われる。これは、C本人が購入をしたとしても、成年後見人Dは取り消すことができない。一方、成年後見人Dには包括的な代理権が認められているため、DはCのために洋服を購入することも可能である。すなわち、日用品に関する行為については、本人も成年後見人も法律行為を行うことができるのである。

(F) 保佐の概要

《事例4－17》

Aには保佐人Bがいる。今度、Aは土地を売却することを考えているが、次のような方法で土地を売却することができるだろうか。

①　ＢがＡの代理人として土地を売却する。
②　ＡがＢに無断で土地を売却する。
③　ＡがＢの同意を得て土地を売却する。

保佐の制度では、家庭裁判所が保佐開始の審判をして本人のために保佐人を選任することとなる。その結果、保佐人には、民法所定の行為（民法13条１項所定の行為。たとえば、借財、保証、重要な財産の売買等）について、同意権・取消権が付与される（同法13条・876条の２第１項）。たとえば、本人が保佐人の同意を得ずに不動産の売却をした場合には、保佐人は当該売却行為を取り消すことができるのである。もっとも、本人の利益を害するおそれがないにもかかわらず保佐人が同意をしないときは、本人は、家庭裁判所に対し、保佐人の同意に代わる許可を請求することができる（同法13条３項）。

そのほか、当事者が申立てにより選択した特定の法律行為（民法所定の行為に限らない）については、審判により保佐人に代理権を付与することも可能である（民法876条の４第１項）。その場合、自己決定の尊重の観点から、代理権の付与は、本人の申立てまたは同意を要件としている（同条２項）。

また、本人の状況に応じて、代理権の範囲の拡張またはその付与の全部もしくは一部の取消しや、同意権の範囲の拡張を求めることもできる（民法876条の４第１項・３項・13条２項）。

それでは事例４－17について確認しておこう。保佐の場合は、民法所定の行為について保佐人に同意権・取消権が認められる。したがって、②のように、被保佐人Ａが保佐人Ｂに無断で土地（重要な財産）を売却した場合には、ＡないしＢは売買契約を取り消すことができる。一方、③のように、被保佐人が保佐人の同意を得て土地を売却した場合には、同意権の効果として、土地売買契約は有効に成立することとなり、取り消すことができない（なお、居住用不動産の場合には家庭裁判所の許可が必要なことは成年後見の場合と同様である）。さて、①についてであるが、これは、保佐人Ｂに代理権の付与が認められているか否かによる。Ｂに土地売買契約に関する代理権の付与がなされている場合には、ＢはＡの代理人として土地を売却することが可能であるが、土地売買契約に関する代理権が付与されていない場合には、無権代理行為として土地売却は無効となる。なお、当初、土地売買契約に関する代理権が付与されていなかったとしても、必要に応じて、代理権の範囲の拡張を求めることができる。

(G)　補助の概要

《事例４－18》

知的障害者Ａは、日常的な法律行為は、ほとんど自分でできる。今度、不動産の売却を予定しているが、この不動産の売買契約に関してだけは自分１人では不安であり、誰かに援助をしてもらいたいと思っている。

補助の制度では、家庭裁判所が補助開始の審判をして、本人のために補助人を選任し、当事者が申立てにより選択した特定の法律行為（たとえば、預金の管理、重要な財産の処分、介護契約等）について、審判により補助人に代理権または同意権（取消権）を付与することとなる。自己決定の尊重の観点から、本人の申立てまたは同意を、補助開始・代理権付与・同意権付与の審判の要件としている（民法17条１項・876条の９第１項）。

事例４－18のＡについていえば、補助人を選任し、「不動産の売買」という特定の法律行為に関して代理権または同意権（取消権）を付与することが可能である。このようにすることによって、本人は安心して不動産の売買をすることができるようになるし、不動産の売買以外の法律行為については自己決定権を残すことが可能となる。

補助の制度では、同意権（取消権）の対象となる法律行為は、民法13条１項に定める行為の一部に限られているが（民法17条１項ただし書）、代理権付与の対象となる特定の行為には、法律上の限定はない。

そのほか、本人の利益を害するおそれがないにもかかわらず補助人が同意をしないときに、本人が家庭裁判所に補助人の同意に代わる許可を請求することができること（民法17条３項）、本人の状況の変化に応じて、代理権・同意権の範囲の拡張を求めることができること（同条１項・876条の９第１項）は、保佐の場合と同様である。

(2) 後見等開始の審判の申立てと手続

《事例４－19》

社会福祉士Ａ（横浜市在住）は、認知症高齢者Ｂ（横浜市在住）の息子（札幌市在住）から「Ｂのために成年後見制度を利用したい。ただ、自分は遠くに住んでいるので、申立手続も手伝ってもらいたいし、Ｂの成年後見人にもなってもらいたい」と相談を受けた。

後見等開始の審判の手続の詳細については、第６章で詳述するので、ここでは簡単な流れについて説明をしておく。

(A) 申立て

後見等の開始に関する審判は、家事事件手続法が定める家事審判手続により行われる。後見等の開始の審判の申立ては、本人の住所地の家庭裁判所に行う（家事事件手続法117条１項）。その際、本人の精神の状況や生活状況について、申立ての理由を述べ、医師の診断書その他適切な証拠書類を添付する。

事例４－19の場合、申立ては本人の住所地の家庭裁判所である横浜家庭裁判所に行うことになる。

申立手続は、弁護士を代理人として行うことができるが、社会福祉士が代理人となって手続をすることはできない。しかし、申立人の依頼に基づいて申立書の記載事項について記載を代行することは可能である。そこで、事例４－19の場合には、社会福祉士Ａは、Ｂの息子が申立人となって成年後見の申立てができるように、制度の説明をしたり、必要な資料の作成の援助をしたりすることは可能であろう（なお、Ａに成年後見人になってもらいたいとの点については、後記(3)(A)を参照されたい）。

(B) 提出書類

申立書には、本人の氏名、生年月日、住所、本籍地のほか、申立ての趣旨、申立ての実情等を記載することが必要である。また、申立書には、本人の戸籍謄本、医師の診断書、本人の財産に関する資料等のほか、登記所の発行する登記事項証明書（成年後見の登記がされていない場合は、登記されていないことの証明書）が必要である。

(C) 事件処理の流れ

(a) 申立人、後見人等候補者の調査

家庭裁判所は、成年後見等開始の審判の申立てがなされると、家庭裁判所調査官により、申立人および成年後見人等候補者の面接調査を実施し、申立書に記載された事項についての確認を行う。

具体的には、①家族関係の確認、②申立ての動機・目的の確認、③本人に関する情報の確認、④本人の生活状況についての聴取、⑤成年後見人等候補者の適格性の確認などを行う。

(b) 本人調査

《事例４－20》

精神障害のあるＡのために成年後見制度の利用を考えているが、Ａは「自分で財産管理をすることができる」と言って、成年後見制度の申立てに抵抗している。

成年後見制度では、本人の意思を尊重するため、申立内容について本人の陳述を聴取することとなっている。特に、補助開始事件においては手続段階で本人の同意が必要であるし（民法15条２項）、保佐開始や補助開始事件において代理権を付与する場合にも本人の同意が必要であるので（民法876条の４・876条の９）、同意の確認も本人調査の中で行われる。ただし、後見類型については、近年家庭裁判所による本人調査が省略されることも多くなっているとの指摘があり、その運用に対し注意が必要である。

事例４－20では、Ａの類型と申立内容によって状況は異なる。後見または保佐の申立てをするのであればＡの同意はいらないことから、Ａの反対を押し切って後見または保佐の申立てをすることは可能であるが、補助の申立てをすることはできないことになる。もっとも、後見または保佐の申立ての場合でも、本人の意思を尊重する必要があり、また、実際にも後見または保佐の活動を円滑に行うため、本人の理解を得ておくことが望ましいことはいうまでもない。

(c) 診断、鑑定

《事例４－21》

Ａは認知症が疑われているが、同居しているＡの長男が医師の診察を拒否しているため、Ａの認知症の程度が不明である。

《事例４－22》

次の各場合において精神鑑定が必要か。

① Ｂは、会話はできるものの、認知症があるため、10分前に話した内容も忘れてしまう。主治医も成年後見が必要であるとの診断書を作成している。

② Ｃは重度の知的障害があり、現在、障害者支援施設に入所中である。主治医も成年後見が必要であるとの診断書を作成している。

③ Ｄは軽度の知的障害があり、主治医は補助が必要であるとの診断書を作成している。

後見等の開始の審判は、本人が精神上の障害によって判断能力が不十分であるか否かを

基準にして、本人を保護することの要否や保護の範囲を決めることになる。その際、最も重要なことは、本人の判断能力の程度についてである。

そこで、申立書には必ず医師の診断書を添付して提出することとなっており、また、後見・保佐の申立ての場合には原則として裁判所において判断能力の鑑定をすることにもなっている（家事事件手続法119条1項・133条）。

事例4－21の場合のように、診断書を入手することが困難な場合もある。このような場合には、診断書を提出できない事情を記載した報告書等を提出するしか方法がないだろう。しかし、実際に医師の鑑定が受けられなければ手続は進められないので、最終的には申立ては却下されてしまうことになる。

事例4－22①②の取扱いについては、家事事件手続法上は、原則として鑑定を行うこととなっている。しかし、近時、家庭裁判所の運用では、鑑定を省略する傾向にある。平成30年における最高裁判所の統計によれば、成年後見関係事件の終局事件のうち、鑑定を実施したものは、全体の約8.3％（前年は約8.0％）であった。①については、原則としては鑑定が必要となるのであるが、本人の状態や診断書の内容によって、鑑定が省略される運用がなされることも十分あり得るであろう。また、②のように療育手帳を有している場合には、ほとんどのケースで鑑定が省略されているようである。また、障がいの程度が重度の場合には鑑定を不要としている家庭裁判所が多いようである。また、補助の場合には原則として鑑定は不要で医師の診断書のみで足りるとされていることから、③については、鑑定は不要であろう。ただし、このような実務の傾向に対しては、成年後見制度が本人の権利行使を制約する面があることから、慎重な考慮も必要である。

(d) 親族照会

家庭裁判所は、後見開始等事件が申し立てられたことや、後見開始が相当と判断された場合に、成年後見人等候補者を成年後見人等に選任することについての意見・意向を本人の親族や利害関係人から聴取している。

(e) 後見等開始の審判

《事例4－23》

重度の知的障害のあるAの母は、今は生活上特に支障があるわけではないが、将来何かがあったときに役に立つかもしれないと思い、Aの成年後見開始の審判の申立てを行った。

《事例4－24》

認知症のBは主治医の判断によると保佐相当であるとのことであるが、家族としては、保佐よりも代理権や取消権の範囲が広い後見類型を利用したほうが本人を保護しやすいと考え、後見開始の審判の申立てを行った。

家庭裁判所は、本人が精神上の障害により判断能力を欠く常況にあると認められる場合には、後見開始の審判を（民法7条）、本人の判断能力が著しく不十分であると認められる場合には、保佐開始の審判を（同法11条）、本人の判断能力が不十分な場合について、代理権付与の審判または同意権付与の審判の必要性がある場合には補助開始の審判を（同法15条）なすことになる。後見開始および保佐開始の審判にあたっては、特に後見開始およ

〔表2〕 補助・保佐・後見の制度

		補助開始の審判	保佐開始の審判	後見開始の審判
要件	〈対象者〉（判断能力）	精神上の障害（認知症・知的障害・精神障害者等）により事理を弁識する能力が不十分な者	精神上の障害により事理を弁識する能力が著しく不十分な者	精神上の障害により事理を弁識する能力を欠く常況に在る者
開始の手続	申立権者	本人、配偶者、四親等内の親族、検察官等、任意後見受任者、任意後見人、任意後見監督人、市町村長、法定後見人、法定後見監督人（注）福祉関係の行政機関については、個別法で規定		
	本人の同意	必要	不要	不要
機関の名称	本人	被補助人	被保佐人	成年被後見人
	保護者	補助人	保佐人	成年後見人
	監督人	補助監督人	保佐監督人	成年後見監督人
同意権・取消権	付与の対象	民法13条1項の行為の一部で家庭裁判所が定める「特定の法律行為」	民法13条1項所定の行為	日常生活に関する行為以外の行為（取消権）
	付与の手続	補助開始の審判＋同意権付与の審判＋本人の同意	保佐開始の審判	後見開始の審判
	取消権者	本人・補助人	本人・保佐人	本人・成年後見人
代理権	付与の対象	申立ての範囲内で家庭裁判所が定める「特定の行為」	同左	財産に関するすべての法律行為
	付与の手続	補助開始の審判＋代理権付与の審判＋本人の同意	保佐開始の審判＋代理権付与の審判＋本人の同意	後見開始の審判
	本人の同意	必要	必要	不要
責務	身上配慮義務	本人の心身の状態及び生活の状況に配慮する義務	同左	同左

び保佐開始の具体的な必要性は審理する必要がないとされている。したがって、事例4－23のように、特に具体的な必要性がないような場合でも、法的には後見開始の審判がなされることになる。この点については、障害者権利条約の批准以降、成年後見制度特に後見類型が本人の行為能力を否定し後見人に対し包括的な法定代理権を付与するものであるため、その適用は必要限度にすべきであるとの見地から、法改正の必要性が指摘されている。

保佐開始の審判が申し立てられ、審理をした結果、後見開始の要件を満たすと認定された場合は、家庭裁判所は、申立ての対象とされていない後見開始の審判をすることはできず、保佐開始の申立ては却下されることになる。そこで、実務では、家庭裁判所は申立人に対して、その旨を伝えたうえで、申立ての趣旨を後見開始の審判の申立てに変更するか、予備的に後見開始の審判の申立てをするように促している。

ところで、保佐ないし補助の類型は、場合によっては、家族や周囲の支援者にとって使いにくい場合がある。たとえば、保佐人が選任されたとしても、代理権の付与がなされない限り、預貯金通帳の管理は本人が行うことになる。そこで、事例4－24のように、家族や周囲の支援者から「保佐よりも後見類型にしたい」という意向を聞くこともある。しかし、後見等開始の審判においては、あくまでも本人の判断能力に基づいて審判がなされるのであり、保佐相当の判断能力の場合には後見開始の審判がなされることはない。

なお、審判は、成年被後見人等に通知しなければならないとされている（家事事件手続法122条１項）。

(f) 不服申立て

《事例４－25》

Ａに対して保佐開始の審判がなされ、家庭裁判所は、保佐人としてＡの弟であるＢを選任した。次の①②の場合、Ａは、どのようなことをすることができるか。

① Ａが、保佐が開始されたこと自体に不満を持っている場合

② Ａが、保佐が開始されたこと自体には不満はないが、Ｂが保佐人となることについて不満を持っている場合

後見等開始の審判、もしくは後見等開始の審判申立てを却下する審判に対しては、それぞれ、定められた不服申立権者（本人、配偶者、４親等内の親族等）から２週間以内に即時抗告をすることができる（家事事件手続法123条）。

家庭裁判所は、後見等開始の審判をするときに、職権で成年後見人等を選任するが（民法843条１項等）、成年後見人等の選任は、後見等開始に付随してなされる審判なので、成年後見人等の人選に不服があったとしても、後見等開始自体と切り離して、成年後見人等選任だけについて独立して不服申立てをすることはできないと考えられている。

事例４－25について、①の場合に、Ａは保佐が開始されたこと自体に不服申立てをすることは可能であるが、②の場合には、Ｂが保佐人となることについて独立して不服申立てをすることはできないことになる。

(3) 成年後見人等の選任と職務

(A) 成年後見人等の選任

《事例４－26》

Ａ（82歳）は認知症が進んできたので、後見の申立ての必要があると考えているが、Ａ自身は近隣に居住するＢに成年後見人になってもらいたいと思っている。

《事例４－27》

Ｃ（76歳）の後見開始の審判申立てがなされたが、親族照会をしたところ、Ｃの長男もＣの次男も自分が成年後見人になりたいと希望している。そして、両者の間では、Ｃの監護方針に争いがあることも判明した。

《事例４－28》

先日、Ｄ（認知症）の夫Ｅが死亡した。Ｅには子Ｆがおり、ＤとＦとの間でＥの遺産分割をする必要が生じた。そこで、ＦはＤの後見開始の審判申立てをした。

成年後見人等の選任については、家庭裁判所が個々の事案ごとに最も適任と認める者を成年後見人等として選任することとしている（民法843条１項・876条の２第１項・876条の７

第１項)。

申立てにあたって、申立人が、成年後見人等として適当と考える者を推薦することは可能であるが、成年後見人等の選任はあくまでも家庭裁判所が「職権」で行うことであって(民法843条１項・876条の２第１項・876条の７第１項)、成年後見人等候補者の推薦は、必ずしも家庭裁判所の判断を拘束するものではない。事例４－19では、Ｂの息子は、社会福祉士のＡに成年後見人等になってもらいたいという希望を持っていたが、その場合、息子は、Ａの承諾を得て、成年後見人等候補者としてＡを推薦することは可能である。

成年後見人等となるのに特別な資格はないが、①未成年者、②家庭裁判所で免ぜられた法定代理人、保佐人、または補助人、③破産者、④被後見人に対して訴訟をし、またはした者およびその配偶者並びに直系血族、⑤行方の知れない者は、成年後見人となることができない（民法847条・876条の３第２項・876条の８第２項)。

従来は、本人の配偶者、親、子ども、その他親族の中から成年後見人等が選任される割合が半数以上を占め、身寄りがいない場合、本人の財産が高額である場合、本人の財産や監護方針をめぐって親族間に激しい争いがあるような場合などには、中立公正な立場にある第三者が成年後見人等として選任されることが多かった。

しかし、近年は、本人の配偶者、親、子どもその他の親族の中から成年後見人が選任される割合は年々減少、専門職後見人の選任の割合が増加している。平成30年における最高裁判所の統計によれば、配偶者、親、子、兄弟姉妹及びその他親族が成年後見人等に選任されたものが全体の約23.2％（前年は約26.2％）となっている。親族以外の第三者が成年後見人等に選任されたものは、全体の約76.8％（前年は約73.8％）であり、親族が成年後見人等に選任されたものを上回っている。その内訳は、弁護士が8151件（前年は7969件）で対前年比約2.3％の増加、司法書士が１万0512件（前年は9985件）で対前年比約5.3％の増加、社会福祉士が4835件（前年は4414件）で対前年比約9.5％の増加、市民後見人が320件（前年は289件）で 対前年比約10.7％の増加となっている。わが国は、先進国の中でも専門職後見の割合が親族後見と比べて非常に高いことが特徴である。その理由として、少子高齢化、単身世帯の増加、親族間のつながりの希薄化などが考えられる。今後成年後見人等の担い手の確保と親族後見人の支援が求められる。

現在の成年後見制度では、複数の成年後見人等を選任することができるとされており、また、法人の成年後見人等を選任することもできることとなっている。

複数の成年後見人等が選任される場合には、原則として、それぞれ各自が単独で代理権や取消権を行使することができることになるが、家庭裁判所は、審判により、複数の成年後見人等が共同して、または事務を分掌してその権限を行使すべき旨の定めをすることができる（民法859条の２第１項等)。具体的な事例としては、財産管理の事務については弁護士や司法書士等の法律専門職が、身上監護の事務については社会福祉士等の福祉専門職が、それぞれ分担する場合などがある。また、親族と専門職後見人が複数で受任して事務分担をする場合もある。

ここで、事例４－26から事例４－28について確認しておこう。

事例４－26は、申立段階で知人を成年後見人候補者として推薦することはできるが、家庭裁判所が職権で判断するため、必ずしも成年後見人として選任されるとは限らない。特別な資格は要求されていないものの、単なる友人・知人で成年後見人に選任されることは多くはないようである。

事例４－27のように、長男と次男とのいずれが成年後見人として適切なのか判断に迷うような場合には、専門職の第三者が成年後見人として選任されることも多い。場合によっては、親族と第三者の複数後見で選任されることもある。

事例４－28は、本人と親族との間に利益相反がある事例である。利益相反があるからといって、必ずしもＦがＤの成年後見人になれないわけではない。しかし、ＦがＤの成年後見人になった場合には、遺産分割にあたってＤの特別代理人を選任する必要がある（民法860条・826条)。ただし、成年後見監督人が選任されている場合には、成年後見監督人が成年被後見人を代理するので（同法851条４号)、特別代理人は選任されない（同法860条ただし書)。なお、このような事例で、Ｆと弁護士等の法律専門家の複数後見を選任し、弁護士等の法律専門家が遺産分割に関して事務を分掌するということもある。

(B) 成年後見人等の職務

《事例４－29》

Ａの成年後見人として第三者であるＢ（社会福祉士）が選任された。次の①～④の場合、Ｂは、どのような職務を行うか。

① Ａは在宅生活を送っているが、排泄介助や食事介助が必要な状態である。

② Ａは今度手術をする予定となっているが、医師からＢに対して手術の同意を求めてきている。

③ Ａが遺言を作成したいと言っている。

④ Ａが自分の財産の中から孫に100万円を小遣いとして贈与したいと言っている。

(a) 成年後見人の権限と責務

成年後見人の権限は、以下のものである。

① 本人の財産に関する法律行為についての包括的な代理権とこれに対応する包括的な財産管理権（民法859条１項）

② 本人が行った法律行為に関する取消権（民法９条・120条１項。なお、「日用品の購入その他日常生活に関する行為」は除く）

これらの権限は、いずれも法定された権限であり、法律上、当然に成年後見人に付与されるものである。

成年後見人は、後見事務（本人の生活、療養看護および財産管理に関する事務）の遂行にあたって、本人の意思を尊重するとともに、その心身の状態および生活の状況に配慮すべき身上配慮義務等を負うものとされている（民法858条)。

(b) 成年後見人の職務

〔就任時の事務と主な職務〕

成年後見人に就任してすぐに行うべき事務は以下のとおりである。

① 家事審判事件記録の閲覧・謄写

② 関係者・本人との面談

③ 管理すべき財産関係の書類や印鑑等の引渡し

④ 金融機関等へ就任の届出と必要に応じて口座開設

⑤ 登記事項証明書の入手

⑥ 財産目録の作成（民法853条）

⑦ 年間支出額の予定と支払金確保の計画（民法861条１項）

⑧ 成年後見人の成年被後見人に対する債権・債務の申し出（民法855条）

〔成年後見人の具体的職務〕

成年後見人は、本人の生活、療養看護および財産の管理に関する事務を行うことになる。基本的には、遺言や身分行為等の本人でなければできない法律行為を除き、本人の生活に必要な法律行為全般をすることになる。ただし、事実行為は含まれない。

① 財産管理　預貯金の管理、収入・支出の管理、証券類等金融商品の管理、税務処理などの事務である。

② 身上監護に関する事務（第10章参照）　たとえば高齢者の場合、本人の生活、療養看護に関する事務である。具体的には、介護保険の申請手続、要介護度の検討、要介護度の認定に対する異議申立て、ケアプランの検討・ケアマネジャーとの打合せ、介護契約の締結行為、福祉サービスの検討・ヘルパー契約の締結行為・有料老人ホーム入所契約の締結行為、生活費の管理・本人への送金、本人の安否や健康状態の確認・本人が病気になったときの医療契約・入院契約の締結・主治医から病状説明を受けること等が含まれてくる。そのためにも、本人に対する見守り活動は不可欠である。

〔事例４－29の検討〕

事例４－29①のような事実行為については、成年後見人の職務ではない。そこで、成年後見人は、自ら排泄介助や食事介助を行うのではなく、必要に応じて、排泄介助や食事介助をしてくれるヘルパー利用の契約を締結することが必要となる。

事例４－29②はいわゆる医療同意の問題である。成年後見人には医的侵襲に関する同意権はないと考えられている（詳細は、第10章❷(3)参照）。

事例４－29③は遺言の問題である。遺言は、被相続人の単独行為であり、法律行為であるが、成年被後見人に関する規定は遺言には適用されないので（民法962条）、成年後見人が本人に代わって遺言を作成することはできない。法は、満15歳以上の成年被後見人は、事理弁識能力（意思能力と同じ意味と考えてよい）を一時回復している場合は、単独で遺言することを認めている（民法973条。なお、医師２人以上の立会いがなければならないなどの特別の手続規定がある）。なお、婚姻、協議離婚、養子縁組等についても、成年後見人が本人に代わって行うことはできない。

事例４－29④のような贈与行為については判断が難しい。成年後見人は財産行為について包括的な代理権（民法859条１項）を有しているので、形式的には、成年被後見人の代理人として贈与する権限もあるとはいえる。しかし、成年後見人の権限は、成年被後見人の利益を守り、身上を監護するためにあることからすれば、本人の財産を減少させる贈与行為は原則として行うべきではないだろう。せいぜい、社会生活を営むうえで必要な儀礼上の贈与行為（冠婚葬祭等）程度に限定されるものと考えられる。

(c) 保佐人の権限と責務

保佐人の権限には、次のものがある。

① 法定の権限である民法13条１項に定める行為に関する同意権・取消権（民法13条１項・４項・120条１項）

② 家庭裁判所の審判により定められた行為（民法13条１項所定の行為以外の行為）に関

する同意権・取消権（民法13条2項・120条1項）

③ 家庭裁判所の審判により定められた特定の法律行為に関する代理権（民法876条の4第1項）およびこれに付随する財産管理権

これらの権限のうち、①の同意権・取消権のみが法定された権限であり、法律上当然に保佐人に付与されるが、②③の権限は、家庭裁判所が当事者の申立ての範囲内において個々の事案ごとに判断して、審判で付与されるものである。

保佐人は、保佐の事務を遂行するにあたって、本人の意思を尊重するとともに、その心身の状態および生活の状況に配慮すべき身上配慮義務等を負うものとされている（民法876条の5第1項）。

【参考】 民法13条1項に定める行為

① 元本を領収し、または利用すること

② 借財または保証をすること

③ 不動産その他重要な財産に関する権利の得喪を目的とする行為をすること

④ 訴訟行為をすること

⑤ 贈与、和解または仲裁合意（仲裁法2条1項に規定する仲裁合意をいう）をすること

⑥ 相続の承認もしくは放棄または遺産の分割をすること

⑦ 贈与の申込みを拒絶し、遺贈を放棄し、負担付贈与の申込みを承諾し、または負担付き遺贈を承認すること

⑧ 新築、改築、増築または大修繕をすること

⑨ 民法602条に定める期間を超える賃貸借をすること

※民法602条に定める期間

・樹木の栽植または伐採を目的とする山林の賃貸借　10年

・前号に掲げる賃貸借以外の土地の賃貸借　5年

・建物の賃貸借　3年

・動産の賃貸借　6カ月

(d) 補助人の権限と責務

《事例4－30》

AはBの補助人に選任され、預金管理の代理権を付与された。そこで、AはBの通帳を調査したところ、Bが複数の会社から借金をしていることが判明した。そこで、AはBの債務を調査したいと考え、借金に関する代理権を付与してもらうことを希望したが、Bは「借金に関しては自分で返済する」と言って、代理権付与について同意をしない。

補助人の権限には、次のものがある。

① 特定の法律行為に関する代理権（民法876条の9第1項）およびこれに付随する財産管理権

② 特定の法律行為に関する同意権・取消権（民法17条1項・4項・120条1項）

これらの権限は、いずれも、家庭裁判所が当事者の申立ての範囲内において個々の事案ごとに判断して、審判により付与されるものである。なお、補助人に付与される同意権の対象行為は、民法13条1項に定める行為の一部に限られる（民法17条1項ただし書）。

補助人は、補助の事務を遂行するにあたって、本人の意思を尊重するとともに、その心身の状態および生活の状況に配慮すべき身上配慮義務等を負うものとされている（民法876条の10第1項・876条の5第1項）。

事例4－30のように、補助人として活動している際に本人保護のために代理権付与 拡張の必要性を感じることも多い。しかし、補助人に代理権付与をするためには、本人の同意が必要であるため、本人の同意が得られない場合には代理権が付与されることはない（前記(1)(G)参照）。

(e) 居住用不動産の処分

《事例4－31》

ＡはＢの成年後見人である。Ｂは賃貸マンションで独居生活をしていたが、このたび、賃貸マンションの契約を解除して、施設入所することを考えている。

成年後見人等が、本人の居住の用に供する建物またはその敷地（居住用不動産）について、本人を代理して売却、賃貸、賃貸借の解除または抵当権の設定その他これらに準ずる処分をするには、家庭裁判所の許可を得なければならない（民法859条の3・876条の5第2項・876条の10第1項）。これは、本人の居住環境の変化が、本人の心身および生活に重大な影響を与えることから、慎重になされることを要求しているためである。

成年後見人等が家庭裁判所の許可を得ずに本人の居住用不動産を処分した場合には、当該処分行為は無権代理行為として無効となる。

事例4－31は、居住用不動産の賃貸借の解除に該当するので、事前に、家庭裁判所の許可を得る必要がある。

(C) 成年後見の費用

(a) 後見費用

成年後見人等が後見等の事務を行うために必要な費用（たとえば、成年後見人が成年被後見人を訪問するための交通費など）は、成年被後見人等の財産の中から支出することができる（民法861条2項・876条の5第2項・876条の10第1項）。

(b) 報酬

成年後見人等（成年後見監督人等を含む）に対する報酬の付与は、家庭裁判所の審判により決定される（民法862条、家事事件手続法39条別表第1・13項等）。報酬の支払いを受けるためには、家庭裁判所に報酬付与の審判の申立てを行うことになる。

(D) 後見制度支援信託

後見制度支援信託は、親族後見人の財産の着服が問題となったことを受けて、本人の財産を守るために導入されたしくみである。その概要は、以下のとおりである

このしくみでは、本人の財産のうち、日常的な支払いをするのに必要十分な金銭を預貯金等として後見人（成年後見人および未成年後見人）が管理し、通常使用しない金銭を信託銀行等に信託する。信託財産は、元本が保証され、預金保険制度の保護対象になる。後見制度支援信託を利用すると、信託財産を払い戻したり、信託契約を解約したりするにはあ

らかじめ家庭裁判所が発行する指示書を必要とする。財産を信託する信託銀行等や信託財産の額などについては、原則として弁護士、司法書士等の専門職後見人が決定し、家庭裁判所の指示を受けて、信託銀行等との間で信託契約を締結する。信託契約締結後、専門職後見人は辞任する。辞任後、専門職後見人から、親族後見人に対し、専門職後見人が管理していた財産の引継ぎが行われる。最高裁判所のパンフレットでは、審判当初は親族後見人と専門職後見人が選任され後者が財産管理の事務を分掌する場合と、当初は専門職後見人のみが選任され信託契約締結後に専門職後見人の辞任・親族後見人の選任を行う場合とが記載されている。

後見制度支援信託については、現在一部の金融機関しかこれを取り扱っていない。そのため、本人の居住地に取扱銀行がない場合地元の金融機関の預貯金を解約しなければならないなどの問題点が指摘されている。そこで、成年後見制度利用促進基本計画においても、「後見制度支援信託に並立・代替する新たな方策を金融関係団体や各金融機関において積極的に検討することが期待される」とされており、後見制度支援預金の商品化が各地で始まりつつある。

(4) 成年後見監督人等の制度

(A) 成年後見監督人等の選任

成年後見監督人は必ず選任されるものではなく、成年後見人等の行う後見等の事務を監督するために必要があると認められる場合に、家庭裁判所が選任する（民法849条の2・876条の3第1項・876条の8第1項）。成年後見監督人等は、本人、その親族もしくは成年後見人等の請求により、または職権で、家庭裁判所が適任者を選任する。複数または法人の成年後見監督人等を選任することも可能である。

(B) 成年後見監督人等の職務

成年後見監督人等の職務は、次のとおりである（民法851条各号等）。

① 成年後見人等が行う後見等の事務を監督すること　成年後見人等が不正な行為や権限の濫用等をしないよう監督することを意味する（1号)。

② 成年後見人等が欠けた場合に、遅滞なくその選任を家庭裁判所に請求すること（2号）

③ 急迫の事情がある場合に成年後見人等に代わって必要な処分をすること（3号）
　たとえば、成年後見人が病気や一時不在のときに、成年後見人に代わって、本人の利益の保護のために、時効の中断、倒壊しそうな家屋の修繕等の必要な権限を行使することが可能となる。

④ 成年後見人等またはその代表する者と本人との利益が相反する行為について本人を代表すること（4号）　たとえば、成年後見人等が本人の所有する不動産を購入するような場合には、両者の利害が相反するので、成年後見監督人等が本人を代理して取引を行うことになる。

⑤ 保佐人・補助人またはその代表する者と本人との利益が相反する行為について、本人がこれをすることに同意すること（民法876条の3第2項後段・876条の8第2項後段）

(5) 成年後見等の終了

(A) 後見等の終了事由

成年後見自体が終了する場合（絶対的終了）として、①本人の死亡、②後見等開始審判の取消しがある。

成年後見自体は終了しないものの、当該成年後見人等との関係では成年後見の法律関係が終了する場合（相対的終了）として、①成年後見人等の死亡、②選任審判の取消し、③辞任（民法844条）、④解任（同法846条）、⑤資格喪失（同法847条）がある。

(B) 後見終了時の職務

成年後見の終了事由によって職務内容は変わるが、ここでは、①成年被後見人の死亡、②後見等開始審判の取消し、③成年後見人等の辞任の３つについて簡単に説明しておく。なお、後見終了時の職務については、第８章❸および第11章❸において具体的かつ詳細な説明をしているため、あわせて参照されたい。

(a) 成年被後見人等の死亡

成年被後見人等が死亡した場合には、成年後見人等は、２カ月以内に管理していた財産の収支を計算し、その現状を家庭裁判所に報告したうえで、管理していた財産を成年被後見人等の相続人に引き継ぐことになる。

(b) 後見等開始審判の取消し

成年被後見人の病状が回復した場合は、家庭裁判所において後見等開始の審判を取り消すことにより、後見等が終了する。

成年後見人等は、成年被後見人等の死亡の場合と同様に、２カ月以内に管理していた財産の収支を計算し、その現状を家庭裁判所に報告したうえで、管理していた財産を成年被後見人等に引き継ぐこととなる。

(c) 成年後見人等の辞任

成年後見人等は、病気などやむを得ない事情がある場合は、家庭裁判所に辞任の申立てをして、その許可を得て辞任することができる。辞任が許可され、新たな成年後見人等が選任された場合には、事務を引き継ぐことになる。

❹ 任意後見制度

(1) 任意後見制度の概要と活用の仕方

(A) 任意後見制度の必要性

あなたは、自分が将来認知症になったり、交通事故にあって高次脳機能障害を持つかもしれないということを考えたことがあるだろうか。

もし、将来、判断能力が低下し、自分で自分の人生のあり方を自己決定することができなくなるとわかっていたら、そのときはどのような人生を送りたいと思うだろうか。

自宅で生活を続けたいだろうか、それとも施設に入所したいだろうか。どのような福祉サービスを利用したいだろうか。持っている預貯金をどのように活用したいだろうか。所有している不動産はどのように管理したいだろうか。そのような活動をするときに誰に代理人となってもらいたいだろうか。また、選挙があるときに投票に行きたいだろうか。

もちろん、判断能力が不十分となった場合には法定後見制度を利用することが可能である。そして、法定後見制度でも、審判段階で本人の調査が行われて意向の確認がなされるし、成年後見人等の活動にあたってはできる限り本人の意思を尊重することが求められている。しかし、最終的には、成年後見人等の選任は家庭裁判所の職権事項であるし（前記3(3)(A)参照)、成年後見人等の活動も、成年後見人等には広範な代理権・取消権が認められており、本人の希望が実現するとは限らない。たとえば、本人としては長男よりも三男に自分の代理人になってもらいたいと思っていたり、いつまでも自宅で生活をして施設入所はしたくないと思っていたり、所有している不動産を売却したくないと思っていたとしても、家庭裁判所は長男を成年後見人等に選任するかもしれないし、選ばれた成年後見人等は入所契約を締結するかもしれないし、不動産を売却するかもしれない。法定後見制度では、本人の自己決定が必ずしも十分に尊重されるとは限らないのである。極端な話、成年後見人等となった長男は、将来の相続財産を確保するために、あなたを費用の安い施設に追いやって、必要なお金も使わせない、ということすら考えられなくはないのである。

そのようなことを防ぐために、判断能力のあるうちに任意代理人を選任することも考えられるが、本人の判断能力が低下した後は任意代理人を監督する制度がないため、任意代理人の恣意的な行動を抑制することができず、実際には適切な利用が困難である。

そこで、判断能力が低下した後でも自分らしい人生を送るためには、公的な監督制度を保障した任意後見制度を適切に活用することが必要となってくるのである。任意後見制度を適切に活用することによって、任意後見人を自分で決定することができるし、任意後見人に委任する事項も自己決定することができるようになる。

(B) 任意後見制度の概要

任意後見制度は、簡単にいうと、本人が判断能力のある間に、判断能力が不十分な状態になることに備え、契約によって任意後見人を選任し、その任意後見人に権限を付与する制度である。以下、任意後見制度の概略を述べる。

まず、本人の判断能力低下前に、本人と任意後見人になる予定の者が、任意後見契約を締結する。任意後見契約とは、本人が、任意後見人に対し、精神上の障害により判断能力が不十分な状況における自己の生活、療養看護および財産の管理に関する事務の全部または一部の代理権を任意後見人に付与する委任契約である。契約締結に際しては、本人が契約事項を含む任意後見契約の内容を理解していることが必要である。ただし、この契約には、任意後見監督人が選任された時から契約の効力が生ずる旨の特約が付される（任意後見監督人の選任前の任意後見人を「任意後見受任者」という。任意後見契約法2条3号)。

任意後見契約は、適法かつ有効な契約が締結されることを担保するために、公証人の作成する公正証書によることが必要とされている（任意後見契約法3条)。任意後見契約の公正証書が作成されると、公証人は法務局に登記を委嘱し、任意後見契約の登記がなされる。

精神上の障害により本人の判断能力が不十分になった場合、本人、配偶者、4親等内の親族または任意後見受任者は、家庭裁判所に対し、任意後見監督人選任の申立てをする。家庭裁判所は、本人の判断能力が不十分な状況にあると認めるときは、任意後見監督人を選任し、任意後見契約の効力を発生させる。なお、本人の自己決定権の尊重の観点から、任意後見監督人選任の申立てには、本人の申立てまたは同意が要件となる（任意後見契約法4条3項本文)。

任意後見監督人が選任されると、その監督の下に任意後見人による後見事務が開始される。

(C) 任意後見制度の利用形態

任意後見契約の利用形態として考えられるケースを大別すると、次のとおり、①移行型、②即効型、③将来型に分類することができる。

(a) 移行型

移行型とは、通常の任意代理の委任契約から任意後見契約に移行する場合である。

具体的には、任意後見契約締結と同時に受任者との間で通常の任意代理の委任契約によって財産管理等の事務を委託し、自己の判断能力が低下した後は公的機関の監督を伴う任意後見契約により事務処理をする場合である。委任契約から任意後見契約への移行は、本人の判断能力が低下した段階で、受任者等の申立てにより任意後見監督人を選任することによって行われる。移行型の場合、初めから任意代理人として本人の事務の処理を続ける関係であるため、本人・代理人ともに相手方との信頼関係を築きやすいというメリットがある。ただし、本人の判断能力が低下した後、適切な時期に任意後見監督人の選任申立てがなされないと、判断能力が不十分な状態のまま委任契約による事務処理が継続されてしまうという問題もある。

(b) 即効型

即効型とは、任意後見契約の締結の直後に契約の効力を発生させる場合である。たとえば、契約締結の時点において、軽度の認知症・知的障害・精神障害等の状態であり、意思能力は有しているような場合に、本人が法定後見による保護よりも任意後見による保護を選択する場合には、契約締結直後に契約の効力を発生させることを前提としたうえで、本人が自ら任意後見契約を締結するような場合である。即効型では、契約締結後直ちに任意後見監督人の選任を申し立てることになる。即効型の場合、本人の判断能力が低下している状態であるため、慎重な扱いが求められる。

(c) 将来型

将来型とは、将来の判断能力低下の時点で任意後見契約の効力を発生させる場合である。任意後見契約に関する典型的な契約形態であり、本人の判断能力が低下する前は本人が自ら財産管理を行い、判断能力が低下した後、任意後見監督人が選任された時から任意後見人が後見事務を行うことになる。将来型の場合、任意後見受任者は、本人の判断能力が低下しているか否かを把握し、本人保護のために、適切な時期に任意後見監督人の選任申立てをする必要がある。

(2) 任意後見契約と開始の手続

(A) 任意後見契約の締結

(a) 任意後見人の資格

《事例4－32》

Aは、幼なじみの友人のBに任意後見人になってもらいたいと思っているが、可能か。

任意後見人の資格には法律上の制限がない。これは、法定後見制度における成年後見人等と同様である。親族だけでなく、友人、知人でも任意後見人になれるし、弁護士、司法書士などの法律専門職のほか、社会福祉士などの福祉専門職でもかまわない。1人でも複数でもかまわない。

もっとも、任意後見監督人選任の審判の段階で、任意後見受任者と本人との間に争訟関係があったり、不正な行為、著しい不行跡その他任意後見人の任務に適しない事由がある場合には、申立てが却下される場合もある（民法847条4号、任意後見契約法4条1項3号）。

また、法人を任意後見人として選任することも可能である。法人は死亡することはないので、継続性を確保することが可能ではあるが、一方、法人職員が入れ替わることによって事務が不安定になることもあり得る。また、入所施設を設置している法人が入所者との間で任意後見契約を締結することは、利益相反になるおそれがあることから、不適格として申立てが却下される場合もある。

事例4－32については、任意後見人には資格が必要ないことから、幼なじみの友人になってもらうことも可能である。しかし、任意後見監督人を選任する時点において、Bがすでに高齢であるとか、Aの財産を横領したことがある等、任意後見人の任務に適しない事由がある場合には、申立てが却下されることもあるだろう。

(b) 契約事項

《事例4－33》

Aは、任意後見受任者を社会福祉士Bとして、任意後見契約を締結した。その際、Aは訴訟に関する事項もBに依頼したいと思っている。

任意後見契約は委任契約の一種で、代理権付与の対象となる事務であることから、任意後見人の行う事務は、契約等の法律行為に限られ、身の回りの世話等の事実行為は含まれない。

本人が任意後見人に代理権を授与する対象となる法律行為には、財産管理に関する法律行為のほか、身上監護に関する法律行為が含まれる。具体的には、以下の事項が想定される。

① 財産の管理・保存・処分に関する事項
② 金融機関との取引に関する事項
③ 定期的な収入の受領および費用の支払いに関する事項
④ 生活に必要な送金および物品の購入等に関する事項
⑤ 相続に関する事項
⑥ 保険に関する事項
⑦ 証書等の保管および各種の手続に関する事項
⑧ 介護契約その他の福祉サービス利用契約等に関する事項
⑨ 住居に関する事項
⑩ 医療に関する事項
⑪ 以上の各事項に関して生ずる紛争の処理に関する事項

なお、⑪の紛争の処理に関する事項については、任意後見人が弁護士である場合には、訴訟行為の委任も可能であるが、弁護士でない任意後見人の場合には、将来これらの事務に関して生ずる紛争について弁護士に訴訟委任をする権限を授権することのみが認められる。したがって、事例4－33では、B自身に訴訟代理人となってもらうための授権をすることはできないが、Bに弁護士の選任権を授権することは可能である。

(c) 代理権目録

任意後見契約を締結すると、契約は登記され、任意後見人の代理権の範囲は登記により公示されることになる。そのため、任意後見契約においては、任意後見人が代理すべき事務の範囲は代理権目録に記載される。記載方法については省令（任意後見契約に関する法律第3条の規定による証書の様式に関する省令）により定められており、1号様式と2号様式とがある。1号様式は、代理権事項をあらかじめ列挙しておいて該当項目をチェックする方式の目録であり、2号様式は、代理権を包括的に記載する方式の目録である。いずれを選択するかは、本人と任意後見受任者との意向による。

なお、1号様式については、たとえば、金融機関との取引について「当座勘定取引」「担保提供取引」「為替取引」「信託取引」など詳細に項目が分類されていることから、委任事項を明確にすることができるというメリットがある一方、受任者にとっても、本人にとっても、詳細な代理権目録を確認していくという作業の負担が大きすぎるという批判も出されている。

(d) 本人の判断能力

任意後見契約は契約であることから、契約を締結するにあたっては本人が意思能力を有していることが必要である。たとえば、認知症や知的障害があると診断されていたとしても、意思能力を有しているのであれば任意後見契約を締結することは可能である。公証人は、公正証書を作成するにあたり本人に契約締結の能力があるかどうかを判断することになっており、本人の能力に疑問があるような場合には、医師の診断書等の提出を求めることもある。

(e) 公正証書の作成

任意後見契約は、公証人の作成する公正証書によることが必要である（任意後見契約法3条）。

公正証書は、基本的には本人と任意後見受任者の双方が公証役場に出向いて公証人に作成してもらうことになるが、本人の身体に障害があるなど行動が不自由で公証役場に出向くことが困難な場合には、本人または任意後見受任者の依頼により、公証人が本人の自宅等に出向いて公正証書を作成することもできる。

(B) 任意後見の開始

(a) 任意後見監督人の資格

《事例4－34》

Aは長男Bに任意後見人となることを依頼し、任意後見契約を締結した。その後、任意後見監督人の選任申立てをする際に、Aは任意後見監督人の候補者として次男Cを推薦した。

任意後見監督人の資格について、法律上の規定はない。個人でも法人でもかまわないし、複数の任意後見監督人を選任することも可能である。個人の場合には、親族・知人のほか、弁護士等の法律専門職や社会福祉士等の福祉専門職を選任することが想定される。

しかし、①任意後見受任者または任意後見人の配偶者、直系血族および兄弟姉妹、②未成年者、③家庭裁判所で過去に後見人・保佐人・補助人の地位を解任されたことのある者、④親権喪失・管理権喪失の宣告を受けたことのある者、⑤破産者、⑥本人に対して訴訟をし、またはした者およびその配偶者並びに直系血族、⑦行方の知れない者は、任意後見監督人となることができないとされている（任意後見契約法5条・7条4項、民法847条）

また、任意後見監督人選任の申立てにおいて、事例4－34のように、候補者を推薦することも可能ではあるが、推薦された候補者が必ずしも家庭裁判所から選任されるとは限らない。

事例4－34では、Cは任意後見人候補者の弟であり、任意後見監督人になることはできない。したがって、裁判所が他の任意後見監督人を選任する。

(b) 任意後見監督人の選任の手続

《事例4－35》

Aは社会福祉士Bとの間で任意後見契約を締結した。その後、BがAの家庭訪問をしたところ、判断能力の低下がみられた。そこで、Bとしては、任意後見監督人の選任申立てをしたいと考えているが、Aは「まだ自分で財産管理をすることができる」と言って、任意後見監督人の選任申立てを拒否している。

任意後見契約は、任意後見監督人が選任された時から効力を生ずることとなっている（前記(1)参照）。

任意後見監督人の選任の申立時期は、本人が精神上の障害により事理を弁識する能力が不十分な状況にあるとき（任意後見契約法4条1項本文）であり、これは補助開始（民法15条）の場合の判断能力と同程度か、それ以上に判断能力が不十分な状況にあることが必要であるとされている。

任意後見監督人の選任の申立てをすることができる者は、本人、配偶者、4親等内の親族または任意後見受任者である（任意後見契約法4条1項本文)。本人の自己決定権を尊重するために、任意後見監督人の選任申立てにあたっては、本人の申立てか本人の同意が必要であるとされているが（同条3項)、本人の判断能力が後見開始に相当する程度になっていたり、意思表示ができない状態になっているときは、本人の同意は不要である（同項ただし書)。

事例4－35では、本人Aの判断能力が後見類型に相当するとまではいえない状態で任意後見監督人の選任申立てを拒否しているのであれば、本人Aの意思に反して任意後見監督人の選任申立てをすることはできないだろう。Bとしては、本人Aに任意後見監督人の選任が必要であることを説明し、同意してもらうよう働きかけることが必要であろう。

(3) 任意後見人の事務

任意後見人の事務は、個別具体的な必要性に応じて本人が契約で定めるものであるが、任意後見契約の対象となるのは、代理権付与の対象となる事務であることから、契約等の法律行為に限られ、事実行為は含まれない。

代理権付与の対象となる法律行為は、財産管理に関する法律行為（たとえば、預貯金の管理・払戻し、不動産その他重要な財産の処分、遺産分割、賃貸借契約の締結・解除等）と、身上監護に関する法律行為（たとえば、介護契約、施設入所契約・医療契約の締結）が含まれるほか、これらの法律行為に関連する要介護認定の申請等の公法上の行為も対象となる。

任意後見契約は、委任契約の一類型であることから、任意後見人はその事務を行うにあたって、受任者としての善管注意義務（民法644条）を負うことになるが、判断能力の不十分な状況にある本人のために法定後見に代わる保護を行うものであることから、任意後見契約法6条においても、任意後見人は成年後見人・保佐人・補助人と同様の身上配慮義務および本人の意思を尊重する義務を負うことを規定している。

(4) 任意後見監督人の職務

任意後見監督人は、任意後見人の事務を監督し、その事務について家庭裁判所に定期的に報告することを主たる職務とし（任意後見契約法7条1項1号・2号）、その監督を実効的なものにするため、いつでも、任意後見人に対しその事務の報告を求めたり、任意後見人の事務または本人の財産の状況を調査することができる（同条2項）。

具体的には、事務処理の状況や支出の用途・計算等について、任意後見人から、資料の提出と報告を受け、事務処理が本人の利益のために適正に行われているかどうかを確認するとともに、随時、必要な事項の報告を求め、調査を行うことが想定される。

また、家庭裁判所も、任意後見監督人に対する監督を通じて間接的に任意後見人を監督するしくみになっている（任意後見契約法7条3項）。

そして、任意後見監督人は、任意後見人に不正な行為、著しい不行跡その他その任務に適しない事由があると認めるときは、家庭裁判所に対し、任意後見人の解任を請求することができる（任意後見契約法8条）。

そのほか、任意後見監督人の職務として、①急迫の事情がある場合に、任意後見人の代理権の範囲内において、自ら必要な処分をすること（任意後見契約法7条1項3号）、②任意後見人またはその代表する者と本人との利益が相反する行為について、本人を代理して自ら当該行為を行うこと（同項4号）もある。

(5) 法定後見との関係

《事例4－36》

本人Aは任意後見契約を締結し、間もなく任意後見監督人が選任された。契約当時、本人は在宅生活を希望していたことから、入所契約に関する代理権は付与していなかった。しかし、その後、本人の判断能力が著しく低下し、もはや在宅生活を継続することが極めて困難となってしまった。

《事例4－37》

本人Bは任意後見契約を締結し、間もなく任意後見監督人も選任された。最近になって、Bは訪問販売で高額の布団や宝石類を購入するようになってきた。

任意後見と法定後見との関係については、任意後見制度による保護を選択した本人の自己決定を尊重する観点から、原則として任意後見が優先することとされている。すなわち、任意後見契約が登記されている場合には、本人に法定後見の開始の申立てがされたときでも、家庭裁判所は、任意後見監督人の選任の前後を問わず、原則として法定後見の開始の審判をすることができず、申立てを却下することとなる。ただし、本人の利益のため特に必要があると認めるときには、法定後見の開始の審判をすることができることとされている（任意後見契約法10条１項）。

そこで、問題となるのは「本人の利益のため特に必要があると認めるとき」とはどのような場合を指しているのか、ということである。一般的には、①本人が任意後見人に与えた代理権の範囲が狭くて必要な法律行為を行うことができない場合、②本人について同意権・取消権による保護が必要な場合、③任意後見契約法４条１項３号ロ・ハの事由（任意後見人としての任務に適しない事由）がある場合、④合意された任意後見人の報酬額があまりにも高額である場合、などが該当するといわれている。

事例４－36については、入所契約に関する代理権が設定されていない以上、任意後見人は入所契約を締結することはできないこととなる。そこで、施設入所をすることが本当に本人を療養看護するにあたって必要なことなのか、在宅生活を継続することは不可能なのか、本人は在宅生活を継続することを希望しているのかなどを総合的に判断して、「本人の利益のため特に必要があると認められる」ときか否かを判断することになる。

事例４－37については、任意後見においては本人の行為能力は制限されないことから、判断能力の低下した本人が消費者被害にあうことを防ぐには限界がある。そこで、消費者被害を防ぐためには同意権・取消権のある法定後見を利用することが必要であるが、この場合も、任意後見制度による保護を選択した本人の自己決定に配慮しつつ、「本人の利益」を考慮することとなるだろう。

なお、任意後見監督人が選任された後に法定後見開始の審判がされた場合には、既存の任意後見契約は当然に終了することとされている（任意後見契約法10条３項）。

5 成年後見登記制度の概要

(1) 成年後見登記制度の創設

旧制度下においては、禁治産宣告または準禁治産宣告が確定すると、後見人または保佐人からの届出により、本人の戸籍にその旨の記載がなされていた。しかし、本人の戸籍に記載されることには、家族等による強い心理的抵抗があり、禁治産制度・準禁治産制度の利用を妨げるということにもなっていた。

そこで、新しい成年後見制度では、戸籍への記載に代わる公示方法として、成年後見登記制度を創設することとなった。

(2) 成年後見登記事務

成年後見登記事務は、法務大臣の指定する法務局もしくは地方法務局もしくはこれらの支局またはこれらの出張所（指定法務局等）が登記所として電子情報処理組織を用いて取り扱うものとしている（後見登記法２条・４条・５条）。現段階では、全国で１カ所の法務局（東京法務局）がこの登記所として指定を受け、全国の成年後見登記事務を集中的に取り扱っている。なお、登記事項証明書の交付請求については、全国の法務局および地方法務局の戸籍課の窓口でも取り扱われるようになっている。

(3) 法定後見の登記

法定後見の登記は、嘱託または申請によって、①法定後見の種別、開始の審判をした裁判所、開始の審判の確定年月日、②成年被後見人等の氏名、出生の年月日、住所および本籍、③成年後見人等または成年後見監督人等の氏名および住所等、所要の事項を、磁気ディスクをもって調整する後見登記等ファイルに記録することによって行う（後見登記法4条1項）。

(4) 任意後見の登記

任意後見の登記は、嘱託または申請によって、①任意後見契約に係る公正証書の作成年月日、②任意後見契約の本人の氏名、出生の年月日、住所および本籍、③任意後見受任者または任意後見人の氏名、住所、④代理権の範囲、⑤任意後見監督人が選任されたときは、その氏名、住所および選任の審判の確定年月日等、所要の事項を後見登記等ファイルに記録することによって行う（後見登記法5条）。

(5) 登記事項証明書の交付

《事例4－38》

Aは、土地所有者であるBの成年後見人と名乗るCとの間で土地の売買契約を締結しようと考えている。Cが本当にBの成年後見人であることをどのように確認することができるだろうか。

登記された事項について証明を必要とする場合には、登記官に対し、登記事項証明書の交付を請求することができる（後見登記法10条）。しかし、プライバシーの問題から、登記事項証明書の交付を請求することができる者は、登記記録に記録されている者（たとえば、成年被後見人、成年後見人、成年後見監督人、任意後見契約の本人、任意後見受任者、任意後見人、任意後見監督人）等の一定の者に限定されている。

また、法定後見または任意後見を受けていないことを証明する必要がある場合には、自己を成年被後見人等または任意後見契約の本人とする記録がない旨を証する証明書の交付を請求することができる（後見登記法10条1項1号）。

事例4－38では、Aは直接自分でBに関する登記事項証明書の交付を申請することはできない。そこで、Cに対して、Bについての登記事項証明書を入手して交付してもらうように依頼をする必要がある。

6 公的補助制度

成年後見の申立費用や報酬を支払うことができないという理由で成年後見等の制度が利用できないとすると、本人の保護に欠ける事態を招いてしまうおそれがある。そこで、申立費用や報酬を支払うことができない場合のための公的補助制度が設けられている。

⑴　成年後見制度利用支援事業

2001年度から厚生労働省が介護予防・地域支え合い事業の一環として制度化したものである。この事業により、成年後見制度の利用にかかる費用の全部または一部が助成される。

この制度を利用するためには、介護保険サービスまたは障害者福祉サービスを利用し、または利用しようとする高齢者、知的障害者、精神障害者であることが必要である。

従来、この制度を利用することができるのは、市町村長申立てがなされた場合に限られていたが、2008年以降、成年後見制度利用支援事業の補助は、市町村長申立てに限らず、本人申立て、親族申立て等についても対象となりうるものとされるようになっている（平成20年３月28日付厚生労働省社会・援護局傷害保健福祉部障害祉課通知「成年後見制度利用支援事業の対象者の拡大等について」、平成20年10月24日付厚生労働省老健局計画課長事務連絡「成年後見制度利用支援事業に関する照会について」）。

また、従来は市町村の任意事業であったが、障害者自立支援法改正により、2012年４月から障害の分野では市町村地域生活支援事業の必須事業とされている。

なお、実際に成年後見制度利用支援事業を利用するためには、市区町村において予算化していることが必要であるところ、特に、後見人報酬については助成の実施が十分になされているとは未だいえない状況である。

同事業について、成年後見制度利用促進基本計画は、「・成年後見制度利用支援事業を実施していない市町村においては、その実施を検討すること 」としている。また、「・地域支援事業実施要綱において、成年後見制度利用支援事業が市町村長申立てに限らず、本人申立て、親族申立て等を契機とする場合をも対象とすることができること、及び後見類型のみならず保佐・補助類型についても助成対象とされることが明らかにされていることを踏まえた取扱いを検討すること」と明記している。同事業を実施していない市町村においては速やかに要綱を定めることが、同事業の対象案件を首長申立事案や後見類型に限定している市町村においては速やかに要綱を改正することが、それぞれ求められる。

⑵　日本司法支援センター（法テラス）による民事法律扶助

総合法律支援法に基づく日本司法支援センター（法テラス）による民事法律扶助の制度である。後見等開始の審判の申立てをする場合に、この支援を受けることができる。支援が認められると、申立費用のほか弁護士に支払う手数料の費用について支援が受けられるが、成年後見人等の報酬については扶助の対象とはならない。また、支援を受けた費用は、原則として分割して日本司法支援センターに返済しなければならない。

なお、民事法律扶助を受けるための要件は以下のとおりである。

①　資力基準（月収手取りが単身者18万2000円以下（20万200円以下）、２人家族25万1000円以下（27万6100円以下）、３人家族27万2000円以下（29万9200円以下）、４人家族29万9000円以下（32万8900円以下）（平成30年３月現在。東京、大阪などの大都市圏では、（　）内の基準を適用する））

②　勝訴の見込みがないとはいえないこと

③　民事法律扶助の趣旨に適すること

また、生活保護受給者は、事件終了時に償還の免除の申請をすることができる。

7 日常生活自立支援事業

(1) 制度の概要

《事例４－39》

Ａ（軽度の認知症）は在宅で一人暮らしをしている。地域の民生委員の話によると、時々、通帳や印鑑を紛失してしまうし、１人で銀行に行くことに困難があるようである。

《事例４－40》

Ｂ（軽度の認知症）は在宅で一人暮らしをしている。Ｂはこれまでに数回、訪問販売で高級羽毛布団を購入してしまっている。

日常生活自立支援事業とは、認知症高齢者、知的障害者、精神障害者等のうち判断能力が不十分な者に対して、地域において自立した生活を送ることができるよう、利用者との契約に基づき、福祉サービスの利用援助等を行うものである。実施主体は、各都道府県・指定都市社会福祉協議会であるが、窓口業務は市町村の社会福祉協議会等で実施されている。

日常生活自立支援事業の援助の範囲としては、①福祉サービスの利用援助（さまざまな福祉サービスの利用に関する情報の提供・相談、福祉サービスの利用における申込み・契約の代行・代理など）、②苦情解決制度の利用援助（福祉サービスに関する苦情解決制度の利用手続の支援など）、③住宅改造、居住家屋の賃借、日常生活上の消費契約および住民票の届出等の行政手続に関する援助等であり、これらに伴う援助として、④預金の払戻し、預金の解約、預金の預入れの手続等利用者の日常生活費の管理（福祉サービスの利用料金の支払代行、病院への医療費の支払いの手続、年金や福祉手当の受領に必要な手続、税金や社会保険料・電気・ガス・水道等の公共料金の支払いの手続、日用品購入の代金支払いの手続、預金の出し入れ・預金の解約の手続など）、⑤定期的な訪問による生活変化の察知等を行っている。

認知症高齢者や知的障害者、精神障害者等が、地域において自立した生活を送る際には、預貯金を適切に管理することが大切であるが、認知症高齢者等の中には、事例４－39のように、頻繁に通帳や印鑑を紛失してしまうため自分で通帳管理をすることが困難であったり、自分で銀行を訪れたり預金の払戻手続をすることが困難な方も多くいる。

たとえば、事例４－40では、定期的な訪問の際に新しい布団があることを発見することによって、契約から８日以内に特定商取引法に基づくクーリング・オフ（第７章6(1)参照）の手続をすることも期待できる。

利用者は、実施主体が定める利用料を負担する。実施主体によって利用料は異なるが、実施主体が設定している訪問１回あたりの平均利用料は1200円である。ただし、契約締結前の初期相談等にかかる費用や生活保護受給世帯の利用料については、無料となっている。

(2) 契約締結能力

《事例4－41》

A（重度の認知症）は在宅で一人暮らしをしている。Aは月額6万円の年金で生活をしているが、銀行に年金を下ろしにいくことも困難な状況である。

《事例4－42》

Bは在宅で一人暮らしをしているが、以前より日常生活自立支援事業を利用していた。しかし、最近、認知症の症状が進んできて、訪問をしている社会福祉協議会の職員を見ても、誰かわからなくなってきている。

日常生活自立支援事業は、法定後見制度とは異なり、本人と社会福祉協議会等が利用契約を締結して行われることから、事業の対象者は、判断能力が不十分であるものの、事業の契約内容に関して判断しうる能力を有していることが必要であるとされている。

たとえば、事例4－41の場合に、重度の認知症のために契約内容を判断しうる能力がないのであれば、日常生活自立支援事業を利用することはできず、成年後見制度を利用する必要がある。なお、Aの判断能力が保佐ないし補助類型の場合で、ある程度判断能力があるのであれば、保佐人、補助人の同意のもとで、被保佐人・被補助人と社会福祉協議会が直接契約を締結することは可能である。

また、事例4－42のように、日常生活自立支援事業の契約途中で判断能力が低下してしまい、利用者本人の意思が確認できなくなっているような場合には、速やかに成年後見制度につなげる必要がある。

なお、事例4－41のように成年後見人の報酬をまかなうことが困難な人の場合に成年後見制度ではなく日常生活自立支援事業を利用したいというニーズがあることもあるが、判断能力がないのであれば、契約を締結することはできない。この場合は、成年後見制度利用支援事業等を活用して成年後見制度を利用することになろう。

(3) 援助の限界

《事例4－43》

A（軽度の認知症）は在宅で一人暮らしをしている。今度、Aは所有している不動産を売却して、有料老人ホームに入所したいと考えている。

日常生活自立支援事業は、あくまでも地域における日常生活の自立支援を目的としていることから、事例4－43のように、不動産を売却をしたり、施設入所契約を締結することが必要となった場合に、本人に代わって契約等をすることはできない。不動産の売却や資産全般について活用をしたり、施設入所契約や入院契約をするような場合については、判断能力に応じて成年後見制度を利用し、成年後見人等によって支援ができるようにする必要がある。

(4) 日常生活自立支援事業と成年後見制度

《事例4－44》

Ａは軽度の知的障害があるが、在宅で一人暮らしをしている。遠方に居住しているＡの弟のＢが保佐人を務め、財産管理をしているが、Ｂもなかなかのところを訪れることができないでいる。

日常生活自立支援事業では、サービスの利用希望者が契約内容について判断しうる能力を有していることが前提となっているが、成年後見制度の利用により、成年後見人等との間で日常生活自立支援事業の契約を締結することができる場合があるとされている。

たとえば、事例4－41や事例4－42でも、成年後見人が選任された後であれば、成年後見人と社会福祉協議会等との間で契約を締結することは可能であるとされている（ただし、成年後見制度と日常生活自立支援事業を併用することについては、実施主体により取扱いが異なるので注意が必要である）。

全国社会福祉協議会では、成年後見制度を利用した契約として、①成年後見制度の利用以前から日常生活自立支援事業の継続的な利用がある場合や、②遠方に住む親族等が成年後見人等に選任されている場合（事例4－44）といった事例を想定し、成年後見人等が選任されている場合の契約書様式例を用意している。

なお、成年後見人等が日常生活自立支援事業を利用する場合でも、成年後見人等が日常生活自立支援事業に心身の状態・生活の状況に関する配慮を全面的に委ねてしまい、成年被後見人等に対するさまざまな支援措置を調整し、手配する配慮義務を軽視してしまうことのないよう、互いに連携し、役割の調整を図ることが重要であるとされている。

8 審判前の保全処分

《事例4－45》

Ａ（認知症）は在宅で一人暮らしをしているが、通帳を管理しているＡの兄Ｂが、Ａの財産を横領している疑いがある。そこで、Ａの弟ＣがＡのために後見開始の審判申立ての準備をしていたところ、突然、Ａが自宅で転倒してしまい、意識不明の重体となり、入院を余儀なくされてしまった。Ｃとしては、早急にＢの横領行為を防止するとともに、Ａの預金を払い戻して、入院費の支払いをしたいと思っている。

事例4－45では、Ａの入院を継続させるために、入院契約に伴う費用の支払いをしていく必要がある。そこで、後見等の開始の審判申立てをすることになるが、審判がなされて、審判確定に至るまでには相当程度の期間がかかってしまう場合もある。そうすると、後見等の開始の審判申立てから審判確定までの間に、ＢがＡの財産をさらに横領するかもしれないし、Ａの預金を払い戻すことができずに入院費の支払いが困難となってしまうおそれもある。このように、審判確定までの間に、財産の保存・管理をしたり、身上監護についての手当てをしなければ、本人の保護に欠ける事態を招いてしまうこともある。

そこで、このような状況に対し、家庭裁判所は、審判前の保全処分として、財産の管理者の選任や、関係人に対する本人の財産管理または監護に関する指示および後見・保佐・補助命令を発令することができる（家事事件手続法126条・134条・143条）。

保全処分は、後見・保佐・補助のいずれの申立てに対しても発令することができるし、申立てによっても、職権によっても行うことができるが、次の要件を満たす必要がある。

①　後見等開始の審判の申立てがあり、未だ審判の効力が発していないこと

②　後見等開始の審判の申立てが認容される蓋然性があること

③　必要性があること

事例４－45では、Ａの後見開始の申立てがなされていること、診断書など後見等の申立てが認容される疎明資料の提出があること、Ｂが横領をしていたり、本人の監護のために入院が必要な事態にあり、早急な対応が必要であることの疎明資料の提出があることなどを満たしていれば、保全処分が認められることになる。

第５章　成年後見活動のための精神医学

1　成年後見制度における判断能力の判定と鑑定書・診断書の作成

(1)　成年後見制度における医師の鑑定・診断の位置づけ

法定後見制度においても任意後見制度においても、その手続の過程で、原則として医師による被申立者に関する鑑定ないし診断が必要とされている。実務上、知的障害者などでは、療育手帳をもって医師の鑑定・診断に代えることもある。しかし、療育手帳の取得にあたっては、医師や臨床心理技術者によるアセスメントが行われており、その意味では、すべての被申立者が何らかの形で医師による診断を受けているともいえる。

(2)　鑑定と診断の相違と医師の資格

最高裁判所の作成した「成年後見制度における鑑定書作成の手引」と「成年後見制度における診断書作成の手引」によれば、鑑定は裁判所の決定によって行われるものであり、裁判所が鑑定人を指定し、鑑定事項を定めて、鑑定を依頼する。鑑定人について特に資格は定められていないが、本人の精神の状態について判断するために必要な医学上の専門的知識を持つと裁判所が認定した者が鑑定人に選任される。診断は、鑑定とは異なり、当事者（本人、家族、その他の申立人）が医師に依頼して行われるものであり、法的には通常の診断と同一である。診断書を作成する医師についても特別の資格は必要とされないが、精神神経疾患に関連する診療科を標榜する医師または主治医等で本人の精神状況に通じている医師が適切であるとされる。つまり、最高裁判所の「手引」で想定されている鑑定・診断を行う医師は、精神科医ないしは被申立人の主治医である。

なお、「手引」に示されている鑑定書・診断書の書式（およびガイドライン）では、いずれも記載する医師に被申立人の判断能力についての意見として、①「契約等の意味・内容を自ら理解し、判断することができる」（成年後見制度による保護の対象外）、②「支援を受けなければ、契約等の意味・内容を自ら理解し、判断することが難しい場合がある」（補助に相当）、③「支援を受けなければ、契約等の意味・内容を自ら理解し、判断することができない」、④「支援を受けても、契約等の意味・内容を自ら理解し、判断することができない」（後見に相当）のいずれに該当するかということについての判断を求めている（2019年４月からの改定書式）。したがって、裁判所が医師に求めている判断は、鑑定でも診断でも基本的には同じレベルの判断であると考えられる。

(3)　鑑定・診断を行うにふさわしい医師とは

通常の精神鑑定では、鑑定人は、中立的かつ客観的な立場から本人の判断能力を判定する。しかし、成年後見制度における鑑定・診断においては、むしろ本人を治療する主治医的な立場から、本人にとって最適な治療・ケアの環境を考えるという対象者に積極的に関与する鑑定人のほうが望ましい。

成年後見制度には、行為能力を制限して本人を保護するという目的（保護）と、本人の自己決定を尊重しその残存能力を活用するという目的（自律）という相対立する目的があり、鑑定・診断においても保護と自律のバランスに配慮した判断が必要である。特に、補助・保佐では、本人の客観的な指標に基づく判断能力評価と同程度に、本人のおかれた環境に対しても配慮する必要がある。

(4) 鑑定・診断の実際

成年後見制度における鑑定・診断にあたって、医師に要請されていることは、「精神上の障害」により「事理弁識能力」がどの程度障害されており、その障害は将来どのように変化していくと予測されるか（「回復可能性」）についての医学的な立場からの判断である。後見の要件に「常況」という用語が使用されているように、予測の期間は、通常、年単位という長期にわたる予測である。

鑑定・診断においては、まず正確な精神科診断が重要である。特に、わが国の成年後見制度では、保護の要件として、「精神上の障害」により、「事理弁識能力」を「欠く常況」にある（後見)、「著しく不十分」な（保佐)、「不十分」な（補助）者を掲げており、まずは、「精神上の障害」の存在を確認しなければならない。なお、「精神上の障害」は、「身体上の障害を除くすべての精神的障害を含む広義の概念」であるとされており、認知症、意識障害、知的障害、統合失調症など、重篤な判断能力の低下を伴う障害を指すとされている。

本人の「精神上の障害」がどのような精神疾患によるものかは、回復可能性の判断にあたっても重要な要素である。たとえば、認知症と診断された人の場合は、人によって多少の経過の差はあるにしても、今後長期的にみれば、その人の認知機能障害が徐々に重篤化していくということを意味している。これに対して、統合失調症と診断された人の判断能力は、精神科治療の有無によって大きく変動することが知られている。

事理弁識能力とは、自らの行う（財産に関する）法律行為の内容を理解し、その結果を予測する能力であり、単独で安全に「自己の財産を管理・処分する能力」である。具体的にいえば、本人が今後の社会生活を送っていくうえで必要とされる種々の法律行為を、単独で行うことができるだけの判断能力を備えているかどうかについての判定である。鑑定・診断にあたって医師は、本人の日常生活の具体的な内容、すなわち、日常生活動作（ADL)、買い物、日常の金銭管理、預金通帳等の管理、商品購入や住宅リフォームなどの勧誘への対応、近所付き合い、友人・知人との交流などについて知っていることが必要である。以前は問題なくできていたが、最近になってうまくできなくなっていることがないかどうか、本人はもとより家族、介護者など幅広い関係者から、注意深く情報を収集する。また、本人の本来の性格や嗜好・信条を知っていることも望ましいであろう。本人の日常生活状況等に関する医師の情報収集にあたっては、社会福祉士もその専門知識を活かした情報提供を行うことが望まれる。2019年４月より、成年後見制度における診断書の書式の改定にあわせて、新たに「本人情報シート」が導入された。本人の福祉を担当している社会福祉士等の専門職は、本人情報シートを活用して、診断書を作成する医師や裁判所に、本人の日常生活や社会生活の状況に関する客観的な情報を提供していくことが必要といえよう。

2 成年後見制度における対象者の理解

精神医学・精神科医療の対象とされる精神障害は極めて幅広い概念である。認知症などの器質性精神障害、統合失調症、うつ病・躁うつ病などの気分障害、アルコールや薬物の使用に関連する精神障害、不安障害・強迫性障害などの神経症性障害、パーソナリティ障害（人格障害）など、種々の精神疾患を含んでおり、中には非（反）社会性パーソナリティ障害などのように疾病性に乏しい概念も含まれている。ここでは、成年被後見人等の支援に従事する成年後見人等が知っておくべきと思われる精神障害・精神医学に関する知識を中心に述べる。

(1) 認知症

平成30（2018）年版高齢社会白書によれば、2017年10月１日現在、わが国の65歳以上の高齢者人口は、過去最高の3515万人となり、高齢化率は27.7%にまで上昇した。また、高齢者人口のうち、「65～74歳人口」は1767万人で総人口に占める割合は13.9%、「75歳以上人口」は1748万人で、総人口に占める割合は13.8%である。現在のわが国は、４人に１人以上が高齢者、８人に１人以上が75歳以上という「超高齢社会」になっている。

認知症の有病率（ある時点における認知症に罹患（りかん）している人の割合）は、65歳から５歳年齢が増すごとに倍になるとされており、認知症の高齢者も年々増加している。最近の疫学調査（朝田隆：厚生労働科学研究費補助金（認知症対策総合研究事業）「都市部における認知症有病率と認知症の生活機能障害への対応」平成23～24年度総合研究報告書（2013））によれば、わが国の65歳以上の高齢者における、2010年の認知症の全国有病率は15（12～17）%、全国の認知症有病者数は約439（350～497）万人であり、認知症とは診断できないが、近い将来、認知症になるリスクが高いと考えられている軽度認知障害（Mild Cognitive Impairment；MCI）の全国有症率は13（10～16）%、全国のMCI有症者数は約380（292～468）万人と推計されている。また、最近の政府による推計（厚生労働省「認知症施策推進総合戦略（新オレンジプラン）～認知症高齢者等にやさしい地域づくりに向けて～（概要）」（2017年７月改訂版）〈http://www.mhlw.go.jp/file/06-Seisakujouhou-12300000-Roukenkyoku/kaitei_orangeplan_gaiyou.pdf〉）によれば、認知症に罹患する人は、2025年には約700万人におよび65歳以上の高齢者の約５人に１人は認知症高齢者で占められると予測されている。

成年後見関係事件の統計を見ても、65歳以上の高齢者が男性の約71.1%、女性の約86.5%を占め、男女共に80歳以上の者が最も多い（男性約34.8%、女性約63.4%）。これら対象者の医学的診断（開始原因）としては、認知症が最も多く約63.4%、知的障害が約9.9%、統合失調症が約8.9%となっている（最高裁判所事務総局家庭局「成年後見関係事件の概況—平成30年１月～12月—」）。

(A) 脳の老化と記憶力の低下

「久しぶりに会った人のことが思い出せない」、あるいは、「若い頃には一度で覚えられたことが、最近では何度も繰り返さないと覚えられない」。こうした記憶力の低下を意識させられることは、ある程度の年齢以上の人であれば誰もが経験することである。

老化に伴い、身体機能が低下するのと同様に、脳もまた老化し、その機能が低下する。脳の老化には、「脳実質の老化」と「脳血管の老化」とがある。脳血管の老化の代表は動脈硬化であり、これは一般の動脈硬化と同じである。脳実質の老化では、神経細胞の単純萎縮・脱落や老人斑の出現などの変化が現れ、脳は萎縮する。脳萎縮を反映する脳重量は20歳代にピークとなり、以後は徐々に減少する。脳重量の減少率は、50歳代頃から次第に明らかとなり、70～80歳頃に最も高くなる。

年齢を重ねることによる記憶力の低下は、脳の老化による脳神経細胞の減少の影響によって起こるものであり、誰にでも起こる「もの忘れ」である。

(B) 「認知症によるもの忘れ」と「老化によるもの忘れ」との違い

認知症による「もの忘れ」も、最初のうちは、老化による「もの忘れ」と区別がつかないことが多い。しかし、老化による「もの忘れ」はあまり進行しないのに対して、認知症による「もの忘れ」は次第に進行し重症化していく。〔表3〕に認知症による「もの忘れ」と老化による「もの忘れ」との違いをまとめた。両者の大きな相違は、老化による「もの忘れ」では、ある体験に関する記憶の一部を忘れているのに対して、認知症による「もの忘れ」の場合は、ある体験に関する記憶のすべてを忘れてしまうことである。たとえばその日の朝食について、朝食をとったことは覚えているが朝食で何を食べたかが思い出せないのが、老化による「もの忘れ」であり、朝食をとったこと自体を思い出せないのが、認知症による「もの忘れ」である。

〔表3〕 認知症による「もの忘れ」と老化による「もの忘れ」との違い

認知症によるもの忘れ	老化によるもの忘れ
・病気 ・進行することが多い ・もの忘れ以外に時間や判断が不確かになる ・体験全体を忘れる ・もの盗られ妄想などの精神症状を伴うこともある ・しばしば自覚していない	・病気ではない ・半年～1年では変化しない ・記憶障害のみ ・体験の一部分を忘れる ・他の精神症状は伴わない ・自覚がある

(C) 認知症の定義

〔表4〕 認知症の診断基準（DSM-5）

A.	1つ以上の認知領域（複雑性注意、実行機能、学習および記憶、言語、知覚－運動、社会的認知）において、以前の行為水準から有意な認知の低下があるという証拠が以下に基づいている：	
	(1)	本人、本人をよく知る情報提供者、または臨床家による、有意な認知機能の低下があったという懸念、および
	(2)	標準化された神経心理学検査によって、それがなければ他の定量化された臨床的評価によって記録された、実質的な認知行為の障害
B.	毎日の活動において、認知欠損が自立を阻害する（すなわち、最低限、請求書を支払う、内服薬を管理するなどの、複雑な手段的日常生活動作に援助を必要とする）。	
C.	その認知欠損は、せん妄の状況でのみ起こるものではない。	
D.	その認知欠損は、他の精神疾患によってうまく説明されない（例：うつ病、統合失調症）。	

出典：日本語版用語監修：日本精神神経学会・高橋三郎＝大野裕監訳
『DSM-5精神疾患の診断・統計マニュアル』594頁

医学的には、「認知症」とは、ほぼ正常に発達してから後に起こる、病的かつ慢性的に認知機能の低下した状態であり、本人の日常生活の機能が著しく低下し、普通の社会生活を送ることができなくなった状態と定義される。

認知症とは、記憶と判断力の障害を基本とする症候群であり、病気である。認知症による記憶の障害とは、新しいことを覚えることができないことと、以前に覚えたことを思い出せないことである。また、認知症による判断力の障害とは、失語、失行、失認、実行機能の障害をいい、現実に即した適切な行動ができないことをいう。

認知症は、外傷、感染、代謝異常、内分泌異常、中毒、血管性障害、変性性のいずれの機序によっても、大脳の皮質・白質・基底核の障害が一定レベルを超えて広範になると発症する。参考までに米国精神医学会（APA）が作成した精神疾患の診断・統計マニュアルであり、わが国の精神科臨床においても広く用いられているDSM-5（Diagnostic and Statistical Manual of Mental Disorders, Fifth Edition）の認知症の診断基準の要点を〔表4〕に示す。

(D) 認知症の分類

認知症には種々の分類方法があり、世界保健機関（World Health Organization）が作成し、わが国の厚生労働省が疾病分類に採用しているICD-10（International Classification of Diseases 10th version）と前述のDSM-5という、わが国の精神科臨床でよく用いられる2つの国際的診断基準の間でも、認知症の分類基準は異なっている。しかし、実際の臨床における鑑別診断の流れなどを考えると、認知症の原因や治療に対する反応性によって一次性と二次性の認知症とに区分するのが現実的である。

一次性認知症とは、脳神経細胞の脱落などの結果、脳が病的に萎縮して起こる認知症で

〔表5〕 二次性認知症の原因となる疾患

1	頭蓋内腫瘍 原発性腫瘍、転移性腫瘍、髄膜癌腫
2	無酸素脳症 蘇生後脳症、一酸化炭素中毒
3	正常圧水頭症 特発性、症候性
4	頭部外傷 脳挫傷後、硬膜外出血、硬膜下出血
5	感染症 進行麻痺、脳膿瘍、亜急性・慢性髄膜炎、ウィルス脳炎後、HIV感染、クロイツフェルト・ヤコブ病、その他の脳炎
6	内分泌異常 下垂体機能低下症、甲状腺機能低下症、副腎皮質機能低下症、副甲状腺機能低下症、副甲状腺機能亢進症、クッシング症候群など
7	代謝異常 電解質異常、反復性低血糖、ウィルソン病、ビタミンB群欠乏症など
8	中毒性 慢性アルコール中毒、一酸化炭素中毒、金属中毒（水銀、鉛、マンガンなど）、有機化合物中毒（リン、トルエンなど）、抗がん薬、その他の薬物中毒など
9	臓器不全・全身性疾患 肝不全、腎不全、心肺不全など

出典：武田雅俊編『現代老人精神医療』571頁

あり、変性性、血管性に分類される。変性性認知症には、アルツハイマー病(アルツハイマー型認知症)、レビー小体型認知症、前頭側頭葉変性症(ピック病)、パーキンソン病、ハンチントン病、進行性核上性麻痺などがある。ちなみに、高齢者にみられる認知症の多くは、変性性認知症である「アルツハイマー病」と「血管性認知症」である。

これに対して、二次性認知症とは、原因と対処法がある程度明らかにされている疾患を原因として起こる認知症のことである。二次性認知症の原因となる疾患を〔表5〕に示す。

(a) アルツハイマー病(アルツハイマー型認知症)

アルツハイマー病とは、健忘を主症状として始まる代表的な認知症である。アルツハイマー病は、脳の神経細胞の急激な減少により脳が病的に萎縮していく疾患である。神経病理学的には、神経原線維変化、アミロイド沈着を特徴とする老人斑、神経細胞の脱落が特徴である。現在でもその原因は不明であるが、ゆっくりと発症し、徐々に悪化していき、最終的には高度の知能低下や人格の崩壊を伴う認知症である。

その経過は前期・中期・後期とほぼ3段階に分けることができる(〔表6〕参照)。

〔表6〕 アルツハイマー病の経過

	前　期	中　期	後　期
記憶	近時記憶の障害が中心	遠隔記憶の障害も出現	家族等の記憶にも障害
見当識	時間に関する障害が中心	場所に関する障害も出現	人に関する障害も出現
生活・行動	複雑な仕事が困難	日常生活に関する買物・金銭管理などにも障害／徘徊などの行動異常	日常生活困難／活動性低下、寝たきり

〔前　期〕

アルツハイマー病の前期は、近時記憶の障害が目立ってくる時期で、時間的な見当識障害や自発性の低下などを伴う。新しく体験したことや情報を記憶しておくことが難しくなる。日常生活における行動は問題なくできるが、複雑な仕事を行うことには困難が生じる。

〔中　期〕

アルツハイマー病の中期は、近時記憶にとどまらず、遠隔記憶も障害される。時間のみならず場所に関する見当識障害も現れ、外出して家に帰ってくることができなくなったり、自宅にいても他人の家にいると思い込んだりする。日常生活でも買い物・料理など判断力を要する事柄から難しくなってくる。着衣・摂食・排便など、極めて基本的な事柄でも介護が必要になることがある。行動面では、多動および徘徊がみられたり、常同行為(同じ動作や行動をひたすら繰り返すこと)があったりする。失語・失行・失認も認められる。問題行動(behavioral and psychiatric symptoms of dementia：BPSD)が認められるのも主にこの時期である。

〔後　期〕

後期に至ると、記憶障害はさらに著しくなり、自分の配偶者・両親・兄弟姉妹の名前も忘れたりする。さらに人物に関する見当識障害も現れ、目の前の家族に対して「誰ですか？」と尋ねたりもする。また、着衣・摂食・排便など、極めて基本的な事柄にも常時介護が必要となる。行動面では、多動・徘徊および常同行為も認められるが、障害が高度になるにつれて活動性も減少するのでそのような行為は減ってくる。同時に疎通性も減少してきて、意味不明の発語や仕草を行ったりするのみとなる。そして、最終的には寝たきりとなる。嚥下障害などが起こりやすくなり、誤嚥性肺炎などを生じることもある。

(b)　血管性認知症

脳血管性障害に基づく認知症を血管性認知症と呼ぶ。広義には、脳梗塞、脳内出血、くも膜下出血などすべての脳血管性障害による認知症が含まれるが、通常は、虚血性血管障害による認知症（虚血性血管性認知症）を意味することが多い。

血管性認知症では、障害された部位によって症状は異なり、めまい、しびれ、言語障害、知的能力の低下等にはむらがある。また、記憶力の低下が強いわりには判断力や理解力などが相対的によく保たれている場合があり、「まだら認知症」とよばれる。

経過としては、大きな脳卒中発作やストレスなどを契機として、判断能力が急激に低下することがあるが、その後やや回復し、あるいは横ばいを続ける。また、脳卒中発作が起こるたびに、認知症の症状は階段状に低下することが多いとされる。

(c)　レビー小体型認知症

アルツハイマー病に次いで頻度の高い変性性認知症の１つで、最近の研究によれば認知症の20％を占めるといわれる。神経病理学的には、大脳皮質から脳幹にかけてレビー小体（神経細胞およびその突起内の好酸性の円形または楕円形の封入体）が認められる。臨床症状は、進行性の認知機能障害に加えて、注意や明晰さの著明な変化を伴う認知機能の動揺、具体的で繰り返される幻視、発病初期からのパーキンソン症状（パーキンソン病にみられる症状。レビー小体型認知症では、動作緩慢、筋固縮、寡動などが多い）が特徴である。

(d)　前頭側頭葉変性症（ピック病）

前頭葉、側頭葉が変性、萎縮する認知症であり、神経病理学的には、ピック嗜銀球（しぎんきゅう）やピック細胞などの特徴的な所見が認められる。50〜60歳代で発症する。臨床的には、抑制欠如、道徳感情の鈍麻などの人格変化、意欲低下、常同行為、ゆっくり進行する失語、滞続言語（話や日常会話の中に常同的・惰性的に同じ内容の言葉が繰り返される状態）などがみられる。記憶障害などの認知症症状に先立って脱抑制、自発性低下などの人格変化が出現するため、初期には認知症と正しく診断されないこともある。

(E)　認知症の臨床症状

認知症の臨床症状は、中核症状と周辺症状とに分けられる。

(a)　中核症状

中核症状とは、認知機能障害であり、すべての認知症の人に必ず起こる症状である。記憶障害、見当識障害、判断力・理解力の障害、実行機能の障害などがある。また、失語、失行、失認もみられる。

〔記憶障害〕

本人や家族が最初に気がつく認知症の症状は、「もの忘れ」、すなわち記憶障害であることが多い。認知症の記憶障害の特徴は、「生年月日は覚えているが、自分の年齢は答えられない」、「自分が生まれた場所は覚えているのに、最近引っ越した現住所は答えられない」というように、過去の古い記憶（遠隔記憶）は保たれるが、最近の記憶（近時記憶）が障害されていることであり、その結果、新しいことを覚えることが苦手になる。

また、同じ記憶でも、自分が実際に経験した出来事に関する記憶（エピソード記憶）や単語・概念・記号などの一般知識に関する記憶（意味記憶）に比べて、運転・水泳・楽器演奏など技能や操作に関する記憶（手続記憶）は比較的よく保たれる。

〔見当識障害〕

見当識とは、時間や場所や人物に対する正しい認識のことである。見当識が障害されると、「今がいつで、ここはどこで、あの人は誰か」ということがわからなくなる。認知症の見当識障害は、時間、場所、人の順に出現することが多い。最初は、時間、特に日付に関する見当識が障害される。ついで場所に関する見当識が障害され、慣れない場所で迷うようになる。さらに認知症が進行すると、今が1月なのに「8月」と答えたり、夏なのに「冬」と答えたりするなど、月や季節も間違える。自分が今いる場所がどこであるか、何のためにそこにいるのかもわからなくなり、病院で診察を受けているのに「自宅にいる」と答えたりする。さらに進行すると、自分の家の中でも迷ったり、目の前にいる同居家族の顔を見ても家族とはわからず、初めて会った見知らぬ人に対するようなあいさつをしたりすることもある。

〔実行機能の障害〕

計画を立てる、組織化する、抽象化するなどの能力を「実行機能」と呼ぶ（「遂行機能」と呼ぶこともある）。実行機能は、①目標の設定（動機づけと意図を有し、未来に向けて思考し構想する）、②計画の立案（目標を達成するための方法の構想とその評価を行い、実際に遂行する方法を選択し、行動の手順・枠組みを決定する）、③計画の実行（複雑な行動を形成する一連の各行為を順序よく、まとまった形で、開始・維持・変換し、また中止する）、④効果的な行動遂行（常に目標を意識し、遂行中の行動がどの程度目標に近づいているかを評価する）の4つの能力から構成されていると考えられている。

認知症では、実行機能の障害により、抽象的な思考力が低下し、推理・類推が困難になる。特に、明日の予定、例え話、「もし○○ならば、××する」といった仮定の話など、目の前の現実ではない事柄について思考することが苦手になる。自分の置かれている状況を正しく認識することができなくなり、寒くても薄着で出かけたり、真夏でもセーターを着ていたりするなどの不適切な行動も生じる。理解力・判断力も低下し、見通しを持った行動をとることが難しくなる。結果として、買い物、金銭管理、食事の支度など、日常生活にも支障が生じてくる。こうした理解力・判断力の低下の結果、誤解から不適切な態度や感情が生じることもある。

〔高次大脳皮質機能障害〕

知覚、随意運動、思考、推理、記憶など、脳の高次機能を司る大脳皮質の局所的な障害によって引き起こされる障害であり、①失語、②失行、③失認の3つに大別される。

①失語は、構音器官（口唇、舌、口蓋など）、聴覚、運動機能の障害がないにもかかわらず言語に障害がある状態をいい、会話の内容はわかるがうまく流暢にしゃべれないという運動性失語と、聞いた会話の内容が理解できないという感覚性失語とに大別される。認知症が進行すると、次第に言われた言葉が理解できなくなり、たとえば、「右手を出してください」という簡単な指示に対しても、右手を出さずにキョトンとしたままでいることもある。

②失行は、運動機能が正常であるにもかかわらず運動活動を遂行することができない障害である。たとえば、着衣失行は、「服を着てください」というと、ズボンの一方に両足を入れたり、ズボンを頭からかぶったりするなど、服を上手に着ることができない障害で

ある。進行すると脱衣にも支障を来すことがある。

③失認は、感覚機能が正常であるにもかかわらず物体を認知・同定することができない障害である。視空間失認では、目で見たものの形や位置関係がはっきりと認識できなくなり、よく知っているはずの場所で道に迷ったり、目で見たものが何なのかが理解できなくなったりする。

(b) 周辺症状

周辺症状は、中核症状によって引き起こされる非認知機能障害であり、幻覚・妄想、せん妄、性格変化などの精神症状と、徘徊、過食、拒食、異食、失禁、便秘、弄便などの問題行動とに分けられる。周辺症状には、個人差があり、周囲の環境要因と関連していることもしばしばある。

〔幻　覚〕

幻覚とは、実際には存在しない対象を存在するかのように知覚する現象をいう。幻覚は、いわゆる五感、すなわち視覚（幻視）、聴覚（幻聴）、触覚（幻触）、嗅覚（幻嗅）、味覚（幻味）のいずれの領域でも起こり得るが、認知症では、幻視が多く、ついで幻聴、幻嗅の順になる。

人の姿が見えるという内容の幻視が多く、しばしば意識障害を伴うこともある。「知らない人たちが家の中に勝手に入り込んで、わがもの顔に振る舞う」、「そこに子どもたちが来ているじゃないか」などと訴え、恐怖を伴うことも多い。犬や猫、虫が見えるという動物幻視もある。幻視はしばしば錯視を伴い、部屋の隅にあるものが人の姿に見えることもある。

〔妄　想〕

妄想とは、不合理なあるいは実際にはあり得ないことを、根拠が薄弱なのに強く確信し、論理的に説明されても訂正不能なものをいう。認知症では、被害妄想と妄想的誤認症候群が多い。

被害妄想の内容は、主として自分のものを盗まれるという「もの盗られ妄想」が多い。「もの盗られ妄想」では、家族や介護者など身近な者が妄想の対象となることが多い。年金証書、預金通帳、指輪など大切なものをしまったものの、認知症による近時記憶障害のために、その場所を忘れてしまい、見つからないのは身近な者が盗んだせいだと妄想的に解釈することによって生じると考えられている。そのほか、配偶者や子ども、介護者が不誠実で自分をだましていると確信する「不実妄想」や、その中でも配偶者が性的に自分を裏切っているとする「嫉妬妄想」も、認知症で頻度が高い。隣人・他人が家の中に入り込んでくるという「侵入妄想」や、家族が隣人から迫害を受けていると確信する「家族迫害妄想」も、時に認められる。

妄想的誤認症候群は、人物・場所・状況についての妄想的な誤認を特徴とする。身辺の親しい人（あるいは介護者）が他人と入れ替わっているという「カプグラ（Capgras）妄想」、同じ人物が多数いると確信する「フレゴリ（Fregoli）妄想」、自分の家がもう１つ別にあると確信している「家の誤認症候群」、テレビの中の人物がその部屋の中に実在していると確信する「テレビ誤認症候群」などがみられる。

〔せん妄〕

せん妄とは、意識混濁に、錯覚・幻覚、精神運動興奮・不安などが加わった特殊な意識障害である。一見眠そうであるが、応答はできる。集中力は低下し、判断も混乱しており、せん妄のときのことを後で思い出せないことが多い。しばしば、いるはずのない人や動物が見える幻視や、植木鉢を人と見間違えるなどの錯視が出現し、そのために不安や精神運動興奮が生じる。多くの場合、急激に発症し、症状は可逆的であり適切な治療によって軽快する。1日のうちでも症状の変動が大きいことが特徴である。

せん妄のうち、昼間はウトウトし、夜間は不眠となり、幻覚・錯視などの症状が悪化したり、多動となって徘徊したりするような状態は、「夜間せん妄」と呼ばれ、「夕暮れ症候群（老年期認知症において、夕方から夜間にかけて、精神症状の悪化、行動障害の増悪がみられる現象）」の原因となることも少なくない。

〔精神症状〕

① 不安・依存　認知症の人であっても、今までできたことができなくなる、今までよりもの忘れがひどくなってきているということを自覚している人は、特に認知症の初期では、珍しくない。こうした自己の能力の低下に反応して、不安や焦燥などの症状が出現することも多く、時には、こうした不安や焦燥に対する防衛的な反応として妄想が出現することもある。不安や焦燥のために、逆に依存的な傾向が強まることもあり、1時間でも1人になると落ち着かなくなり、常に家族の後ろをついて回るといった行動を呈することもある。

② 抑うつ　意欲の低下や、思考の障害（思考が遅くなる）といった、抑うつ症状が出現することがある。認知症にうつ病が合併する事例もあり、特に血管性認知症ではその頻度は増す。こうした事例では、認知症が実際以上に重篤だとみなされることも多いが、逆に、うつ病が改善すれば、患者は残存能力を遺憾なく発揮することが可能になる。

〔性格変化〕

認知症は、認知、行動、感情、意欲などのさまざまな面で患者に変化を起こし、その社会生活や対人関係にも持続的な影響を与える。周囲の人から見ると、患者の性格（人柄）が変化したと感じられる。自発性低下、気分変化、病前性格の尖鋭化（たとえば、もともと疑い深い人がより疑い深くなるというように、元来の性格傾向が強調される）などの性格変化がみられる。

〔問題行動〕

① 攻撃的行動　攻撃的行動は、たたく、押す、ひっかく、蹴るなどの暴力（身体的攻撃）と、大声で叫ぶ、ののしる、かんしゃくを起こすなどの暴言（言語的攻撃）とに分けられる。また、自分の髪を引っ張る、傷つけるというような自傷行為もみられることがある。特に、行動を注意・制止するときや、着衣や入浴の介助の際に起きやすい。周囲が患者を型にはめようとすることで不満が爆発するということが少なくない。幻覚や妄想から二次的に生じる場合もある。攻撃的行動は患者本人の混乱を強め、介護者の負担を増大させるが、適切な対応によって攻撃的行動を減少させることが可能な場合がある。そのためには、こうした行動の発現要因をさまざまな角度から検討・分析することが重要である。

② 徘　徊　徘徊とは、はためには何の目的もなく、落ち着きなく過剰に歩き続ける状態をいう。ゆっくりとした散歩ペースの歩行がある一方で、一心不乱に険しい形相

で歩き続け、全く制止できない場合もある。介護者の目が離れたすきに単独で外出し、路上でさまよい、時には警察に保護されたりすることもある。徘徊する場所や時間帯によっては本人の生命にかかわるような事態も起こり得る。

徘徊には、見当識障害、記憶障害、認知障害（思考・判断力の障害）、感情（気分・情動の障害）、不安・緊張感の5つの要因が関与していると考えられる。

③ 食行動の異常　多食（1度に大量の食物を食べる）、頻食（絶えず食べている、食べようとする）、過食（多食と頻食を一括して行う）、盗食（他人の食べ物を盗んで食べる）、異食（食品でないものを口にする）、不食（少量しか口にしない、あるいは食べたり食べなかったりする）、拒食（食べまいとする）などがみられる。

④ 不潔行為　排泄行動に伴う不潔行為と不十分な衛生管理とに大別される。排泄行動に伴う不潔行為としては、失禁、弄便（ろうべん）（便こね）、放尿（不適切な場所での排尿）などがあげられる。不十分な衛生管理としては、不十分な洗面・歯磨、入浴拒否、ごみの収集などがある。

(F) 認知症の治療

(a) 中核症状に対する治療

中核症状に対する治療は、薬物療法と非薬物療法とに大別される。

〔薬物療法〕

現時点では残念ながら、中核症状を改善する薬剤は存在しない。アルツハイマー病の症状の進行を遅らせる薬剤として、わが国では現在、ドネペジル（商品名：アリセプト）、ガランタミン（商品名：レミニール）、メマンチン（商品名：メマリー）、リバスチグミン皮膚貼布剤（商品名：イクセロンパッチ、リバスタッチパッチ）が保険適用されており、ドネペジルについてはレビー小体型認知症についても保険適用されている。

〔非薬物療法〕

認知症の中核症状に対する非薬物療法としては、見当識訓練（reality orientation）、認知機能回復訓練などがある。

(b) 周辺症状に対する治療

認知症のケア・介護を行ううえで、周辺症状は、しばしば中核症状以上に問題となる症状である。周辺症状は、認知症による認知機能低下のみによって引き起こされるものではなく、高齢であることによる身体機能の低下や身体疾患の合併、高齢者特有の環境や心理的状況などが複雑にからみ合って生じる症状である。したがって、その治療を考える場合も個々の認知症者の周辺症状の背景にある要因を分析し、それぞれに応じた治療・ケアを行う必要がある。主な背景要因を〔表7〕に示した。

〔表7〕 認知症の周辺症状の背景要因

●身体的要因
身体疾患（感染症、脳血管障害、生活習慣病など）
服用している薬物の影響（特に身体疾患の治療薬）
栄養状態
電解質のバランスのくずれ（特に脱水など）
不眠、過労
●心理学的要因
喪失体験による不安・心細さ
・身近な人との死別、孤独、死の恐怖、経済的不安
●環境的要因
一人暮らし、転居、部屋の模様替え、施設入所など

〔薬物療法〕

周辺症状のうち、幻覚・妄想、焦燥性興奮、せん妄などに関しては抗精神病薬が、抑うつ症状に対しては抗うつ薬が、不眠などの睡眠障害に対しては睡眠導入薬が投与されることがあり、これらの投与によって周辺症状の改善がみられることがある。ただし、一般に高齢者の場合、若年者と比較して新陳代謝が低下していること、身体疾患を合併していることが多いこと、薬物による副作用が生じやすいことなどが知られており、薬物療法の適用については慎重な検討が必要である。たとえば、向精神薬服用によってふらつきが生じ、転倒して大腿骨骨折することや、誤嚥が原因で肺炎になるなど重大な結果に至ることもあり、注意が必要である。

〔非薬物療法〕

周辺症状に対する非薬物療法としては、回想法、音楽療法、動物介在療法などがある。

① 回想法　回想法とは、高齢者が語るさまざまな人生史に心を込めて耳を傾け、その気持ちを尊重し、また人生の先輩としての尊敬の念をもって対応することにより、さまざまな問題を抱えた高齢者が、気持ちよく暮らすための心の安定を図ろうとする技法である。具体的には、個々の患者の幼年時代から児童・青年期などの出来事や季節の行事などをテーマとし、懐かしい情景など五感を刺激する小道具・材料などを回想するきっかけとして用いる。

② 音楽療法　音楽療法とは、音楽に内在する機能を活用して、心身に失調や障害のある人々を、改善・回復に導き、社会復帰の援助やQOL（quality of life：生活の質）向上を図るための療法である。

③ 動物介在療法　動物介在療法とは、動物の活動を見たり、触れたり、一緒に遊んだりすることによって、周囲に対する関心を引き起こす療法である。認知症者の焦燥感やアパシー（無関心、無気力、無感動な状態）を軽減させる効果があるといわれている。

(2) 知的障害

(A) 精神医学における知的障害

精神医学においては、知能障害（知的機能障害）とは、意識が清明で疎通性が保たれ、急性の精神病状態にないのに知的作業ができない場合を指す。この定義に従えば、精神遅滞と認知症が知的障害に含まれることになるが、前者が、先天性ないし出生後早期の原因によって知能発達が障害され、知的機能が低い状態にとどまった状態を指すのに対して、後者は、いったん正常に発達した知的機能が、後天的な脳器質障害により持続的に低下した状態を指すということで区別される。社会福祉の分野でいわれる知的障害という用語は、精神医学でいう知的能力障害とほぼ同義の用語である。

知的能力障害（知的発達症）とは、DSM-5では、「発達期に発症し、概念的、社会的、および実用的な領域における知的機能と適応機能両面の欠陥を含む障害であり、①臨床的評価および個別化、標準化された知能検査によって確かめられる、論理的思考、問題解決、計画、抽象的思考、判断、学校での学習、および経験からの学習など、知的機能の欠陥。②個人の自立や社会的責任において発達的および社会文化的な水準を満たすことができなくなるという適応機能の欠陥。継続的な支援がなければ、適応上の欠陥は、家庭、学校、職場、および地域社会といった多岐にわたる環境において、コミュニケーション、社会参加、および自立した生活といった複数の日常生活活動における機能を限定する。③知的および適応の欠陥は、発達期の間に発症する」と定義されている。ICD-10では、知的能力障害は、精神遅滞と呼ばれ、「精神の発達停止あるいは発達不全の状態であり、発達期に明らかになる全体的な知能水準に寄与する能力、たとえば認知、言語、運動及び社会的能力の障害によって特徴づけられる」と定義されている。

ここに示した定義からもわかるように、知的能力障害の診断は、全般的知的機能と適応機能の2つの要素から評価される。全般的知的機能は、標準化された個別試行による知能検査による測定で得られた知能指数（IQなど）によって評価される。適応機能は、日常生活における必要にいかに効率的に対処し、年齢・社会文化的背景・地域社会状況においてその人に期待される人間的自立の基準をいかに満たしているかを指している。適応機能は、教育、動機づけ、人格特徴、社会的および職業的機会、知的能力障害と合併する精神疾患および一般的身体疾患など、さまざまな要因に影響されることがある。また、全般的知的機能と比較して、適応機能は治療的働きかけなどによって変化する可能性が高い。

(B) 知的能力障害の重症度

知的能力障害の重症度は、従来、IQの程度によって、軽度、中等度、重度、最重度の4段階に分類されていた。DSM-5では、知能指数は参考にとどめ、学力（概念的領域）、社会性（社会的領域）、生活自立能力（実用的領域）の3つの側面から、具体的な生活状況における能力を評価して、重症度を判定するように変更された。なお、療育手帳は児童相談所または知的障害者更生相談所において知的障害と判定された者に対して、都道府県知事または指定都市市長が交付する（療育手帳は「療育手帳制度について」（昭和48年9月27日厚生省発児第156号厚生事務次官通知）が根拠となるが、本通知は療育手帳制度に関する技術的助言（ガイドライン）であり、各都道府県知事等は、本通知に基づき療育手帳制度について、それぞれの判断に基づいて実施要項を定めている）。ここではICD-10、東京都の療育手帳（愛の手帳）の判定基準を〔表8〕に示す。

〔表8〕 知的能力障害の重症度

	ICD-10	療育手帳（愛の手帳）
最重度	20未満	おおむね19以下
重　度	20～34	おおむね20から34
中等度（中度）	35～49	おおむね35から49
軽　度	50～69	おおむね50から75

(C) 知的能力障害の原因

知的能力障害はさまざまな要因によって引き起こされるが、知的能力障害全体の30～40％では、原因を特定できない。中等度および重度の原因は約4分の3が特定できるのに対して、軽度では、半数が原因不明である。

原因としては、①遺伝的要因（先天性代謝異常（フェニルケトン尿症など）、他の単一遺伝子異常、染色体異常（Down症候群、脆弱X症候群など））、②早期胚発達異常（毒物による出生前障害（母親のアルコール摂取）、感染など）、③妊娠中および周産期の問題（胎児の低栄養、未熟児、低酸素、ウイルスなどの感染、外傷など）、④幼児期・小児期の身体疾患（感染症、外傷、薬物摂取など）、⑤環境の影響、精神疾患（養育、社会的接触、言語、その他の刺激の剥奪、重度の精神疾患）、があげられる。

(D) 治　療

知的機能そのものを改善させるような治療法はない。軽度知的能力障害は医療より教育の領域で対応されている。中等度以上の知的能力障害は、医療、福祉、教育などの他領域との連携の中で包括的な支援が必要になる。易刺激性や興奮などの精神症状を合併する際は、その症状に応じた精神医学的対応が必要になる。

(3) 精神疾患群

厚生労働省による2017年患者調査によれば、わが国の精神科病院の入院患者の精神科診断をみると、統合失調症67.6％、気分障害10.8％、認知症7.1％、アルコール使用障害4.7％となっている。また、精神科病院外来通院患者では、統合失調症48.0％、気分障害25.0％、神経症性障害10.8％、アルコール使用障害3.5％、認知症2.5％である。これらのデータに示されるように、統合失調症は、わが国の精神科医療においては最多の精神障害であり、統合失調症患者の治療や処遇は精神科医療の最大の課題である。また、判断能力の障害を伴うことが多く、成年後見制度の対象となる可能性が高い疾患でもある。

以下、統合失調症を中心に述べる。

(A) 統合失調症

(a) 統合失調症という用語

統合失調症とは、Schizophrenia（ドイツ語ではSchizophrenie）の和訳である。従来わが国では、schizophreniaという疾患名には、「精神分裂病」という訳語を使用してきた。しかし、「精神が分裂する病気」という用語は人格否定的であり、患者に対する偏見や差別を助長し、その社会参加を阻害することから、訳語変更への要望が以前からなされてきた。日本精神神経学会では用語変更のための委員会を設置し、長期にわたる検討を加えた結果、2002年8月の総会で、「統合失調症」という病名に変更することを公式に決定した。これを受けて2002年8月2日、厚生労働省は、精神保健福祉法の入院届や精神障害者保健福祉手帳に関する診断書、診療報酬のレセプト病名に「精神分裂病」に代えて「統合失調症」という用語を使用することを認める旨の通知を行った。その後、統合失調症という用語の定着状況を踏まえ、2005年の精神保健福祉法の改正にあたって、「精神障害者」の定義（同法5条）中の「精神分裂病」という用語は「統合失調症」に変更され、法的にも統合失調症という病名が定着した。

(b) 統合失調症の概念

統合失調症は、脳の機能異常により、幻覚や妄想などが出現したり、思考や感情がまとまらなくなったりするなど、さまざまな症状を来す精神病の一種である。現在でもその原因は不明であり、しばしば進行性に経過し、末期には、無為、自閉、感情鈍麻などの特有の残遺状態を残す可能性のある精神疾患である。

統合失調症の発生率（一般人口中における統合失調症の発生頻度）は0.7～0.8％とされており、この数値は国や時代を問わずほぼ一定である。発症は、10歳代後半から30歳代半ばまでがほとんどであるが、一部、高齢で発症する事例もある。発生率に男女差はないとされているが、発症の仕方や経過、予後には性差があるとされる。一般に、男性のほうが、発症年齢が若く、経過・予後は不良であることが多い。なお、有病率については、0.5～1.5％と報告されているが、これについては地域差や時代による変動の存在が指摘されている。

〔表9〕 統合失調症の診断基準（ICD-10）

(a)	考想化声、考想吹入あるいは奪取、考想伝播
(b)	支配される、影響される、あるいは抵抗できないという妄想であり、身体や四肢の運動や特定の思考、行動あるいは感覚に関するものである。それに加えて妄想知覚。
(c)	患者の行動を実況解説する幻声、患者のことを話し合う幻声、あるいは身体のある部分から聞こえる他のタイプの幻声。
(d)	宗教的あるいは政治的身分、超人的力や能力などの文化的にそぐわないまったくあり得ない他のタイプの持続的妄想（たとえば、天候をコントロールできるとか宇宙人と交信しているなど）。
(e)	どのような種類であれ、持続的な幻覚が、感情症状ではない浮動性や部分的妄想あるいは持続的な支配観念を伴って生じる。あるいは数週間か数ヵ月間毎日持続的に生じる。
(f)	思考の流れに途絶や挿入があるために、まとまりのない、あるいは関連性を欠いた話し方になり、言語新作がみられたりする。
(g)	興奮、常同姿勢あるいはろう屈症、拒絶症、緘黙、および昏迷などの緊張病性行動。
(h)	著しい無気力、会話の貧困、および情動的反応の鈍麻あるいは状況へのそぐわなさなど、通常社会的引きこもりや社会的能力低下をもたらす「陰性症状」。それは抑うつや向精神薬によるものでないこと。
(i)	関心喪失、目的欠如、無為、自己没頭、および社会的引きこもりとしてあらわれる、個人的行動のいくつかの側面の質が全般的に、著明で一貫して変化する。

診断のために必要とされるのは(a)から(d)のいずれか1つに属する症状のうち少なくとも1つの明らかな症状（十分に明らかでなければ、ふつう2つ以上）、あるいは(e)から(h)の少なくとも2つの症状が、1カ月以上、ほとんどいつも明らかに存在していなければならない。

出典：WHO（融道男ほか監訳）『ICD-10精神および行動の障害——臨床記述と診断ガイドライン——〔新訂版〕』98頁

〔表10〕 統合失調症の診断基準（DSM-5）

A．	以下の2つ（またはそれ以上）、おのおのが1ヶ月間（または治療が成功した際はより短い期間）ほとんどいつも存在する。これらのうち少なくとも1つは(1)か(2)か(3)である。	
	(1)	妄想
	(2)	幻覚
	(3)	まとまりのない発語（例：頻繁な脱線または滅裂）
	(4)	ひどくまとまりのない，または緊張病性の行動
	(5)	陰性症状（すなわち感情の平板化、意欲欠如）
B．	障害の始まり以降の期間の大部分で、仕事、対人関係、自己管理などの面で1つ以上の機能のレベルが病前に獲得していた水準より著しく低下している（または、小児期や青年期の発症の場合、期待される対人的、学業的、職業的水準まで達しない）。	
C．	障害の特徴的な兆候が少なくとも6か月間存在する。この6か月の期間には、基準Aを満たす各症状（すなわち、活動期の症状）は少なくとも1か月（または、治療が成功した場合はより短い期間）存在しなければならないが、前駆期または残遺期の症状の存在する期間を含んでもよい。これらの前駆期または残遺期の期間では、障害の兆候は陰性症状のみか、もしくは基準Aにあげられた症状の2つまたはそれ以上の弱められた形（例：奇妙な信念、異常な知覚体験）で表されることがある。	

出典：日本語版用語監修：日本精神神経学会・高橋三郎＝大野裕監訳・前掲99頁

参考までに、ICD-10とDSM-5による診断基準の要点を〔表9〕〔表10〕に示す。

(c) 臨床症状

統合失調症による障害は、一般的に、思考と知覚の根本的で独特なゆがみ、および状況にそぐわないかあるいは鈍麻した感情によって特徴づけられている。ある程度の認知障害が経過中に進行することはあるが、意識の清明さと知的能力は保たれていることが多い。

〔幻 覚〕

統合失調症では、幻聴が大部分である。典型的とされる幻聴は、対話形式の幻聴と呼ばれるもので、これには「幻聴の主が患者に話しかけてくるのに対して患者が応答すると、それについてまた相手が話しかける」という形式のものと、「複数の声（幻聴）が患者のことを三人称で噂し合っているのが聞こえる」という形式のものがある。自分の考えていることが同時に他人の声になって聞こえるという体験（考想化声）もある。

幻視、幻嗅、幻味が出現することは稀であるが、体感幻覚はしばしば見られる。内容的には、「誰かが自分の身体に電気をかけて嫌がらせをする（電波体験）」「自分の性器をいたずらする」「脳味噌が腐って流れ出す」「子宮の中に動物が入っている」など、奇妙な内容の幻覚が多い。

〔妄想（思考内容の障害）〕

妄想は、統合失調症では、幻覚と並んでよく観察される症状である。

妄想はその発生の仕方によって、一次妄想と二次妄想とに大別される。一次妄想とは、他人にも本人にもその成り立ちが理解できない妄想をいう。周囲が何となく変化し、新しい意味を帯びてきて、何かただごとならない事態が起きているという不気味な気分（妄想気分）が起こる。こうした体験が強くなると、「何か大事件が起こりそうだ」「大きな天変地異が起こる」「地球が破裂する」「世界の終末がくる」などと感じるようになる（世界没落感）。何かを見たり、聞いたりしたことをきっかけにそれに対して、一般的には理解できない特別な意味づけをする（妄想知覚）、突然現実にそぐわない考えが浮び、それがそのまま直感的に確信される（妄想着想）。こうした妄想気分、妄想知覚、妄想着想は、統合失調症に特徴的な症状と考えられている。これに対して、二次妄想とは幻覚などの精神症状から生じる妄想で、「声が聞こえてくるのは、自分を抹殺するためだ」と考えるなど、幻覚などの病的体験を心理的に説明しようとすることから生じる妄想である。

統合失調症の妄想の特徴は、自分と関係のないものを自分と関係づけて考える自己関係づけである。妄想は内容によって、被害妄想（迫害妄想、関係妄想、注察妄想、追跡妄想、被毒妄想、物理的被害妄想、憑き物妄想）と誇大妄想（宗教的誇大妄想、予言者妄想、発明妄想、血統妄想、恋愛妄想）とに大別される。初期には被害妄想が多い。誇大妄想は慢性期に現れることが多いが、初期にも外界の事象がすべて自己と関係があるという考えが拡大され、世界は自己を中心として動いている、自分は世界を支配できるという自己万能感に発展し、誇大妄想が出現することもある。

妄想は、時間の経過とともに種々の現実世界での体験が取り込まれ複雑で体系的なものになり、患者の確信の度合いも強まってくる（妄想加工、妄想構築、妄想体系）。

〔思路障害（思考過程の障害）〕

思考が目標に向かい、それが達成されるまでの思考の進行過程を思路（しろ）と呼ぶ。統合失調症に特徴的な思路障害としては、連合弛緩（しかん）、思考途絶、言語新作がある。

連合弛緩とは、思考を構成する観念の間の関連性が弱く、話の内容は大体わかるが、話の脈絡やまとまりが十分でなくわかりにくい状態である。連合弛緩がさらに顕著になると、思考の内容はばらばらとなって話の内容も理解不能な状態になり、これを滅裂思考ないし支離滅裂（思考）と呼ぶ。さらにひどくなると談話は単なる言葉の羅列となるが、この状態を言葉のサラダと呼ぶ。思考途絶とは、思考の進行がブレーキを掛けられたように急に停止し、途切れてしまう状態である。言語新作とは、自分勝手に新しい言葉をつくり、これに自分だけに通じる特別な意味を与えて使用することである。

〔思考・会話の貧困〕

会話をしていても比喩やことわざなどの抽象的な言い回しが使用できなかったり理解できなったりすることがあり、思考の貧困、会話の貧困などと呼ばれる。また、「私の母は女性だから、女性はすべて私の母である」など、言葉の持つ普遍的な概念が失われることもある。

〔自我障害〕

統合失調症では、自己と他者・外界とを区別する自我境界があいまいとなり、体験・行動が自分のものであるという感覚に障害を生じる。自分で考え、感じ、知覚しているという実感が喪失あるいは減弱する（離人感）。さらに自我境界があいまいになると、自分の思考・感情・行動が他人や外部の力により支配されると体験するようになり、これを「させられ体験」（作為体験）と呼ぶ。作為体験は、統合失調症に特有の症状とされている。

自分の考えが周囲に知れわたる（考想伝播）、自分が考えていることが相手にすぐわかってしまう（考想察知）、自分の考えが他人に操られる（思考干渉）、他人に考えを吹き込まれる（思考吹入）、自分の考えを抜き取られる（思考奪取）などの形で現れる。

〔感情障害〕

周囲への関心が乏しくなり、感情を起こすような外からの刺激に対する反応性が低下し、喜怒哀楽の情や身体的苦痛に対しても鈍感になる（感情の平板化、感情鈍麻）。しかし初期には敏感で傷つきやすい面があり、重大な出来事にはほとんど反応を示さないにもかかわらず、些細なことに不相応な強い感情反応を示し不調和な印象を与える（感情の不調和）。

同一対象に対して愛と憎しみといった相反し矛盾する感情を同時に持つ（両価性）、他人との心の交流が乏しくなる（疎通性障害）、自分の殻に閉じこもり、外界との接触を積極的に断つ（自閉）などの特徴的な感情障害もみられる。

〔意欲・行動の障害〕

能動性・自発性が低下し（意欲の低下）、何もせず怠惰な生活を送っても、退屈を感じない（無為）。身だしなみもだらしなく、動作も不活発になり、食べては眠るという生活になる。

表情は動きに乏しく、硬く冷たい印象を与え、時に眉をひそめたり（ひそめ眉）、口をとがらせたり（とがり口）するなど、奇妙な表情が見られる。態度もよそよそしく、警戒的である。わざと奇をてらう傾向（衒奇(げんき)症）、ひねくれた態度（ひねくれ症）がみられることもある。ぶつぶつ独り言を言ったり（独語）、おかしなこともないのに1人でくすくす笑ったり（空笑）することもある。緊張病症状がみられることもある。

〔陽性症状と陰性症状〕

統合失調症の臨床症状のうち、幻覚、妄想、思路障害、奇異な行動などを陽性症状とよび、感情の平板化・感情鈍麻、思考の貧困、意欲低下、無為、自閉、快感喪失などを陰性症状とよぶ。前者は脳のドーパミン系の過剰反応が、後者に関しては前頭葉機能の低下が関係していると考えられている。

(d) 病　型

ICD-10では、妄想型、破瓜(はか)型、緊張型、鑑別不能型、残遺型、単純型に分けられている。なお、DSM-5では、信頼性・妥当性に乏しいことを理由に病型分類は廃止されている。

〔妄想型〕

20歳代後半以降の比較的高齢で発病する。妄想を主とし、しばしば幻聴を伴う。認知機能や感情は比較的保たれており、幻覚や妄想と無関係の場面では対人接触性や疎通性も概して良好である。妄想は被害的、あるいは誇大的、あるいはその両方であることが多く、たいていは首尾一貫した1つの主題を中心に組織化されている。幻聴も批判、脅迫、命令など不快な内容のものが多い。

〔破瓜型〕

主に青年期に発症する。ゆっくり発症し、慢性に経過しやすい。陰性症状が主体で、思考の解体が目立ち、会話や行動にまとまりがなく、自閉傾向が目立つ。幻覚や妄想は目立たず、あっても一時的か断片的である。

〔緊張型〕

若年発症で急激に発症し、一過性に経過することが多い。①昏迷（周囲に対する反応性の著明な低下、および自発運動や活動の減退)、あるいは緘黙（言語中枢や構音機構に器質的異常がないのに口を閉ざしてしゃべらない状態)、②興奮（明らかに無目的な活動で、外的刺激に影響されたものではない)、③保持（不適切あるいは奇異な姿勢を自発的にとり、保持すること)、④拒絶症（患者を動かそうとするあらゆる指示や意図に対して、明らかに動機を欠いた抵抗を示したり、逆の方向に動いたりすること)、⑤硬直（患者を動かそうとする努力に抗して固い姿勢を保持すること)、⑥ろう屈症（カタレプシー：手足や身体をとらされた位置のままで保持すること)、⑦命令自動症（指示への自動的な服従)、⑧反響言語（他の人がしゃべったばかりの単語や語句を、おうむ返しに、明らかに意味のない繰り返しをすること）や反響動作（他の人の動作を繰り返して模倣すること）などの緊張病症状を含む著しい精神運動性の障害を特徴とする病型である。

〔残遺型〕

診断基準に示されているような著明な症状はないが、何らかの陰性症状が長期間持続する。長期経過後はこの病型に分類されることが多い。

〔単純型〕

陰性症状が主体であり、次第に社会生活能力の低下が進む稀な病型である。精神病症状（幻覚、妄想、著しい行動障害）はみられない。

(e) 病期別にみた症状

統合失調症の症状は、経過に従って、急性期、回復期、安定期に分けられる。病期によって、主としてみられる症状は異なり、それに応じて治療の目標や治療方法にも違いがある。

〔急性期の症状〕

幻覚、妄想、興奮などの陽性症状が前景に出てくる。また、感情的に不安定で切迫感が強い状態になる。さらに食欲低下、睡眠障害と昼夜逆転のリズムなど身体面でも著明な変化が現れる。周囲とのコミュニケーションが障害され、病識が欠如する。

〔回復期の症状〕

臨界期、寛解後疲弊病期、転回期などとも呼ばれる。初回エピソードで幻聴が消失する割合は90％程度とされているが、この割合は再発を繰り返すごとに低下する。したがって、回復期では、再発の防止が治療上重要になる。陰性症状が目立つのもこの時期からである。

〔安定期の症状〕

陽性症状、陰性症状ともにある程度固定する。すべての人が慢性化するわけではないが、おおむね70～80％のケースで何らかの症状が残る。陰性症状が強い場合は能力障害を来し、従来型の抗精神病薬は効きにくく、心理社会的治療が適応される。

〔再発早期徴候〕

再発早期徴候は人によってほぼ一定している。神経症症状や軽度の精神病症状、さらには不眠などの身体症状がよくみられる。この時期の持続にはかなりの個人差があり、数日から数カ月の差がある。

(f) 経過・予後

経過は一般的に初期、中期、長期の３段階に分けることができる。

初期は、およそ発病から５年あたりまでの時期で、①幻覚・妄想といった症状を起こす急性期の段階（急性期）と、②治療などによって症状が静まり、病状が安定する段階（寛解期）とに分けられる。初期には、こうした急性期―寛解期を１サイクルとして、何度か繰り返す。

中期は、発病後５年から10年頃までの時期であり、軽快へ向かっていく者もあれば、残遺状態に向かっていく者もある。

長期は、発病後10年以上経過した時期であり、これまでの長期予後調査の結果をまとめると、非常に良好な予後が20～30％であり、部分的な寛解を合わせると70％を超える。しかし、およそ20～30％は残遺状態から回復せず、予後不良となる。

(g) 治　療

統合失調症の治療は、病期に応じて、薬物療法と心理社会的治療とをバランスよく組み合わせて行われる。

〔薬物療法〕

統合失調症の治療の基本は薬物療法（主に抗精神病薬）である。薬物療法によって幻覚・妄想・興奮などの急性期症状がある程度コントロールされた状態にならなければ、心理社会的治療は十分に行えない。薬物療法によって寛解期に導入されても、その後の経過は服薬継続の有無によって左右される。服薬を継続しない事例の70～80％が診断時から１年以内に統合失調症の症状を再発するのに対して、服薬を継続できた事例の再発率は20～30％程度に下がり、また、症状も大幅に少なくなるとされる。

抗精神病薬は、脳内で過剰に活動しているドーパミン神経の活動を抑えることによって、統合失調症の症状を改善すると考えられている。抗精神病薬は、従来型（定型）抗精神病薬と新規（非定型）抗精神病薬とに分けられる。従来型抗精神病薬は陽性症状に効果があり、新規抗精神病薬は、陽性症状に加えて陰性症状に対する効果も一定程度あり、副作用が少ないといわれている。わが国で現在保険適用されている従来型抗精神病薬にはクロルプロマジン、レボメプロマジン、スルピリド、ハロペリドールなどがあり、新規抗精神病薬には、リスペリドン、クエチアピン、ペロスピロン、オランザピン、アリピプラゾール、ブロナンセリン、パリペリドンがある。現在では、新規抗精神病薬が治療の第1選択である。

なお、2009年7月から、わが国でも、一般的な薬物治療では十分な治療効果の得られない治療抵抗性の統合失調症の治療薬として、クロザピンの使用が可能となった。クロザピンは、新規抗精神病薬に分類される。クロザピンは他の抗精神病薬では治療効果の得られない幻覚や妄想を持つ患者に対しても治療効果があるが、生命の危険を伴うような重篤な副作用が生じることがあり、クロザリル患者モニタリングサービス（Clozaril Patient Monitoring Service：CPMS）に登録された医師・薬剤師並びに医療機関・薬局でしか処方できない。なお、使用にあたっては、患者本人または代諾者（将来の外来通院への移行において患者の薬剤管理および症状を観察・報告ができる人）に対して文書による説明を行い、文書による同意を得たうえで、原則18週間の入院管理下で使用を開始すること、並びに使用全例について追跡調査が義務づけられている。

抗精神病薬の副作用としては、手指振戦（手指の震え）、四肢硬直（体が硬くなる）などのパーキンソン様症状、ジストニア（目が上を向く、ろれつがまわらない）、アカシジア（足がムズムズして、じっとしていられず、落ち着きなく歩き回る）、口渇、便秘、尿閉、起立性低血圧（立ちくらみ）、生理不順、乳汁分泌などがある。

なお、抗精神病薬以外に、睡眠薬、抗不安薬、抗うつ薬などが使用されることがあり、パーキンソン様症状などの錐体外路症状が強い場合には抗パーキンソン薬が併用されることもある。

〔心理社会的治療〕

心理社会的な治療としては、作業療法、レクリエーション療法、社会生活技能訓練（Social Skills Training：SST）などがある。SSTは、認知行動療法の技法の1つで、個々の患者に適した目標を設定して行動療法を行うことにより、対人および社会的技能を学習し、それを実際の生活に応用していく方法である。

(h)　精神保健福祉法の入院制度と入院の適応

〔精神保健福祉法の入院制度〕

精神保健福祉法には、任意入院、措置入院、緊急措置入院、医療保護入院、応急入院、という5つの入院形態が規定されている。〔表11〕にそれぞれの概要を示した。このうち、成年後見人等が関与するのは医療保護入院である。医療保護入院は、入院する必要があるが、患者本人から入院についての同意が得られず、しかも自傷他害のおそれという措置症状がない場合に、「家族等のうちいずれかの者」の同意を得て行われる入院形態である。病院の管理者による入院であり、入院の判断は原則として精神保健指定医が行う。

ここでいう「家族等」とは、「当該精神障害者の配偶者、親権を行う者、扶養義務者、後見人又は保佐人」を指す。家族等がいない場合または家族等の全員が意思を表示することができない場合には、病院の管理者は、その精神障害者の居住地（居住地がないか、不明のときはその現在地）の市町村長の同意を得る必要がある。

成年被後見人、被保佐人が精神疾患に罹患している場合、成年後見人、保佐人は「家族等」として医療保護入院の同意を行う権限を有している。成年後見人・保佐人は、これらの権限を有効に活用して、本人の医療を確保し、その権利擁護に努める必要がある。

〔治療の場と入院の適応〕

〔表11〕 精神保健福祉法の入院形態

名称	強制・非強制の区別	緊急性	患者条件	判定者	入院先	入院の命令者	家族等の同意	入院期間
任意入院	非強制	なし	なし	医師	精神科病院	なし	不要	制限なし
措置入院	強制	なし	自傷他害のおそれ	指定医(2人以上)	国・都道府県立病院、指定病院	都道府県知事・政令指定都市市長	不要	制限なし
緊急措置入院	強制	急速を要する	自傷他害のおそれ	指定医	国・都道府県立病院、指定病院	都道府県知事・政令指定都市市長	不要	72時間
医療保護入院	強制	なし	医療保護の必要性	指定医	常勤指定医のいる精神科病院	病院管理者	必要	制限なし
応急入院	強制	急速を要する	医療保護の必要性	指定医	応急入院指定病院	病院管理者	不要	72時間

統合失調症においても、その治療の場は、コミュニティ、すなわち外来治療が中心であり、仮に入院が必要となった場合であっても、患者本人の意思に基づく任意入院が原則である。しかし、急性期の場合には幻覚・妄想や緊張病症状などの精神病症状があり、病識は欠如し、判断能力も低下しており、精神科病院への強制入院が必要となる場合もある。具体的には、被害関係妄想、命令・脅迫口調の幻聴が強くて落ち着かない場合、精神運動興奮や緊張病症状のある場合、自殺念慮（企図）が顕著な場合は、自傷行為のおそれや他害行為に及ぶおそれ（自傷他害のおそれ）があるため、あるいは服薬遵守が困難なため、強制入院をさせたうえで治療を行う必要がある。

なお、成年後見人、保佐人として支援を要する人の多くで問題となるのは、再発・再燃時の対応・支援である。すでに述べたように再発早期兆候には、その人によって一定したパターンがあることが知られている。成年後見人、保佐人は、再発早期兆候のパターンを把握し、通院先の精神科医療機関、作業所、グループホームなどの地域資源、保健所、精神保健福祉センターなどの行政機関とも密な連携をとるとともに、情報を共有し、再発・再燃時に早期に危機介入する方策を検討しておくことが望ましい。

(B) 気分（感情）障害

気分とは、憂うつな気分、楽しい気分などのように特別の対象や内容を持たず比較的長く持続する感情の状態をいう。気分障害には、うつ病、躁病、双極性感情障害（躁うつ病）、気分変調症、気分循環症などがあるが、重要なのは、うつ病と双極性感情障害（躁うつ病）である。なお、気分障害では判断能力の障害はあっても一過性のことがほとんどであり、成年後見制度の対象となることは少ないと思われる。

(a) うつ病

①抑うつ気分、②興味と喜びの喪失、③活動性の減退による易疲労感の増大や活動性の減少の３つがみられるとき、うつ病エピソード（うつ状態）と診断される。①集中力と注意力の減退、②自己評価と自信の低下、③罪責感と無価値感、④将来に対する希望のない

悲観的な見方、⑤自傷あるいは自殺の観念や行為、⑥睡眠障害、⑦食欲不振などの症状も随伴する。重症な場合には、精神病症状が出現することがあり、妄想（罪業、貧困、心気）やうつ病性昏迷などがみられる。

(b)　双極性（感情）障害（躁うつ病）

うつ状態と躁状態を呈する疾患である。うつ状態と躁状態の症状の比較を〔表12〕にまとめた。躁病エピソード（躁状態）は、高揚した気分と活動性の増大が中心的症状である。意欲は亢進し、多弁・多動となる。思考の量や速度も著しく増加し（観念奔逸）、注意を保持できず、会話も一方的で、内容も脈絡なく変化し、中断するのが困難である。思考内容は一般的に誇大的であるが、時に猜疑的になることもある。誇大性が高じると、「超能力がある」などの誇大妄想に発展することがある。躁状態だけの人は少なく、いずれうつ状態になることが多い。

ICD-10では、躁病エピソードは独立したカテゴリーであるが、DSM-5では、双極性障害の中に含まれている。

うつ病の主たる原因はストレスであるのに対して、双極性障害の原因については、遺伝的な素因が想定されており、ストレスは発症のきっかけにはなっても原因ではない。

〔表12〕　躁状態とうつ状態の症状

	躁状態	うつ状態
気分	高ぶっている（爽快気分）	落ち込んでいる（抑うつ気分）
	上機嫌なことも、不機嫌なことも	イライラすることもある
活動性	自尊心が肥大化し、さまざまな活動に手を出したがる	意欲が出ず、日常生活が困難
思考	次から次へと考えが浮かぶ	考えそのものが前へ進まない
会話の様子	一方的に多くを語る	途切れ途切れで先へ進まない
注意力	注意散漫で気が移りやすい	ぼーっとして注意力がない
睡眠	睡眠の必要を感じなくなる	眠れない
		ときに眠りすぎることも
食欲・性欲	増進する	減退する
		ときに食べすぎることも
行動の問題	喧嘩や暴力に至ることもある	自殺のおそれがある

(c)　治　療

うつ状態には抗うつ剤が、躁状態や双極性障害の再発予防には、気分安定薬である炭酸リチウムやカルバマゼピン、バルプロ酸が使用される。

(C)　その他（パーソナリティ障害など）

パーソナリティ障害（人格障害）とは、一群の行動異常を指す包括的な用語で、通常は生涯にわたって持続する不適応パターンであり、行動と生活様式と社会適応の逸脱である。

パーソナリティ障害の分類には種々のものがあるが、現在、精神科臨床で広く使用されているのは、DSM-5に示されている分類である。DSMでは、クラスターA（風変わりで自閉的で妄想を持ちやすく奇異で閉じこもりがちな性質を持つ）として、猜疑性、シゾイド、統合失調型、クラスターB（感情の混乱が激しく演技的で情緒的なのが特徴的。ストレスに対して脆弱で、他人を巻き込むことが多い）として、反社会性、境界性、演技性、自己愛性、クラスターC（不安や恐怖心が強い性質を持つ。周りの評価が気になりそれがストレスとなる性向がある）として、回避性、依存性、強迫性、という10の類型に分類している。

なお、パーソナリティ障害では、判断能力の障害は原則として生じず、成年後見制度の対象となることもほとんどないと思われる。

(4) 高次脳機能障害

(A) 高次脳機能障害の概念

「高次脳機能障害」という用語には、従来から医学の領域で使用されてきた学術用語としての「高次脳機能障害」と、最近広く使用されるようになった行政用語としての「高次脳機能障害」の２つがある。まず、両者の区分を明確にするために、医学の領域で使用される学術用語としての高次脳機能障害（失語・失行・失認など）と行政の分野で使用される高次脳機能障害という用語の概念の相違を述べる。

(a) 学術用語としての高次脳機能障害

わが国における学術用語としての「高次脳機能障害」という用語に相当する概念は、欧米では、「高次脳機能（higher brain function）」という用語は使用されず、「認知機能（cognitive）」や「神経心理学的機能（neuropsychological）」という用語で表されている。その症状は、記憶障害、注意障害、実行機能障害、社会的行動障害など多岐にわたり、脳のどの部分が損傷されているかによって、その症状には特徴が出る。学術用語としては、「大脳の器質的病因に伴い、失語・失行・失認に代表される比較的局在の明確な大脳の巣症状、注意障害や記憶障害などの欠落症状、判断・実行・問題解決能力の障害、行動異常などを呈する状態像」で、脳損傷に起因する認知障害全般を指すと定義される。

近年、MRI、SPECT、PET などの画像診断装置の進歩によって、こうした高次脳機能障害を呈する患者の責任病巣（高次脳機能障害の原因となっている脳の損傷部位）を画像で確認することができるようになった。

(b) 行政用語としての高次脳機能障害

高次脳機能障害者のうち、身体的障害を伴わない者については、外見からは高次脳機能障害のあることがわかりにくく、本人も自覚が難しいために誤解を受けやすく「隠れた障害」と呼ばれることもある。当事者団体からの働きかけによって、2001年度より厚生労働省による「高次脳機能障害支援モデル事業」が開始され、これによって集積された脳損傷者のデータを分析した結果、記憶障害、注意障害、実行機能障害、社会的行動障害などの認知障害を主たる要因として、日常生活および社会生活への適応に困難を有する一群が存在しており、これらの者に対する、診断・リハビリテーション・生活支援等を早急に確立する必要があることが明らかとなった。そこで行政的に、この一群が示す認知障害を「高次脳機能障害」と呼び、この障害を有する者を「高次脳機能障害者」と呼ぶことが提唱され、診断基準が提案された。

こうした動向を背景に、テレビや新聞でも「高次脳機能障害者」の問題が認識・報道されるようになった。こうした用語は、福祉やリハビリテーションの観点からの行政用語あるいはマスメディア（一般）用語であり、学術用語とは一定の関連はあるが、両者は明確に区別して理解される必要がある。

以下、行政用語としての「高次脳機能障害」について述べる。

(B) 高次脳機能障害の診断基準

〔表13〕に厚生労働省による高次脳機能障害の診断基準の要点を示した。事故による頭部打撲や脳梗塞・脳出血などの脳血管性障害などの疾病によって、一時は意識障害などを呈していたが、その後、歩行や食事をとることなどはできるようになり、一見したところ回復しているようにみえるにもかかわらず、脳に器質的な損傷が存在し、記憶障害、注意障害、実行機能障害、社会的行動障害などの認知障害（「高次脳機能障害」）を呈し、そのために日常生活や社会生活に制約の生じている者を「高次脳機能障害者」と定義している。なお、厚生労働省の診断基準では、医学的には高次脳機能障害の典型である、失語、失行、失認などの巣症状は、「高次脳機能障害」とは別の症状として取り扱われている。

精神医学的には、ICD-10のF04「器質性健忘症候群、アルコールおよび他の精神作用物質によらないもの」（〔表14〕参照）、F06「脳損傷、脳機能不全および身体疾患による他の精神障害」（〔表15〕参照）、F07「脳疾患、脳損傷および脳機能不全によるパーソナリティおよび行動の障害」に含まれる疾病を原因疾患に持つ者が行政的な「高次脳機能障害」の対象となる。したがって、この3項目に含まれない疾患、たとえば、アルツハイマー病やパーキンソン病に罹患している者は、行政的な「高次脳機能障害」からは除外される。

〔表13〕 厚生労働省による高次脳機能障害の診断基準（行政的）

Ⅰ．主要症状等
1．脳の器質的病変の原因となる事故による受傷や疾病の発症の事実が確認されている。
2．現在、日常生活または社会生活に制約があり、その主たる原因が記憶障害、注意障害、遂行機能障害、社会的行動障害などの認知障害である。

Ⅱ．検査所見
MRI、CT、脳波などにより認知障害の原因と考えられる脳の器質的病変の存在が確認されているか、あるいは診断書により脳の器質的病変が存在したと確認できる。

ⅢI. 除外項目
1．脳の器質的病変に基づく認知障害のうち、身体障害として認定可能である症状を有するが上記主要症状（Ⅰ－2）を欠く者は除外する。
2．診断にあたり、受傷または発症以前から有する症状と検査所見は除外する。
3．先天性疾患、周産期における脳損傷、発達障害、進行性疾患を原因とする者は除外する。

Ⅳ．診断
1．Ⅰ～Ⅲをすべて満たした場合に高次脳機能障害と診断する。
2．高次脳機能障害の診断は脳の器質的病変の原因となった外傷や疾病の急性期症状を脱した後において行う。
3．神経心理学的検査の所見を参考にすることができる。

なお、診断基準のⅠとⅢを満たす一方で、Ⅱの検査所見で脳の器質的病変の存在を明らかにできない症例については、慎重な評価により高次脳機能障害者として診断されることがあり得る。

また、この診断基準については、今後の医学・医療の発展を踏まえ、適時、見直しを行うことが適当である。

出典：厚生労働省社会・援護局障害保健福祉部、国立障害者リハビリテーションセンター編『高次脳機能障害者支援の手引き〔改訂第2版〕』2頁

〔表14〕 ICD-10による「器質性健忘症候群、アルコールおよび他の精神作用物質によらないもの」（F04）の診断基準

(a) 記憶障害は短期記憶の障害が顕著である（新しい事柄の学習障害）。前向性および逆向性健忘と過去の経験を時間的順序にしたがって想起する能力の低下。
(b) 脳への傷害あるいは脳疾患（とくに両側の間脳と内側側頭葉領域を含む）の既往歴ないし客観的所見。
(c) 即時記憶（たとえば数唱テストでみられるような）、注意と意識、全体的な知的能力などの機能障害がないこと。

出典：WHO（融道男ほか監訳）・前掲68頁

〔表15〕 ICD-10による「脳損傷、脳機能不全および身体疾患による他の精神障害（F06）の診断基準

(a) 脳の疾患、損傷か機能不全、あるいは身体の系統的疾患の存在が確かで、列挙された症候群の中の１つと関連していることが明らかである。
(b) 基礎疾患の経過と精神症候群の発症の間に（数週あるいは２～３カ月の）時間的関連がある。
(c) 基礎にあると推定される原因の除去あるいは改善に伴い、精神障害も回復する。
(d) 精神症候群の原因として他のものを示唆する証拠（重い負因のある家族歴あるいは誘因となるストレスなど）がない。
条件(a)(b)を満たせば暫定的な診断ができる。４つの条件がそろえば、診断分類はかなり確実となる。

出典：WHO（融道男ほか監訳）・前掲71頁

(C) 高次脳機能障害の症状

行政的な高次脳機能障害の症状は、高次脳機能障害、巣（そう）症状、身体的障害、社会的行動障害に大別される。

高次脳機能障害としては、記憶障害（物の置き場所を忘れたり、新しい出来事を覚えていられなくなること。そのために何度も同じことを繰り返し質問したりする）、注意障害（ぼんやりしていて、何かをするとミスばかりする。また物事に集中できず、すぐに飽きてしまう。２つのことを同時にしようとすると混乱する）、実行機能障害（ものごとを目的に合わせて適切にやり遂げることができない。一つひとつ指示してもらわないと何もできない。物事の優先順位がつけられず、いきあたりばったりの行動をする）、半側空間無視（目は見えるのに左側にある人や物を無視する。左側にあるものにぶつかる。左側にあるものを食べない。稀に右側のこともある）、病識欠落（自分が障害を持っていることに対する認識がうまくできない。障害がないかのように振る舞ったり、言ったりする）がある。

巣症状としては、失語、失認、失行が、身体機能障害としては、片麻痺（体の右または左半身が麻痺して動かない）と運動失調（酔っぱらったときのように、動作や歩行がふらついている）があげられている。

社会的行動障害としては、依存性・退行（すぐに他人を頼るようなそぶりを示したり、子どもっぽくなったりすること）、欲求コントロール低下（がまんができなくて、何でも無制限に欲しがること。好きなものを食べたり、飲んだりすることばかりでなく、お金を無制限に遣ってしまうことにもみられる）、感情コントロール低下（場違いの場面で怒ったり、笑ったりすること。ひどい場合には、大した理由もなく、突然感情を爆発させて暴れることもある）、対人

技能拙劣（相手の立場や気持ちを思いやることができなくなり、よい人間関係をつくることが難しい）、固執性（1つのものごとにこだわって、容易に変えられないこと。いつまでも同じことを続けることもある）、意欲・発動性の低下（自分では何もしようとしないで、他人に言われないと物事ができないようなボーッとした状態）がある。

(D) 高次脳機能障害に対する治療

高次脳機能障害者に対しては、発症・受傷からの相対的な期間と目標によって医学的リハビリテーション、生活訓練、職能訓練の3つが行われる（〈図6〉参照）。医学的リハビリテーションプログラムは、認知リハビリテーションが中心である。このほか心理カウンセリング、薬物療法、外科的治療なども行われる。認知リハビリテーションは、医師、看護師はもとより理学療法士、作業療法士、言語聴覚士、臨床心理士、ソーシャルワーカーなど多職種からなるチームアプローチで行われる。生活訓練プログラム、職能訓練プログラムでは、訓練の対象は認知障害そのものではなく、日常生活や職業で必要と考えられる技能を獲得することに主眼が置かれている。

高次脳機能障害の本質である認知障害自体の改善が最も望ましいことではあるが、現状では必ずしもこれが達成できるとは限らない。したがって、認知障害のいずれの症状に対しても、以下のような戦略をとることになる。

① 認知障害に対する改善
② 代償手段の獲得
③ 障害の認識を高める
④ 環境調整（家族へのアプローチを含む）

①は、高次脳機能障害者の注意障害・記憶障害といった特定の認知障害に対する訓練であり、狭義の認知リハビリテーションに当たる。このような訓練が有効でない場合は、②記憶障害で言語的記憶に比較して視覚的記憶が残されている場合に、絵で描かれた手がかりを活用するなど、残された機能を活かした代償手段を訓練する。③一方、障害者自身が自らの機能障害を認識できると、種々の代償手段が活用しやすくなるので、実際の検査・実施結果をその場で提示あるいは、ビデオ記録を行い再生して本人にフィードバックするといった方法をとることがある。④障害による不都合が少しでも減るように周囲の環境を整えるため、家族に障害を説明・理解してもらい、障害者が混乱に陥る前に適切なタイミングで援助を依頼する、大切なものを見つけやすいように整理する、身に付けておくなどの方法も用いられる。

〈図6〉 高次脳機能障害者へのリハビリの訓練プログラム1－12

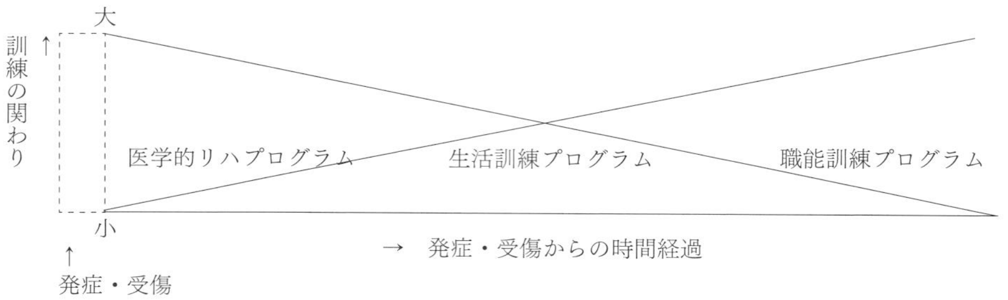

出典：厚生労働省社会・援護局障害保健福祉部＝国立障害者リハビリテーションセンター編・前掲8頁

(E) 高次脳機能障害者に対する支援の現状と課題

高次脳機能障害者に対する支援について、厚生労働省は、2006年度から「高次脳機能障害支援普及事業」を開始している。この事業は、障害者自立支援法に基づいて市町村および都道府県が実施する地域生活支援事業の中で、都道府県が実施する専門的支援の一環として行われる支援事業である。具体的には、都道府県ごとに、病院やリハビリテーションセンターなどの支援拠点機関を設置し、①相談支援コーディネーターによる高次脳機能障害者に対する専門的な相談支援、②関係機関との地域ネットワークの充実、③高次脳機能障害の支援手法等に関する研究の普及等を行っている。2015年度には、支援拠点機関は、全国で104カ所あり、全都道府県に設置されている。また、国立障害者リハビリテーションセンターは、全国拠点センターと位置づけられており、高次脳機能障害支援普及全国連絡協議会の開催や、支援拠点機関などの職員の研修会などを実施するとともに、高次脳機能障害情報・支援センターを設置して、高次脳機能障害に関する情報を集約しホームページで発信している。

なお、障害者自立支援法は、2012年6月に障害者総合支援法へと改正され、2013年4月から施行されているが、高次脳機能障害は引き続き精神障害として位置づけられており、制度的には、その位置づけは曖昧なままである。

3 障害特性に応じた対応の留意点

自己決定の尊重を基本とする成年後見制度において、成年被後見人等の特性や能力を把握・理解することは重要である。まず、任意後見では意思能力があることで任意後見契約が成立し、能力の低下に応じて適切に任意後見監督人選任の申立てがなされる。また、法定後見においても、その能力の程度に合わせて各類型での申立てが行われる。さらに、成年後見人等に選任された後も本人の特性や能力に合わせたコミュニケーションや面接の技法を駆使し、本人の意思や希望を聴き取り、後見事務に反映する必要がある。

一方で、成年後見制度では個別的に判断能力を見極めることの困難さが指摘されており、類型論を用いることでこの問題を解決しようとしている。このような成年後見制度における個別性配慮の限界を踏まえつつ、成年後見人等が少しでも「その人らしさ」を尊重した支援をしていくためには、面接を通じて成年被後見人等の個々の事情、能力や生活環境等について配慮する必要がある。これらが最近では、「合理的配慮」と称されている。

そして、成年後見人等が個人に視点をおいて面接を行うために最も重要なのは、本人の属性をみることではなく、つまり「知的障害者だからこのような能力の特徴がある」といった能力評価ではなく、経験を踏まえ形成されてきた希望や好みを踏まえたうえで、その人が生活するうえでの困難さや困り具合を把握することである。

特に2011年に改正された障害者基本法23条では、障害者の意思決定の支援に配慮しつつ、相談業務や成年後見制度その他の施策や制度が行われることとされている。成年後見人等にとって、面接を通じて成年被後見人等の意思を理解することは極めて重要である。2017年には厚生労働省から意思決定支援に関するガイドラインが示され、本書でも第2章❻で意思決定支援について詳しく述べられている。

以下では、成年後見制度の対象になると思われる人たちについて、能力の特徴に基づいて、面接上配慮すべき点を述べる。

(1) 認知症高齢者

認知症の特徴として、知的機能の明らかな低下のほかに、たとえば洗面、着衣、食事など日常生活の個人的活動にも一定の問題が起きることがあげられる。このような特徴を踏まえ、医師である杉山は、医学モデルから一歩生活に踏み込んで認知症高齢者を理解しようとしている。杉山孝博がまとめた「認知症の9大法則・1原則」(2007年・2017年)(〔表16〕参照)では、面接で配慮すべきことが適切に述べられている。

認知症高齢者の生活を詳細に浮き彫りにしていくためには、要介護認定でみられるような膨大なチェック項目が必要となるのかもしれない。しかし、自己決定を尊重し、必要最低限の支援を提供していくためには、膨大な数の客観的データよりも本人の意思をいかに聴き取るかが重要である。

認知症高齢者との面接場面で基本となるのは「認知症」への配慮と「高齢」に対する配慮である。認知症高齢者の特徴の1つは、「老いの受け入れ」と「能力の低下」の2つの受容を経ていることにあるからである。

長い間普通の生活を過ごしてきた結果、短期間でこれら2つの変化を受容しなければならなかった強い精神的負担が、認知症高齢者の状態を複雑にしていることを理解しておく必要がある。

〔表16〕 認知症の9大法則・1原則

第1法則=記憶障害に関する法則 ・記銘力の低下(ひどい物忘れ) ・全体記憶の障害 ・記憶の逆行性喪失(昔のことは覚えているのに最近のことを覚えていない)
第2法則=症状の出現頻度に関する法則 より身近な者に対して認知症状がより強く出る。
第3法則=自己有利の法則 自分にとって不利なことは認めない
第4法則=まだら症状の法則 正常な部分と認知症状として理解すべき部分とが混在する。
第5法則=感情残像の法則 言ったり聞いたり行ったことはすぐ忘れるが、感情は残像のように残る。
第6法則=こだわりの法則 ひとつのことにいつまでもこだわり続ける。
第7法則=作用・反作用の法則 強い対応には強い反応に、穏やかな対応には穏やかな反応になる
第8法則=症状の了解可能性に関する法則 老年期の知的機能低下の特性から症状が理解・説明できる。
第9法則=衰弱の進行に関する法則 認知症高齢者の老化の速度は普通の高齢者の約3倍のスピードで進行する。
介護に関する原則 お年寄りが形成している世界を理解し、大切にする。その世界と現実とのギャップを感じさせないようにする。

出典:杉山孝博『認知症の9大法則と1原則』138〜158頁

(A) コミュニケーション上の配慮

それでは、具体的にどのような点に配慮して面接を進めればよいか、以下にポイントをあげる。

まず、コミュニケーションを図るにあたっては、以下の点に留意しておくとよい。

① 年上の成年被後見人等に対して年下の成年後見人等が面接を行うことを十分に意識して、本人が心的抵抗を強めないように、受容的態度で臨むことが重要である。

② 成年被後見人等の聞こえ具合に配慮する。成年後見人等の言葉が聞きづらいにもかかわらず相槌を打つなど、外見上は聞こえているような態度を示す人がいる。会話の内容を確認しながら、場合によっては本人が不全感を持たないように配慮しながら、大きな声で話したり、近くに寄って話すなどの工夫が求められる。

③ 杉山の指摘するように、他人にはそうでもないのに身近な人に対するときに認知症状が強く出現することがある。そのため、成年被後見人等との面接だけでなく家族など身近な人との面接は重要である。家族から情報を収集するときには、できるだけ高齢者本人の同席も心がける。話の内容によっては、成年被後見人等が同席しないほうが家族が話しやすい場合や成年被後見人等に無意味な刺激を与えないで済む場合がある。しかし、自分のいないところで自分のことが話題にされ、何か悪口を言われているのではないかという疑心暗鬼を招く危険があるため、できるだけ、成年被後見人等の同席のもとで家族と話を進めていくことがよいだろう。

④ 現実とは異なった発言がなされることがある。たとえば、実際には日常生活が困難になってきているのに、「家事は1人で大丈夫です」「困っていることはありません」といった発言である。このような発言を否定することはこだわりや面接者への拒否感を強めるだけである。成年被後見人等が安心して話せるよう、このような態度でさえ受け入れていくことが大切といえる。成年被後見人等の言い分を受容することで安心感を与え、それにより客観的な発言が聞かれることがある。

⑤ 話をうまくまとめられず冗長気味になったり、同じ話を繰り返す人がいる。限りある面接時間だが、面接の目的を明確にしないまま来談する方が多いのも事実である。じっくり話を聞きながら、話の流れを切ることなく内容を明らかにしていくことが重要である。

⑥ 質問や説明は成年被後見人等のペースに合わせゆっくり丁寧に行う。繰り返し同じことを質問されたとしても、必ず対応する。言葉による対応だけでなく、文字や絵を残すことで、成年被後見人等の記憶を手助けすることもある。

(B) 能力や生活の状況を把握するときの配慮

次に、成年被後見人等の能力や生活の状況を把握しようとする際には、以下の点に留意する。

① 「今日はどのようなことをお話しになりたいですか？」というように、面接の目的について、まず成年被後見人等から十分に聞き取る。最初に成年被後見人等が最も気になっているはずの面接の目的に触れることによって、現実検討力を確認することができ、日常の生活ぶりが自然な形で話されることがある。

② 面接場面で能力評価をしなければならないときには、十分に配慮が必要である。認知症の程度を測るための簡易な評価スケールに含まれる質問により知的機能を推測す

ることは、適切に面接を進めるために役に立つことがある。しかし、本人が「何か試されているな」と感じると、不信感のみが残る。どうしても能力評価の必要性があるときは、まずその必要性を説明し、本人の理解を求めなければならない。

③　介護保険制度では、1人の高齢者に介護支援専門員やホームヘルパーなど多くの福祉従事者がかかわっている場合がある。それぞれが守秘義務を負って活動しており、安易な情報収集や関係機関での情報の交換は禁物だが、個人情報の保護に配慮しながら日常の生活を浮き彫りにしていく作業は、本人の意思を明確にしていくうえで有意義である。

④　見当識について確認する。日付や時間、身近な人の名前や時間のほかに、新聞でみられるような広く世間で知られている話題について質問する。ただし、先に触れたように「何か試されている」といった印象を与えないことが重要である。日常的な会話からいかに推測するか、成年後見人等の力量が試される。

⑤　身体機能についても確認する。身体機能の状態を客観的に把握するためには、簡単なチェックリストを用いて成年後見人等が動きを確認する方法も考えられる。しかし、実生活では運動機能が維持されていても、生活の活動性が低下し1日中動きの乏しい生活を送る場合がある。散歩について話題にし、外出先からの歩行距離を推察したり、散歩後の疲れ具合から身体能力の状況を推察する方法などは、本人も抵抗が少ないと思われる。

(2)　知的障害者

(A)　知的障害者の定義

知的障害者福祉法の中では知的障害の定義は明示されていない。そのため、都道府県によって療育手帳（知的障害者福祉手帳）の交付対象者に若干の差異が生じ、福祉サービスの利用者に混乱を引き起こすことがしばしば指摘されている。

知的障害の有無とその程度の判定を行う知的障害者更生相談所では、都道府県および政令市によって若干の違いはあるものの、知的障害の定義として、1995年度に厚生省児童家庭局（当時）による「精神薄弱児（者）福祉対策基礎調査における精神薄弱の定義および判定の基準」（現在は、「知的障害児（者）基礎調査」として、5年ごとに厚生労働省社会・援護局によって調査が行われていた）が広く使われている。

そこで用いられている知的障害の定義は次のとおりである。

> 知的機能の障害が発達期（概ね18歳まで）にあらわれ、日常生活に支障が生じているため、何らかの援助を必要とする状態にあるもの

ここで述べられている「知的機能の障害」と「日常生活の支障」については、「知的機能の水準の評価」と「日常生活能力の水準の評価」によって測定される。

この「日常生活」については、明確な定義はないが、障害基礎年金の認定基準に対する次のような考え方が参考になる。これは、障害基礎年金申請のための診断書を作成する診断医向けの手引から引用したものである。

日常生活能力とは社会人として平均的な環境のもとにおいて日常の生活を他人の力に頼ることなくおくれる能力をいい、国民年金は一般国民を対象としているため、廃疾の程度が該当するかどうかの基本的尺度をこの日常生活能力の減退の程度においている。

また、ここでいう「平均的な環境」について、「アパートなどでの単身生活」という指標を示している自治体もある。

一般に、知的障害者の障害認定には知能検査の結果（知能指数）のみが使われていると思われがちだが、そうではない。「知的機能」と「日常生活能力」の２つの視点で程度認定が行われている。療育手帳で示される障害程度は決して知能検査の結果を読み替えただけのものではなく、生活上の障害を加味したものであり、本人を理解するうえでの１つの手段といえる。

このうち、知的機能は知能検査で評価するのが一般的である。知能検査は「田中ビネー式知能検査」「鈴木ビネー式知能検査」として標準化された「ビネー式」、「WPPSI」「WISC」「WAIS」で知られる「ウェクスラ式」がよく使われている。また、日常生活能力水準については、本人や家族からの情報、面接場面での観察、その他の資料から、自立機能、運動・移動機能、意思交換、生活文化、職業等の項目について評価される。

そして、成年後見人等が知的障害者と面接するときには、「判定機関などの客観的情報による障害程度」のほかに、「面接上の印象」「日常の生活ぶり」から本人の特性や支援の必要性を把握することが重要となる。

会話能力が高く、丁寧な言葉でスムーズに日常的な会話ができるにもかかわらず、時間や金銭など抽象的な概念が獲得されていない人や、発語はほとんどないにもかかわらず、言語理解や文字理解は高く単独で旅行ができる人、愛想よく温和な感じで誰からも好かれる社会性を持っていながら、仕事になると作業手順の理解が悪かったり集中力が短く雇用されない人など、実際に知的障害者および彼らの生活に接すると彼らが一側面からしか理解されない危険があることがよくわかる。どれだけ個人に配慮した面接を展開させることができるかが、成年被後見人等に適切な支援を提供できるかどうかという点で最も重要といえる。次の点に配慮することは、成年被後見人等の個別性を重視することになる。

(B) 知的能力の水準と実年齢に配慮した対応

成年後見人等として得られる情報の１つに、診断書や鑑定書、あるいは知的障害者更生相談所による心理判定書や心理評価書に記載されている「知能検査の結果」、すなわち「知能指数（IQ）」がある。この数値の意味を正しく理解しておくことは、知的障害のある人の障害像を大まかに把握することとなり、本人とかかわり福祉制度を利用していくうえで意味がある。

成人の知的障害の有無を判定する知的障害者更生相談所では、標準化された知能検査を使った心理判定が行われ、その結果を参考に知的障害の有無と程度が決められている。標準化された知能検査のうち、2003年に発行された田中ビネー式知能検査Ｖでは、原則的に成人に対しては精神年齢や精神年齢と生活年齢（実年齢）の比例による知能指数（IQ）を求めず、偏差IQを求めることになっている。しかし、成人級の問題で一定数以上の正答が得られない知的障害のある人等の場合には、従来とほぼ同様の方法で精神年齢とIQを求めることができる。この検査では、同一の検査を用いながら、人により比例IQと偏差IQが用いられ、IQで示される数値からだけでその人の障害像を理解することは困難といえる。そこで、ここでは専門家でなくても理解しやすい精神年齢からみた知的障害のある人への配慮についてのみ触れる。

なお、田中ビネー式知能検査以外に、鈴木ビネー式知能検査でも精神年齢を求めることができる。これらの検査法は現在も児童相談所や知的障害者更生相談所といった知的障害の判定機関で広く利用されている。

たとえば、20歳の知的障害のある人の知能検査の結果として、精神年齢10歳・IQ55前後が示されたとする。精神年齢が10歳ということであるが、身体は年齢相応に成長し、実年齢が10歳の子どもとは異なり、一定の社会経験を積んでいる。このような人に、精神年齢が10歳だからといって、小学生に接するようにかかわると、「いつまでも子ども扱いされる。自分のことはわかってもらえない」と不満を持ち、そのようなかかわりをする相手を信頼できないのも当然といえるかもしれない。以前、知的障害のある人への呼称をどう使うか、本人が望めば「君・ちゃん」といった呼び方が望ましいのかといった議論があったが、権利擁護の視点からも成人に対しては成人らしい呼称を使用するべきという考え方が一般的になっており、精神年齢や知的障害の程度にとらわれることなく、成人に対してその実年齢に応じた面接を行うことが望ましいといえる。

もちろん、知的障害ゆえに言葉の理解が十分でない点がある場合には、知的能力や理解力に合わせて本人に理解しやすいように説明することが意思決定を支援する第一歩である。知的障害に配慮した丁寧な説明をしながらも、成人に対する態度で接することが重要である。

(C) 他の障害とは異なる知的障害者の能力に対する配慮

次に、面接で配慮しなければならないのは、発達期からの知的障害と、認知症や精神障害による知的能力の低下とは、障害像が異なる場合があるという点である。

知的障害者の能力の特徴は、獲得した後に失われたものでなく、獲得されてこなかった能力が多数あることが特徴といえる。つまり、認知症や精神障害の場合は、「どの程度失われたか」という視点で能力をとらえるのに比べて、知的障害の場合は、「どこまで獲得されたか」という視点で能力をとらえる。「知的障害に対するリハビリテーションというのは、実はハビリテーションである」といわれるのはそのためである。これは、能力の獲得の可能性を否定するものではなく、獲得されなかった能力があるがゆえに、経験が狭められていることを意味しており、さまざまな経験を積み重ねている成年後見人等が知的障害者と面接するとき、同じ言葉を使ったとしても、その言葉の持つ意味やイメージが成年後見人等と成年被後見人等との間で異なってしまう可能性があることを示唆している。本人が相手の発言をどのように理解しているのか、本人の表情や態度さらに会話相手の発言に続く本人の発言から推察することは重要である。同様に、本人の発言一つひとつを丁寧に取り扱い、自身で発言している内容をどの程度まで正確に理解しているかを確認しながら話を進めていく姿勢が求められる。

(D) 社会で傷つき疲れていることへの配慮

個人差はあるが、知的障害者の多くは特別支援学校あるいは特別支援学級を利用している。また、普通学級に在籍していても、競争試験により進学するものはわずかであり、「相対評価」の機会は限られている。多くの場合、本人にとっての努力や成果が評価される「絶対評価」を経験している。

一方、就職している軽度の知的障害者は、本人なりの努力というよりも、会社にどのように貢献しているか、他人よりもどれだけ努力しているかということが評価されるようである。一般社会では当たり前とはいえ、知的障害者は社会に出てはじめて、「相対評価」の洗礼を受ける場合が多いといえる。そのため、職業を含めさまざまな社会参加を実現している知的障害者ほど、他人と比べられる経験により社会から傷つけられている可能性がある。

他人と比較して自己評価の低くなった知的障害者に対しては、個別面接を通して「個」を重視した生活の意義や大切さを説明していくことも重要である。

(E) 日常生活能力を評価するときの配慮

知的障害者の能力を理解するうえで、「知的能力の水準」だけではなく、「日常生活能力」「適応能力」が重要であることはすでに述べた。2013年から施行された障害者総合支援法では非該当から区分6まで7段階の支援区分が設けられている。区分認定のためには調査が行われるが、80項目にわたる調査表が用意されている。しかし、この聞き取り表を含め、その他の能力を測るためのチェック表の多くは、統計的手法により標準化されている場合が少なく、どのスケールを用いて日常生活能力を測るのかについては、判定機関である児童相談所や知的障害者更生相談所によっても違いがあるのが現状である。障害者のエンパワメントを図ることが求められる成年後見人等にとっては、統計的に整備され全国共通の評価表が絶対なのではなく、個々の障害者を支援の視点でどうとらえるかが重要といえる。

ただし、そうはいっても、時間やスタッフ数等の制約で、実際の面接ではフィールド調査よりも面接室での聞き取り作業が中心になる。

知的障害者と聞き取りを主とする面接を行うとき、まず必要なのは、幅広く一般的な情報を聞き取るのではなく、求められている支援のために、限られた項目に関する詳細な情報を収集することである。そして、知的障害者が質問を理解しやすく答えやすいように、より具体的な質問をすることが重要となる。支援方法や内容を念頭におきながら、画一的な質問方法でなく質問の目的を意識することが求められる。

(F) 対人場面での社会経験の不足に対する配慮

長い間訓練やハビリテーション（リハビリテーション）の対象として他人とのかかわりを持つ場面が多かった知的障害者の中には、受容され十分に信頼関係が成立した成年後見人等を家族と同様にとらえ、家族に対してするような要求をすることがある。特に、面接初期の要求や希望を十分に聞き出す過程では、日頃の思いが素直に表現されることがある。たとえば、「今度、遊園地に行こう」「今晩一緒にごはんを食べよう」「一緒に買物に行こう」「（面接者の）車に乗せてほしい」といった、比較的実現が困難でない内容であることが多いようである。

これらの要求を実現するように検討・手配することも成年後見人等の役割といえるが、成年後見人等がすべてを行うことは不可能であり、また、自ら行うことが求められる役割とはいえない。この場合、できないことを、きちんと伝えることが重要である。「今度ね」「考えておきます」といった曖昧な表現よりも、「次回〇月〇日にお会いできるときにお返事します」というように、知的障害者が見通しを持つことができるような答えが適切である。

また、異性を意識して接触を求められることがある。この問題は知的障害者に限らず個別の面接の場面で生じやすい。ただし、知的障害者の場合、経験不足から適切なかかわり方を知らず、頬をすりよせる、抱きつく、ハグ（hug）するなど、成人として一般的には容認されないような方法、あるいはかなり親しい場合に限り許される方法をとる場合がある。また、面接者が、自ら親愛の情を示すために、身体接触を持とうとする場合がある。障害程度によっては、感覚刺激によって成年被後見人等の意思を引き出すことが可能になる場合もあるが、成人として接する意識を持ち続けることが面接者には求められる。

(G) 知的障害者の自己決定に対する配慮

2010年に改正された障害者基本法および2012年に成立した障害者総合支援法では、障害者の意思決定支援が明文化されている。意思決定支援と自己決定支援が同じものを示すのかという議論は必要だが、成年被後見人等の自己決定を支援することは極めて重要である。

望月ら（1998年・1999年）は、そもそも「自己決定」には、権利擁護運動の方向性や目標を表した自己決定と、対等な社会関係の中で個人が具体的行為として行う自己決定の2つがあると述べている。自己決定という行為は「行動」の1つであり、個人を取り巻く環境やそれまでの経験に無関係ではなく、行為としての自己決定が、純粋に「(本人が1人きりで）自己決定」したものであるはずがないと述べ、自己決定のための援助は不可決としている。そして、不適応行動をただ放置したり、「成年被後見人等が一番落ち着き、自分から進んで入るから」と窓もない個室で1人きりにしておく「自己決定を重視した療育」や、「成年被後見人等の自己決定に任せている」と「目標もプログラムも立てない個別援助」を、自己決定の2つの意味の混同に「付け込んだり」「逃げ込んだりする」行為として強く批判している。そのうえで、「行為としての自己決定」の援助の1つとして「選択決定」の有効性を説明している。

今後、知的障害者の意思決定支援については、具体的な方法が検討されることになる。意思決定支援に関するガイドラインが発表されているが、意思決定支援の定義は固定化されておらず「支援」という点では個に応じた配慮が求められ具体的な意思決定支援の方法は多様であろう。今後、「意思決定支援とは何か」という議論だけでなく、さまざまな具体的な意思決定支援方法が福祉現場から発信されよう。

権利擁護としての「自己決定の尊重」は、たとえば「自分で決めたことだから、その結果がたとえ不利であっても甘受すべきである」あるいは「自分で結果に責任がもてない人には自己決定は無理である」といった責任論にすり替えられてはならない、侵されてはならない権利といえる。

一方、契約行為における自己決定がすべての知的障害者に可能かどうかという点については、楽観的な見方は厳しいといわざるを得ないだろう。しかし、個人に配慮された方法や環境が整備されれば、「選択決定」は可能であり、その意味ではすべての知的障害者は自己決定が可能であり尊重されるべきであるという結論に達する。ただし、「選択決定」をより正確なものとして可能にするためは、日常生活での選択機会の保障が不可欠である。

最近、施設での食事にバイキングメニューを取り入れるところも増えているようである。また、ファストフード店やファミリーレストランの写真入りのメニューは指でさすことによって選択でき、「選択決定」の機会を提供していくには有効である。

そして、「知的障害者にかかわる家族、施設職員が本人と同じくらいに（本人の）好みを知り選択肢を提供すること」と、「（本人に）選択の機会を提供すること」は、異なることも知っておく必要がある。それまでの生活から成年被後見人等が選ぶであろうと予測できる複数の選択肢を提示し、その中から成年被後見人等が最後の１つを選ぶことは自己決定の支援方法の１つである。たしかに、そのようにして選択された結果は成年被後見人等にとって不快なものでない場合が多いと思われる。しかし、成年被後見人等の好みに配慮され用意された選択肢をすべて拒否できるという最後の選択肢を選ぶための支援こそが重要となる。ここでは「選択決定」についてふれたが、この方法も意思決定支援の１つといえよう。

(H) 知的障害者とのコミュニケーションにおける配慮

ここでは、発語がない知的障害者とのコミュニケーションで配慮すべき点を説明する。

すでに、多くの研究により知的障害者とのさまざまなコミュニケーション方法が検討されている。発語が困難な障害者に対してはAAC（augmentative and alternative communication：拡大・代替コミュニケーション）が開発されている。たとえば、絵文字とよばれるピクトグラム、コミュニケーションボード等の利用が進められている。

ただし、身振りや絵文字などのサイン言語を用いる場合には、成年後見人等は、それが何のサインなのかあらかじめ知っておき、サイン言語の正確性について把握しておくことが必要である。身近な人と本人とのコミュニケーション場面をあらかじめ観察するなどして、リラックスした場面でのコミュニケーション能力を把握しておくことは貴重な情報となる。日常におけるサイン言語を用いたコミュニケーション能力を把握した後に面接を進めることで、的確に本人の意思を理解することができる。

また同様に、サイン言語も理解できない人たちに対しては、日常生活の情報が有効になる。「快－不快」「好－嫌」などは表情や身振りで比較的把握しやすい意思といえる。ただし、本当に意思に反映した表情や身振りをとっているのか確認するため、比較的好き嫌いの反応が表出しやすい食べ物や音楽等に対する反応の仕方も情報として知っておくことに意味がある。

さらに、表情や身振りなどで意思の表明が困難な場合には、それまでに得られた日常の生活習慣に関する情報を参考に成年被後見人等の意思を推察していくことが必要となる。少なくとも、成年後見人等の価値観で成年被後見人等の意思を勝手に推測・判断しないために、成年被後見人等のコミュニケーション能力が乏しい場合であればあるほど、客観的で日常的な情報を、日頃支援している家族や福祉施設の職員等から、収集する必要がある（その際、プライバシーに配慮しなければならないことは当然である）。

ここで、重要なのは、いかなるコミュニケーション方法を用いたとしても、成年被後見人等の伝達意欲と自発的な意思表明がなくては、コミュニケーションは成立しないということである。そのため、日頃から、たとえ限られた場面であったとしても、自らの意思を表明する機会が保障されることは重要である。特に、「いや」と拒絶を示す意思の表明は、知的障害者にとって極めて難しい内容の意思表明といえる。日頃から意識的に、そして安心して「いや」と言える場面をつくっておくことは意味がある。

(I) 情報収集における配慮

特に言語表現が困難な重度知的障害者の場合、本人の意思や能力を知るために、日常生活の様子を、家族や利用している福祉施設の職員から聴き取ることの重要さはすでに述べた。ただし、知的障害者の家族は、出生時から多くの医療・福祉機関を利用することで、幾度となく自分たちの個人情報について聴き取りされる場面に遭遇している。出生時の体重・身長といった発達歴・教育歴など本人に関することだけでなく、家族構成、家族の職業、独立した兄弟姉妹の生活ぶり、時には遺伝的視点から近親者の障害の有無なども聞かれることがある。多くの情報を活用しながら適切な支援を行おうとするかかわりは一面では適切といえる。ただし、言いたくないかもしれないことをあえて話しているという知的障害者およびその家族の立場に配慮し、必要以上にプライバシーに踏み込まないという戒めは重要である。

現在の障害者福祉では、福祉サービスを利用する障害者本人と事業所との契約を前提としてサービス提供が行われるという点からも、契約には直接関係のない障害者の家族に関する情報の取扱いにはこれまで以上に慎重さが求められる。家族と同居する成年被後見人等を介護する者の状況を知るという名目で安易に兄弟姉妹の生年月日や家庭状況、職業等の聴き取りを行っていないかなど、情報収集の内容を十分に検討する必要がある。

そのうえで、質問の意図や秘密の保持を十分に説明し、安心して答えられるような雰囲気をつくることが必要である。面接場面で成年被後見人等に不快な思いをさせないことは、成年後見人等の当然の役割である。認知症高齢者や精神障害者との面接以上に、その家族に関する情報を得る場合が多い知的障害者の家族との面接には、本人だけでなく、その家族の心情にも十分に配慮する。

(3) 精神障害者

(A) 精神障害者の定義と特性

法学者の前田泰（2000年）は、精神障害に複数の診断基準があることについて、成年後見制度などにおける鑑定では、通常用いる概念として何らかの共通用語を用いるべきと述べている。そして、代表的な共通用語、診断基準としてアメリカ精神医学会によるDSMなどをあげている。現在は、2013年に発表されたDSM-5が用いられている。

これに対し、福祉的には、精神障害者は、精神保健福祉法５条で、「統合失調症、精神作用物質による急性中毒又はその依存症、知的障害、精神病質その他の精神疾患を有する者」と定義されている。

一方、精神障害者保健福祉手帳の対象者は精神保健福祉法45条に規定されており、そこでは「知的障害者を除く」とされている。

ここで、注目できるのは、「精神障害者の定義」では知的障害者を含めているのに対して、「精神障害者保健福祉手帳」の対象からは知的障害者を除外している点である。つまり、精神障害者について、定義ではあくまで医学モデルも用いながら、福祉制度の段階で、従来の知的障害者福祉法を踏まえ、これまで福祉の対象となりにくかった精神障害者のみを対象としているのである。この点では、精神障害者保健福祉手帳の制度では、福祉モデルあるいは社会モデルとしての精神障害者の定義を採用していると考えることができる。これは、精神障害者に対しても、生活上の障害という視点で障害像がとらえられていることを意味している。そして、政令（精神保健福祉法施行令６条）で定める精神障害の状態については、生活上の障害がより明瞭になっている。医学上の分類・定義とは異なり、生活上の不都合さから障害程度が分類されているのである。

成年後見人等として支援していくうえでは、医学モデルとは別に、次のような日々の生活でみられる特性を理解する必要がある。

① 後見類型に該当するような重い障害程度を有する人は少数であり、大多数が補助類型あるいはそれ以上の能力を有している。ただし、重度の知的障害や認知症と精神障害が重複している人の申立ても多く、そのような人は後見類型と決定される傾向が強いようである。

② 障害の程度が多岐にわたるため生活上の活動範囲が広く、「だまされる」「不利益を被る」などの危険が生じることがある。

③ 生活上の障害について機能が全般的に低下するというよりも、大多数が、対人関係や金銭管理面において、あるいは清潔保持面においてなど、部分的に障害を負う。精神上の障害と生活上の障害により、なかなか安定しない「揺れる障害像」を示す。

④ 現実認識の障害により、自分の行為をきちんと認識できない、あるいは認識できたとしても、対人関係の障害により、相手に対してきちんと拒絶できないことがある。拒絶できないことで、悪質商法の被害にあう、あるいは高額商品を言葉巧みに売りつけられる危険がある。

⑤ 他人に対する過剰な心遣いで、極端な優しさを示しながらも、その裏にあるもろさや弱さが内在しているアンバランスが特徴である。対人関係での自信のなさも関係して、他人に対して批判的になれず、逆に他人の言葉に影響されやすい易暗示性がみられる。悪質商法の被害にあっても、被害そのものに気づいていないことがある。

⑥ 思考がまとまらず、何をするにも自信や目標を失いがちである。目標が明確にならないことで、あせりや不安の原因となる。

(B) 面接の際の配慮

このような障害特性を踏まえて、成年後見人等による面接には次のような配慮が求められる。

① 能力を評価・支援するときには「できる－できない」の評価ではなく、「どのような援助が必要か」を評価する。

② 日時によって病状や状態の変化が比較的変動しやすいのが特徴である。１回の面接だけで意思が確認できたと思わないことが大切である。特に、家族だけでなく、成年被後見人等を取り巻く人たちからの聴き取り調査も、本人の意思表明と合わせて重要な情報になる。

③ 幻聴や幻覚など強い症状を示す「陽性症状」だけでなく、精神機能が後退している「陰性症状」に特に配慮する。「陰性症状」では「無気力、無感動」など精神活動の不活発さがみられる。「家の中に閉じこもってゴロゴロしてばかりいないで、少しは外に出て……」と元気づけたくなるが、まず、そのような状態にある成年被後見人等を理解しようという姿勢が必要である。叱咤激励が逆に不安定の要因となることがある。

④ 妄想や幻聴に対して、「ありもしないこと」と全面否定するのではなく、同意できる点はあいづちを打つなど、本人の気持ちが伝わっていることを示す。

⑤ 本人は、社会の根強い偏見で傷つき、社会生活に不安を持っている場合が多いのが特徴である。成年後見人等による面接は治療ではない。しかし、傷ついた心を癒すための配慮が特に求められる。治療でないことを自覚しながらも治療的な技法を参考にすることが多い。

⑥ 成年被後見人等が福祉と医療のスタッフを区別していることがある。福祉と医療のスタッフが協働して支援することは当然だが、本人にも、すべてのスタッフが連携をとりながらかかわっていくことを説明する。「この人にはこの話を、あの人にはあの話を」と本人が連携について抵抗を示すことがある。秘密の保持を約束しながら、連携の重要性について時間をかけて説明する。ケースカンファレンス等を通じて本人が知らないところで支援者間の連携が十分にとれている場合でも、本人が別の支援者について話題にするときなど、別の支援者の人物評価や批判が話の中心となってしまう可能性があるため、安易に反応しないようにする。ケースカンファレンスに当事者である成年被後見人等が参加することが原則であることは当然である。

⑦ 発病以前は通常の生活を送ることができていた経験があり、そのことの記憶を維持していることが多いことが精神障害者の特徴である。そのため、今後の生活についてあせりや不安が極度に強い場合があるため、その気持ちを十分に受け止めることが大切である。

⑧ 病気と障害の狭間で不安が増している場合がある。自身の状態が発達障害や加齢によるものでないことを理解しながらも、なかなか完治しないことで「障害」という言葉や「病気」という言葉に過敏になっていることがある。福祉制度の利用について説明する場合など、「障害」という語を用いて会話をするときには特に注意が必要である。

⑨ 当事者団体やピアカウンセラーの存在など、同じ悩みを持つ人についての情報は貴重である。

(4) 自閉症スペクトラム（自閉スペクトラム症）

2011年に施行された改正障害者基本法では、従来の身体・知的・精神障害に加え、「その他の心身の機能の障害」が障害とされるとともに、知的障害を伴わない発達障害を精神障害として福祉の対象にすることが再確認された。

「障害」といえば、それまで身体障害・知的障害・精神障害を指してきた。このうち、身体障害は判断能力に支障はないことから、その障害だけでは成年後見制度の対象ではなかった。一方、障害者基本法の改正以前から、障害者自立支援法（当時。現在は障害者総合支援法）では、生活の困難さの視点から「発達障害」と「高次脳機能障害」を支援の対象としていた。この2つの障害については、認知障害やコミュニケーション障害等により、知的障害の有無とは関係なく、社会参加のための支援が不可欠とされる。その点で、本人の意思を尊重したうえで代弁していく支援者の存在は重要であり、成年後見制度は大きな意味を持つ。本人の意思を尊重しない代理は人権侵害につながるとの指摘もあり、意思決定支援を踏まえた成年後見制度の利用が望まれている。

そこで本項と次項では、発達障害と高次脳機能障害に対して成年後見人等としてどのような配慮が必要か示すこととする。

2005年4月に「発達障害者支援法」が施行された。この法律では主に自閉症、アスペルガー症候群、その他の広汎性発達障害、注意欠陥多動性障害（ADHD）、学習障害等を支援の対象としている。知的障害の有無により、これまで福祉的支援が受けにくかった生活上の障害を持つ人への支援を目的とした法律が整備されたことになる。これにより、認知機能のアンバランスや対人関係の障害等により生きにくさを感じていた人たちに対する福祉サービス提供が可能になったが、そこでは、個人の特性に合わせた配慮が重要となる。また、成年後見人等には、障害特性を理解し、わずかな生きにくさを支援する、当事者の自己決定を尊重しエンパワメントを可能とするかかわりが求められている。知的障害を伴わないあるいは障害程度が軽度な発達障害者への支援者の一人として補助人の役割は大きい。

自閉症や広汎性発達障害などの診断基準は明確であり、その基準から障害特性を理解することができる。一方で、ウイングが提唱する「自閉症スペクトラム（広汎性発達障害）」の特性としてあげられる「三つ組の障害」（ローナ・ウイング、1998年）からその障害特性を理解することで、面接場面で配慮するべき内容がより明らかになる。「三つ組の障害」とは、①コミュニケーション障害、②対人関係の障害、③予測性・見通しの障害、とされる。

そして、このウイングによる「三つ組の障害」を経て、2013年に公開されたアメリカ精神医学会によるDSM-5（精神障害の診断と統計マニュアル）では、従来の自閉症、知的障害や言語障害を伴わないアスペルガー症候群、そして広汎性発達障害を、一つにまとめ、それぞれの特性の多様性に注目して自閉スペクトラム症として扱っている。DSM-5による診断基準は、三つ組の特性を２つとし、①社会性コミュニケーションの障害、②限定的な行動・興味・反復行動」が挙げられている。社会的コミュニケーション障害の一例としては、「今何時かわかりますか」と質問され、「はい」と言ったまま時刻を答えられない、電話対応などで「いつもお世話になっております」と言われ、「お世話したことがないのに」と思ってしまうといった、場面に応じたあるいは社会的な役割に応じてコミュニケーションを取り難い状態が挙げられる。また、限定的な行動・興味・反復行動は、三つ組の障害の予測性・見通しの障害を踏襲している。出かけるときの道順や生活様式にこだわりがあり、電車の遅延等により行動パターンが崩れると不安が増大したり、スムースに日常的な行動を取ることができなくなったりする状態を一例として挙げることができる。この特性は想像力の障害やこだわりの強さと指摘されることもある。

これらの特性を持つ人に対して、否定的な印象を与えることがある障害の有無で見立てをするのではなく、生活のしにくさに注目し、必要な配慮を提供していくために、症状や状態の多様性を尊重するというのが、スペクトラムという考え方である。日本の発達障害支援法の自閉症・アスペルガー症候群・その他の広汎性発達障害が、この自閉スペクトラム症に含まれることになる。

この自閉スペクトラム症（DSM-5の診断名は自閉スペクトラム症であるが、福祉・教育領域では診断名でなく自閉症スペクトラムのほうが多く使われている現状から、以下、自閉症スペクトラムとする）のある人との関係を成立させるためには、彼らの対人関係における弱点を理解することが必要である。面接するうえで、自閉症スペクトラムという特性に配慮するべき点を以下に述べる。

(A) 言葉でのコミュニケーションは苦手

話すことができる人でも、言葉で指示されることは嫌う。

また、「なぜ」「何」「どうして」「どのくらい」といった、抽象的な質問や長い文章による質問は苦手である。レストランで「何を食べたいですか」と質問するより、「カレーライスとスパゲティ、どちらがいいですか」と質問するか、写真付きのメニューから自分自身で食べたい物を指でさしてもらったほうが、意思は正確に表明される。

質問されていることが理解できていないと、エコラリア（反響言語）になったり、パターン的に「はい」と肯定的な返事をしてしまうことが多い。

また、自分のペースを守ろうとするあまり、まるで交渉をしているかのような会話なることがある。もともと、コミュニケーションは苦手なため、交渉していくうちに疲れ、時には激しい言葉になることがある。また、自身が納得しないと、何度も同じ話を続け、いわゆる堂々巡りになり、気が付くと何時間も話し続けているということも起きる。長時間話したからといって理解が進むわけではなく、双方が疲れないよう、面接時間や環境、面接の目的を明らかにする等を配慮した構造的な面接が求められる。

(B) 「暗黙の了解」や社会的常識から察しなければならないことは苦手

文字の読み書きはできても文章の理解は苦手である。数や時間の概念、文字を学習している自閉症スペクトラムのある人は多く、ひらがなや漢字で自分の名前を書けるだけでなく、中には国語辞典を暗記しているかのように複雑な言い回しができる人もいる。しかし、助詞の使い方は苦手で文字は読めても文章を理解することは苦手である。長文よりも要点が箇条書きに書かれた文章のほうが理解されやすい。

(C) 1つのルールを一般化して理解するのが苦手

バスを待つ人たちの列に並ぶことについては日頃利用することから習慣化されていても、電車を待つ列に並ぶことやスーパーでレジの前に並ぶことを、それと同様に理解しているとは限らない。

(D) 何回も面接を重ねてもなかなか人間関係が深まらないことがある

本人の不安を取り除くのは大切だが、ラポール（「ラポート」ともいう。信頼関係）が十分とれてから本題に入ろうとしてもうまくいかないことがある。人間関係の深まりよりも、本人に理解しやすい情報提示や説明が重要なことがある。

(E) 急な予定の変更や目新しいことは苦手

時間の延長や変更は苦手である。

面接はあらかじめ終了予定時刻を告げて始めるほうが安心できる。予定の時間が近づくと、時計を見たり、ソワソワしたり、話がうわの空になることがある。そのようなときは、「あと○分で終わります」や「○時○分には終わるようにしましょう」と声をかけると、安心して落ち着くことができる。

(F) 得意な部分に目を向けるだけではなく、苦手な部分に配慮しかかわる

自閉症スペクトラムに対しては、TEACCH（米国ノースカロライナ州でショプラーにより始められた自閉症および関連領域のコミュニケーション障害を持つ幼児から成人を対象とした総合的・包括的な療育プログラム）をはじめ、さまざまな支援方法や療育技法が開発・実施されている。

就職できる人も増え、その点で訓練により自閉症スペクトラムは治癒すると感じる人も

あるだろう。しかし、こだわり行動など自閉性の本質的な部分は大きく変化することはないようである。人間関係など苦手な部分は他の能力でカバーしながら、社会参加が進んでいる。

その点で、面接場面で、むやみにがんばりを求めたり叱咤激励をすることは意味がない。自閉症スペクトラムのある人に対しては、特にその人らしいライフスタイルを意識して面接を進める。

(G) 選択的自己決定も重要な意思表明になる

自閉症スペクトラムのある人は、「なぜそれを選んだのか」を説明することは困難である。選択をした理由を適切に説明できなかったとしても、あるいはパターン的に「はい」と回答しているように見えるときでも、質問の仕方が恣意的でない限り、表明された意思は本当に自己決定されたものであることが多いようである。障害特性に配慮した意思決定支援の方法が求められる。「はい－いいえ」の回答よりも二者択一か三者択一のほうが、意思をより反映する場合もあり、求められている回答の内容により工夫していくことが望まれる。

(H) 知的能力に支障がない自閉症スペクトラムの人には特別な配慮が必要となる

自閉症スペクトラムという考え方が主となる前には、知的障害の有無と程度、あるいはコミュニケーション障害の程度によって、高機能自閉症やアスペルガー症候群と診断される人たちが多かった。現在は、自閉症スペクトラムの人たちが示す多様性の１つの特性と考えられているが、理解力・知的能力に支障のない自閉症スペクトラムの人には特別な配慮が必要となる場合がある。

たとえば、知的障害がないことから、面接の中で「障害」あるいは「できないこと」を指摘されることに敏感である場合がある。また、それまでの人生で、本人の努力だけでは解決が困難な事柄であっても、周囲から「がんばり」や努力を求められることで精神的負担が大きくなっている場合がある。自閉症といっても、会話が成立していても、相手の微妙な気持ちを理解したり、気を利かせることは苦手な場合がある。一見した印象に惑わされず、じっくりと本人とかかわっていくことが大切である。

このような人に対して、その金銭管理能力の不十分さにより補助類型の利用が検討できる。ただし、他人に自分のお金が管理される不自由感から、客観的には金銭管理の支援が必要と思われても、代理権に同意しなかったり、一度同意した代理権の取消しを求めたりする例もある。対人関係が深まり難いという特性から、補助人との関係がぎくしゃくしている例もある。長く付き合えば人間関係が深まるという考えではなく、特性に合わせたコミュニケーション技法を駆使しながら、本人が補助人あるいは補助事務を理解できるような情報提供が重要である。

(I) 注意欠陥多動症（ADHD）がある人にも特別な配慮が必要である

発達障害支援法で対象としている障害の１つに注意欠陥多動性障害（DSM-5では注意欠如多動症。以下、「ADHD」という）がある。自閉症スペクトラムとADHDが合併している場合、その特性に対してさらに配慮が求められる。ADHDは、注意障害（不注意）、多動性、衝動性、実行機能障害などが特徴である。多動性は成人期には落ち着きのなさだけでなく多弁が顕著になることがある。実行機能障害には、情報を系列的に、順序立てて処理することが難しい、計画的に物事を進められないといった特徴があげられる。

注意障害により、文字が多い申請書などを最後まで読むことができず、申請書等の記入・提出に抵抗感を持つ人がいる。衝動性により、面接中に感情が高ぶり強い口調になることがある。衝動性はそれだけでなく、多弁性と合わせ、話題が定まらず、自閉症スペクトラムのコミュニケーション障害と同様に話が深まらないことがある。そして、実行機能障害により、待ち合わせ時間に間に合うために、いつから身支度をして何時に家を出たらいいかわからない場合がある。行動からみると「いつもいつも遅刻して」とつい批判的に対応してしまいがちになるが、本人の努力やがんばりだけでは解決できない場合があることを理解する。

このADHDと自閉症スペクトラムが合併している場合、遅刻しそうなときにあらかじめ連絡をすることができない、遅刻をしても謝罪はなく、いきなり本題に入るといった社会性に欠けた行動になる場合がある。「ちょっと変わった人」と思われるだけでなく、何とかそのような行動を直してもらいたいと、周囲が叱咤激励をしすぎると、うつ傾向など二次的な精神症状の原因になることがある。自閉症スペクトラムとADHDが合併するときには、社会性の課題だけでなく、容易に修正できない行動上の特徴があることを知ったうえでかかわる必要がある。

(5) 高次脳機能障害

高次脳機能障害の定義について、医学的には、脳損傷に起因する認知障害全般を指すと考えられるが、支援の度合いが高い点では、成年後見人等として、この障害の特性を理解し配慮しながら面接場面を構成することが求められる。2001年度から厚生労働省が開始した「高次脳機能障害支援モデル事業」では、高次脳機能障害を「頭部外傷、脳血管障害等の後天的な脳の器質障害により生じる記憶、注意力、思考等を含む認知機能、身体機能等の種々の障害」ととらえ、調査研究を行った。そして、「高次脳機能障害支援モデル事業」によって集積されたデータから、いわば行政的な「高次脳機能障害診断基準」が提案されている。この診断基準では、「失語」等を含めず、主に「認知障害」を「高次脳機能障害」と呼んでいる。ただし、この診断基準についても、今後の医学・医療の発展を踏まえ、適時、見直しを行うことが適当とされている。

高次脳機能障害は、後遺症として身体障害が残らない場合には、精神障害者を対象とした福祉制度が利用できることになっている。しかし、脳器質障害により身体障害が生じたときには身体障害者福祉法の対象となり、同様の臨床像を持ちながら2つの福祉法の狭間で十分に福祉制度を利用できていないのが現状である。

高次脳機能障害の評価と支援プログラムの確立を目的にモデル事業が開始された後、2008年には厚生労働省社会・援護局障害保健福祉部・国立障害者リハビリテーションセンターにより「高次脳機能障害者支援の手引き」が発表された。また、障害者総合支援法の中の都道府県地域生活支援事業として「高次脳機能障害支援普及事業」が予算化されている。

高次脳機能障害は、そのコミュニケーション障害の程度から、自閉症スペクトラム障害のある人と同様に、成年後見制度を利用する意義は大きいと考えられる。

高次脳機能障害の特性として、①記憶障害、②注意障害、③遂行機能障害、④社会的行動障害があげられる。

ここでは、成年後見人等として理解しておくべき高次脳機能障害者の日常生活での特徴について述べる。

① 昔のことは覚えているのに10分前のことは忘れてしまう。買い物を頼まれ、サイフを持って家を飛び出していっても、商店の前で、何を買ったらよいのかを忘れてしまうことがある。仮にメモを持っていたとしても、メモを見ることを忘れてしまう。商店に着く頃を見計らって、携帯電話で連絡をとったり、タイマーを鳴らすなどして、メモを見ることを促す方法などが考えられる。

② 道路標識が読めるのに、外出すると自分のいる場所がわからなくなる。目印となる建物は理解できても、目印と目的地との関係を理解することが難しいようである。また、地名や番地が書いてある標識を読むことができ、そこがどこであるかを理解できても、次にどちらの方向に歩いていけばよいか理解できないこともある。携帯電話を頻繁に利用して、本人がいる場所を確かめながら、歩いていく方向を一つずつ簡単に教示する方法が考えられる。本人の外出に対する不安を取り除くことはもちろん大切だが、プライドが傷つかないように配慮する。

③ 思考力や判断力に特有の障害がある。たとえば、4歳・14歳・24歳相応の人格や知的能力を有する人が共存しているかのような状態に、周囲が困惑することがある。客観的にみると本人に合った作業を提案していても、「こんな簡単なことを……」と怒ったり悲しんだりすることがある。また一方で、会話能力や身体能力からは当然こなせるであろうと思われる作業もできないことがある。どのような手順で作業を進めていくのかということを、容易に思い付かないことが原因のようである。だからといって、「とりあえず自分でやってください。できないところは手伝いますから」と無理に押し付けるのではなく、話題を変え、気分が和らいだときに再度頼んでみるなどの配慮が必要である。また、作業の結果に対して安易に評価したり叱咤激励をしないよう注意する。

以上の例は、高次脳機能障害者の特徴のごく一部である。部分的・要素的障害であるため、さまざまな障害がさまざまな程度で組み合わさり、臨床像や生活上の不都合さは個々の生活環境とも関係し、多くの状態が現れることになる。むしろ、障害像をまとめて記述することが難しいといえる。

このような特性を踏まえることで、成年後見人等は次のような点に配慮しながら面接を進めていくことになる。

ⓐ 障害像が複雑であるがゆえに、家族にさえ理解されないという苦しみに十分に耳を傾ける。脳損傷の部位の微妙な差異により障害像が大きく異なる。外見上の障害が見られない場合、周囲の人は障害をどう理解するか困惑する。特に、障害による性格変容が生じているとき、受傷による一時的な悩みとしか周囲に理解されず孤立感を強めることがある。本人、家族とともに周囲の目や何気ない言葉から強いストレスを感じていることがある。

そのようなとき、面接を通じて気持ちが発散されること（カタルシス）は大きな意味がある。

ⓑ 高次脳機能障害の多くが中途障害であることを理解し、障害受容について十分に配

慮する。中途障害者にとって障害受容は大きな課題である。

ⓒ 福祉制度の谷間に置かれ、十分なサービスを受けていないことがある。先に述べたように、診断基準が一定せず、臨床像も多様であり、利用できる制度も現時点では複数の制度にまたがり、当事者あるいは家族だけでは、どのように生きていけばよいのか、見通しを持つことができない場合がある。そのため、具体的なサービス利用の方法を一緒に考える。

現在の福祉制度では、高次脳機能障害は精神障害と同様のサービスを受けることが可能とされる。しかし、障害に対するリハビリテーションは確立したものはなく、各病院・施設で試行錯誤しつつ行っているのが現状である。

また、高次脳機能障害への対応の困難さが認識されるようになり、セルフヘルプグループ、当事者団体が誕生し、障害理解のためのマニュアルが作成されている。セルフヘルプグループなどについて情報提供することには大きな意味がある。当事者団体が増え、「日本脳外傷友の会」に代表される全国的な当事者や家族の会、支援者のネットワークや学会も誕生した。また、日本成年後見法学会「高次脳機能障害に関する研究委員会」により、交通事故による脳外傷を端緒とした高次脳機能障害者への成年後見制度による支援等の調査が行われている。

一方で、生活上、必要不可欠な雇用や所得保障など経済問題の解決は、いまだ十分ではない。面接で、具体的な生活の苦しさが訴えられることがある。福祉制度の不十分さに共感しながらも、本人とともに具体的に問題を解決しようとする姿勢を示すことが大切である。

一般に、高次脳機能障害は認知障害と理解されているが、日常生活での具体的な不都合さが明らかにならないことがある。個々の生活事情を考慮して、訴えられる生活の不便さに耳を傾けることが、面接では重要である。

第6章 家庭裁判所の実務の理解

1 家庭裁判所の組織と機能

家庭裁判所は、各都道府県庁の所在地並びに函館、旭川および釧路の合計50庁に置かれており、このほか全国203か所に支部が、77か所に出張所がそれぞれ設けられている。

家庭裁判所は、家庭や親族の問題に関する家事事件および人事訴訟事件並びに非行少年の問題に関する少年事件を取り扱っており、加えて、東京家庭裁判所および大阪家庭裁判所では、国際的な子の奪取の民事上の側面に関する条約の実施に関する法律に基づく子の返還に関する事件も取り扱っている。

家事事件は、家事審判事件と家事調停事件に分かれており、家事審判事件は、さらに家事事件手続法の別表第一の審判事件と、別表第二の審判事件とに分類される。

後見開始、後見人の選任・解任、後見監督といった成年後見に関係する事件は別表第一の審判事件に含まれており、その他には、氏・名の変更許可、相続放棄、養子縁組の許可などがこれに含まれる。これらの事件は、当事者の合意に基づいて解決することは認められておらず、家庭裁判所の審判によって取り扱われることとされている。これらの事件は、いずれも公益的性格が強いため、申立てをした人が自分の意思で決めることができるとするのは適当でなく、家庭裁判所が後見的な立場から関与する必要があると考えられているためである。

別表第二の審判事件には、婚姻費用の分担、子の監護に関する処分（養育費、面会交流等）、遺産分割などが含まれる。これらの事件は、対立当事者が存在し、争訟性を有する事項であり、性質上、第一次的には当事者の協議による解決が期待できる事項であるので、家事調停によって解決することが認められている。

2 家庭裁判所における裁判官、裁判所書記官、家庭裁判所調査官等の役割

(1) 裁判官

家庭裁判所の裁判官は、人事訴訟事件や家事審判事件では、当事者の言い分を聴き、当事者が提出する書類等を調べるなどして、申し立てられた内容を認めるべきか否かについて判断することが求められており、事案に応じて、家庭裁判所調査官の報告や参与員の意見を聴くこともある。家事調停事件では、通常、2名以上の家事調停委員とともに調停委員会というチームで手続を進め、当事者が互いに歩み寄って紛争を解決することができるように、当事者双方の話を聴き、話合いによる解決をめざしており、ここでも、事案に応じて、家庭裁判所調査官を活用し、紛争の実相をとらえた適正な紛争解決を図っている。

⑵ 裁判所書記官

裁判所書記官は、裁判手続に関する記録等の作成・保管、家事事件手続法といった手続法で定められた事務および裁判官の行う法令や判例の調査の補助といった仕事をしている（裁判所法60条）ほか、裁判官との連携の下、期日を充実したものとするために当事者や弁護士に必要な準備を促すなどして手続の円滑な進行を確保する役割を果たしたり、紛争を抱えて裁判所に来庁した人に対して手続の流れや申立方法を説明するなどして、適切な紛争解決に結びつけるように努めている。

⑶ 家庭裁判所調査官

家庭裁判所調査官は、心理学、社会学、社会福祉学、教育学などの行動科学の知見や技法を活用して、事実の調査や調整など、家庭裁判所の科学的機能を担う専門的な仕事をしている。たとえば、家事事件では、紛争のさなかに置かれている子どもに面接し、更には、必要に応じて、教育機関や福祉機関など関係機関とも連絡・調整しながら、当事者や子どもにとって最もよいと思われる解決方法を検討し、裁判官に報告している。この報告に基づいて裁判官は事件の適切な解決に向けて家事審判や家事調停を進めている。

このほか、医師または看護師である裁判所技官が、必要に応じて、家事事件の当事者や少年の心身の状況について診断等を行っている。

⑷ 家事調停委員・参与員

家事調停委員は、家事調停に一般市民の良識を反映させるため、社会生活上の豊富な知識経験や専門的知識を持つ人の中から選ばれている。具体的には原則として40歳以上から70歳未満の人で、弁護士、医師、大学教授、公認会計士、不動産鑑定士などの専門家のほか、地域社会に密着して幅広く活動してきた人など、社会の各分野から選ばれている。家事調停事件を主宰する裁判官と２名以上の家事調停委員で調停委員会を構成し、当事者双方の話合いの中で合意をあっせんして紛争の解決にあたっている。

また、参与員は、人望があって、社会人としての健全な良識のある人が選ばれている。たとえば、弁護士、公認会計士、不動産鑑定士など専門的な資格のある人や大学教授のほか、地域社会に密着していろいろな活動をしてきた人など、豊富な社会経験のある人たちが事件の性質に応じて選任されている。参与員は、家事審判事件の手続の際に、審判に立ち会ったり、あらかじめ提出された書類を閲読したりして、裁判官が判断をするのに参考となる意見を述べている（家事事件手続法40条１項）。また、人事訴訟事件の証拠調べや和解の試みなどに立ち会い率直な意見を裁判官に述べ、紛争を解決に導いている（人事訴訟法９条１項）。

3 家庭裁判所における家事審判手続と成年後見人等の職務

ここでは成年後見等事件のうち、後見開始事件、保佐開始事件および補助開始事件（以下、これらをまとめて「後見等開始事件」という）を中心として、実際の家事審判手続を説明していくこととする。

(1) 申立手続

(A) 申し立てる裁判所

後見等開始事件は、後見等の援助を必要としている成年被後見人等となるべき者（以下、成年被後見人等となるべき者および成年被後見人等をあわせて「本人」という）の住所地を管轄する家庭裁判所の管轄に属する（家事事件手続法117条１項・128条１項・136条１項）。家庭裁判所の管轄がわからないときは、最寄りの家庭裁判所等に問い合わせたうえで、管轄のある家庭裁判所に申立てをしたほうがよい。

【参考】 最高裁判所が作成し、裁判所ウェブサイト内の後見ポータルサイト（http://www.courts.go.jp/koukenp/）で公開している「成年後見関係事件の概況―平成30年１月～12月―」（以下、「後見概況」という）によると、平成30（2018）年１月から同年12月までの成年後見関係事件（後見開始事件、保佐開始事件、補助開始事件および任意後見監督人選任事件。なお、以下に紹介する数字はすべて同年のもの）の申立件数は合計で３万6549件であった。新成年後見制度が発足した平成12年の申立件数が9007件であったことからすると４倍強の増加となっていることがわかる。成年後見関係事件のうち、後見開始の審判の申立件数は２万7989件であり、全体の約76.6％を占めている。

また、平成30年12月末日時点における成年後見制度の利用者数（後見等開始の審判がされ、現に成年後見人等による支援を受けている本人および任意後見人選任の審判がされ、現に任意後見契約が効力を生じている本人の数）は合計で21万8142人（前年は21万0290人）であり、対前年比約3.7％の増加となっている。成年後見制度の利用者数のうち、成年後見の利用者数は16万9583人であり、全体の約77.7％を占めている。

もっとも、厚生労働省と関係府省庁が策定した新オレンジプランによれば、平成24年における認知症有病者数は約462万人と推計されており、現在の制度利用者数はこれと比較すると極めて少ないとの指摘もある。現在、政府は、平成29年３月に閣議決定された成年後見制度利用促進基本計画に基づき、各地域において権利擁護支援のネットワークを構築すべく取組を進めているところであり、そのようなネットワークの整備によって、今後、制度利用者が一段と増加していくことも予想される。

(B) 申立てができる人

後見等開始の審判事件の申立てができるのは、本人、配偶者、４親等内の親族、未成年後見人等、任意後見人、成年後見監督人等、市区町村長、検察官とされている。なお、４親等内の親族とは、主として次の者が該当する。

① 親、祖父母、子、孫、ひ孫
② きょうだい、甥、姪
③ おじ、おば、いとこ
④ 配偶者の親、子、きょうだい

後見概況（後見開始、保佐開始、補助開始および任意後見監督人選任事件の終局事件を対象としている）によると、申立人と本人との関係では、本人の子が最も多く全体の約24.9％を占めており、次いで市区町村長が約21.3％、本人が約15.8％となっている。

市区町村長が申し立てたものは、7705件で、前年度の7037件（約19.8%）に比べ、対前年比約9.5%の増加となっている。新成年後見制度が発足した平成12年度の市区町村長による申立てがわずか23件（約0.5%）であったことからすると、大幅な増加となっている。

(C) 申立てに必要な書類

申立てに必要な書類は、各家庭裁判所によって提出を求めている書類や書式等に多少の差異はあるが、おおむね以下のとおりである。家庭裁判所の窓口では、申立てに必要な書類一式とそのチェックリスト、申立ての仕方や手続の流れなどについて説明した申立ての手引などをセットにした申立書セットが準備されているほか、裁判所ウェブサイトから申立てに必要な書類一式をダウンロードして利用できるようになっている。

① 申立書類

○ 申立書（【書式1】参照）

本人の状態に応じて、「後見」「保佐」「補助」のいずれに該当するかを検討し申立書を選択する。なお、保佐開始または補助開始の申立ての際に、代理権または同意権の付与申立てを行う場合には代理行為目録または同意行為目録が必要となる。

○ 申立事情説明書

○ 親族関係図

○ 本人の財産目録およびその資料

主な資料は以下のとおりである。

・不動産　不動産登記簿謄本（全部事項証明書）
・預貯金　預貯金の通帳（定期預金証書を含む）のコピー
・生命保険、損害保険　保険証券のコピー
・株券　所有する株の内容、株数が記載された報告書・通知書等のコピー
・負債　契約書または残高証明書のコピー

○ 本人の収支状況報告書およびその資料

主な資料は以下のとおりである。

・収入　年金収入がある場合　年金通知書のコピーなど
　不動産収入がある場合　確定申告書控えのコピーなど
　給与収入がある場合　給与明細書のコピーなど
・支出　病院・施設の領収書のコピー
　国民健康保険料、介護保険料の通知書のコピーなど
　住民税、固定資産税の納税通知書のコピーなど

○ 成年後見人等候補者事情説明書

○ 申立てを行うことについての親族の意見を記載した書面（「同意書」と呼ばれることもある）

② 戸籍謄本

○ 本人および成年後見人等候補者

本人と成年後見人等候補者が同一の戸籍である場合は1通でよい。なお、成年後見人等候補者については、本籍表示のある住民票の提出を求め、戸籍謄本の提出を不要とする家庭裁判所もある。

③ 住民票（個人番号（マイナンバー）表示がないもの）

【書式1】 後見開始申立書（遺産分割の協議をする場合の例）

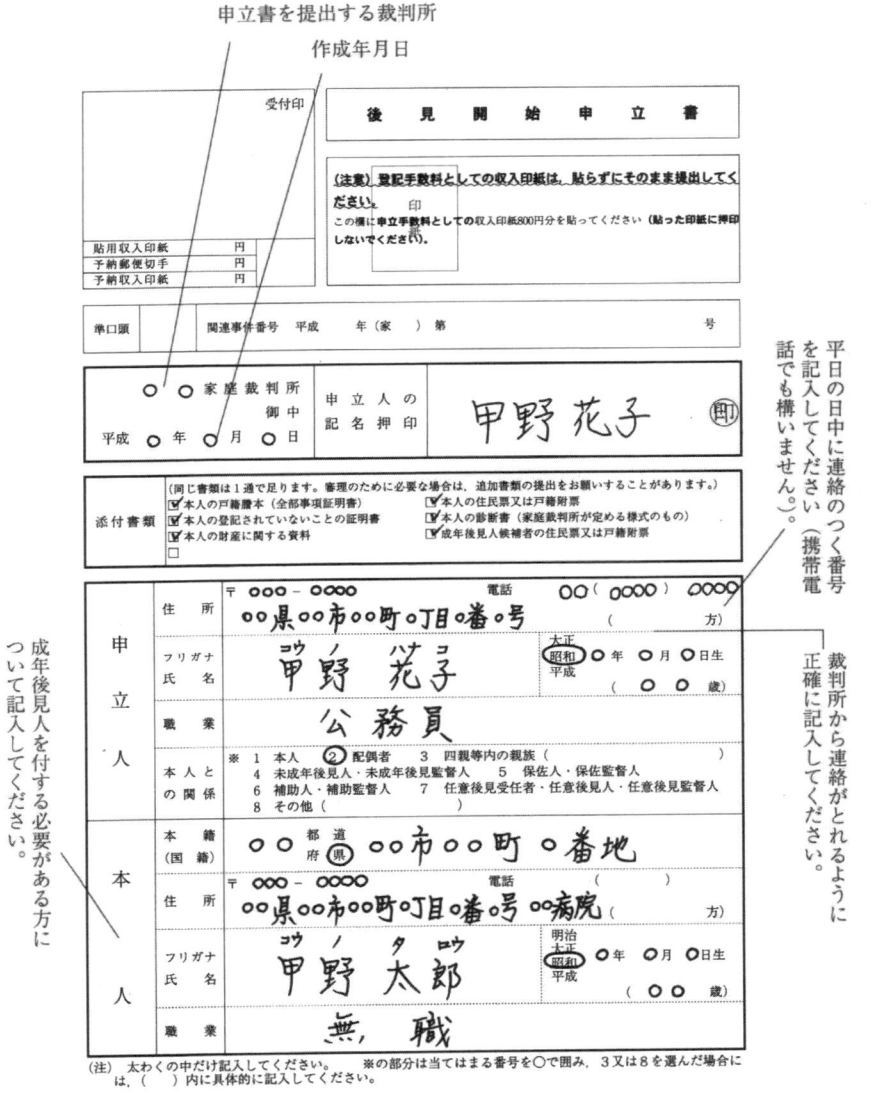

申立書を提出する裁判所

作成年月日

受付印	後　見　開　始　申　立　書
貼用収入印紙　円 予納郵便切手　円 予納収入印紙　円	（注意）登記手数料としての収入印紙は，貼らずにそのまま提出してください。 印紙 この欄に申立手数料としての収入印紙800円分を貼ってください（貼った印紙に押印しないでください）。

準口頭		関連事件番号　平成　　年（家　　）第　　　　号

○○家庭裁判所 御中 平成○年○月○日	申立人の記名押印	甲野花子　㊞

添付書類	（同じ書類は1通で足ります。審理のために必要な場合は，追加書類の提出をお願いすることがあります。） ☑本人の戸籍謄本（全部事項証明書）　☑本人の住民票又は戸籍附票 ☑本人の登記されていないことの証明書　☑本人の診断書（家庭裁判所が定める様式のもの） ☑本人の財産に関する資料　☑成年後見人候補者の住民票又は戸籍附票 □

申立人	住所	〒○○○－○○○○　電話　○○（○○○○）○○○○ ○○県○○市○○町○丁目○番○号（　　方）	
	フリガナ 氏名	コウノ　ハナコ 甲野　花子	大正・昭和・平成　○年○月○日生（○○歳）
	職業	公務員	
	本人との関係	※ 1 本人　②配偶者　3 四親等内の親族（　　） 4 未成年後見人・未成年後見監督人　5 保佐人・保佐監督人 6 補助人・補助監督人　7 任意後見受任者・任意後見人・任意後見監督人 8 その他（　　）	
本人	本籍（国籍）	○○　都道府県　○○市○○町○番地	
	住所	〒○○○－○○○○　電話（　　） ○○県○○市○○町○丁目○番○号○○病院（　　方）	
	フリガナ 氏名	コウノ　タロウ 甲野　太郎	明治・大正・昭和・平成　○年○月○日生（○○歳）
	職業	無職	

（注）太わくの中だけ記入してください。　※の部分は当てはまる番号を○で囲み，3又は8を選んだ場合には，（　）内に具体的に記入してください。

後見（1/2）

平日の日中に連絡のつく番号を記入してください（携帯電話でも構いません。）。

裁判所から連絡がとれるように正確に記入してください。

成年後見人を付する必要がある方について記入してください。

○　本人および成年後見人等候補者のもの

④　登記されていないことの証明書

○　本人のもの

⑤　診断書（成年後見用）

あわせて、療育手帳、精神障害者手帳、身体障害者手帳、介護保険認定書などのコピーの提出をお願いしている家庭裁判所もある。

(D)　申立てに必要な費用

①　申立手数料　　800円（収入印紙）

保佐開始や補助開始の申立ての際に代理権や同意権の付与の申立てをする場合には、さらにそれぞれ800円の収入印紙が必要となる。

この申立てをするに至ったいきさつや事情を分かりやすく記入してください。

申立ての趣旨
本人について後見を開始するとの審判を求める。

申立ての理由
(申立ての動機，本人の生活状況などを具体的に記入してください。)
本人は，2年程前から認知症で○○病院に入院しているが，その症状は回復の見込みがなく，日常的に必要な買物も一人ではできない状態である。
昨年11月に本人の兄が亡くなり遺産分割の必要が生じたことから本件を申し立てた。申立人も病気がちなので，成年後見人には，健康状態に問題のない長男の甲野夏男を選任してもらいたい。

法人の場合には，商業登記簿上の名称又は商号，代表者名及び主たる事務所又は本店の所在地を適宜の欄を使って記載してください。

成年後見人候補者 (適当な人がいる場合に記載してください。)	(いずれかを○で囲んでください。) 1. 申立人と同じ（右欄の記載は不要） ②申立人以外（右欄に記載）	住所	〒○○○－○○○○ 申立人の住所と同じ	電話 ○○（○○○○）○○○○ （　方）	
		フリガナ 氏名	コウノ ナツオ 甲野 夏男	大正 (昭和) 平成 ○年 ○月 ○日生 （○○歳）	
		職業	会社員	本人との関係	長男
		勤務先	○○県○○市○○町○○丁目○番○号 ○○株式会社	電話 ○○（○○○○）○○○○	

(注)　太わくの中だけ記入してください。

後見（2/2）

② 登記手数料　　2600円（収入印紙）

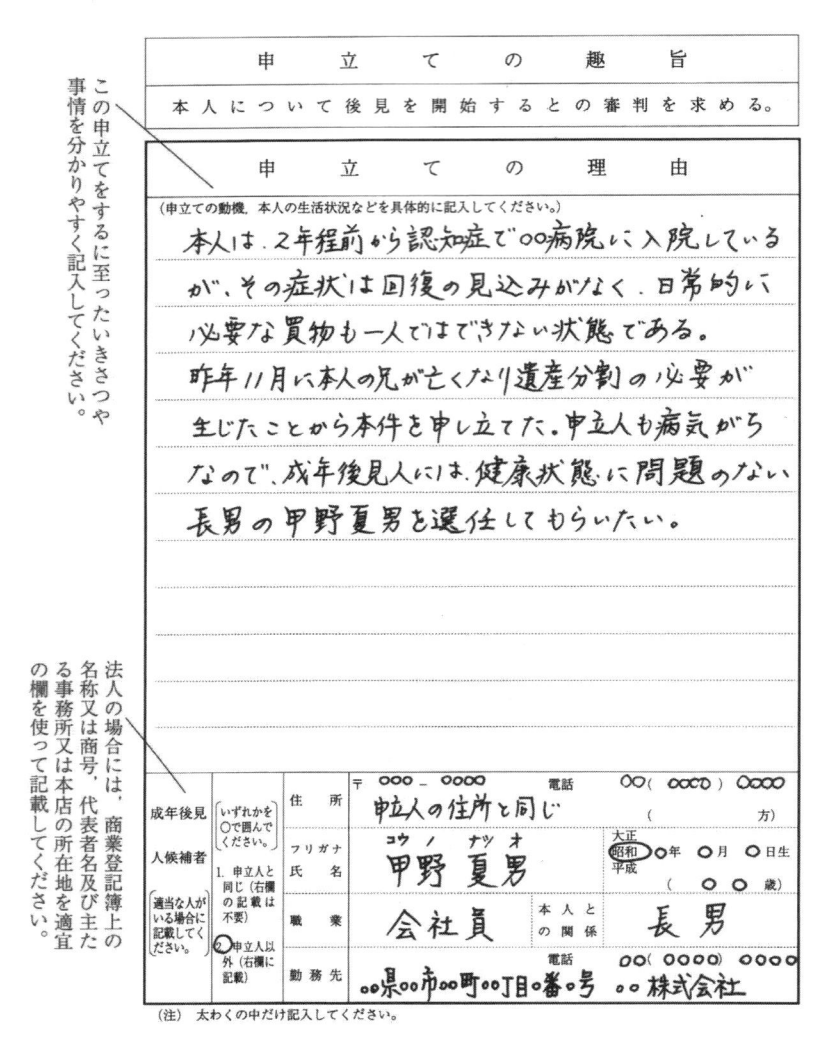

③ 郵便切手　　おおむね4500円程度（家庭裁判所や申し立てる事件の種別により金額は異なっている）

④ 鑑定費用（鑑定が必要な場合のみ）　　おおむね5万～10万円

(E) 申立ての取下げの制限

後見等開始、成年後見人等の選任の申立てについては、原則として審判がされる前であっても、家庭裁判所の許可を得なければ、申立てを取り下げることができず（家事事件手続法121条等）、申立人の希望する後見人候補者が選任されない見込みであるといった理由で申立てを取り下げることは、原則として認められない。

(2) 後見等開始事件の手続の流れ

後見等開始事件では、申立人から提出された申立書類を受け付けて、審査を行った後、原則として、参与員または家庭裁判所調査官が申立人および成年後見人等候補者から詳しい事情を聴取している家庭裁判所が多い。申立人および成年後見人等候補者からの聴取の後、本人からの陳述聴取等、鑑定、親族照会等の手続を経て、後見等開始、成年後見人等を誰にするかを裁判官が判断し、後見等開始の審判をすることになる。

なお、家事審判の申立ては、申立書を家庭裁判所に提出してしなければならないことになっているが（家事事件手続法49条1項）、申立ての前に準備すべき資料や書類等について不明な点があれば、家庭裁判所による手続案内を活用することも考えられる。

家庭裁判所の手続案内の窓口では、申立てを考えている来庁者に対して、最高裁判所が作成したパンフレットやDVD、各家庭裁判所が作成した申立ての手引きやQ&Aなどを利用することにより、わかりやすく説明するような工夫が行われており、申立てに必要な書類の種類を提示するとともに、申立書や照会書の記載例や各種資料の具体的な入手方法について必要な説明を添えて交付することで、以後の申立てや審理が円滑に進むように配慮されている。なお、上記DVDについては裁判所ウェブサイト内の後見ポータルサイトでも動画配信を行っている。

これらの事前準備を経て申立てに至るが、後見等開始事件の手続の流れは〈図7〉のとおりである。

〈図7〉 後見等開始事件の手続の流れ

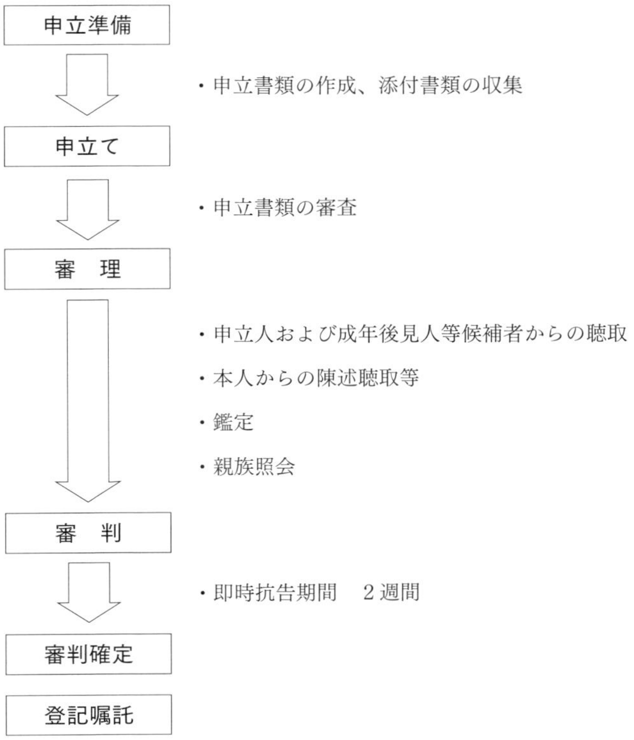

(A) 申立人および成年後見人等候補者からの聴取

申立て後、参与員または家庭裁判所調査官は、申立人から提出された申立書の内容のうち、申立てに至る事情、本人の生活状況、判断能力および財産状況、本人の親族らの意向といった点について、直接、説明を聴くことがある。

また、成年後見人等候補者については、申立て時に申立人から提出されることがある「成年後見人等候補者事情説明書」に基づいて、欠格事由の有無（成年後見人等候補者が①未成年者、②家庭裁判所で成年後見人等を解任された者、③破産者で復権していない者、④本人に対して訴訟をしたことがある者、その配偶者または親子である者、⑤行方不明である者に該当しないかどうか（民法847条・876条の2第2項・876条の7第2項））や、適格性に関する事情等について、書面で意見を求めたり、家庭裁判所調査官が調査したりして、確認している。

(B) 本人からの陳述聴取等

成年後見制度では、本人の意思を尊重するため、後見等開始の申立てがあった際には、原則的に本人から陳述を聴取することが求められている（家事事件手続法120条1項1号、130条1項1号、139条1項1号)。なお、後見開始の審判事件においては、本人の心身の障害によりその陳述を聴くことができないときには本人の陳述聴取を省略することができる（家事事件手続法120条1項ただし書)。

本人からの陳述聴取は、家庭裁判所調査官が本人と面談をして行うことも少なくない。家庭裁判所調査官による調査は、本人に家庭裁判所への来庁を求めて実施することもあるが、病院や施設に入所している場合等で家庭裁判所への来庁が困難な場合には、家庭裁判所調査官が入院先等に訪問して本人からの陳述聴取を行うこともある。

なお、保佐開始・補助開始の申立てに関しては、補助人に対する同意権付与の申立てや、保佐人、補助人に対する代理権付与の申立てがあわせて行われることが多いが、同意権の付与・代理権の付与のいずれについても、審判にあたっては本人の同意が要件とされており、この点の確認も含めて家庭裁判所調査官による調査が実施されることがある。

(C) 鑑　定

鑑定とは、本人の判断能力がどの程度あるかを医学的に判定するための手続であり、家庭裁判所が医師に鑑定を依頼して行われる。

後見開始および保佐開始の審判をするには、原則として鑑定が必要（家事事件手続法119条1項本文、133条）とされているが、「明らかにその必要がないと認めるとき」には鑑定を省略できるものとされている（家事事件手続法119条1項ただし書、133条)。

一方、補助開始の審判をする場合には本人の精神の状況につき医師その他適当な者の意見を聴かなければならないとされており、後見、保佐開始の場合と異なり、原則として鑑定が必要とはされていない（家事事件手続法138条)。

後見概況によると、後見開始、保佐開始、補助開始および任意後見監督人選任事件の終局事件のうち、鑑定を実施したものは、全体の約8.3％（前年は約8.0％）となっている。

鑑定が省略されている例としては、①診断書の記載等から本人が明らかに遷延性意識障害にあると認められる場合、②本人が知的障害の場合、診断書に加えて、療育手帳が提出されている場合、③診断書において認知症を理由として後見相当の意見が付されている場合で、見当識や記憶力などの障害が大きいことが診断書に書かれており、長谷川式認知症スケールなど各種検査の結果が低いレベルにあると認められる場合などがあげられる（東京家裁後見問題研究会編「後見の実務」別冊判例タイムズ36号39頁)。

家庭裁判所では、原則として、開始の当否・鑑定の要否を適切かつ迅速に判断し、また、法定後見の申立ての類型が適切であるかを早期に判断するため、申立て時に診断書の提出を求めている。平成31年(2019年)4月から、成年後見制度利用促進基本計画を踏まえた新しい成年後見制度用の診断書の書式が使われている。

また、成年後見制度利用促進基本計画は、十分な資料に基づく適切な医学的判断が行われるよう、本人を支える福祉関係者等が有している、本人のおかれた家庭的・社会的状況等に関する情報を医師に提供するための方策の検討が盛り込まれた。これを踏まえ、家庭裁判所は、診断書を作成する医師にこうした情報を過不足なく提供し、診断の補助資料として活用してもらうよう、本人を支援する福祉関係者が、本人の日常生活や社会生活の状況に関する情報を記載する本人情報シートの書式を新たに作成し、同年4月から運用に取り入れている。

診断書および本人情報シートの書式は、裁判所のウェブサイトにも掲載されている。

診断書の内容等を踏まえ、鑑定を行う必要があるという判断に至った事案については、原則として、申立人は鑑定費用を予納する必要がある。鑑定費用は、鑑定人の意向や鑑定のために要した労力を踏まえて決められるものであり、事案によって異なるが、後見概況(後見開始、保佐開始、補助開始および任意後見監督人選任事件の終局事件を対象としている)によると、5万円以下のものが全体の約55.1%となっており、全体の約96.0%の事件が10万円以下の鑑定費用で実施されている。

なお、鑑定に要した費用は、家事審判に関する手続費用として、後見等開始の審判をする際に、その負担者について裁判官が判断することになる。法律上、申立人が手続費用を負担することが原則とされているが(家事事件手続法28条1項)、成年後見関係事件の場合には、この手続を行うことは本人の保護となり、その利益になると考えられることから「手続費用のうち、申立手数料、後見登記手数料、送達・送付費用及び鑑定費用は本人負担とし、その余は申立人の負担とする」と判断される事案も少なくない。

(D) 親族照会

家庭裁判所は、審理の参考にするため、必要に応じて、本人の親族に対して書面等により、申立ての概要や成年後見人等候補者の氏名を伝え、これらに関する意向を照会することがある。

もっとも、申立て時に、申立人から、親族に異論がなく、後見等開始事件の手続に賛成している場合には、同意書の提出を求め、同意書が揃っている場合には親族照会を行わないこととしている家庭裁判所が多い。

親族でも高齢のため同意書の提出が難しい、または、これまでのいきさつから同意を得ることが難しいなど、同意書を提出することが困難な場合には、申立人は、申立て時に、同意書を提出する必要はなく、裁判所書記官が、同意書が提出されなかった親族に対して個別に書面照会して同意書の提出を求めたり、家庭裁判所調査官が上記の親族に対して面接調査を実施したりして、親族の意向を確認している。

【参考】 後見概況によると、後見開始、保佐開始、補助開始および任意後見監督人選任事件の終局事件合計3万6127件のうち、申立てから2カ月以内に終局したものが全体の約77.2%（前年は約78.9%）、4カ月以内に終局したものが全体の約94.8%（前年は約95.2%）であり、審理期間はおおむね短縮する傾向にある。

また、主な申立ての動機としては、預貯金等の管理・解約が3万0500件と最も多く、次いで身上監護が1万4906件、介護保険契約が7156件、不動産の処分が6773件、相続手続が6077件となっている。

なお、開始原因としては、認知症が最も多く全体の約63.4%、次いで知的障害が約9.9%、統合失調症が約8.9%、高次脳機能障害が約4.5%、遷延性意識障害が約1.3%となっている。

(3) 後見等開始審判の流れと審判後の手続

家庭裁判所において、後見等開始が相当と判断されると後見等開始の審判がなされる。

後見概況によると、成年後見関係事件の終局事件3万6127件のうち、認容で終局したものは約95.5%（前年は約95.3%）である。また、却下で終局したものは約0.4%、その他が約4.1%である（その他には、取下げ、本人死亡等による当然終了、移送などが含まれる）。後見等開始の審判がなされると、審判書謄本が申立人や成年後見人等の関係者に送付される。審判書謄本が成年後見人等に届いてから2週間以内に、審判の内容に不服がある利害関係人は不服申立ての手続として即時抗告の申立てを行うことができるが、即時抗告がされない場合は、後見等開始審判の法的な効力が確定する。

審判が確定すると、審判の内容を登記するように、家庭裁判所が東京法務局への登記嘱託手続を行う。後見登記がなされると、成年後見人等は、東京法務局または全国の法務局・地方法務局本局で、成年後見人等に選任された旨の証明書（登記事項証明書）を取得することができる。

審判後の手続としては、成年後見人等は後見等開始の審判が確定してからおおむね1カ月以内に本人の財産の内容や収入や支出の状況を調査したうえで、「財産目録」および「年間収支予定表」を家庭裁判所が定める期限までに提出することとなる（民法853条1項・861条1項）ので、成年後見人等は、選任されたら、まず、本人の財産、負債、収入、支出を把握し、そのうえで、年金などの決まった収入、医療費や税金などの決まった支出を計上し、年間の予算を立てることが求められる。

(4) 成年後見人等の選任の現状

家庭裁判所は、後見等開始の審判をするときは、職権で、成年後見人等を選任する（民法843条1項・876条の2第1項・876条の7第1項）。その選任は、家庭裁判所の広範な裁量に委ねられており、①本人の心身の状態並びに生活および財産の状況、②後見人等の職業および経歴並びに本人との利害関係の有無、③本人の意見その他一切の事情を考慮して行われる（民法843条4項・876条の2第2項・876条の7第2項）。

また、成年後見人等を複数選任することもでき、その数人の成年後見人等が共同してまたは事務を分掌して、その権限を行使すべきことを定めることができる（民法859条の2第1項・876条の5第2項・876条の10第1項）。たとえば、財産管理が複雑で、かつ、施設入所契約が予定されるなど身上監護にも手間を要する事案では、財産管理の事務を弁護士に、身上監護の事務を社会福祉士にその権限を分掌することもある。

後見概況（後見開始、保佐開始および補助開始事件のうち認容で終局した事件を対象としている）によれば、成年後見人等と本人との関係をみると、子、兄弟姉妹、配偶者、親、その他の親族が成年後見人等に選任されたものが全体の約23.2％（前年は約26.2％）を占めている。

親族以外の第三者が成年後見人等に選任されたものは、全体の約76.8％（前年は約73.8％）であった。その内訳は、弁護士が8151件（前年は7969件）で、対前年比で約2.3％の増加、司法書士が１万0512件（前年は9985件）で、対前年比で約5.3％の増加、社会福祉士が4835件（前年は4414件）で、対前年比で約9.5％の増加、市民後見人が320件（前年は289件）で、対前年比で約10.7％の増加となっている。

どのような専門職を成年後見人等や成年後見監督人等に選任するかは事案に応じてさまざまであるが、複雑な事案や紛争性のある事案については弁護士が、身上監護に関する課題が中心の場合には社会福祉士や社会福祉協議会が、財産管理や身上監護など全般的な支援や対応が必要な場合には司法書士が選任される事例が多くなっており、この他にも、行政書士、税理士、精神保健福祉士などの専門職や市民後見人が選任される事例もある（東京家裁後見問題研究会編「後見の実務」別冊判例タイムズ36号43頁）。

⑸　成年後見人等の基本的職務

成年後見人の主な職務は、本人の意思を尊重し、かつ、本人の心身の状態や生活状況に配慮しながら、財産を適正に管理し、必要な代理行為を行っていくことである。そして、それらの内容や資料を記録・保管しておくとともに、定期的に家庭裁判所に報告することも重要な職務とされる。具体的には、本人の財産が他人のものと混ざらないようにする、通帳や証書類を保管する、収支計画を立てる等の財産管理をするとともに、本人に代わって預金に関する取引、治療や介護に関する契約の締結等必要な法律行為を行う。

保佐人・補助人も、その認められた権限の範囲内で、本人の意思を尊重し、かつ、本人の心身の状態や生活状況に配慮しながら、同意権や代理権を行使しなければならない。それらの内容について定期的に家庭裁判所に報告しなければならない点は、成年後見人と同様である。

⑹　家庭裁判所による成年後見人等の監督

家庭裁判所は、成年後見人等に対して、後見等の事務を適切に行っているか、または後見等の事務を行ううえで問題点がないかを確認しており、これを家庭裁判所による後見等監督という。

家庭裁判所は、いつでも成年後見人等に対し後見等事務の報告もしくは財産目録の提出を求め、または成年後見人等の事務もしくは本人の財産の状況の調査をすることができ、本人の財産の管理その他後見等の事務について必要な処分を命ずることができる（民法863条・876条の５第２項・876条の10第１項）。事案によっては、家庭裁判所が、弁護士、司法書士などの専門職を職権で成年後見監督人等を選任して、監督事務を行わせる場合もある（民法863条・876条の５第２項・876条の10第１項）。

成年後見人等が選任されると、家庭裁判所は、初回報告後は、原則として、年１回家庭裁判所が定める提出期限までに、成年後見人等が、自主的に、後見等事務報告書および財産目録を作成したうえで、預貯金通帳のコピーやその他提出を指示している裏づけとなる資料のコピーとともに家庭裁判所に提出するように求めている運用が多くなっている。

また、専門職の成年後見人など、年1回、定期的に報酬付与の申立てが行われる場合については、上記の後見等事務報告書、財産目録、預貯金通帳のコピーやその他の裏づけ資料のコピーが提出されるので、その機会に後見等事務の確認を行っている。

通常、後見等事務報告書において、本人の生活状況や財産状況等について、前回の報告から本人の住居所が変わった場合、本人の定期的な収入や支出が変わった場合には、その内容がわかる裏づけ資料を添付して報告するように求めている。

財産目録については、預貯金は預貯金通帳等のコピーを必ず添付し、その他の財産は、前回の報告から内容に変化があった場合に、不動産であれば、不動産登記簿謄本（全部事項証明書）、生命保険や損害保険であれば、保険証券のコピー、有価証券（株式、投資信託、国債）であれば、証券会社や金融機関が発行した取引残高が確認できる報告書等のコピーなどを添付して報告することとなっている。なお、成年後見監督人等が選任されている場合には、成年後見人等は、まずは、後見等事務について成年後見監督人等に報告することになるが、その時期、方法、提出書類については成年後見監督人等の指示に従うことになる。

家庭裁判所が定める提出時期までに上記後見等事務報告書等の提出がない場合や提出書類の内容に不備がある場合には、家庭裁判所は、成年後見人等に対して提出の督促を行ったり、追加書類の提出を指示するほか、家庭裁判所調査官や調査人による調査や審問手続を実施するなどしている。これらを通じて、必要に応じて、専門職を成年後見人等に追加選任したり、成年後見監督人等に選任することがある。また、成年後見人等に「任務に適さない事由」等の解任事由がある場合には成年後見人等を解任することもある（民法846条、876条の2第2項・876条の7第2項）。

後見等監督は、原則として本人が判断能力を回復し、後見等開始の審判の取消しの審判がなされるか、本人が死亡するまで続くこととなる。

(7) 後見制度支援信託

成年後見人等による不正行為を未然に防止するための方策として、後見制度支援信託が導入され、平成24年2月以降、信託銀行等において、取扱いが開始されている。

後見制度支援信託は、本人の財産のうち、日常的な支払いをするのに必要十分な金銭を預貯金等として、後見人が管理し、通常使用しない金銭を信託銀行等に信託するしくみである。利用できるのは成年後見と未成年後見においてのみであるが、信託財産は元本が保証され、預金保護制度の対象にもなるものである。

後見制度支援信託の利用を検討する際には、利用の適否や仮に利用するとした場合における信託銀行等の選択、信託する財産の額などの検討について、後見人が判断し、これを利用する場合には、家庭裁判所の指示を受けて、信託銀行等との間で信託契約を締結するのが一般的な運用となっている。後見制度支援信託を利用する際には、弁護士や司法書士等の専門職後見人を選任する場合が多い。

後見制度支援信託を利用すると、信託財産の払戻しや追加、信託契約の解約をするにはあらかじめ家庭裁判所が発行する指示書が必要となるため、他の関係者から見てもわかりやすく適正で安全な財産管理が可能となる。

平成24年２月から平成30年12月までの後見制度支援信託の累計利用者数は、２万人を超えており、近年、その利用者数は大幅に増加している。

また、平成29年３月に閣議決定された成年後見制度利用促進基本計画では、成年後見人等の不正防止の徹底と利用しやすさとの調和に向けた取組みとして、不正事案の発生を未然に抑止するための後見制度支援信託に並立・代替する新たなしくみについて、最高裁判所や法務省等とも連携しつつ、金融関係団体や各金融機関において積極的な検討を進めることが期待されており、これを踏まえて、後見制度支援信託と同様のしくみとなっている後見支援預金や、預入れや払戻しの際に後見監督人等の関与を必要とする預金の取扱いを開始した金融機関が増加しつつある。

(8) 成年後見人等が行う各種申立て

成年後見人等が以下の行為をする場合には、家庭裁判所の許可が必要である。

(A) 居住用不動産処分の許可申立て

成年後見人等が本人の居住用不動産について、売却、賃貸借、抵当権の設定、解体等をする場合には、「居住用不動産の処分許可の申立て」が必要である（民法859条の３・876条の５第２項・876条の10第１項）。

(B) 特別代理人等の選任の申立て

本人と成年後見人等がいずれも相続人である場合に遺産分割協議をする場合や、成年後見人等が本人の所有する不動産を買い取る場合等、本人と成年後見人等との間に利益が相反する場合には、「特別代理人選任申立て」または「臨時保佐人選任申立て」「臨時補助人選任申立て」が必要である（民法860条・826条・876条の２第３項・876条の７第３項）。

なお、成年後見監督人等が選任されている場合には、本人と成年後見人等との間に利益が相反するときには成年後見監督人等が成年後見人等に代わって代理権等を行使することになるので（民法851条４号・876条の３第２項・876条の８第２項）、特別代理人等の選任は不要である。

(C) 報酬付与の申立て

成年後見人等が本人の財産から一定の報酬を受ける場合は、「報酬付与の申立て」が必要である（民法862条・876条の５第２項・876条の10第１項）。

家庭裁判所は、成年後見人等として働いた期間、本人の財産の額や内容、事務報告から把握できる成年後見人等の行った事務内容などを考慮して、成年後見人等に報酬を付与するのが相当かどうか、相当である場合には報酬の額をいくらとすべきかを決定する。

成年後見人等は、家庭裁判所から報酬を付与する旨の審判がされた後、認められた報酬額を本人の財産から受け取ることができる。

(D) 成年被後見人に宛てた郵便物等の回送嘱託の申立て

成年後見人が本人の財産や収支状況を正確に把握し、適切な財産管理を行うために、本人に宛てた郵便物等の配達（回送）を受けようとする場合には、「郵便物等の回送嘱託の申立て」が必要である（民法860条の２第１項）。回送期間は、必要性の程度を踏まえて、６カ月を超えない範囲で定められる（民法860条の２第２項）。

なお、回送嘱託の申立ては、成年後見人に限られ、保佐人、補助人、任意後見人、未成年後見人はすることができない。

(E) 郵便物等の回送嘱託の取消し・変更の申立て

郵便物等の回送嘱託の審判があった後、当初別居していた成年後見人と本人が回送嘱託期間中に同居するに至ったなどといった事情が生じたときは、「郵便物の回送嘱託の取消しの申立て」が必要である（民法860条の2第3項）。

また、郵便物等の回送嘱託の審判があった後、本人の住居所の変更により、回送嘱託の対象を新しい住居所に変更する必要が生じたときなど、郵便物の回送先を新しい住所（事務所）に変更する場合等は、「郵便物の回送嘱託の変更の申立て」が必要である（民法860条の2第3項）。

(F) 成年被後見人の死亡後の死体の火葬または埋葬に関する契約の締結その他相続財産の保存に必要な行為についての許可申立て

成年後見人は、本人が死亡した場合において、必要があるときは、本人の相続人の意思に反することが明らかなときを除き、相続人が相続財産を管理することができるに至るまで、①相続財産に属する特定の財産の保存に必要な行為、②相続財産に属する債務（弁済期が到来しているものに限る）の弁済、および③本人の死体の火葬または埋葬に関する契約の締結その他相続財産の保存に必要な行為（上記①および②の行為を除く）を行うことができるが、そのうち上記③に該当する行為をするには、許可申立てが必要である（民法873条の2第3号）。上記③に該当する行為の具体例は次のとおりである。

- ○ 本人の死体の火葬または埋葬に関する契約の締結
- ○ 債務弁済のための本人名義の預貯金の払戻し
- ○ 本人が入所施設等に残置していた動産等に関する寄託契約の締結
- ○ 電気・ガス・水道の供給契約の解約

なお、死後事務についての許可申立ては、成年後見人に限られ、保佐人、補助人、任意後見人、未成年後見人はすることができない。

(G) 保佐人・補助人の同意権・代理権の追加申立て

保佐人の権限として一定の事項についての同意権が認められているが（民法13条）、代理権については当然には付与されておらず、家庭裁判所の審判により特定の法律行為についてのみ代理権が与えられる（民法876条の4第1項）。

補助人については、当然には同意権・代理権はなく、補助開始の審判申立てと同時に、必ず本人保護のために必要な同意権や代理権の付与を求める審判について、少なくともどちらかの申立てをしなければならないことになっており（民法15条3項）、補助人は審判で付与された特定の法律行為についてのみ同意権や代理権を行使することができることとなる。

したがって、保佐人選任後に新たに代理権の行使を必要とする事態が生じた場合および補助人選任後に新たに同意権または代理権の行使を必要とする事態が生じた場合には、そのつど、追加申立てをしなければならないこととなる。

また、同意権に関して、本人が民法13条1項の各号に示された行為以外の行為をする場合であっても、保佐人は家庭裁判所に同意権の付与（民法13条2項）の審判を求めることができる。

(9) 後見等事務の終期

後見等事務は、原則として本人が死亡したり、本人の病状が回復して、後見等開始の審判が取り消されたり、成年後見人等が辞任する時まで続くことになる。

(A) 本人の死亡

本人が死亡した場合には、後見等は絶対的に終了する。成年後見人等は、2カ月以内に管理していた財産の収支を計算し、その現状を家庭裁判所に報告したうえで、管理していた財産を本人の相続人に引き継ぐこととなる。

(B) 後見等開始審判の取消し

本人の判断能力が回復した場合は、家庭裁判所において後見等開始の審判の取消しの審判がなされることにより、後見等が終了する。

成年後見人等は、2カ月以内に管理していた財産の収支を計算し、その現状を家庭裁判所に報告したうえで、管理していた財産を本人に引き継ぐこととなる。

(C) 成年後見人等の辞任

成年後見人等は、家庭裁判所の許可を得て辞任することができる（民法844条・876条の2第2項・876条の7第2項）。

ただし、辞任しても後見等は終了しないことから、成年後見人等辞任の許可の申立てとともに、別途、後任の成年後見人等の選任申立てをする必要がある。辞任が許可され、新たな成年後見人等が選任された場合には事務を引き継ぐこととなる。

4 専門職後見人（社会福祉士）に期待するもの

従前から、社会福祉士は、成年後見人等の担い手として活躍しており、成年後見人等への選任数は、年々増加している。本人が病院や施設に入院・入所するかどうかの判断が難しい案件など、身上監護面に課題を有する事件について社会福祉士が選任されているようであるし、また、虐待がうかがわれる事件については、弁護士と複数選任されるケースも少なくないようである。

もっとも、成年後見制度利用促進基本計画が閣議決定され、従来の保健・医療・福祉の連携（医療・福祉につながるしくみ）だけでなく、新たに、司法も含めた連携のしくみとして、権利擁護支援の地域連携ネットワークづくりに向けて政府が取組みを進めていることを踏まえると、今後、社会福祉士には、大きく分けて2つの役割が期待されると思われる。

第1に、個別具体的な本人への支援である。すなわち、成年後見人等として、ソーシャルワークの専門性を活かした本人支援を提供し、本人の権利擁護を図ることが期待されていると思われる。成年後見人等には身上配慮義務が課されており、本人の財産を管理していれば足りるものではない。本人に寄り添い、本人の今後の生活を見据えながら、本人のための財産の使い方を考えていかなければならない。医療・介護・福祉・法律といった領域ごとに専門家が本人を支援することはもちろん大事だが、今後は、本人をトータルで把握し、各領域の支援をコーディネートする役割が社会福祉士である成年後見人等には求められているように思う。

もう一つの役割は、個々の支援を超えて、個別具体的な支援活動で培った問題意識を普遍化し、各地域の課題の実情に即した「権利擁護支援の地域連携ネットワーク」を各地域で整備していくことである。各地域には、さまざまな理由から、生活に困難さを抱えていても、自ら声を上げられず、支援につながらない人がいるといわれる。また、声を上げても、きちんと自らの事情を説明できなかったり、あるいは、適切な支援の受け皿がなく、制度の谷間に落ちてしまう人もいると思われる。権利擁護を進めていくためには、そのような人を把握し、適切な支援先につなぎ、必要であれば成年後見制度の利用を促し、場合によっては市町村長による申立てへと進めていくといった流れ・しくみを各地域で整備していかなければならないし、そのような体制の整備が成年後見制度利用促進基本計画に求められていると思われる。そのような体制は、全国一律ではなく、各地域の社会資源や歴史、住民の意向などさまざまな要素を考慮して地域において機能する姿形をつくり上げていく必要があるが、どのような地域においても、これまで本人の支援や後見等事務に専門的な立場から携わってきた弁護士、司法書士、社会福祉士等の専門職の法律的・福祉的な専門的知見を活かしていかなければ、そのようなネットワークは機能しないと思われる。地域に根差し、地域に即したソーシャルワークを実践してきた社会福祉士には、これまで蓄積された福祉的な専門的知見を活かし、必要な人に必要な支援が届くまちづくりに向けて積極的な役割を担うことが期待される。

第7章 財産法の基礎

1 はじめに

あなたはある人の成年後見人である。成年後見人選任の時点で、本人（成年被後見人）は不動産を複数所有し、第三者に賃貸をして賃料収入を得ていた。また、本人は友人・知人に対して多額の金銭を貸し付けていたことも判明した。あなたは成年後見人として、どのように不動産や債権を管理したらよいのだろうか。

成年後見制度は判断能力の不十分な本人に代わって法律行為をする制度である。特に、成年後見人には、本人の財産に関する法律行為についての包括的な代理権と、これに対応する包括的な財産管理権が認められている。したがって、成年後見人等は、本人の生活、療養看護および財産管理に関する事務全般にわたって法律行為をすることが必要であるし、逆にいえば、適切な法律行為をすることによって本人の権利を守ることが成年後見人等としての基本的職務なのである。

したがって、成年後見人等は、与えられている包括的な代理権を適切に行使するために、法律行為に関する基礎知識を有しておくことは必要不可欠である。法律行為に関して誤った理解をしていると、不適切な行為をしてしまうことによって、本人に損害を与えてしまうことすらあるのである。

たとえば、最初にあげた事例でいうと、不動産の賃借人が賃料を滞納している場合には、賃貸借契約を解除したり、建物明渡しを求めたりしなければならないかもしれない。賃料を滞納しているにもかかわらず成年後見人が何も手を打たずに放置をしていれば、あっという間に多額の未収賃料が発生してしまう。これは本人にとって多大な損失となる。また、貸金債権については、債務者が返済をしないまま一定期間が経過してしまうと、時効によって消滅することがある。これも本人にとって多大な損失である。

このような事態に陥らないためにも、成年後見人等を務める人は、最低限度の法律知識を身に付けておく必要がある。もちろん、法律専門家以外の方が、すべての法律知識について精通することは困難であるし、現実的でない。現実的には、法律問題に出会った場合には、１人で抱え込んだり、自分勝手に解決しようとするのではなく、法律専門家に相談するなどして、適切な解決を図る必要がある。その際、最も大事なことは、「自分が出会っている問題は法律問題であり、法律専門家に相談する必要があることだ」ということに気づくことである。

以下では、成年後見人等として活動していくにあたって出会う可能性のある財産法の問題の基礎知識について紹介する。もちろん、ここに紹介しているのは本当に基礎知識なので、実際の問題に出会った際には、より専門的な書籍を調べるとか、法律専門家に相談をするようにしていただきたい。

なお、2017年（平成29年）５月26日成立の改正民法（施行期日2020年（令和２年）４月１日）の条文を該当箇所で併記する。

2 法律行為

(1) 概 要

まず、「法律行為」という言葉を説明しておこう。

法律行為とは、法律効果（権利の発生・変更・消滅）を発生させる行為であって、1個または数個の意思表示からなるものである。法律行為には、単独行為、契約、合同行為の3種類がある。

単独行為とは、単一の意思表示によって構成される法律行為であって、具体的には、遺言、取消し、解除などがある。遺言でいうと、遺言は遺言者が単独で作成することができるのであって、遺言の効力が生じるためには相手方の承諾は不要なのである。

契約とは、2つ以上の相対立する意思表示の合致によって成立する法律行為であって、たとえば、売買、贈与、交換、消費貸借、賃貸借、委任、請負などがある。売買契約は、「売りたい」という意思表示と「買いたい」という相対立する意思表示が合致することによって成立するし、贈与契約も、「あげたい」という意思表示と「もらいたい」という相対立する意思表示が合致することによって成立するのである。贈与というと、もらう側にとって不利益がないように思えるかもしれないが、相手方の意思を無視して贈与をすることはできないのである。

合同行為とは、数人が同一目的に向かってする意思表示によって成立する法律行為であって、たとえば、社団法人の設立行為などがある。

法律行為によって権利の発生・変更・消滅が生じるが、ここにいう権利は、民法上、物権と債権とに分類することができる。物権とは、一定の物を直接的・排他的に支配できる権利のことである。債権とは、ある人（債権者）がある人（債務者）に対して一定の行為を請求する権利である。物権と債権については、後に詳しく説明することとする。

(2) 意思と表示の不一致

先に述べたとおり、法律行為は1個または数個の意思表示からなるものである。この意思表示が有効に成立するためには、意思（内面で形成された意思）と表示（外部に表示された意思）とが一致していることが必要であるとされている。すなわち、真意でない意思表示は無効となるのが原則である。

民法は、意思と表示の不一致の場合として、錯誤、心裡留保、通謀虚偽表示の3種類を規定している。

(A) 錯誤（さくご）

《事例7－1》

居住用にする目的で土地を購入したところ、その土地は宅地ではなく農地であって、建物を建てることができないことが発覚した。

この事例では、本人の意思としては「この土地（宅地）を購入したい」と思っていたのであるが、実際に表示された意思表示としては、「この土地（農地）を購入したい」という意思表示になってしまったのである。このように、法律行為の要素（重要な点）に錯誤（勘違い）があった場合には、その法律行為は無効となる（民法95条。なお、改正民法95条１項では、錯誤は無効ではなく取消しとされている）。

ただし、たとえば現地にも行っていない、法務局で登記事項証明書も確認をしていないなど、錯誤をした者に重大な過失があったようなときには、錯誤による無効を主張することはできないとされている（民法95条ただし書）。

契約をするときには、細かいところまで確認をしたうえですることが望ましいが、わが国においては契約書を作成することもないまま重要な契約をすることも多い。そこで、「話が違う」として、錯誤無効を主張することも多い。しかし、いったん契約書を作成すると、錯誤無効を主張することは極めて困難となるので、契約書を作成するときには丁寧に内容を確認することが重要である。

(B) 心裡留保（しんりりゅうほ）

《事例７－２》

友人から「土地を贈与する」と言われたので、建物を建てるために準備をしたり計画をしていたところ、後日友人から、「あれは冗談だよ。贈与するつもりはない」と言われてしまった。

この事例でも、友人の意思表示には意思（贈与するつもりはない）と表示（贈与する）との間に不一致がみられる。このような冗談やウソの意思表示のことを「心裡留保」という。

心裡留保による意思表示が無効となると、相手方に不測の損害を与えてしまうことになる。たとえば、土地を贈与するというウソを信じて、建物を建てるために建設会社に設計を依頼したりしていれば、相手方は手間暇だけでなく、現実的に費用を支出してしまったりもしているだろう。

そこで、心裡留保による意思表示については、例外的に、意思表示どおりの効果が生じるものとされている（民法93条）。すなわち、事例７－２の場合でいえば、相手方は友人に対して土地の贈与が有効であることを理由に土地所有権を移転するよう求めることができるのである（ただし、同法550条により、贈与は書面によってしなければ撤回することができる。なお、改正民法550条では、書面によらない贈与は解除できるとされている）。

ただし、相手方が、表示された意思がウソであることを知っているときとか、知り得たとき（その友人がいつも冗談やウソばかり言っている人だということを知っていた場合など）は、相手方を保護する必要はないので、その意思表示は無効となる（民法93条ただし書）。

(C) 通謀虚偽表示（つうぼうきょぎひょうじ）

《事例７－３》

Ａは自分の所有する土地を友人であるＢに売るという売買契約書を作成し、移転登記も済ませた。しかし、ＡとＢの話では、本当は売るつもりはなく、２人で示し合わせて売買契約をしたふりをしただけであった。

このように相手方と通じて虚偽の意思表示をした場合を「通謀虚偽表示」という。

この事例を読んだときに、「ＡとＢはなぜこのようなことをしたのだろう」と疑問に思ったかもしれない。しかし、たとえば、Ａが多額の借金を抱えていて、債権者からの差押えを免れるために土地の名義人を第三者であるＢに移転しておくということは、しばしばみられることである。このような場合、AとBとは形式的には売買契約を締結していたとしても、真意としては売買契約を締結する意思はないことから、当該意思表示は無効となる。

しかし、Bがその後、何も事情を知らない（このように、事情を知らないことを「善意」という）第三者Cに土地を売却してしまった場合には、AB間の通謀虚偽表示による無効を主張できないとされている（民法94条2項）。すなわち、BC間の売買契約は有効となり、Cは土地の所有権を取得することになる。

(3) 詐欺（さぎ）または強迫（きょうはく）に基づく意思表示

《事例7－4》

Aは有名画家の絵（時価100万円相当）を所有している。

① BはAに対して「この絵は偽物であって1万円相当であるが、私が5万円で買ってあげよう」と言ったので、AはBに5万円で絵を売却した。

② CはAに対して「この絵を5万円で売らなければ、おまえの秘密を会社にばらす」と言ったので、AはCに5万円で絵を売却した。

①は、AがBにだまされて売買の意思表示をした場合であり、このような意思表示を「詐欺による意思表示」という。②は、AがCに脅されて売買の意思表示をした場合であり、このような意思表示を「強迫による意思表示」という。

詐欺または強迫を受けてした意思表示は、真意ではないことから、取り消すことができる（民法96条1項）。

それでは、BまたはCが事情を知らない善意の第三者Dに絵を売却した場合はどうだろうか。この場合、法は、詐欺による意思表示の場合には、善意の第三者に取消しを主張することができない（Aは絵を取り戻すことができない）が、強迫による意思表示の場合には、善意の第三者に対しても取消しを主張することができる（Aは絵を取り戻すことができる）としている（民法96条3項。なお、改正民法96条3項では、保護される第三者に無過失を要求している）。

(4) 無効・取消し

これまでに「無効」と「取消し」という言葉が出てきているので、ここで両者の違いについて整理をしておく。

(A) 無　効

無効とは、初めから当然に法律行為としての効力がないことをいう。

無効は、原則として、いつでも、誰からでも、誰に対しても、主張することができる。また、無効であることを主張するまでもなく、無効な行為は初めから全く効力を生じない。

(B) 取消し

《事例7－5》

Aには成年後見人Bが選任されているが、Aは成年後見人に無断で消費者金融会社Cから50万円もの金銭を借りてしまった。そして、そのうち30万円を浪費してしまったため、現在、手許には20万円しか残っていない。

取消しとは、一応、法律行為の効力は生じて有効であるが、その後、取消権者が取消しの意思表示をすれば、初めから無効であったのと同じに扱うことをいう。

取消権者は、行為能力の制限による取消しの場合には、制限行為能力者、その代理人・承継人・同意権者、詐欺・強迫による取消しの場合には、意思表示をした者、その代理人・承継者とされている。

取消権者が取消しをすると、その法律行為は初めからなかったものとして扱われるので、得た利益があればそれを返し、失ったものがあれば取り戻すことができる（原状回復義務）。ただし、制限行為能力者に関しては、制限行為能力者を保護する趣旨から、現に利益を受ける限度で返せばよいとされている（民法121条ただし書。改正民法121条の2第2項）。

事例7－5では、成年後見人が選任されている成年被後見人が金銭を借り入れている（「消費貸借契約」という）が、このような契約は取り消すことが可能である。そして、取り消した場合には、現に利益を受ける限度で返せばよいので、成年後見人BはAの所持している残金20万円をCに返済すれば足りることになる。

なお、取消しをすることができるのは、追認（取り消すことができる法律行為を、取り消すことなく確定的に有効にするという意思表示）できるようになった時点（取消しの原因となっていた状況が消滅した時）から5年以内となっているため（民法126条）、その期間が経過すると取消権者は取消しを主張することができなくなる。

(5) 代　理

(A) 代理制度

《事例7－6》

Aは所有している土地を売却したいと考えている。

法律行為は、本人が直接行うこともできれば、第三者に依頼して行ってもらうことも可能である。事例7－6でいえば、A自身が売買契約を締結することも可能であるし、たとえば、不動産に関する知識の豊富な友人に依頼して売買契約を締結することも可能である。また、Aが未成年者である場合には、Aの親権者が代理人として不動産を売却することが可能であるし、Aの判断能力が低下していて成年後見人が選任されているのであれば、成年後見人がAの代理人として不動産を売却することになる。前者のように本人の意思による代理を「任意代理」、後者のように本人の意思によらない代理を「法定代理」という。

代理制度によって、取引の範囲を拡大することができるだけでなく、判断能力が不十分な人にとっての必要を満たすことができるようになる。

成年後見制度は、代理制度の1つであることから、成年後見人等を受任する者は代理制度について十分な知識を有しておく必要がある。

(B) 代理の効力

《事例7－7》

CはBの代理人としてAから土地を代金1000万円で購入するとの売買契約を締結した。ところが、Bが売買代金を支払わないので、AはCに対して売買代金の支払いを請求してきた。

代理による法律行為の法律効果は、代理人に帰属するのではなく、本人に帰属することになる。したがって、事例７－７では、Ａの所有していた土地の所有権は、Ｂに帰属するのであり、一方、売買代金の支払義務は、Ｂのみが負担することになる。したがって、ＡはＢに対してのみ売買代金の支払請求権があるのだから、Ｂの代理人Ｃに対しては売買代金の支払いを請求することはできない。

(C) 代理の方式

《事例７－８》

Ａ（80歳）の息子ＢはＡの代理人（成年後見人）として、Ａの施設入所契約を行うこととした。

① Ｂは、契約書に「Ａ代理人Ｂ」と署名した。
② Ｂは、契約書に「Ａ」と署名した。
③ Ｂは、契約書に「Ｂ」と署名した。

代理人は、事例７－８①のように、本人のためにすることを示して意思表示をする必要がある（「顕名（けんめい）」という）。また、②のように直接本人自身のように法律行為をしたとしても、代理人（成年後見人）に代理する意思が認められるときには、有効な代理行為として認められる。しかし、③のように、本人のためにすることを示さないでした場合には、代理人本人のために意思表示をしたとみなされるので（民法100条本文）、③はＡのための有効な施設入所契約とはならず、「Ｂが施設に入所する」という契約が成立したことになってしまう。

(D) 代理人の権限

《事例７－９》

ＡはＢに対して自動車の売却を依頼した。ＢがＣに自動車を売却しようとしたところ、自動車に故障が見つかった。ＢはＡに連絡したところ、１カ月ほど海外旅行に出かけているとのことであった。ＢはＡが帰国するのを待っていてはＣとの売買契約ができないと考え、Ａの代理人として修理を依頼した。しかし、後日、ＢはＡから「修理に関する代理権は与えていない」と言われてしまった。

代理人の権限の範囲は、法定代理の場合は各法令上の規定によって定まり、任意代理の場合は、本人と代理人との間の授権行為（権利・権限・資格などを他人に授ける行為）の内容による。

代理権の範囲がはっきりとしない場合とか、特に範囲を決めていない場合には、代理人は、①保存行為（たとえば、家の修繕、消滅時効の中断等）、②代理の目的たる物または権利の性質を変えない範囲において、その利用または改良を目的とする行為（たとえば、現金を預金する、家に水道設備を取り付ける等）をすることが認められている。

事例７－９の場合には、ＢはＡの代理人として自動車の売却という目的を達するため、修理の依頼をすることができると思われる。ただし、自動車の故障が当初から判明しており、ＡがＢに対して、故障をしたままの状態で自動車を売却することを依頼していたのであれば、修理に関する代理権は認められないだろう。

(E) 復代理（ふくだいり）

《事例7－10》

Ｂは Ａの任意代理人として土地の賃貸借契約の締結をする権限を有しているが、Ｃにこれを依頼したいと思っている。

《事例7－11》

ＥはＤの成年後見人であるが、土地の売買契約をＦに依頼したところ、Ｆは売買代金を横領して行方不明になってしまった。

代理人が自分の権限内の行為を行わせるために、自分の名前で代理人を選任して、本人を代理させることを復代理という。

復代理人を選任することができる場合の要件は、代理人の種類によって異なる。任意代理人は、本人の許諾を得た場合か、またはやむを得ない事情がある場合でなければ復代理人を選任できないが(民法104条)、法定代理人はいつでも復代理人を選任できる(同法106条)。事例7－10については、Ｂは任意代理人であるため、復代理人を選任するためには、Ａの承諾を得るか、やむを得ない事情が必要である。

復代理人の権限は、代理人の権限の範囲内に限られている。事例7－10で、Ｂに復代理人を選任するやむを得ない事情があったとしても、Ｃに土地の売買に関する代理をさせることはできない。

復代理人が何らかの事故を起こして本人に損害を与えた場合について、法定代理人は、復代理人の過失について全責任を負わなくてはならないとしている(民法106条)。したがって、事例7－11では、Ｅは横領された売買代金を弁償する必要がある。なお、やむを得ない事由（たとえば病気などの事情）で復代理人を選任したときは、選任・監督するにあたり過失があったときに限り、本人に対して責任を負うとされている。

(F) 自己契約・双方代理

《事例7－12》

ＢはＡの成年後見人であるが、Ａから、所有している土地を売却してもらいたいと依頼を受けた。

① Ｂは、同土地の立地がよいし、自分で住みたいと考え、Ｂ個人で購入することとした。

② Ｂが買主を探していたところ、Ｃが買主になりたいと言ってきた。ところが、ＣはＢに対し、自分の代理人として土地の売買契約をしてほしいと言ってきた。

事例7－12①のように、同一の法律行為について、当事者の一方が他方の代理人となることを「自己契約」という。また、事例7－12②のように、同一の法律行為について、同じ人が両当事者の代理人となることを「双方代理」という。

民法は、自己契約は代理人が本人の利益を考えずに自分の利益を図る可能性が高く、また、双方代理では、どちらか一方の当事者に有利なように導く可能性が高いことから、いずれも原則として禁止している（民法108条。なお、改正民法108条１項では無権代理とみなすとしている)。

(G) 代理権の消滅

代理権は、任意代理の場合には、①本人の死亡、②代理人の死亡、代理人が破産手続開始の決定や後見開始の審判を受けたこと、③代理権の基礎となっている委任契約等の終了、④本人と代理人間における代理権を与える契約の解除があった場合に消滅し、法定代理の場合には、上記①②のほか、各法定代理に特有の消滅原因があるとき（民法835条など）に消滅する。

(H) 無権代理（むけんだいり）

《事例７－13》

Ｂは Ｃとの間で、Ａの代理人として、Ａが所有する土地の売買契約を締結した。ところが、ＢはＡから代理権を授与されたことはなかった。

事例７－13のように、代理権がないにもかかわらず勝手に代理人として法律行為をすることを「無権代理」という（民法113条）。無権代理行為は、本人が追認をした場合には初めから代理権があったものと同じように取り扱われる（同法116条）。すなわち、無権代理行為は有効となり、過去にさかのぼって本人に法律効果が及ぶことになる。一方、本人が追認を拒絶すれば、無権代理行為は無効なものとして確定する。その結果、本人は責任を負わないことになる。この場合、取引の相手方は、無権代理行為をした代理人に対して、契約の履行（事例７－13では、Ｂに対して「Ａから土地を購入してＣに渡せ」と請求すること）または損害賠償を請求することができる（同法117条１項）。

《事例７－14》

ＢはＣとの間で、Ａの代理人として、Ａが所有する土地の売買契約を締結した。ＡはＢに対して正式に代理権を授与したことはなかったが、ＡはＣに対して、「このたび、Ｂを私の代理人として選任しましたのでよろしくお願いします」などという連絡をしていたことがあった。

事例７－14では、ＡはＢに対して正式に代理権を授与していないため、Ｂの代理行為は無権代理となる。しかし、ＡはＢに対して代理権を与えたようにＣに表示をしていたことから、Ｃが「Ｂには代理権があるだろう」と信じたとしてもやむを得ない事情がある。そこで、このように、無権代理人の行為に対して本人が何らかの原因を与えているような場合には、相手方を保護するために本人に責任を負わせる場合がある。これを「表見代理（ひょうけんだいり）」という（民法109条・110条・112条）。事例７－14では、Ｂには代理権があるとＣが信じ、そう信じたことに過失がなければ、Ａは、Ｂに正当な代理権があった場合と同じ責任をＣに対して負うことになる。

3 時　効

(1) 時効制度

《事例７－15》

ＢはＡの成年後見人としてＡの財産を調査したところ、次のことが判明した。

① Aは12年前に友人Cに対して1000万円を貸していたことが判明した。

② Aの所有土地の一部に、22年前に建てられたDの建物が入り込んでいることが判明した。

時効には「消滅時効」と「取得時効」の２種類がある。

消滅時効とは、一定期間権利が行使されなかったことによってその権利が消滅するという制度である。一方、取得時効とは、一定期間権利が行使されなかったことによって権利が取得されるという制度である。

事例７－15①では、この12年の間、特にCが支払いをしていなかったような場合には、Aの債権は時効により消滅することになる（時効期間は権利を行使することができる時から10年：民法167条。なお、改正民法では、債権は権利を行使できることを知った時から５年という条項が追加されている）。一方、事例７－15②では、Dの建物が入り込んでいる部分の土地については、時効取得によりDに所有権が発生することになる（時効期間は10年または20年：民法162条）（以上につき、後記(2)(4)(5)参照）。

なぜこのような制度を設けているのかについては、一般に、①長期にわたって継続した事実状態を法律上も尊重することによって、法律関係全体の安定を図ることが必要である、②権利の上に眠っている者は法の保護を受けるに値しない、③長期にわたって権利を行使しないことにより、権利関係の立証が困難となりがちであるので、時効によって法律関係を明確にし、この新たな法律関係を法定の証拠として裁判を行わせることが望ましい、などの説明がなされている。

成年後見人等として、本人の権利を消滅時効によって消滅させてしまうことは、成年後見人等の善管注意義務違反として損害賠償義務が発生する可能性があることから、特に注意が必要である。

(2) 時効の援用（えんよう）

《事例７－16》

Bは Aの成年後見人である。CがAに対して1000万円の貸金があるとして貸金請求訴訟を提起してきた。その後の調査で、AはCから1000万円を借りてから12年の間、一度も返済をしていないことが発覚した。

時効による権利の取得や消滅が完全に効力を生じるためには、時効によって利益を受ける者が時効の成立したことを主張しなければならないとされている。これを「時効の援用」という（民法145条）。

事例７－16の場合、Aが12年の間、一度も返済をしていなければ消滅時効が完成することになるが、そのことの効果を生じさせるためには、BはCに対して、「消滅時効を主張する」という通知をする必要がある（配達証明付きの内容証明郵便等の書面で主張することが望ましい）。すでに裁判手続になっている場合には、裁判所で時効の援用を行わないと、裁判所はCに債権が存在することを前提に判決を下すことになる。

(3) 時効の中断

《事例7－17》

Bは A の成年後見人である。財産調査の結果、9年11カ月前にAがCに対して1000万円を貸し付けているが、一度も返済を受けていないことが判明した。

事例7－17の場合では、あと1カ月間、権利を行使しないで放置していると、消滅時効が完成してしまう。消滅時効を完成させないためには、時効を中断することが必要である。民法は、時効が中断する事由として、①請求、②差押え、仮差押えまたは仮処分、③承認の3つをあげ（民法147条）、①の請求に当たるものとして、裁判上の請求（同法149条）・催告（同法153条）等を規定している。

催告とは、裁判外で請求をすることであるが、裁判外で催告をしてから6カ月以内に裁判上の請求をしない限り時効の中断の効力は生じないとされている。なお、裁判上の証拠を確保するためにも、催告をする場合には、配達証明付きの内容証明郵便で行うことが望ましい。

承認とは、時効の利益を受ける者の側から、権利者に対して、その権利を進んで認めるような行為をすることである。たとえば、事例7－17でCが「1000万円を借りていることで間違いありません」と認めたり、Cが債務の一部を返済したり、利息を支払ったりすることがこれに当たる。なお、時効完成後に債務の承認をした場合は、時効の援用をすることができなくなるとされている（最高裁昭和41年4月20日判決）。

なお、改正民法では現行民法が定める時効の中断と時効の停止について、時効の完成猶予および更新とし（147条～154条・158条～161条）、それぞれの時効障害事由を整理している（150条1項・147条1項・148条1項・149条）。また、協議による時効の完成猶予を新たな時効の障害事由として定めている（151条1項）。

(4) 取得時効

《事例7－18》

15年前、BはAの土地上に建物を建てた。

所有権の取得時効は、他人の物を所有の意思をもって、一定期間、平穏にかつ公然と占有することにより所有権を取得する制度である（民法162条）。

所有の意思をもって占有することが必要であることから、借りている意思で占有しているときには、取得時効は成立しない。

一定期間とは、①占有を始めた時に、自分に所有権があると信じ（善意）、かつそう信じたことに過失のない（無過失）ときは10年間、②①以外のとき（悪意または有過失のとき）は20年間である。

事例7－18では、Bが建物を建てた当時（15年前）、自分の土地であると信じ（たとえば、Aの代理人Cから土地を売買契約で購入し、自分の土地となったと信じていたが、実際はCには代理権はなく、所有権の移転はなかった場合）、かつそう信じたことに過失のないときは、取得時効は成立していることになる。しかし、Bが建物を建てた当時、自分の土地ではないことがわかっていながら、確信犯的にAの土地上に建物を建てていた場合には、あと5年間経過しなければ取得時効は成立しない。

(5) 消滅時効

消滅時効になるまでの期間は以下のとおりである。

① 債権は原則として10年（民法167条1項。なお、改正民法では、債権は権利を行使できることを知った時から5年という条項が追加されている）。

② 会社など商事に関する債権は原則として5年（商法522条。なお、改正民法の施行に伴い、この規定は削除される）。

③ 債権以外の財産権は20年（民法167条2項）。

そのほかに、例外規定として、医者の治療費は3年（民法170条）、弁護士費用は2年（同法173条）、料理店の飲食代は1年（同法174条）などの規定もある（なお、改正民法では、これら短期消滅時効の規定は削除されている）が、裁判上の請求をして判決が確定したような場合には、消滅時効期間は10年となる（同法174条の2）。

4 物 権

(1) 物権とは

物権とは、一定の物を直接的・排他的に支配できる権利のことである。物権は、人を介さずに物を直接支配する権利であり、権利者（物権を有する者）は、誰に対してもその権利（物権）を主張することができる。

物権は、物を直接的・排他的に支配できるという強力な権利であることから、その存在や変動を登記や占有という形で公示することが必要であるし（公示の原則）、法律で定められているもの以外の物権を勝手につくることもできない（物権法定主義）。

民法が定めている物権は、①占有権、②所有権、③入会権（いりあいけん）、④地上権、⑤永小作権、⑥地役権、⑦留置権、⑧先取特権、⑨質権、⑩抵当権である。

(2) 物権変動

《事例7－19》

Bは Aの補助人として、土地の購入に関する代理権が付与されている。BはAの代理人としてCとの間で土地の売買契約書を取り交わし、代金を支払ったが、登記はCのままにしていた。その後、CはDとの間でも土地の売買契約を締結させ、Dに所有権移転登記をしてしまった。

土地の所有権は売買契約によって移転する。このように物権の発生・変更・消滅をさせることを「物権変動」という。

物権変動は、当事者の意思表示のみによってその効力が生じるとされている（民法176条）。したがって、Aは、Bが売買契約を締結した時点で、土地の所有権を取得することになる。

しかし、物権変動を第三者に主張するためには、登記をしておくことが必要である（民法177条）。事例７－19のように、Ｃが二重に土地を売買してしまった場合には、Ａは登記をしていないので、第三者であるＤに対して、土地所有権を主張することができなくなる。一方、Ｄは登記をしているので、Ａに対して土地所有権を主張することができることになる。すなわち、同一の不動産について二重に売買がなされた場合には、先に登記を備えたほうが優先されることになるのである。

⑶　登記制度

《事例７－20》

Ａは法務局で甲土地の登記簿を閲覧したところ、Ｂの所有名義となっていたことから、Ｂとの間で甲土地の売買契約を締結した。しかし、実際には甲土地はＣのものであり、Ｂの所有名義は誤りであった。

土地や建物などの不動産については、その権利関係を公示する方法として、不動産登記法により不動産登記制度が設けられている。

不動産の登記は、登記所（法務局）において、登記官が、登記簿に、不動産の表示や権利に関する登記事項を記録することによって行われる（不動産登記法６条１項）。登記簿は誰でも閲覧することができるし、登記事項が記載された証明書（登記事項証明書）を交付してもらうこともできるが、登記簿を閲覧すれば、不動産の大きさや、所有者、抵当権の設定の有無等を確認することができる。

事例７－20では、登記簿を閲覧し、Ｂが所有者であるとの記載があることを信頼して、売買契約を締結しているが、法律上は、「登記には公信力がない」とされている。これは、登記を信じて不動産の取引を行ったとしても、その信頼は保護されないということである。すなわち、事例７－20では、Ａは甲土地の所有権を取得することができず、甲土地はＣが所有者のままになるということである。しかし、それでは、登記を信頼したＡに不測の損害を被らせてしまうことになることから、ＣがＢ名義になっていることを知りながら黙認していたような場合には、ＣはＡに対して所有権を主張できないとする考え方も主張されている。

⑷　所有権（相隣関係（そうりんかんけい））

土地の所有権に関して、民法は、隣の土地との関係（相隣関係）についていくつか規定を設けている。成年被後見人等が在宅生活を継続するにあたって近隣との関係を円満に行うことは重要なことであるから、成年後見人等としても、ある程度の知識を有しておくことが望ましい。以下に、一部ではあるが紹介しておく。

⒜　隣地使用権、隣地立入権

土地の所有者は、隣地との境界上またはその近くで、垣や壁あるいは建物を築造したり、修繕したりする場合に、そのために必要な範囲内で、隣地の使用を請求できる（民法209条１項本文）。

また、他人の土地に囲まれているため、他人の土地を通行しなければ道路に出られない場合には、道路に出るために隣地を通行できる（民法210条）。

(B) 境　界

土地の所有者は、隣地の所有者と共同の費用で、境界を標示する物（界標）を設置することができる（民法223条）。

境界線上の界標（かいひょう）、垣根、壁等は、相隣者の共有と推定されている（民法229条）。

(C) 境界付近の工作物築造

境界線のそばに建物を建築する場合には、建物は境界線から50㎝以上離さなければならない（民法234条１項。ただし、建築基準法に例外がある）。

また、他人の宅地を観望できる窓または縁側を、境界線から１ｍ未満の距離に設ける者は、それに目隠しを付けなければならない（民法235条１項）。

(5) 抵当権

《事例７－21》

ＡはＢ銀行から1000万円の借入れをしており、さらに、Ａの所有土地に抵当権が設定されている。現在、Ａには年金収入しかなく、月々の返済額を支払うことができない状態である。

《事例７－22》

Ｃは土地を所有しているが、同土地には、Ｄの借金のために抵当権が設定されている。しかし、Ｄは借金を返済できないことから、自己破産を申し立ててしまった。

抵当権について、具体的に説明しよう。事例７－21では、ＡがＢ銀行から1000万円を借り入れるにあたって、Ｂ銀行は貸した金銭の返済ができなかった場合の担保として、Ａが所有している不動産に抵当権を設定している。Ａは、Ｂ銀行に約束どおり借入金の返済を行っている限り、Ａが所有している不動産を自由に使用したり、賃貸したり、処分することができる。しかし、Ｂ銀行に約束どおりに返済ができない場合は、Ｂ銀行は、Ａ所有の不動産を競売することができ、競売によって得られた代金から優先的に弁済を受けることができるのである。おおまかにいうと、仮に、残債務が800万円であるとして、Ａ所有の土地が2000万円で売却されたとすると、2000万円の売却代金のうち800万円がまずＢ銀行の借金の返済にあてられ、手続費用などを控除した残りの金額がＡに手許に戻るということである。

抵当権は、普通は、債権者と債務者との間で締結されるが、事例７－22のように、債務者以外の第三者が抵当権を設定することもできる。この第三者を「物上（ぶつじょう）保証人」という。事例７－22でＤが借金を返済できない場合には、債権者はＣの土地を競売することができ、競売代金から優先的に返済を受けることができる。この場合、物上保証人であるＣは、債務者に対して返済した金額を支払うよう求めることができる（これを「求償（きゅうしょう）」という）。

なお、抵当権が設定された不動産を売買することも可能であるが、その場合、買主は抵当権付きの不動産を購入したことになる。したがって、債務者が債務の返済を怠った場合には、競売にかけられてしまうことになる。

《事例７－23》

Ｅは最近、認知症のため判断能力が低下してきている。Ｅは長男Ｆと同居しているが、周囲の人たちは、FがEに対して虐待をしているのではないか、Fは多額の借金も抱えていることからEの財産を搾取して返済にあてているのではないかと心配している。そこで、法務局に行き、Eの不動産の登記簿謄本を閲覧したところ、最近、Fの借金のためにEの土地に抵当権が設定されていることが判明した。

抵当権の設定は、債権者と不動産の所有者である抵当権設定者との間における抵当権設定契約によって成立するので、事例7－23の場合、Eが抵当権設定契約を締結した当時、Eが意思無能力者であれば契約は無効である。しかし、意思能力があった場合には、契約を取り消すことは困難であろう。いったん抵当権が設定されると、債務を完済するか、債権者が抵当権を抹消することに承諾をしない限りは、抵当権を抹消することができないことになる。

第三者によって経済的な侵害を受けるおそれがある場合には、速やかに、成年後見制度を利用することが必要である。不動産登記簿謄本は誰でも閲覧できることから、経済的虐待が疑われる事例では、まず抵当権の設定がされていないかなどの確認をすべきであろう。

5 債　権

(1) 概　要

債権とは、ある人（債権者）がある人（債務者）に対して、一定の行為を請求する権利をいう。債権は、契約、事務管理、不当利得、不法行為等によって発生する。

たとえば、不動産の売買契約を締結した場合、買主は売主に対して土地の引渡しを請求することができる。一方、売主は買主に対して、売買代金の支払いを請求することができる。この場合、土地の引渡しを請求する権利も債権（この債権については買主が債権者）であるし、代金の支払いを請求する権利も債権となる（この債権については売主が債権者）。

債権は、物権とは異なり、直接的・排他的といった性質は有していない。たとえば、Aが所有する土地について、AがBに対して売り、登記も備えたとする。その後、AがCに対して同土地を売却したとする。この場合、土地の所有権は、Bに確定的に帰属し、Cには所有権は発生しない。これが物権の排他性である。しかし、この売買契約によって、BはAに対して土地の引渡しを請求する権利（債権）を有しているが、Cにも、Aに対して土地の引渡しを請求する権利（債権）が発生するのである。このように、債権については、同一内容の権利が複数発生することが認められているのである（この場合、Aの債務は、Bから所有権を買い戻してCに引き渡さない限り、債務不履行となる）。

(2) 債務不履行

(A) 債務不履行の種類

《事例7－24》

AはBに対して建物の建築を依頼した。その際、「平成25年3月31日までに完成して引き渡す」と約束していたのに、平成25年4月1日を過ぎても引渡しがなされない。

《事例7－25》

CはDから建物を1000万円で購入することとし、売買契約を締結した。しかし、その後、売主であるDの失火により、建物は全焼してしまった。

《事例7－26》

EはFに対して建物の建築を依頼した。Fは建物が完成したとしてEに建物を引き渡したが、その建物は、雨漏りはするし、すきま風が入ってくるし、床には傾斜があるし、電気の配線工事もなされていないなどの問題があった。

債務者が、正当な理由がないのに債務者の責めに帰すべき事由（債務者の故意・過失または信義則上これと同視すべき事由）によって債務の本旨に従った債務の履行をしないことを「債務不履行」という。

事例7－24では、BはAに対し、「平成25年3月31日までに建物を完成して引き渡す」という債務を負担している。それにもかかわらず、債務の履行をしない場合は、債務不履行となる。もちろん、債権者であるAが仕事の完成を妨害するなど、債務者であるBの責めに帰すべき事由がない場合は債務不履行とはならない。

債務不履行には、①履行遅滞、②履行不能、③不完全履行の3種類がある。事例7－24のように、履行期が到来しており、しかも履行が可能にもかかわらず履行しない場合を「履行遅滞」という。事例7－25のように、債権が発生した当初は履行が可能であったのに、その後、債務者の責めに帰すべき事由により、履行が不能となる場合のことを、「履行不能」という。事例7－26のように、債務の履行は一応なされたものの、それが不完全であった場合を「不完全履行」という。

債務者が債務不履行をした場合には、債権者の対抗手段としては、①強制履行（強制執行）、②損害賠償請求、③契約の解除をすることが可能である。

(B) 強制履行（強制執行）

《事例7－27》

AはBから中古自動車を購入するという売買契約を締結したが、Bは同自動車を引き渡してくれない。

《事例7－28》

DはCとの間の土地賃貸借契約が終了したので、土地上の建物を収去（しゅうきょ）し、土地を明け渡さなければならない。しかし、Dは建物を取り壊すことすらしないままである。

《事例7－29》

現在、夫Eと妻Fは別居中であるが、先日、夫Eは、妻Fが監護養育をしていた子Gを連れ去ってしまった。その後、妻Fは家庭裁判所に子の引渡しを求める審判を申し立てたところ、その申立ては認められた。しかし、夫Eは、一向に子Gを妻Fに引き渡さない。

債務者が債務の内容を実行しない場合、国家機関によって債権の内容を強制的に実現させるための手段として、強制履行（強制執行）という方法がある。強制履行には、①直接強制、②代替執行、③間接強制の3種類がある。

直接強制とは、債務者の意思に関係なく直接に債権内容を実現させる方法で、たとえば、事例7－27の場合には、裁判所の執行官がBから直接強制的に自動車を取り上げて債権者Aに引き渡すという方法である。なお、この直接強制は、事例7－24のように、人の作為を要素とする債務（「為す債務」という）の場合には行うことができない。

代替執行とは、債権者または第三者が債務者に代わって債権の内容を実現し、それにかかった費用を債務者から取り立てる方法で、たとえば、事例7－28の場合には、第三者に建物の取壊しをしてもらって（債務者は建物の取壊しを拒否できない）、その費用を債務者から強制的に取り立てることができるというものである。

間接強制は、裁判所が債務者に対して、債務を履行しない場合に一定金額の支払いを命ずることによって、心理的に圧迫を加えることで債務を履行させようとする方法であり、たとえば、事例7－29の場合に、「子の引渡しをしない場合には1日につき3万円の支払いを命じる」などとする決定を出すことである。

このような強制履行は、いずれも裁判所における手続が必要であり、裁判を経ないで、債権者が、力づくで自動車を持ってきてしまったり（事例7－27）、建物を取り壊したり（事例7－28）すると、それは違法と評価されることになる（自力執行の禁止の原則）。

(C) 損害賠償

債権者は、債務者に対して、債務不履行によって生じた損害の賠償を請求することができる（民法415条）。たとえば、事例7－24の場合に、注文主であるAは建物の引渡しが遅れたためにホテル住まいを余儀なくされたというのであれば、ホテルの宿泊代が損害となり、その金額を賠償請求することができる。また、事例7－25では、建物の価格相当額が損害となり、その損害賠償を請求することができる。

それでは、事例7－25で、CはDから1000万円で建物を購入した後、1500万円で第三者に転売することになっていた場合はどうだろうか。転売による利益の喪失などといった損害のように、特別の事情によって生じた損害については、売主が転売をするという事実を知っていたとか、普通の注意力のある人なら知ることができたはずだという事情がある場合には、転売価格を前提に損害を賠償しなければならないとされている。

(D) 契約の解除

《事例7－30》

AはBに対して土地を売却した。その後、BはCに同土地を売却（転売）した。ところが、Bは、約束の期限が到来してもAに対し売買代金を支払わない。

事例7－24や事例7－30のように、履行遅滞がある場合には、債権者は相当な期間を定めて債務を履行するよう催告し、その期間内に債務者が履行しない場合には、契約を解除することができる（民法541条）。

一方、事例7－25のように履行不能の場合には、履行を催告しても債務者が履行をすることは不可能なので、債権者は催告をせずに直ちに契約を解除することができる（民法543条。改正民法543条）。

事例7－26のような不完全履行の場合は、不完全な部分について、履行が可能か否かによって解除の際に催告が必要か否か異なる。たとえば、事例7－26のような場合には、あらためて工事をすることによって完全な物を提供する（債務を履行する）ことが可能であることから、契約を解除する前に相当な期間を定めて債務を履行するよう催告することが必要である。

契約解除は、相手方に対する一方的な意思表示でなすことができ、相手方の了承は必要ではない（民法540条1項）。

契約を解除した後は、初めから契約をしなかったことと同じ扱いになるため、まだ履行をしていない場合には履行の必要はなくなるし、すでに履行している場合には元どおりに戻す必要がある（原状回復）。たとえば、すでに代金を受領しているのであれば代金を返還しなければならないし、不動産の引渡しを受けていたのであれば代金を返還しなければならないのである。また、現状を回復しても損害が残っているのであれば、損害賠償を請求することもできる。

ただし、契約の解除の前に第三者が権利を取得している場合には、契約解除によって影響を受けないとされている。事例7－30では、AはBとの契約を解除することができるが、Cの権利取得は契約解除によって影響を受けないため、土地の所有権はCに帰属することになる。この場合、AはBに対して損害賠償請求をすることができる。

(3) 保証債務

《事例7－31》

AはBから1000万円を借り入れたが、その際、CはAの債務の連帯保証人となった。その後、Aは支払いをしないまま9年11カ月が経過した。

① その時点で、AはBに対して、債務の承認をしてしまった。

② その時点で、CはBに対して、保証債務の承認をしてしまった。

《事例7－32》

DはEから1000万円を借り入れたが、その際、FはDの債務の連帯保証人となった。その後、DはEへの返済を滞らせたので、EはFに対して債務を支払うよう請求し、債務を支払わないのならFに対して訴訟提起をし、Fの所有の不動産を差し押さえると言ってきた。Fとしては、「Dが債務者なのだからまずDに請求してくれ。また、Dには貯金もあるだろうし、勤務先から給料をもらっているから、まずはDの財産に対して強制執行するのが筋だろう」と回答した。

保証債務とは、ある債務者（主たる債務者）がその債務を履行しない場合に、その債務者に代わって履行しなければならない保証人の債務のことをいう（民法446条。なお、同条2項により、保証契約は書面ですることを要する）。保証人が債務者に代わって支払いをした場合には、保証人は主たる債務者に対して求償権を取得することになる。

保証債務は、保証人と債権者との保証契約によって成立する。保証債務は、主たる債務とは別個独立の債務であるが、主たる債務が無効となる場合には、保証債務も無効となる（「保証債務の附従性」という）。

また、主たる債務者について生じた事由は、原則としてすべて保証人に影響を及ぼす（民法457条)。たとえば、事例7－31①のように、主たる債務の時効が中断すると、保証債務の時効も中断する。一方、保証人について生じた事由は、主たる債務を消滅させる行為(弁済等)のほかは、主たる債務に影響を及ぼさないので、事例7－31②では、あと1カ月経過すれば、主たる債務者Aは消滅時効を援用することができるようになる。そして、その結果、保証人の保証債務も消滅時効を主張することができるようになる。

保証には、単なる保証と、連帯保証との2種類がある。単なる保証の場合には、事例7－32でFが主張しているように、まず主たる債務者に請求することを求めることができるし(これを「催告(さいこく)の抗弁権」という。民法452条)、まず主たる債務者の財産に執行することを求めることができる(これを「検索(けんさく)の抗弁権」という。同法453条)。しかし、連帯保証の場合には、この催告の抗弁権と検索の抗弁権がない。すなわち、連帯保証の場合には、債権者は、主たる債務者に催告しなくともいきなり連帯保証人に請求をすることができるし、いきなり連帯保証人の財産に対して強制執行をすることも可能なのである。そのほか、連帯保証人には、保証人が複数いたとしても各自が全額を保証しなければならないなどの責任も認められている。このように、連帯保証人の責任は極めて重大であり、主たる債務者とほぼ同内容の責任を負っていると考えてよい。

時々、保証人となった人が、「主たる債務者の経済状態が危なくなってきたので保証人を辞めたい」「主たる債務者から絶対に迷惑をかけないから保証人になってほしいと頼まれたのに、主たる債務者が支払いをしなくなってしまったので保証人から抜けたい」などという希望を述べることがある。しかし、保証債務はいったん有効に成立すると、債務を全額支払うか、債権者が同意をしない限り、消滅することはない。仮に他の保証人候補者を推薦したとしても、債権者が承諾をしなければ保証債務は消滅しないのである。そこで、特に連帯保証人になる場合には、債務者と同一の責任を負う覚悟が必要であり、その覚悟ができないのであれば、連帯保証人にはならないほうが懸命であろう。

(4) 弁済(べんさい)・供託(きょうたく)

《事例7－33》

Aは B から建物を賃借している。Aは毎月Bに家賃を届けていたが、先日、Bから「来月、建物を出ていってもらいたいので、今後は、家賃は受け取らない」と言われてしまった。

債務は、弁済によって消滅する(改正民法473条)。弁済は債務者がするのが普通であるが、債務者以外の第三者が弁済をすることもできる(民法474条1項)。ただし、利害関係のない第三者が債務者の意思に反して弁済をすることはできない等の例外規定もある(同条1項・2項。改正民法では2項・3項)。

事例7－33のように、債権者が弁済の受取りを拒否している場合には、債務者はどうしたらよいのだろうか。まず、翌月になって一度は債権者のところに行き、「家賃を持ってきました。受け取ってください」と言っておく必要があるだろう。このように、債務者としてするべきことをして債権者の協力を求めることを、「弁済の提供」という。債権者が受取りを拒否すると言っていたからといって、家賃を支払おうともせずに支払期限を過ぎれば、債務不履行(履行遅滞)になってしまうおそれが強い。しかし、弁済の提供をしておけば、債権者が受領しなかったとしても、債務不履行にはならないのである。

弁済の提供をしたとしても、債権者が受領してくれなければ、債務は消滅しない。たとえば、抵当権などが設定されている債務の場合には、債務が消滅しないと抵当権を抹消させることもできなくなる。そこで、債務者が弁済の提供をしたにもかかわらず債権者が受領しない場合に、債務を消滅させる制度として、「供託」がある。供託とは、債権者が、弁済の受取りを拒むとか、あるいは受け取ることができないとか、または弁済者の過失なくして債権者が誰かわからないときに、弁済者が債権者のために供託所（法務局）に弁済の目的物を預ける契約のことである（民法494条）。供託をすることによって債務は消滅し、抵当権の抹消を求めることができるようになる。

(5) 契　約

(A) 契約とは

《事例7－34》

Aは土地を所有している。売却することを考えているが、B（1000万円で購入希望）、C（1500万円で購入希望）、D（500万円で購入希望）の3人が購入を希望してきている。

《事例7－35》

D（80歳）は、今度、特別養護老人ホームEとの間で入所契約を締結しようと考えている。

これまでにも個別に何度か契約について説明してきているが、ここで契約一般について説明しておこう。

契約とは、2つ以上の相対立する意思表示の合致によって成立する法律行為である。売買契約でいうと、「売ります」という意思表示と「買います」という相対立する意思表示が合致することによって成立する。

契約には、「契約自由の原則」がある。契約自由の原則には、①締結の自由、②相手方選択の自由、③内容決定の自由、④方式の自由がある。事例7－34でいえば、Aは、土地を売却するかしないかを自由に決めることができるし、B、C、Dの誰と売買契約を締結するかを決めるのも自由であるし（そのほかの人との間で契約をすることも自由）、売却代金をいくらにするか、どの範囲の土地を売却するか等の内容も自由に決めることができるし、口頭での契約にするのか、契約書を作成するのか、立会人を付けるかなどといった売買契約の方式も自由に決めることができるのである。この契約自由の原則は、売主のAだけでなく、買主の側にもいえることであり、買いたくないものについては買わない自由があるし、値段等の条件に不満があるのであれば買わないでかまわない。

なお、事例7－35の入所契約についても契約自由の原則が認められることになるが、事業者は、正当な理由なく利用者に対して福祉サービスの提供を拒んではならないとされている（指定介護老人福祉施設の人員、設備及び運営に関する基準4条の2。これを「応諾義務」という）。したがって、締結の自由には一定の制限があるといえよう。また、福祉サービスの利用契約締結にあたっては、社会福祉法において、書面を作成することが義務づけられている（同法77条）。しかし、書面を作成していないからといって契約が無効になるわけではない（なお、事業者が書面の交付を怠った場合には、都道府県知事は事業の経営者に対し、社会福祉事業を経営することを制限したり、その停止を命じたり、許認可の取消しをしたりすることができるとされている（社会福祉法72条２項））。

(B) 第三者のための契約

《事例７－36》

Ａは、息子Ｂが独立するにあたって、Ｃから一軒家を購入し、Ｂに権利を与えることとした。

《事例７－37》

Ｄ（87歳）は重度の認知症もあるため、Ｄの息子Ｅが契約当事者となって、特別養護老人ホームＦとの間でＤを入所させるとの入所契約を締結した。

事例７－36の場合、Ａは、Ｃから購入した一軒家をＢに贈与することで実現することもできるが、その場合、所有権は、Ｃ→Ａ→Ｂの順に移転することになる。そのような方法ではなく、契約はＡがＣとの間で行うが、権利は契約当事者以外の第三者（Ｂ）に直接発生させる方法があり、これを第三者のための契約という（民法537条）。第三者のための契約によって、所有権は、Ｃから直接Ｂに移転することになる。

しかし、この第三者のための契約は、ＡとＣとの間で契約が成立すれば当然にＢのＣに対する権利（不動産の引渡請求権等）が発生するわけではなく、第三者であるＢが契約の利益を享受するという意思表示（受益の意思表示）をすることが必要である。

認知症高齢者の入所契約の場合に、利用者本人が認知症のため契約が締結できないことから、家族が代わりに契約を締結することが多い。この場合、成年後見制度を利用していない場合には、家族には法律上の代理権はない（第４章❶参照）。そこで、第三者のための契約ができないか、ということが議論されることがある。すなわち、事例７－37において、ＥとＦとの間で第三者Ｄのための契約を締結するという法律構成をとることができないかというのである。しかし、この法律構成には限界がある。第三者Ｄに契約の効果が及ぶためにはＤが受益の意思表示をしなければならないが、Ｄが極めて重度の認知症の場合、受益の意思表示をすることができないことがある。その場合、第三者のための契約という法律構成からは、Ｄに入所契約の効果を及ぼすことはできないのである。

なお、事例７－37について、事務管理（民法697条）という法律構成を用いることによって、ＥとＦとの契約の効果をＤに帰属させようという議論がなされることもある。事務管理とは、たとえば、頼まれてもいないのに旅行中の隣人への宅配物を管理するように、義務なく他人の事務を処理する行為をいう。事務管理と認められた場合、その行為は違法性がないとされるし、事務管理のために必要な経費を支出した場合には、本人に対して請求することが認められている。しかし、事務管理が有効に成立する場合でも、本人の追認がない以上は、直接本人に効果を及ぼすものではないとするのが判例である。したがって、事務管理という概念を用いたとしても、事例７－37において、Ｄが追認をすることのできない状態であれば、入所契約の効果を及ぼすことはできないのである。

(6) 売買契約の担保責任

《事例7－38》

Ａは Ｂに対して、居住している木造家屋を売却した。ところが、売却後、同家屋の柱がシロアリのために修繕が必要な状態になっていたことが発覚した。

売買契約が締結されると、買主には代金を支払う義務が発生し、売主には目的物を引き渡す義務が発生する。それでは、事例7－38のように、目的物の隠れた箇所にキズや欠陥があった場合には、売主は、ただ単に、目的物を引き渡すだけで義務を履行したことになるのであろうか。買主は、売主に対し、目的物の引渡し以外に何か求めることはできないのだろうか。

民法では、目的物に隠れたキズや欠陥（これを法律上「瑕疵（かし）」という）があった場合、そのキズや欠陥について売主に落ち度がなかったとしても、買主は売主に対して、①代金減額請求権、②解除権、③損害賠償請求権を行使することができると定められている。これを売主の担保責任という（民法570条。なお、改正民法562条～566条では、瑕疵とはいわず、引き渡された目的物が種類、品質または数量に関して契約の内容に適合しないものである場合に関する責任とされている）。

なお、キズや欠陥が隠れたものではない場合（たとえば、木造家屋の壁の一部分に穴が空いており、相手方も知っていた場合）には、売主は現状のまま買主に目的物を引き渡せば足りるのであって、損害賠償をする必要はないし、買主も契約を解除することができない。

したがって、事例7－38では、柱のシロアリが「隠れた瑕疵」なのか否かが問題となる（外から見ても補修が必要であることが明らかであったか否か）。そして、仮に「隠れた瑕疵」に当たる場合には、ＢはＡに対して、代金減額請求をすることができるし、発生した損害の賠償を請求できるし、場合によっては、売買契約を解除することも可能となる。

(7) 消費貸借（しょうひたいしゃく）契約

《事例7－39》

Ａは友人のＢから10万円を借りたが、その際、返済期限も利息も特に定めなかった。

《事例7－40》

Ｃは貸金業者Ｄから10万円を借りたが、Ｄからは、10日ごとに３万円の金利が発生すると言われている。

《事例7－41》

Ｅは1992年に消費者金融業者Ｆから年利27％で50万円を借り入れた。その後、Ｅは毎月返済をしてきていたが、ある程度返済をするとまた借入れをする、ということを繰り返していた。そのため、2013年になっても、Ｅの債務は約50万円程度のままである。Ｅは現在仕事を退職しており、返済に苦労している。

ある人が金銭その他の代替物をある人から受け取り、のちにそれを種類・品質・数量の同じ物を返す契約を「消費貸借契約」という（民法587条）。事例7－39では、AはBから借りた10万円を返還しなければならないが、借りたときに受領した1万円札と全く同じ1万円札（番号が一致している札）で返す必要はなく、合計して10万円を返還すれば足りる。

返済の時期は、当事者間の合意で定めている場合は定めた日までに返済をすればよいが、特に定めがない場合については、貸主は相当の期間を定めて返済を求めることができるとされている（民法591条1項）。たとえば、事例7－39では、BはAに対して、「今から1週間以内に返還せよ」と求めることができるのである。

民法上、消費貸借契約は、原則として無利息となっており、事例7－39のように、特に利息の定めがない場合には利息は発生しないことになる。また、利息を支払うこととしたものの、特に利率を定めていない場合は、年5分（5％）となる（民法404条。改正民法では3％、ただし変動制）。

それでは、事例7－40のように高額の利息を定めていた場合はどうだろうか。契約自由の原則からすれば、契約内容は自由に定めることができるのであるから、利息も当事者が自由に定められそうである。しかし、Dの定めた利息は、10日で3割の金利であり、これは年利にすると1095％にも及ぶ（いわゆるヤミ金は、10日で1割とか、中には、10日で5割の金利を取るところもある。ちなみに、業界用語では、10日で1割の貸付けのことを「トイチ」、10日で3割の貸付けのことを「トサン」という）。経済的に困窮している債務者につけ込み、このような高額の利率を設定することは、公序良俗に反し、無効であると考えられている（民法90条）。したがって、事例7－40では、利息を返済する必要がないばかりか、借り入れた10万円すら返済する必要はなく、むしろ、返済した金額があれば全額返還を求めることができると解釈されている（最高裁平成20年6月10日判決）。

事例7－41は、年利27％という金利であるが、これはテレビコマーシャルなどでよく見るような大手の消費者金融業者がかつて設定していた金利である。これは事例7－40のようなヤミ金ほどの高金利ではないが、銀行預金の低金利時代にあっては極めて高額な利率である。

この事例7－41を考えるにあたっては、利息制限法という法律を知っておく必要があるので簡単に説明しておく。利息制限法では、利率の上限を次のとおりに定めている（同法1条1項）。

・元本10万円未満　　年20％
・元本10万円以上100万円未満　　年18％
・元本100万円以上　　年15％

したがって事例7－41のように、年利27％という金利は、利息制限法に違反する金利である。ただ、これまで、大多数の貸金業者は、利息制限法に違反したとしても、直ちに罰則があるわけではなかったことから（罰則があったのは29.2％以上の金利を設定していた場合（旧出資法5条2項））、利息制限法を超過した金利を設定して貸付けを行っていたのである（利息制限法の定める金利を超えて29.2％までの金利を「グレーゾーン金利」と呼ぶ）。しかし、罰則はなかったとしても法律違反の貸付けであることには違いはなく、債務者が返済すべき利息は利息制限法の範囲内に限られる。そこで、事例7－41のような場合には、利率27％で計算している場合には現時点でも50万円残っているかもしれないが、利息制限法の定める利率18％に従って計算し直す（これを「引き直し計算」という）ことが可能なのである。

そして、利率18％で計算し直せば、今まで金利部分として支払っていた金額の一部が、金利ではなく元金に充当できることになることから、元金を相当程度圧縮することができるようになる。場合によっては、引き直し計算をした結果、返済しすぎとなっているため、金融業者に対して払いすぎた金額（これを「過払金（かばらいきん）」という）の返還を求めることができる場合もあるのである。

2010年６月18日に施行された改正貸金業法（これに伴い、利息制限法、出資法も改正された）では、罰則の対象となる金利を従来の29.2％から年利15〜20％に引き下げており、現在は、利息制限法の範囲内で貸付けがなされている。しかし、金利の引下げがされる前から借入れを行っていた債務者の場合には、過去の取引について引き直し計算をすることが可能である。成年被後見人が貸金業者から借入れをしていた場合には、安易に請求金額を返済するのではなく、利息制限法に基づいて引き直し計算をすることを検討すべきであろう（その場合、弁護士や司法書士に相談をすることをお勧めする）。

(8) 賃貸借（ちんたいしゃく）契約

(A) 賃貸人の義務

《事例７－42》

ＣはＢの成年後見人である。ＢはＡから建物を賃借し居住しているが、建物が雨漏りしている。ＣはＢから、雨漏りの修理をしてもらいたいと言われたが、どうすればよいだろうか。

ある人が目的物をある人から有償で受け取り、使用収益したのちにそれを返す契約のことを「賃貸借契約」という（民法601条）。賃料を支払って土地や建物を借りる場合や、レンタカーを借りるような場合が賃貸借契約に該当する。なお、賃料を支払わないで無償で借りる場合のことを「使用貸借契約」という（民法593条）。

賃貸借契約の場合、貸主のことを「賃貸人（ちんたいにん）」といい、借主のことを「賃借人（ちんしゃくにん）」という。

賃貸人には、次のような義務がある。

① 賃借人に目的物を使用収益させる義務（民法601条）

② 目的物の使用収益に必要な修繕をする義務（同法606条１項）

③ 賃借人が必要費を支出したときに直ちに償還する義務（同法608条１項）

④ 賃借人が有益費を支出したときに、賃貸借の終了時に、償還する義務（同法608条２項）

⑤ 担保責任（同法559条）

③について、必要費とは、屋根が壊れたとか柱が傷んでいるなどのように、賃借物を使用するために必要な費用のことである。④について、有益費とは、借家のトイレをシャワー式にしたり、通路をコンクリートにしたりするように、賃借物の使用に不可欠とはいえないが賃貸人にとっても有益となることに支出した費用のことである。

事例７－42のように、雨漏りがしている建物では使用し続けることに困難があることから、雨漏りの修理は必要な修繕といえる。したがって、ＣはＢの代理人としてＡに対して雨漏りの修繕を請求することができるし、Ｃ自ら修繕をした場合には直ちにＡに対して支出した費用を請求することができる。

(B) 賃借人の義務

《事例７－43》

ＢはＡの成年後見人である。ＡはＣから建物を賃借しているが、Ａが当分の間入院することとなったため、その間、Ａが借りていた建物を第三者Ｄに賃貸して、賃料収入を得ようと思っている。

賃借人には、次のような義務がある。

① 目的物を善良な管理者の注意をもって保存する義務（民法400条）
② 目的物を契約またはその目的物の性質による定まった用法に従って使用収益する義務（同法616条・594条１項）
③ 賃料を支払う義務（同法601条・614条）
④ 賃貸人の承諾なしに賃借権を譲渡したり、目的物を転貸（てんたい）してはならない（同法612条１項）

④について、賃借権を無断で譲渡したり、賃借物を無断で転貸する行為は、賃貸人と賃借人との信頼関係を破壊する行為であることから、このような行為がなされた場合、賃貸人は、賃借人との間の賃貸借契約を解除することが認められている（民法612条２項)。

事例７－43は、賃借物の転貸の事例である。そこで、ＢがＡの代理人として建物を第三者Ｄに賃貸（転貸）したい場合には、賃貸人Ｃの承諾が必要である。賃貸人Ｃの承諾なくＤに賃貸した場合には、ＡＣ間の賃貸借契約を解除されてしまうことがある。なお、転貸の承諾を求めた場合、賃貸人から承諾料を請求されることがある。

(C) 賃貸借契約の終了

《事例７－44》

ＢはＡの成年後見人である。Ａは、成年後見人が選任される前に、所有している建物をＣに賃貸していた。賃貸期間２年間であり、まもなく期間は満了する。２年間が経過すれば賃貸借契約は終了するのだろうか。

(a) 民法の原則

民法上、賃貸借契約の終了時期については以下のとおり定められている。

まず、契約に返還の時期を定めたときには、その定められた時期に契約は終了し、賃借人は返還しなければならなくなる。なお、返還時期が到来しても賃借人が賃借物の使用収益を続け、賃貸人の側も、そのことを知りながら特に何も言わずに黙っていたような場合には、前回の契約と同一の条件でさらに賃貸借契約をしたものと推定されることになっている（これを「黙示の更新」という)。

一方、契約に返還の時期を定めなかった場合には、各当事者は、いつでも解約の申入れをすることができ、それから一定期間が過ぎたときに目的物を返還することになる（民法617条１項)。

(b) 借地借家法

住居や店舗は人の生活に必須のものである。住居や店舗の賃貸借契約が容易に解消されてしまうことになっては、人は安定した生活を送ることができない。そこで、賃貸借契約が建物の所有や使用を目的とする場合には、借地借家法という特別法が適用され、賃借人の保護を図ることとなっている。たとえば、建物賃貸借契約において契約期間を定めていた場合でも、「当事者が期間の満了の1年前から6月前までの間に相手方に対して更新をしない旨の通知又は条件を変更しなければ更新をしない旨の通知をしなかったときは、従前の契約と同一の条件で契約を更新したものとみなす」とされている（借地借家法26条1項）。また、建物の賃貸人により更新をしない旨の通知をする場合には、正当の事由がなければならないと定め、正当の事由の判断に際しては、建物の賃貸人および賃借人が建物の使用を必要とする事情、建物の賃貸借に関する従前の経過、建物の利用状況、建物の現況、建物の賃貸人が立退料の申し出をしていることなどの事情を考慮することとしている（同法28条）。

事例7－44は、建物の使用を目的とする賃貸借契約であることから、借地借家法が適用されることになる。借地借家法の規定により、Bが契約期間満了に伴って賃貸借契約を終了させるためには、期間満了の6カ月以上前に契約を更新しない旨の通知をすることが必要であるし、しかも、建物が壊れそうになっているため建替えの必要があるとか、賃貸人であるA自身が居住する必要があるとか、相当の立退料を提供するなどの正当な事由がなければ終了させることができないのである。

以上のほかにも、借地借家法には借地人・借家人を保護するための詳細な規定がなされている。成年後見人等として借地や借家の問題（特に終了の問題）を取り扱う場合には、法律専門家に相談をすることが望ましいだろう。

(c) 賃料の支払いと賃貸借契約の解除

《事例7－45》

Ｂは A の成年後見人である。Aは、成年後見人が選任される前に、所有している建物をDに賃貸していた。Dは、当初は賃料を継続的に支払っていたが、ここ3カ月間は賃料を滞納している。BはAの代理人としてDとの間の賃貸借契約を解除したいと考えている。

賃借人は賃料の支払義務がある。この義務を怠って、賃料を滞納している場合には、履行遅滞による債務不履行に該当し、賃貸人は賃貸借契約を解除することが可能である（民法415条・545条1項）。

履行遅滞の場合には、相当な期間を定めて債務を履行せよと催告し、それでも履行しようとしないときに契約を解除することができることとなっている。事例7－45の場合も、BはDに対して、たとえば、「本書面到達後1週間以内に賃料を支払え」と催告する内容の内容証明郵便を提出し（【書式2】参照）、それでも賃料を支払わない場合には賃貸借契約を解除することができるようになる。

なお、内容証明郵便とは、○年○月○日に誰から誰に宛てて、どのような内容の文書が差し出されたかを、差出人が作成した謄本によって郵便事業株式会社が証明するサービスである。内容証明郵便を提出することによって、後日裁判を提起した場合に、契約解除の要件である「催告」をした事実を立証することが可能となる。

(9) 委任終了時の応急処分義務

成年後見等が終了した場合であっても、成年被後見人側（成年被後見人等、その相続人または法定代理人）が事務を処理することができるまでの間は、急迫の事情があるときは、

【書式2】 賃料の支払いを求める催告書（例）

ご通知

私は、成年被後見人・甲野太郎殿の成年後見人として、貴殿に対し以下のとおり通知します。

甲野殿は、平成○年○月○日に、貴殿に対し、後記1の建物を賃貸しましたが、貴殿は、賃料の支払いを滞るようになり、平成△年△月△日の時点で3か月分の賃料合計30万円を滞納しております。

つきましては、甲野殿の成年後見人として、貴殿に対し、未払賃料合計金30万円を本書面到達後1週間以内に後記2の銀行口座に振り込むよう催告します。

もし、上記期間内にお支払いがないときは、上記期間経過をもって、本件建物の賃貸借契約を解除いたします。この場合には、貴殿において本件建物を直ちに明け渡されるよう、あわせて通知いたします。

記

1　所在地
　名　称
2　銀　行
　支　店
　口　座
　口座番号
　名義人

平成　年　月　日

住所

甲野太郎殿成年後見人　乙　野　次　郎

住所

西野三郎殿

成年後見人等であった者は、必要な処分をしなければならない（民法874条による同法654条の準用）。

成年後見人等の辞任または解任による終了の場合には、同時に新たな成年後見人等が選任される。したがって、成年後見人等であった者は、直ちに新たな成年後見人等に対し事務を引き継がなくてはならない。したがって、この条文が問題となるのは、成年後見人等が死亡した場合である。

「急迫な事情」とは、直ちに事務の処理をしなければ、成年被後見人側が不測の損害を被る場合であり、債権の保全や倒壊のおそれのある家屋の修繕などが挙げられる。

この場合、成年後見人等であった者は、善良な管理者としての注意義務を負う。

この規定は従来、成年後見人等であった者が成年被後見人等の死後相続人に対し事務を引き継ぐまでの間必要な行為を行うための一般的な根拠規定として位置づけられていた。たとえば、成年被後見人等の生前発生していた医療費、介護費用、公共料金等の支払い等もこの規定が根拠とされている。

なお、現在成年後見については、円滑化法により新しく設けられた民法873条の2により、従来成年後見人であった者が成年被後見人の死後に処理する必要に迫られる多くの行為について、その権限が明文で位置づけられている（第11章❸参照）。

成年後見人等であった者による死後の事務処理は、例外的に認められるものである。したがって、その実施にあたっては、事前に家庭裁判所に報告し指示を受けるとともに、速やかに相続人に対し事務を引き継ぐ必要がある。

⑽ 事務管理

「事務管理」とは、義務がないのに他人の事務を処理する行為である。

成年後見人等であった者が成年被後見人等の死亡後相続人に対し成年被後見人等の財産を引き渡すまでの管理のうち、委任終了時の応急処分義務の対象とならない行為は、事務管理に該当する。この場合、次の条文の規定する「本人」とは、成年被後見人等の相続人を意味する。

（事務管理）

第697条　義務なく他人のために事務の管理を始めた者（以下……「管理者」という。）は、その事務の性質に従い、最も本人の利益に適合する方法によって、その事務の管理（以下「事務管理」という。）をしなければならない。

2　管理者は、本人の意思を知っているとき、又はこれを推知することができるときは、その意思に従って事務管理をしなければならない。

（管理者の通知義務）

第699条　管理者は、事務管理を始めたことを遅滞なく本人に通知しなければならない。ただし、本人が既にこれを知っているときは、この限りでない。

（管理者による事務管理の継続）

第700条　管理者は、本人又はその相続人若しくは法定代理人が管理をすることができるに至るまで、事務管理を継続しなければならない。ただし、事務管理の継続が本人の意思に反し、又は本人に不利であることが明らかであるときは、この限りでない。

事務管理は、民法上例外的な制度として位置づけられている。また、成年後見人等であった者が義務として始めなければならないものではない。したがって、事務管理の状態はできるだけ早期に解消することが望ましい。成年後見人等であった者は、成年被後見人等の死後その財産を速やかに相続人に対し引き渡すべきである。

⑾ 不法行為

《事例７－46》

ＢはＡの成年後見人である。Ａが１人で外を歩いていたところ、Ｃが運転する自転車にぶつかり、ケガをしてしまった。Ｃは、そば屋Ｄの従業員で、配達をする途中の出来事であった。

《事例７－47》

ＦはＥの成年後見人である。ある日、Ｅは駅ですれ違った人に対し暴行を加えて、全治2週間の傷害を負わせてしまった。

(A) 一般的不法行為

故意または過失によって他人の権利または法律上保護される利益を侵害する行為を「不法行為」という（民法709条）。不法行為をした加害者は、被害者に対して損害賠償をしなければならない。

それでは、具体的にはどのような場合に、加害者は被害者に対して不法行為に基づく損害賠償責任を負うのであろうか。

民法では、①加害者の故意または過失、②権利侵害、③損害の発生、④権利侵害と損害発生との間の因果関係、⑤加害者が責任能力を有していることの各要件を満たすことを要求している。

①の「故意」とは、わざと権利侵害を行うことであり、「過失」とは不注意で権利侵害を行うことである。ここでいう過失（不注意）とは、具体的には、予見可能性（予見義務違反）と結果回避可能性（回避義務違反）の２つに分けて考えられている。たとえば、事故の発生が予見できないような場合には加害者側には責任はないし、事故の発生を回避することが困難な場合にも加害者は責任を負わないのである。事例７－46では、Ｃが車道を自転車で走行していたときに、Ａが突然歩道から車道に飛び出してきたような場合には、Ａが突然飛び出してくることが予見できたのか、仮に予見できたとしてＡに衝突させることを回避できたのか、という点が問題となってくるのである。

次に、⑤の責任能力とは、自分の行為の責任を弁識する能力のことで、おおむね12歳程度の精神能力があれば責任能力があるとされている。事例７－47の場合に、成年被後見人であるＥに責任能力が認められないとすれば、Ｅは不法行為の要件を満たさないので、不法行為責任を負わないことになる（ただし、後記(C)参照）。

(B) 使用者責任

民法は、他人を使用して事業をする者（使用者）について、その他人（被用者）が事業を執行するにつき、第三者に加えた不法行為による損害を賠償しなければならないとしている（民法715条１項）。ただし、使用者が被用者の選任およびその事業の監督について相当の注意をしたとき、あるいは相当の注意をしても損害が生じたときは、例外的に賠償責任を負わないでよいこととされている（同項ただし書）。

したがって、事例７－46では、Ｃはそば屋Ｄの配達の途中であることから、Ｄの事業を執行するについて第三者に加えた不法行為に該当することになり、原則として、ＤもＢに対して使用者としての責任を負うことになる。

(C) 責任無能力者の監督責任

前述したとおり、責任能力のない者は不法行為責任を負わないとされている。その場合、監督義務者や監督義務者に代わって監督する者が賠償責任を負うこととなる（民法714条）。ただし、監督義務を怠らなかったこと、あるいは怠らなくても損害が生じた場合には、賠償責任を負わない（同条１項ただし書）。

事例７－47では、Ｅが責任無能力のため不法行為責任を負わない場合、Ｆが監督者として賠償責任を負う場合もあり得るか否かが問題となる。

この点について、最高裁判所平成28年３月１日第三小法廷判決は、成年後見人であることだけでは直ちに法定の監督義務者に該当するということはできないと判示した。そのうえで、法定の監督義務者に該当しない者であっても責任無能力者との身分関係や日常生活における接触状況に照らし、第三者に対する加害行為の防止に向けてその者が当該責任無能力者の監督を現に行いその態様が単なる事実上の監督を超えているなどその監督義務を引き受けたとみるべき特段の事情が認められる場合には、衡平の見地から法定の監督義務を負う者と同視してその者に対し民法714条に基づく損害賠償責任を問うことができる、とした。そして、ある者が、精神障害者に関し、このような法定の監督義務者に準ずべき者に当たるか否かは、その者自身の生活状況や心身の状況などとともに、精神障害者との親族関係の有無・濃淡、同居の有無その他の日常的な接触の程度、精神障害者の財産管理への関与の状況などその者と精神障害者とのかかわりの実情、精神障害者の心身の状況や日常生活における問題行動の有無・内容、これらに対応して行われている監護や介護の実態など諸般の事情を総合考慮して、その者が精神障害者を現に監督しているかあるいは監督することが可能かつ容易であるなど衡平の見地からその者に対し精神障害者の行為に係る責任を問うのが相当といえる客観的状況が認められるか否かという観点から判断すべきである、と判示した。

したがって、事例７－47においては、Ｆが民法714条に基づく損害賠償責任を問うか否かは、ＦとＥとの関係が上記最高裁判決のいう「特段の事情が認められる場合」に該当するか否かにかかっている。専門職後見人は、多くの場合被後見人との関係が「特段の事情が認められる場合」に該当しないものとみられ、責任を負うのは例外的場合に限られるものと考える。

6 消費者保護に関する法律

(1) 特定商取引法

《事例７－48》

Ａは、訪問販売で訪れたＢ株式会社のＣから、50万円もする高級羽毛布団を購入してしまったが、後になって購入したことを後悔している。

近時、高齢者または知的障害のある人を狙った消費者被害事件が多発している。このような消費者被害に対する解決策として、民法上の①意思無能力による契約無効の主張、②錯誤無効（改正民法では取消し）の主張、③詐欺・強迫を理由とする取消しの主張などのほか、特定商取引に関する法律（特定商取引法）、割賦販売法、消費者契約法による救済方法がある。

特定商取引法は、クーリング・オフや、虚偽説明などがあった場合の取消しについて規定している。

クーリング・オフとは、訪問販売などの一定の契約形態について、契約締結後一定の期間内は、無理由かつ無条件で解除できることを認めるという制度である。クーリング・オフの行使期間はそれぞれの法律で定められているが、訪問販売の場合は８日間となっている（特定商取引法９条）。また、契約書面を交付していない場合や契約書面の記載事項に不備がある場合は、クーリング・オフの期間は進行しないとされているため、いつでもクーリング・オフできることとなる。

【書式3】 クーリング・オフ書面（例）

ご通知

私は、貴社との間で以下のとおり購入契約をしましたが、契約を解除します。

契約年月日　○○年○月○日

商　品　名　羽毛布団

価　　　格　50万円

つきましては、受け取った商品についてはお引き取りいただき、既に売買代金として支払った金50万円は、直ちに私名義の口座（○○銀行○○支店・普通預金口座・口座番号1234567）に振り込んでくださるようお願いします。

平成○年○月○日

住所　〒

A（差出人氏名）

住所　〒

B株式会社　御中

事例7－48では、訪問販売により購入していることから、クーリング・オフの可能性を検討すべきであろう。訪問販売の場合、契約締結後8日以内であればクーリング・オフすることができるし、仮に8日を過ぎていたとしても、契約書面の記載事項に不備があるかもしれないので、あきらめずに各地の消費生活センターや法律専門家に相談すべきであろう。

特定商取引法は、2004年の改正により、消費者に商品の価格・性能等に関する重要事項を故意に告げない行為を虚偽説明と同様に罰則をもって禁止し（同法70条）、虚偽説明や重要事実について告知しないなどの方法によって違法に勧誘した場合には契約を取り消すことを認めるようになっている（同法9条の3等）。また、2008年の改正（2009年12月1日施行）では、執拗な勧誘による被害を防止するために、訪問販売業者に契約を締結しない旨の意思を示した者に対しては、当該契約の勧誘をすることを禁止する規定を設けたり（同法3条の2）、日常生活において通常必要とされる分量を著しく超える商品販売契約等については、消費者にその契約を結ぶ特別の事情がなければ、契約後1年間は消費者による契約の解除を可能とする規定を設ける（同法9条の2）などしている。さらに、近年、貴金属等の購入業者による消費者宅への強引な訪問購入に関するトラブルが急増していることを受け、2012年の改正によって、訪問購入業者に対する規制を設けるとともに、売主による一定期間内の解約を認める等の措置を講ずるようになった。

(2) 割賦販売法（かっぷはんばいほう）

《事例7－49》

Aは、C信販会社のクレジット契約を利用して、販売業者Bから宝石を購入したが、Bの宝石は偽物であることが後に判明した。そのため、Aは販売業者Bとの売買契約を取り消したが、C信販会社はAに対し、依然としてクレジット代金を請求し続けている。

「割賦販売」とは、売買代金を分割して定期的に支払うことを約束して行う売買のことをいう。現在、宝石、自動車、家庭用電化製品、パソコン、化粧品等、あらゆる商品がクレジットを利用することによって販売されている。

割賦販売法では、このようにクレジット契約を利用して商品を購入した場合に、販売業者との間で売買契約の債務不履行や無効、取消し、解除の問題が発生し、代金支払義務が消滅する事情が生じた場合には、そのことをもって信販会社に対して支払いを拒絶することができることとしている（同法30条の4・35条の3の19）。

事例7－49でも、この規定に基づき、AはC信販会社に対して、「販売業者Bとの契約は詐欺によって取り消して代金支払義務がなくなったのであるから、クレジット契約の分割金も支払いません」と主張することができる。

(3) 消費者契約法

《事例7－50》

Aの自宅に訪問販売業者Bの販売員Cが訪れた。AはCに対して「商品はいりませんので帰ってください」と何度も頼んだが、Cは居座り続けた。そこでAは根負けしてB社の商品を購入してしまった。

消費者契約法では、契約締結段階において、事業者が消費者に対し、わざと事実と異なる情報を提供したり、重要な情報をあえて提供しなかったり、消費者を困惑させて勧誘をしたりした場合には、契約を取り消すことができると定めている（同法4条）。なお、2017年（平成29年）6月3日施行の改正消費者契約法では、消費者契約の目的となるものの分量等が当該消費者にとっての通常の分量等を著しく超えるものであることを勧誘の際に事業者が知っていた場合において、消費者が、その勧誘によって当該消費者契約の申込みまたは承諾の意思表示をしたときに取り消すことができることとした（同法4条4項）。

事例7－50のように、Aが何度も帰るように話しているのに販売員が居座り続けてAを困惑させて契約をさせたような場合には、消費者契約法4条3項に基づき契約を取り消すことができる。なお、2018年（平成30年）の改正（2019年6月15日施行）では、加齢等による判断能力の低下を不当に利用してなされた勧誘により契約した場合に、その契約を取り消しうることが同項に追加されている。

消費者契約法に基づく契約の取消しは、追認できる時（提供されていた情報が虚偽であることを知った時や困惑の状態が解消された時）から1年または契約締結の時から5年以内に主張しなければならないとされている（同法7条）。

また、消費者契約法では、消費者が事業者と締結した契約条項のうち、事業者の損害賠償の責任を免除する条項や、消費者の利益を一方的に害する条項などは無効となる（同法8条～10条）。たとえば、施設入所契約について、「当施設内で発生した人的・物的損害については、当施設は一切の責任を負いません」という条項は、消費者契約法8条により無効であるため、消費者は、免責条項にかかわらず事業者に対して損害賠償を請求できることとなる。なお、契約の無効を主張しうる期間には制限がない。

なお、消費者契約法は、消費者と事業者との間における契約に適用されており（同法２条）、消費者同士や事業者同士の契約には適用されないことに注意されたい。

7 民事訴訟、民事執行、民事保全、倒産

《事例７－51》

認知症高齢者のＡは、土地を所有していたが、意思能力がないにもかかわらず第三者Ｃとの間で売買契約を締結し、土地はＣ名義となってしまった。その後、Ａのために成年後見人としてＢが選任された。Ｂとしては、ＡのためにＣに対して土地の返還を求めたいと思っているが、どのようにしたらよいだろうか。

《事例７－52》

事例７－51のケースで、成年後見人ＢがＡの財産調査をしたところ、Ａは今から９年前に友人Ｄに対して1000万円を貸していたことが判明した（当時、Ａの判断能力はあった）。ＢとしてはＤに対して1000万円の請求をしたいと思っているが、どのようにしたらよいだろうか。

(1) 民事訴訟

事例７－51について、ＡとＣとの売買契約締結当時、Ａが意思無能力者であれば、Ａの意思表示は無効となり、売買契約も無効となる。したがって、法律上は、ＡはＣに対して、土地の返還を求めることができることになる。したがって、Ｃが契約は無効であることを認めて、土地の登記を戻してくれたり、土地を返還してくれるのであれば、特に問題はない。また、事例７－52について、ＤがＡからの借金の存在を認め、1000万円の支払いをしてくれるのであれば、特に問題はない。

問題は、Ｃが「Ａは売買契約締結当時、意思能力はあった。だから契約は有効である」と争ったり、「返す」と約束しながらも一向に返還する様子がないような場合、また、Ｄが「Ａから1000万円など借り入れたことはない」とか「すでに弁済済みである」として争ったり、「Ａから1000万円を借りているが、返せるだけの経済的余裕がない」と言って返還しようとしない場合である。

このように、債務者が任意に債務の履行をしてくれない場合に、債権者が権利を実現するためには裁判所に民事訴訟を提起する必要がある。民法上の権利は、民事訴訟を提起し、その訴訟に対する判決が確定してはじめて強制力を持った権利となることができる。

法定の成年後見人は本人の代理人として、自ら訴訟提起をすることが可能である。また、保佐人・補助人も、代理権が付与されている場合には、自ら訴訟提起をすることが可能である。もちろん、法定後見人は、弁護士を訴訟代理人として訴訟提起をすることも可能である。一方、任意後見人については、代理権目録の内容にもよるが、自らが訴訟代理人となって訴訟提起をするという代理権を授与することができるのは、弁護士による任意後見の場合に限られている。

さて、事例7－51では、BがAの代理人として訴訟提起をする場合には、土地の存在する場所または被告となるCの住所地を管轄する地方裁判所に、「所有権に基づく土地返還請求訴訟」を提起することになる。その訴訟の中で、BはAが意思無能力者であるため本件売買契約は無効であるということを主張する。そして、その主張を裏づけるために、裁判手続の過程で、近親者の証人尋問を行ったり、場合によっては医師による精神鑑定を行うなどの証拠調べが行われる。裁判所は、双方の主張について、提出された証拠に基づき、事実認定を行い、判決を下すことになる。

このような一連の裁判手続について定めた法律が民事訴訟法である。

一方、事例7－52では、BはAの代理人として訴訟提起をする場合には、原告となるAまたは被告となるDの住所地を管轄する地方裁判所に、「貸金返還（かしきんへんかん）請求訴訟」を提起することになる。その中で、Bは、Aが9年前にDに対して1000万円を貸し渡した事実を主張し、その事実を裏づける証拠資料（契約書等）を提出することになる。被告であるDの側で「すでに弁済済みである」と主張するのであれば、弁済の事実を裏づける証拠資料（領収書等）を提出することになる。裁判所は、双方の主張について、提出された証拠に基づき、事実認定を行い、判決を下すことになる。なお、被告の側で「支払能力がない」という主張をしたとしても、そのことは裁判の結論に影響を及ぼさない。

民事訴訟については、弁護士を依頼しないで当事者本人でも訴訟を遂行することは可能であるが、手続的には困難なことも多く、少なくとも、訴訟提起前には弁護士等の法律専門家とよく相談をしておくことが望ましい。

なお、民事訴訟を提起するためには、裁判所に印紙を納めるなど裁判費用がかかるが、経済的に困窮している者の場合には、「訴訟救助」という制度もある（民事訴訟法82条以下）。この点も法律専門家または裁判所に尋ねられたい。

地方裁判所が判決を下した場合、2週間以内に高等裁判所に不服申立て（控訴）がなされない場合には、その判決は確定する。一方、2週間以内に高等裁判所に不服申立て（控訴）がなされた場合には、高等裁判所で審理が行われることになる。日本の裁判は、三審制を採用しており、高等裁判所の判決の後、最高裁判所で審理してもらうために上告をすることもできる（なお、訴訟の価額が140万円以下の請求の場合、第一審の裁判は簡易裁判所となる。そして、簡易裁判所の判決に不服があるときは、第二審は地方裁判所に、第三審は高等裁判所で審理されることになる）。

判決が確定してはじめて、当該権利は強制力を持つことになる。

(2) 民事執行

事例7－51でBがAの成年後見人として民事訴訟を提起し、所有権に基づく土地返還請求訴訟で勝訴判決を得て、同判決が確定したとしよう。そうすると、AのCに対する権利は強制力を有することになる。この判決に基づいてCが土地を返却してくれればよいが、Cが土地を返却してくれない場合、Bはどうしたらよいだろうか。

このような場合には、BはAの代理人として、裁判所に対して、強制執行（民事執行）を求めることになる。すでに述べたとおり、わが国の民法上、権利を自力で実現することは認められていない。たとえば、事例7－51でCが土地を返却しないで建物を建てて居座っているという場合に、BがCの建てた建物を自分で壊し始めたとしたら、それは建造物損壊等の犯罪（刑法260条）に該当しかねない。判決が確定した場合でも、権利を強制的に実現するためには、裁判所の手続が必要なのである。このための手続について定めたのが民事執行法である。

事例7－51では、民事執行手続により、執行官がCを土地から直接的に追い出したり、Cが建てた建物があるのであれば、第三者に建物を壊させてCにその費用を負担させたり（代替執行）することによって実現することになる。

これではじめて債権者は権利を実現することができるのである。

一方、事例7－52で、AのDに対する貸金返還請求を認容する判決が下され、同判決が確定したにもかかわらず、Dが支払いをしない場合には、どうしたらよいだろうか。

この場合、Aの成年後見人であるBとしては、AのDに対する金銭債権を実行するために、Dの財産を調査し、Dの勤務先の給料を差し押さえたり、Dの銀行預金を差し押さえたり、Dの所有する不動産や自動車等を差し押さえて競売に付したりすることが可能である。

(3) 民事保全

事例7－51で、BがAの代理人としてCに対して土地の返還請求訴訟を提起したところ、Cが同土地を第三者Xに転売してしまった場合は、BがCに対して提起した訴訟はどうなるだろうか。

民事訴訟法では、Cに対する訴訟で勝訴判決を得たとしても、その判決の効力は訴訟当事者にしか及ばないとされている。したがって、Cに対して勝訴判決を得たとしても、第三者Xに対して強制的に立ち退きを求めるためには、あらためてXに対して訴訟を提起しなければならなくなる。しかし、これでは、土地が転々譲渡されれば永遠に強制執行をすることができなくなってしまうおそれもある。

このような場合、判決により確定した権利の実現をあらかじめ保全するための手続が必要となるが、これについて定めたのが民事保全法である。

事例7－51の場合、民事保全法では、BがCに対して訴訟提起をする場合に、Cに対して、「第三者に土地を売買したり、賃貸してはならない」とする仮処分を求めることができることを定めている。この仮処分が認められた場合には、登記上もその旨の記載がなされることから、Cは第三者に売買をしたり、賃貸をすることができなくなる。このようにして訴訟の相手方を特定することが可能になるのである。

一方、事例7－52では、BがAの代理人としてDに対して貸金返還請求訴訟を提起したところ、Dが判決後の差押えを免れるために土地を譲渡してしまったり、銀行預金を引き下ろしてしまうことも起こりうる。そのようなことをされてしまうと、Bは事実上、Dから回収をすることが困難となってしまう。そこで、民事保全法では、このような場合に、民事訴訟によって確定判決が出る前に、債務者Dの所有している財産等を仮に差し押さえることも認めている。

以上の裁判手続については、複雑な訴訟上のルールが細かく定められているので、あらかじめ、弁護士に相談することをお勧めする。

⑷　倒　産

《事例7－53》

Ｂは Ａの成年後見人である。ＢがＡの財産調査を行ったところ、Ａには多額の負債があり、約定どおりに返済することは不可能であることが判明した。

借金等の債務を支払うことができなくなり、経済活動をそのまま続けることができなくなった状態のことを「倒産」という。

倒産に関しては、破産法、特別清算（会社法）、民事再生法、会社更生法による法制度があるが、ここでは、個人が対象となりうる破産と個人再生（民事再生法）の2つについて説明しておこう。

(A)　破　産

「破産」とは、わかりやすくいえば、裁判所の手続によって債務者の責任をすべて免除してもらう（免責）ための制度であるといえよう。近年、多重債務を抱えてしまい、経済的に破綻した人が自殺をしてしまうということも増えてきているが、このような人々でも、破産制度により経済的な更生を図ることが可能となる。もちろん、債権者にとっては、債権を請求することができなくなり、多大なダメージを負うことになってしまうことから、裁判所も、どのような場合にも免責を認めてくれるわけではない。たとえば、ギャンブルや浪費、ウソをついて借金をしたような場合には、免責が不許可となることがある。また、免責が認められたとしても、税金、破産者が悪意で加えた不法行為に基づく損害賠償請求権、破産者が故意または重大な過失により加えた人の生命または身体を害する不法行為に基づく損害賠償請求権、夫婦間の協力および扶助の義務、婚姻から生ずる費用の分担の義務、子の監護に関する義務、扶養の義務などは免責されないこととなっている（非免責債権）。

(B)　個人再生

「個人再生手続」とは、わかりやすくいえば、一定の金額を支払えば残りの金額は免除する、という制度である。「一定の金額」の基準について法律では細かく規定がなされているが、たとえば、500万円から1500万円の借金を抱えている人の場合には、3年以内に借金の5分の1の金額を返済すれば、残りの5分の4の債務は免除されることになる。個人再生の場合には、ギャンブルや浪費によって生じた債務でも利用することが可能である。また、債務者が住宅ローンの付いた不動産を所有している場合、破産を利用する場合には不動産を手放さなければならなくなるが、個人再生の場合には、所有不動産を手放さないでも利用することが可能である。基本的には従前どおりの条件で住宅ローンを支払うことが条件となるが、その他の債務については、一定の金額を支払えば、残りの金額は免除されることになる。

(C)　選択にあたって

破産の手続を利用するか、それとも個人再生の手続を利用するかは、債務者個人の意向、住宅の有無、返済可能性等の状況に応じて変わってくるが、最低弁済額の試算等複雑な計算が必要な場合もあり、法律専門家に相談をしながら手続選択をすることが望ましい。

第8章 財産管理のための知識

1 財産管理に関する基本的事項

(1) 身上監護と財産管理の関係

後見事務は、「財産管理」と「身上監護」に大別される。第三者後見人として、財産管理を主とした後見事務の場合には弁護士や司法書士が選任され、身上監護を主とした後見事務の場合には社会福祉士が選任されることがよくある。しかし、財産管理といっても、単に保全するだけでよいわけではなく、身上配慮義務に基づいて成年被後見人等の生活のために、つまりは身上監護を遂行するために財産が利用されなければならない。

(2) 財産管理

成年後見人等に求められる「財産管理」は、「保全」と「処分」、そして広い意味での「利用や活用」となる。財産の保全とは財産の現状を維持することで、贅沢（ぜいたく）や浪費により預貯金が減らないように管理すること、あるいは家屋の修理なども含まれる。

一方、成年後見人等には、成年被後見人等の財産を単に保全するだけではなく、成年被後見人等にとって財産をいかに利用していくかも問われている。具体的には、預貯金契約、不動産の処分（売買）、不動産の賃貸借などがあげられる。そして、ここで得た金銭によって身上監護、たとえば、施設の入所契約、ホームヘルパーの利用契約、医療契約などを進めていくことになる。このような点で財産の処分は、処分後の金銭の利用を考えると重要な事務といえよう。

また、株式や有価証券の管理を行う場合、財産の運用という視点も生まれてくる。しかし、成年後見人等に求められるのは、財産を殖やすことではなく、元本が減らないように安全に管理することである。同様に、成年被後見人等がそれまで経営していたアパートや駐車場などの管理も成年後見人等に求められることになる。

そして、財産管理に関し成年後見人等に求められる重要な役割として、財産の利用もある。成年被後見人等の意思を尊重した生活を維持していくために成年被後見人等の持つ金銭を適切に利用・消費していくことは重要である。長期にわたり施設に入所している障害者に成年後見人等が選任されていない場合に、本人の生活を豊かにするために、あるいは地域生活を進めるために障害基礎年金が利用されることがなく、結局、数百万円ないし1000万円を超える預貯金が残っているという話をしばしば聞くことがある。成年後見人等が選任される手段がありながら、その手続が煩雑であるなどの理由から何も手配せずに財産を利用することがないのであれば、施設の職員にとっても、また福祉事務所のケースワーカーなど福祉関係者にとっても、十分にその職責を果たしているとはいえないだろう。

成年後見人等としては、長期的な視点に立って、成年被後見人等の生活・福祉のために適切に財産・金銭を利用していくという視点が後見事務に不可欠となる。

(3) 取消権の運用

判断能力が不十分となった成年被後見人等の生活の安全性を維持するために、成年後見人等には取消権が付与されている（民法9条・13条・17条・120条）。

しかし、この取消権の行使には十分な配慮が必要である。なぜならば、取消権の行使とは、成年被後見人等の自己決定権への介入になるからである。後見事務には常に本人の意思の尊重と本人の保護のバランスが求められている。仮に、成年被後見人等が成年後見人等からみて最も望ましい決定をしていなかったとしても、それが直ちに取消権の行使につながるわけではないことに注意が必要である。頻繁に取消権を行使されることで成年後見人等と成年被後見人等との人間関係に齟齬（そご）が生じる危険がある。一方で、取消権の行使に躊躇（ちゅうちょ）したため成年被後見人等に多大な損害を与える危険もある。

したがって、取消権を行使するかどうかは、公序良俗や一般性、行為の不可逆性、そして自己決定を尊重する視点から検討する必要がある。

2 財産管理の具体的方法

(1) 郵便物等の回送嘱託審判

《事例８－１》

Ａは自宅で一人暮らししているが、認知症も進み、財産管理ができない状態であるため、後見開始の審判がされ、Ｂ（社会福祉士）が成年後見人に選任された。Ａは通帳や郵便物を散逸してしまい、遠方の親族からの協力が得られず、Ｂは財産に関する郵便物の内容を確認することができない。

成年被後見人宛の郵便物等の中には金融機関からの預金や株式に関する通知、介護・福祉サービスに関する請求書等があり、成年後見人はその事務を行ううえで日常的に郵便物等の受領と内容の確認を行っている。

これは、何人にも本人の通信の秘密（憲法21条２項後段）が保障されている一方において、成年被後見人は郵便物を確実に受領して内容物を確認することができない場合が多く、場合によっては送付・送達されてきた貸金業者からの督促状や裁判所からの訴状等を放置すると成年被後見人に不利益が生じる場合もあるため、成年後見人は遺漏なくこれらの受領・確認して適切に対応するとともに、その財産・負債・収入・支出項目を把握して受領・管理し、受けるサービス費用等を遅滞なく支払う必要があるためである。

しかし、成年被後見人と同居していない第三者後見人は遺漏なく郵便物の交付を受けることが困難な場合がある。

そこで、平成28年10月施行の円滑化法による民法改正により、家庭裁判所は、成年後見人が成年被後見人の財産を正確に把握し適切な財産管理を行うために必要がある場合は、成年後見人の請求により、信書の送達を行う事業者（たとえば日本郵便株式会社）に対し、期間を定めて、成年被後見人宛て郵便物等を成年後見人に配達すべき旨を嘱託する配達の嘱託することができる（回送嘱託。民法860条の２第１項）こととされた。このうち重要な要件は回送嘱託の必要性であるが、成年後見人自らまたは親族や施設等の協力を得て行うことができない場合が該当する。財産管理と身上監護に業務分掌されている場合は、財産管理担当の成年後見人が申し立てるか、その同意を得て身上監護担当の成年後見人が申立てをする。

その期間は６カ月を超えることができない（同条２項)。条文上は、嘱託期間がいったん満了した後にやむを得ない事由によりさらに郵便物等の回送を行う必要がある場合は、再度申立てをすることはできると解されるが、認められる場合は少ない。

なお郵便等の回送嘱託の申立ては保佐人・補助人は認められていない。

ところで、成年後見人は、成年被後見人宛て郵便物等を受領したときは開被することができるが、成年後見人の事務に関しないものは速やかに成年被後見人に交付しなければならず、成年被後見人は、成年後見人に対し、交付されていない郵便物等の閲覧を求めることができる（民法860条の３)。

よって、事例８－１のような場合、成年後見人は、郵便物等の回送嘱託の申立てを行い、原則として最長６カ月間の回送を受けて、郵便物の送付元を特定して財産・負債・収入・支出の内容を把握し、以後の郵便物の送付先を成年被後見人に変更する等の必要な措置を講ずることが有用である。

(2)　不動産の維持・管理

《事例８－２》

本人は高齢者施設で生活をしており、在宅での生活は望めそうにない状況にある。成年後見人は、持ち家である本人の自宅も管理しているが、仕事が忙しく、なかなかメンテナンスに時間をかけることができないでいたところ、近隣の方から雑草が生い茂って地域の防犯上でも問題となるので、早急に対処してもらえないかと申し入れがあった。

地方自治体でも空き家対策が問題となっている現状では、成年後見人の職務として、居住用不動産の管理は大事である。たとえ本人の在宅生活が望めそうにない状況であったとしても、放っておいてよいわけではない。草刈りや家自体のメンテナンス作業は欠かしてはならない。ただし、これらの作業は成年後見人自身が行う必要はない。成年後見人が草刈りやメンテナンスをお願いする業者を手配し、ふだんの防犯上の管理では定期的に見にいったりセキュリティ会社を利用するなど、本人の資産との兼ね合いもあるが、少しの工夫で対応することができるだろう。

また、居住用不動産として用をなさないようであれば、処分することも検討しなければならないだろう。この場合は、推定相続人との話し合いも必要になる可能性もあり、その部分で具体的な手続も検討する必要がある。これらを処理したうえで居住用の不動産処分について家庭裁判所に審判を求めることが必要となるだろう。

(3)　不動産の処分

《事例８－３》

Ａは、現在、在宅で独居生活をしているが、認知症も進み、在宅での生活が困難となってきた。成年後見人であるB（社会福祉士）は、Aとも相談をしたところ、Aとしても、よい有料老人ホームがあれば入りたいと言っている。しかし、現在Aには預貯金はほとんどなく、有料老人ホームに入所するためには、現在居住している自宅の土地建物を売却するしか方法がない。

(A) 一般的な注意事項

まず、一般的に不動産の売買に関する注意事項を述べることとする。

準備としては、不動産の権利証（登記済権利証もしくは登記識別情報）と実印および3カ月以内に発行された印鑑証明書および不動産の固定資産評価証明書が必要である。成年後見人として売却するのであれば、成年後見人の登記事項証明書、その実印および印鑑証明書が必要となる。また、土地の境界を確定した測量が必要である。さらに、不動産に抵当権が設定されているのであれば、債権者に対して、「売買したいので代金受領の時に残債務全額を支払うのと引換えに、抵当権の抹消登記手続に協力してほしい」と申入れをして、協力を得ておく必要がある。

実際に契約書を取り交わすときには、契約の条件（手付の金額、引渡しの時期、植木の帰属や撤去等についての特約が必要な場合はその条件、抵当権等の抹消手続等）についても話合いをして、細部まで定めておく必要がある。

手付金は、解約手付が原則であり、買主は支払った手付金を放棄すればいつでも解約できるし、売主は支払いを受けた手付金を返して、さらに同額を支払うことによって契約を解除することができる。

残代金の支払いと不動産の引渡しは、契約で定めた期日に行うが、このとき、登記手続に必要な一切の書類の授受も行うのが通常である。また、抵当権等の登記があれば、抵当権者等の債権者から、抹消登記手続に必要な書面の交付を受ける。

不動産の登記手続のためには、買主側で司法書士を依頼することが多い。また、不動産を売却した場合には、売主には譲渡所得税、買主には不動産取得税などがかかるし、不動産の贈与を受けたときは、受贈者には贈与税がかかる。特に、譲渡所得税にはさまざまな特例もあるため、不動産の売却にあたっては、事前に税理士に相談をしておくことが必要である。

(B) 居住用不動産の処分の許可

また、事例8－3は、居住用不動産であることから、居住用不動産の売却に関する注意点についても述べておく。

居住の用に供する建物またはその敷地の処分は、事前に家庭裁判所の許可を得なければならない（民法859条の3）。仮に、家庭裁判所の許可を受けないで処分行為を行った場合には、その処分行為は無効となると解釈されている。これは、成年被後見人の自宅が、成年被後見人にとって単に財産的価値を有するというだけでなく、日々生活をしてきた場であり、精神的支えの場としての役割を果たしてきたことに着目したことから求められている手続である。

まず、事例8－3のような場合、入居先の選択が適正になされたか否かが第1の検討事項となる。そこに入居するメリットは何か、それは本当に成年被後見人の福祉の増進につながるものか否か、他施設に比べて何がよいのかなどの検討が重要となる。そのほか、自宅を処分した場合に成年被後見人が得られる金額の予測（売買価格の予想、売買に必要な仲介手数料、印紙代、抵当権等の抹消登記費用、譲渡所得税の額の確認）、有料老人ホームの入居に必要な額（入居一時金または有料老人ホーム利用権購入のための価格、必要な場合は業者手数料の額、入居一時金の償却条件、継続的に支払わなければならない月々の費用、介護を要する場合にはそのためのプラス費用の額等）をそれぞれ厳密に確認して、経済的に成り立つか否かを検討する。また、入所施設における介護の質、施設の理念や姿勢、必要なときに適切な医療が望めるか否か、生活をするうえでどの程度の自由度が保障されているか、家族が訪問しやすい場所的環境、施設側の環境、身元引受人には誰がなるのか、特に成年被後見人の将来の生活費など必要資金に不安はないのかなども検討する必要がある。

第2に、その方針決定に、家族等の他の者の利害や他の目的が影響していないか、家族の賛成の動機に不純な点はないかも重要な判断事項となる。特に、自宅処分の際、家族が代金の一部の取得を考えていないかということは、大切な判断要素となる。

以上についての正確な情報をもとに、成年後見人の見識に照らして、その処分と新しい入居先が真に成年被後見人のために有益なのか、必要なのかを判断することとなる。

法的な手続としては、居住用不動産の処分をするためには、事前に家庭裁判所の許可を得る必要があるが、この許可申立書には、売却等の必要性を記載することが求められる。また、許可申立ての対象となる不動産の登記事項証明書等の添付書類のほか、家庭裁判所によっては、具体的な売買契約書等の案、固定資産評価証明書、不動産業者作成の査定書等の提出を求められることがある。家庭裁判所は、これらの資料をもとに居住用不動産の売却について許可の判断を下すことになるが、必ずしもすべての事案で許可が下りるわけではないため、買主等との交渉にあたっては、家庭裁判所の許可があってはじめて可能な売買等であることを十分に理解してもらっておくことが必要である。

(4) 税務手続

《事例8－4》

AはBの成年後見人である。

① Bが年金収入しかない場合、Aは確定申告をする必要があるのだろうか。

② Bが夫の財産を相続した場合、Aは確定申告をする必要があるのだろうか。

③ AがBの成年後見人として、B所有の不動産を売却した場合、Aは確定申告をする必要があるのだろうか。

事例8－4①のように、成年被後見人の収入が年金だけであって、源泉徴収されているような場合、確定申告すると相当の控除があり、場合によっては還付されることもありうる。特に、成年被後見人が医療機関に入院・通院している事案では、医療費の領収書を添付して確定申告をすることによって、相当程度の控除を受けることが可能であるので、注意が必要である。したがって、事例8－4①でも、成年被後見人に発行される源泉徴収票を入手し、確定申告の必要性を検討することが必要である。また、障害者控除等の適用を受ける検討も必要である。なお、還付の申告は3月15日を過ぎていても受け付けられる。還付金の入金口座は、成年後見人名義の口座でも可能である。

さらに、成年被後見人が非課税となる場合、市から健康保険限度額適用・標準負担額減額認定証を受けることにより入院時一時負担金や食事にかかる標準負担額の減額を受けることができるので、病院などに確認して入手することも必要である。

事例8－4②のように、成年被後見人が財産を相続した場合には、相続開始の日（被相続人の死亡の時）から10カ月以内に、被相続人の住所を管轄する税務署に相続税の申告書を提出し、申告期限までに税額を納付しなければならない。遺産分割の協議が成立していない場合でも、法定相続分に応じて相続財産を取得したとみなして相続税の申告と納付を行う必要がある。相続税については、基礎控除や配偶者控除などもあり（第9章3⑿参照）、特に相続財産が高額な場合には、税理士に相談をしながら手続を進めることが望ましいであろう。

事例8－4③のように、成年被後見人の所有不動産を売却した場合には、譲渡所得の申告をしなければならない。譲渡所得の申告は、資産を譲渡した日の属する年の翌年の2月16日～3月15日の間に行う必要がある。夫婦が離婚したときに土地や建物などを財産分与した場合にも、譲渡所得の課税が行われる。譲渡所得は、土地や建物を売った金額から、取得費（売った土地や建物を買い入れたときの購入代金、購入手数料など）、譲渡費用（仲介手数料、登記費用など）の譲渡費用を差し引いて計算される。不動産の譲渡所得税については、不動産の所有期間によって税額の計算方法が異なったり、居住用不動産については特別控除が認められるなど、複雑な問題もあるため、税理士に相談しながら手続を進めることが望ましいであろう。

(5) 債務（借金）

《事例8－5》

ＡはＢの成年後見人である。先日、ＡがＢの自宅を訪問したところ、Ｂ宛てに金融機関からの支払いを催促する手紙が届いていた。ＡがＢに確認したところ、「あまりよくわからない」との返事を繰り返すのみである。Ａとしては、どのように対応したらよいだろうか。

成年後見人は、成年被後見人の財産管理の権限を有しており、その権限を行使するにあたっては、善良なる管理者としての注意義務（善管注意義務）を負っている。

したがって、成年被後見人が債務を負っているにもかかわらず、支払いをしないまま放置していたずらに利息を発生させることは、善良なる管理者としての注意義務を怠っていることになるだろう。

しかし、一方で、成年被後見人が債務を負っていないにもかかわらず、債権者と称する者に支払いをして、いたずらに成年被後見人の財産を減少させることも、善良なる管理者としての注意義務を怠ったことになる。

そこで、成年被後見人の債務（借金）については、成年被後見人に債務の存在を確認するとともに、債権者に対しても、金銭消費貸借契約書の有無、貸付けの趣旨、これまでの返済状況などを確認し、成年被後見人の債務の状況を把握することが先決である。

その結果、成年被後見人の債務が明らかになった場合には、成年被後見人の財産から全額を弁済することが可能であるか、可能でない場合にはどのような方法で弁済することが可能であるかを検討することになる。

成年被後見人の財産から全額を弁済することが可能でない場合には、債務の内容によって優先順位を考える必要がある。その場合、特に、介護保険料や、国民健康保険料、家賃、水道・光熱費、入院費、固定資産税などの弁済を怠った場合には、サービスや利用を制限されたり、直ちに強制執行を受けることもありうるので、できる限り優先的に弁済をする必要がある。

消費者金融業者からの借金については、債務の存在が確認できたとしても、利息制限法による引き直し計算（第7章5(7)参照）や、消滅時効を主張すること（第7章3参照）によって、債務を減額させたり、債務の不存在を主張することができる場合もあることから、慎重に対応することが望まれる。消費者金融業者からの借金については、速やかに弁護士や司法書士の法律専門家に相談をすることが望ましい。

また、成年被後見人のプラスの財産より債務のほうが多い場合には、自己破産（第7章7(4)参照）や生活保護の申請も検討しなければならない。

生活困窮者の場合には、日本司法支援センター（法テラス）を利用することによって、弁護士や司法書士に依頼することが可能である（第4章6(2)参照）。

(6) 相続手続

《事例8－6》

A（社会福祉士）はBの成年後見人として活動をしている。先日、Bの父が亡くなり、Bは他の兄弟2人とともに父親の遺産を相続することになった。

成年被後見人が相続人となる遺産分割においては、原則として、成年被後見人の法定相続分を確保する必要がある。事例8－6では、Bを含む3人の子どもが法定相続人であるならば、それぞれの法定相続分は3分の1となることから、原則として遺産の3分の1を下回る内容の遺産分割協議を行ってはならない（なお、法定相続分については、第9章3(3)を参照されたい）。原則として、相続放棄をすることも認められないが、成年被後見人の債務超過が明らかな場合には、相続放棄が認められることもある。

仮に、Bの父がすべての財産を第三者に遺贈するという遺言を作成していた場合でも、成年後見人としては、成年被後見人の遺留分を確保しなければならない。そこで、成年後見人としては、遺贈を受けた者に対して、遺贈の存在を知った時から1年以内に遺留分減殺請求権を行使する必要がある（民法1042条）（なお、遺留分については、第9章3(9)を参照されたい）。

また、相続税対策などの理由から、成年被後見人の財産を親族に生前贈与することは認められないし、成年被後見人の不動産を親族や他人に贈与したり、低価格で売却することも許されない。

《事例8－7》

CとDは兄弟である。CはDの成年後見人であるが、先日、CとDの父が亡くなったため、遺産分割をする必要が生じた。

事例8－7において、遺言がないのであれば、CとDの2人で遺産分割協議をする必要がある。Dに判断能力がなく、成年後見人が選任されているのであれば、本来、成年後見人が代理人として遺産分割協議をするのであるが、事例８－７のように、成年後見人自身も法定相続人であるような場合には、成年被後見人と成年後見人との間で利害が対立し、利益相反の関係となる。このような場合には、成年後見人から家庭裁判所に特別代理人の選任を求める審判を申し立てる必要がある。

家庭裁判所は、利益が相反する行為の具体的な内容を考慮して、成年被後見人と利益が相反せず、成年被後見人のために公正な代理権を行使できる人を特別代理人として選任する。なお、成年後見監督人が選任されている場合は、成年後見監督人が成年被後見人を代理するので、特別代理人の選任を求める必要はない（民法851条４号・860条）。

なお、平成30年に成立した民法改正（相続法）の内容については、第９章❸を参照されたい。

❸　終了事務の留意点（死後事務）

《事例８－８》

成年被後見人Ａが突然死亡し、成年後見人Ｂは火葬費用等に必要な現金をあらかじめ用意していない。なお、Ａの相続人に火葬等に関する協力は得られない。

成年被後見人が死亡した場合、成年後見は当然に終了し、成年後見人の権限は喪失するが、病室や居室の明渡しや火葬等は速やかに行う必要があり、相続人が協力しない場合は成年後見人が継続してその事務を行わざるを得ず、その場合の成年後見人の権限が不明確であるとされていた。

そこで、平成28年10月施行の円滑化法による民法改正により、成年後見人は、①特定の相続財産の保存行為、②弁済期が到来した債務の弁済、③火葬または埋葬（土葬）に関する契約の締結その他相続財産全体の保存行為については、相続人の意思に反することが明らかな場合を除き、相続人が相続財産を管理することができるときまでその行為ができることとし、③についてはその場合家庭裁判所の許可を要することとした（民法873条の２）。

なおこの規定に基づいて権限を認められたのは成年後見人のみであり、保佐人・補助人は含まれない。

①の特定の相続財産の保存行為の具体的な例としては、相続財産に属する債権について消滅時効の完成が迫っている場合の時効の中断に該当する行為や相続財産に属する建物に雨漏りがある場合の修繕行為があげられる。

③のうち「その他相続財産全体の保存行為」に該当する例としては、電気・ガス・水道等供給契の解約、債務を弁済するための預貯金の払戻しが想定されている。

つまり、屋根修繕請負契約の締結は家庭裁判所の許可は不要であるが、その費用を支払うために預金から払戻しを受けることは家庭裁判所の許可が必要である。

ところで、「埋葬」とは土葬のことであり（墓地、埋葬等に関する法律２条）、火葬後の遺骨を墓地等に収納する納骨は、これに含まれないが、火葬に関する契約に準ずるものとして家庭裁判所がその締結の許否を判断し得ると解されている（日景聡「『成年後見の事務の円滑化を図るための民法改正及び家事事件手続法の一部を改正する法律』の施行から１年を経て」実践成年後見71号67頁）。

なお、「要許可行為に該当する行為であっても、応急処分の要件を充たすものと認められる場合は、裁判所の許可なくして行うことができるし、相続人全員のための事務管理として行う場合も、裁判所の許可なくして行うことができるものと解される」（東京家庭裁判所後見センター・円滑化法運用検討プロジェクトチーム「『成年後見の事務の円滑化を図るための民法及び家事事件手続法の一部を改正する法律』の運用について」家庭の法と裁判7号90頁）とされているが、事例のようにあらかじめ死後事務等に必要な現金を用意することができないで成年被後見人死亡後に預金から払戻しを受ける場合、相続人が音信不通または存在が明らかでないほか、相続人と紛争があって協力を得られない等の理由でやむをえず成年後見人が火葬をする必要がある場合は許可申立てをすることで対応することも可能である。

第9章 家族法の基礎

1 家族法の基本理念

(1) 家族法とは何か

家族法とは、親族法（民法第４編）と相続法（民法第５編）の総称である。

親族法は夫婦、親子など家族の成立と解消などに関するルール、相続法は人の死亡に伴う財産の承継などに関するルールを規定している。

(2) 家族法の基本理念

日本国憲法（1946年成立）24条は、13条（個人の尊重）、14条１項（法の下の平等）を受けて、以下のように家族法の基本理念を明示している。

> **第24条**　婚姻は、両性の合意のみに基づいて成立し、夫婦が同等の権利を有することを基本として、相互の協力により、維持されなければならない。
>
> 2　配偶者の選択、財産権、相続、住居の選定、離婚並びに婚姻及び家族に関するその他の事項に関しては、法律は、個人の尊厳と両性の本質的平等に立脚して、制定されなければならない。

すなわち、家族法の基本理念は、「婚姻の自由と夫婦同等の権利」（憲法24条１項）、「個人の尊厳と両性の本質的平等」（同条２項）であると理解される。

戸主が家族を統制し、戸主としての地位と家の財産を家督相続によって長男が継承する家制度を中心とした旧民法（1898年施行）は、このような憲法24条の基本理念を受けて親族法・相続法が改正（1948年施行）され、家制度と家督相続制度を廃止し、男女の平等を徹底し妻の地位を強化するとともに、家族を個人の権利義務関係として構成した。

このような家族法の基本理念は、以下のような解釈原理として民法の総則に示されている。

> （解釈の基準）
>
> **第２条**　この法律は、個人の尊厳と両性の本質的平等を旨として、解釈されなければならない。

なお、家族法には親族制度、祭祀承継制度などが存在し、家制度は廃止されたとはいえ、家意識は依然として強い状況にある。

(3) 家族法の特徴とアドボカシー

家族法はその基本理念に基づき、たとえば婚姻の成立、婚氏の選択などを当事者の合意に委ね、たとえば扶養義務、婚姻費用の分担、離婚、財産分与、親権者の決定、遺産分割などに関しては当事者の協議を優先し、協議が成立しない場合にはじめて家庭裁判所が介入する構造になっている。

その意味で家族法の特徴は家族自治の尊重にあるといえるが、家族法の基本理念が社会的に十分確立されておらず、当事者も家庭裁判所の支援を受けようとしない場合、家族自治は社会的不平等と格差の温床と化し、女性、高齢者、障害者、子どもなどが不利益を受け差別される危険もある。

ソーシャルワークのアドボカシー（権利擁護）が求められる所以である。

(4) 家族法の課題とソーシャルアクション

民法改正に関する法制審議会答申（1996年）は、前述したような家族法の基本理念をさらに推し進める見地から、①婚姻適齢の男女平等化、②選択的夫婦別氏制度の導入、③離婚原因の拡大（5年別居）、④非嫡出子の相続分差別の撤廃などを盛り込んだが、そのような改革には反対も強く、④を除き、現在まで法改正は実現していない。

いわゆる女性差別撤廃条約、子どもの権利条約などを受けて、このような論点をどのように解決すべきか、それが家族法の大きな課題であり、ソーシャルアクションが期待されている。

ここで上記①と④に関する新しい動きについて説明する。

まず①について、民法の改正（「民法の一部を改正する法律」、平成30年6月13日成立、同月20日公布法律第59号、令和4年4月1日施行）によって、施行後は、民法の成年年齢が満18歳に引き下げられるとともに（新民法4条）、女性の婚姻適齢が16歳から18歳に引き上げられ、男女ともに18歳とされて男女平等化される（同法731条）。

また④については、平成25年最高裁決定を受けて民法が改正され（平成25年12月5日成立、同月11日公布法律第94号、同日施行）、非嫡出子の相続分に関する民法900条4号ただし書前段が削除され、非嫡出子に対する相続分の差別が撤廃された。

家族法のあり方が大きく見直され始めている。

(5) 家族法と社会福祉法制の連携

現代の家族形態は核家族と呼ばれ、夫婦と子どもによって構成されているが、それはたとえば夫の死亡、両親の離婚などがあった場合には、それだけで家族生活が破綻しかねない脆弱な存在であるし、非婚、離婚、死別その他によって一人親家庭、さらには少子高齢社会の到来によって、一人暮らしの高齢者、一人っ子の家族などが拡大し、とりわけ自立した老後の生活を支える条件が失われつつある。

その意味で脆弱な現代家族をめぐる問題は、家族法だけでなく社会福祉法制と関連させて理解し、その解決の方向を探る必要がある。

2 親族法

(1) 親　族

(A) 親族とは

家族法は、親子のように血縁によって生ずる自然な関係（血族）、夫婦のように婚姻によって生ずる人為的な関係（姻族）を中心に、親族関係を決めている。すなわち、6親等までの血族、配偶者、3親等までの姻族が家族法上の親族であるが（民法725条）、ここでは〈図8〉にその概要を示すにとどめる。なお直系は上下に一直線で示されている関係、傍系は共通の祖先から分岐している関係、尊属は自己よりも上にある関係、卑属は自己よりも下にある関係である。また養子縁組は人為的な関係であるが血族とされ、兄弟姉妹、いとこ同士は上下関係にないので、尊属でも卑属でもない。なお丸数字は親等を示している。

(B) 親族の意義

家族の問題にすべての親族が関与することになると広すぎることから、家族法はたとえば①後見開始審判の請求は4親等までの親族、②近親婚の禁止は直系血族と3親等までの傍系血族、③扶養義務は原則として直系血族と兄弟姉妹（2親等の傍系血族）、④相続は直系血族（子・孫・曾孫などの直系血族、父母などの直系尊属）、兄弟姉妹（およびその子）、配偶者に限っている。

逆に親権喪失、親権停止の申立ては、子の親族であればよく、制限はない。

(2) 婚　姻

(A) 婚姻と内縁

婚姻適齢は、男18歳、女16歳とされている（民法731条）。

なお前述したように、平成30年民法改正によって、令和4年4月1日以降は女の婚姻適齢も18歳に引き上げられる。

婚姻は戸籍法に基づき、婚姻届を提出することによって成立する。

婚姻届は郵送できるが、たとえば夫が郵送後受理前に死亡した場合には、死亡の時点で婚姻届受理とみなされ（戸籍法47条）、いったん婚姻が成立した後、死亡によって婚姻が解消されたことになるので、妻は夫を相続できる。

成年被後見人が婚姻する場合、成年後見人の同意は不要である（民法738条）。

結婚式、披露宴などを行いながら婚姻届を提出しない場合には、法律上の夫婦とは認められないが、内縁の夫婦と呼ばれ、終生の婚姻意思に基づかない同棲・非婚と区別し、婚姻に準ずる夫婦として一定の法的な保護が与えられる（準婚理論）。逆に非婚・同棲には扶養義務がなく、生活費などの負担はお互いの合意に基づき、取得した財産の帰属も個別化され、一方的な解消に対しても財産分与・慰謝料請求は認められないのが通常である。

重婚は禁止されているが、重婚的内縁は婚姻が破綻し形骸化している場合には保護される。

内縁の夫婦に対する法的な保護としては、①社会立法上の配偶者（遺族補償の第1順位）に内縁の配偶者が含まれ、②交通事故で、たとえば内縁の夫が死亡したような場合には、

〈図8〉 親族関係図

※丸数字は親等

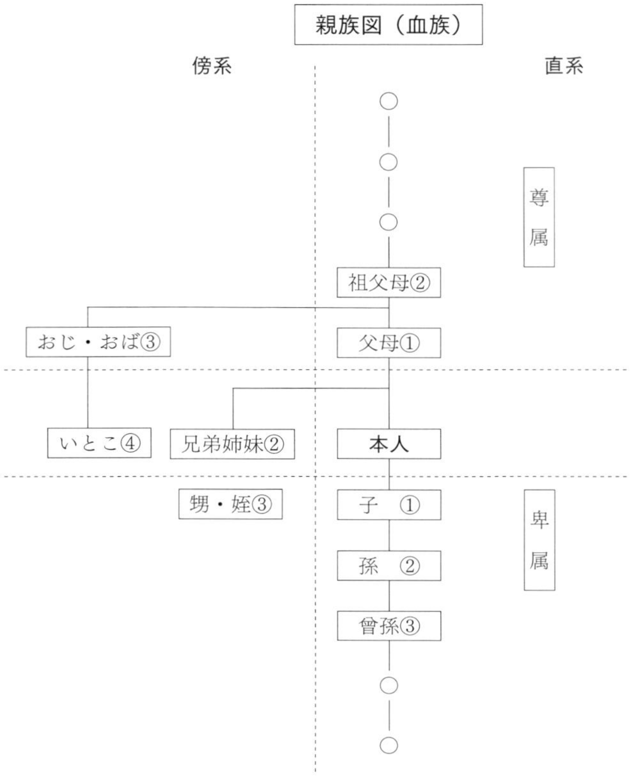

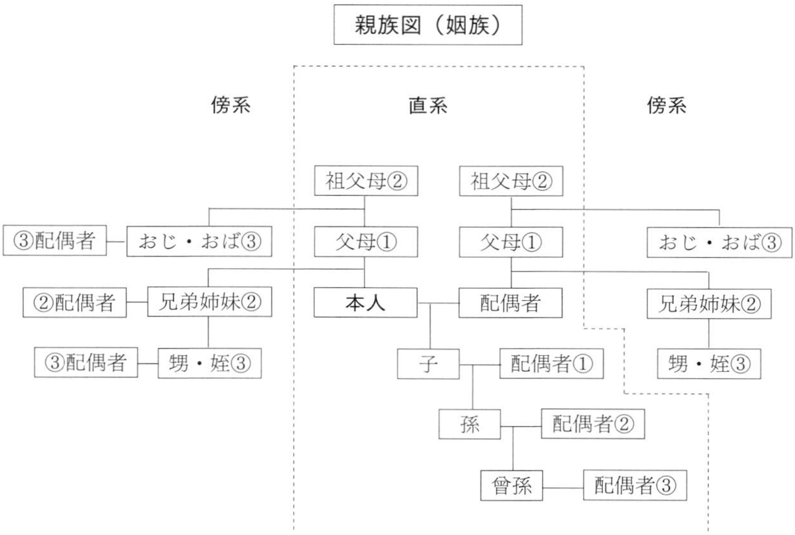

内縁の妻に損害賠償請求権を認め、③内縁の夫婦にも日常家事債務（民法761条）の連帯責任があるとされている。これはたとえば内縁の妻が日用品などを買った場合、内縁の夫にもその代金の支払義務があるという意味である。また、内縁は一方的な解消を拒めないが、④正当な理由のない不当破棄に対しては損害賠償を請求できるし、⑤財産分与を請求することもできる。

結局、内縁の夫婦に認められていないのは相続権などであるが、たとえば内縁の夫名義で賃貸マンションに居住していた内縁の妻は、内縁の夫の相続人あるいはマンションの貸主などに対して居住権を主張し、明渡しを拒むことができるとされている。

離婚に準じた内縁の解消に関しては、前述したように財産分与が認められるが、相続権がないことに関連して、内縁が死亡によって解消された場合には、財産分与を認めないのが判例（最高裁平成12年３月10日決定）である。

しかし、死亡した内縁の夫名義の分譲マンションであっても、内縁開始後に夫婦共同で取得した実質的に共有の分譲マンションだと認められれば、内縁の妻は相続人に対して居住の継続を主張したり、共有物の分割請求によって清算を求めることができるし、後述するように相続人が不存在であれば、「被相続人と生計を同じくしていた者」、いわゆる特別縁故者（民法958条の３）として遺産である分譲マンションの分与を受けることもできる。

高齢社会では、配偶者と死別した高齢者同士が入籍しないで同居し、事実上の夫婦として生活することが多くなるであろうが、これも内縁の夫婦として保護される場合が多いと思われる。

(B) 夫婦の権利義務

夫婦は婚姻の際に夫または妻の氏（姓）いずれかを選択しなければならず（民法750条）、たとえば夫の氏を称することにした場合には、氏を維持した夫が戸籍の筆頭者になる。これについては、夫ないし妻の氏を称するかまたは夫および妻がそれぞれ婚姻前の氏を称するかを選択する夫婦別氏（姓）制度の導入が議論されているが、最高裁平成27年12月16日判決は民法750条を憲法違反ではないと判示している。

次に、夫婦にはお互いに婚姻費用（生活費、養育費等）を分担する義務がある（民法760条）。夫婦関係が円満な場合には問題ないが、夫婦が不和のために別居している場合にも分担義務があるかどうかが争われる。夫の不倫が理由で妻が別居している場合には、夫に婚姻費用の支払義務があるが、妻が不倫して別居しているような場合には、妻からの婚姻費用分担の請求は信義則違反または権利の濫用として許されず、監護している未成熟子の養育費相当額が認められるにすぎない（大阪高裁平成28年３月17日決定）。なお、夫婦の婚姻費用分担義務（民法760条）と扶養義務（同法752条）は重複し、夫婦の生活費はいずれを根拠にしても請求できる。

また、夫婦には日常の家事債務に関する連帯責任がある（民法761条）。これは、たとえば妻が日用品を買い求めた場合に、夫にも代金の支払義務があるということである。どの程度までが日常家事債務に含まれるかはケースバイケースだが、たとえばミンクのコートとかベンツといった法外な商品が除外されることは明らかである。

(C) 婚姻の死亡解消

夫婦の一方が死亡した場合には婚姻は解消され、婚姻によって氏を改めた生存配偶者は元の氏に戻ることができる。後述するように離婚の場合には当然復氏であるが、死亡した場合の復氏は任意である（民法751条）。

姻族関係は離婚によって当然に終了するが、死亡の場合は生存配偶者が終了の意思表示（婚姻関係終了届）をしない限り存続する（民法728条）。さらに、離婚と違って財産分与の適用はなく、生存配偶者として遺産を相続する（同法890条）。なお、最近では配偶者が亡くなった後、義理の両親等との関係を絶つために「死後離婚」と称して婚姻関係終了届を提出する例が増加している。

(3) 離　婚

(A) 協議離婚

夫婦はその協議で離婚することができる（民法763条）。

婚姻届と同じように離婚届を提出すれば離婚は成立し、たとえば養育費とか財産分与の取り決めについてチェックを受けることもない（民法764条・739条）。

その意味で極めて自由であるが、配偶者（多くは妻）と子どもの福祉に対する配慮という見地からすると問題が残るし、離婚の合意がないのに一方的に離婚届が提出されるといった事態も生じる。

一方的な離婚届を避けるために、離婚届不受理申出制度がある。この申出書を提出しておけば、たとえば夫が勝手に協議離婚届を作成して提出しても受理されない。どこの市区町村に提出してもよく、そこから本籍地に郵送される。戸籍法の改正に伴い、2008年4月30日までに行われた不受理の申出は、有効期限が6カ月とされていたが、同年5月1日以降の不受理申出に有効期限はなく、申出をした本人が取り下げない限り継続することになった（戸籍法27条の2第3項）。

なお、成年被後見人の離婚には、成年後見人の同意を必要としない（民法764条・738条）。

(B) 調停離婚・審判離婚

離婚等の家事事件はこれまで家事審判法が扱っていたが、家事審判法は廃止され、2013年1月1日から家事事件手続法が適用されることになった。

離婚の話合いがつかなければ、家庭裁判所に調停を申し立てる（家事事件手続法257条1項）。調停前置主義になっているので、原則として、いきなり訴訟を提起することはできない（同条2項本文）。いきなり訴訟を提起した場合、裁判所は職権で事件を家事調停に付さなければならないとされているが、相手方が行方不明の場合など、裁判所が事件を調停に付することが相当ではないと認める場合にはこの限りではない（同項ただし書）。

離婚の調停申立てに際しては、未成年の子に対する親権者指定(民法819条)、面会交流(同法766条)、養育費の請求（同法766条)、財産分与（同法768条)、慰謝料（同法709条)、年金分割（厚生年金保険法78条の2第2項）などを付随して申し立てることが多く、その場合には一括して夫婦関係調整調停事件として扱われる（家庭裁判所の調停申立書書式には一括して記載できるようになっている)。また婚姻費用分担請求（民法760条）の申立てがあれば、これも併合して扱われる。

この調停申立ては、相手方の住所地を管轄する家庭裁判所または当事者が合意した家庭裁判所に対して行うが(家事事件手続法245条)、調停申立書は相手方にも送付されるので(同法256条1項)、内容等は慎重に吟味して作成する必要がある。

また家事事件手続法によって、家事事件の調停手続、審判手続（証拠調べを除く）にも「音

〈図9〉 離婚手続

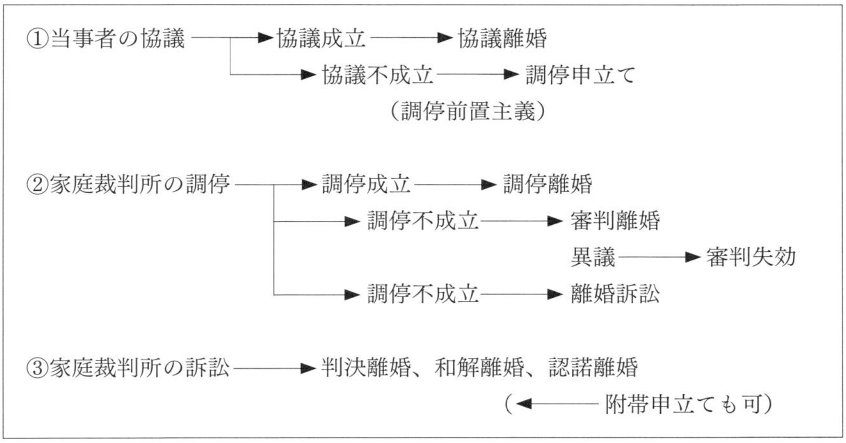

声の送受信による通話の方法」（電話会議システム、テレビ会議システム）が導入され（民事訴訟、人事訴訟の手続にはすでに導入済み）、当事者が遠隔地等の場合には、電話、テレビで手続に参加することができるようになった（家事事件手続法258条1項・54条）。さらに家事事件手続法によって、当事者が遠隔地等の場合には、「調停条項案の書面による受諾」の制度も導入されたが（同法270条1項）、離婚の場合には、調停成立時に必ず当事者が出席しなければならず、「音声の送受信による通話の方法」「調停条項案の書面による受諾」での調停成立は認められない（同法268条3項・270条2項）。

家庭裁判所には定型の申立書が備えられ、相談・助言にも応じているし、ビデオなどによる手続の説明も行われている。

調停は男女の調停委員を中心に懇切に行われ、そこで合意が成立すれば調停離婚ということになるが、調停がまとまらず不調に終わった場合、調停不成立として手続が終了する。

たとえば、離婚については夫婦ともに異存はないが、財産分与、親権などに関してわずかな意見の対立があって調停が成立しないような場合、調停不成立とせず、家庭裁判所が職権で離婚の審判（調停に代る審判）を行うことができる（家事事件手続法284条）。

このような場合を審判離婚と呼ぶが、2週間以内に異議が述べられると審判は効力を失う（家事事件手続法286条5項）。このように審判離婚の効力は異議を述べられると脆弱であるが、たとえば調停成立時に電話・テレビ会議システムが認められていない現状において、調停に代わる審判によって離婚し双方が異議申立てをしないことによって審判を確定させる扱いも少なくない。

調停・審判で離婚が成立しない場合には、判決離婚を求めることになる。これまでは地方裁判所に離婚訴訟を提起することになっていたが、人事訴訟手続法の廃止と人事訴訟法の成立によって、離婚訴訟は地方裁判所から家庭裁判所に管轄が移管されたため（2004年4月施行）、現在では調停が不調に終わった場合、家庭裁判所に訴訟を提起することができるようになった（人事訴訟法4条）。

人事訴訟法では提起された離婚訴訟を認諾して離婚を成立させたり、離婚訴訟の中で和解によって離婚を成立させたりできるようになった（人事訴訟法37条1項）。これまでの離婚類型は、調停、審判、判決だけであったが、和解、認諾が追加されることになったということである。

離婚訴訟を家庭裁判所に提起できることになったことに伴い、離婚に付随する財産分与、親権者の指定、養育費、面会交流なども離婚訴訟にあわせて家庭裁判所に申し立てることができるようになった（人事訴訟法32条）。

なお、離婚訴訟では離婚だけを争い、その後に離婚に付随する諸問題について家事審判を申し立てることもできる。

最後に、別居中の生活費、養育費などは財産分与に含めて請求することもできるが、当座の生活費、養育費を確保するためには、家庭裁判所に対し婚姻費用分担の審判を申し立てる必要がある。そして家庭裁判所によって生活費、養育費などの支払いが命じられたにもかかわらず、たとえば夫がその支払いを怠る場合には、家庭裁判所に履行勧告または履行命令を申し立て（家事事件手続法289条１項・290条１項）、10万円以下の過料の制裁を背景に任意の支払いを求めるか、強制執行によって給料などを差し押さえることになる。

以上を図示すると、〈図９〉のとおりである。

(C) 判決離婚

協議離婚および調停離婚は合意が成立すればよいので、どのような理由でも離婚が認められるが、判決離婚には離婚原因として、不貞行為（民法770条１項１号）、悪意の遺棄（同項２号）、３年以上の生死不明（同項３号）、回復見込みのない強度の精神病（同項４号）、その他婚姻を継続しがたい重大な事由（同項５号）が必要である。

１号は、たとえば不倫の妻に対して夫が離婚を請求するような場合だが、逆に夫が浮気を繰り返して妻以外の女性と同居し、その女性と再婚するために妻に対して離婚を請求した場合、これまでは婚姻関係を破綻させた責任が夫にある以上、そのような有責配偶者からの離婚請求は認められなかった。しかし、昭和62年９月２日の最高裁判決は、有責主義でなく破綻主義的な考え方に基づき、①夫婦の別居が長期間に及んでいること、②夫婦に未成熟子がいないこと、③財産分与・慰謝料などの支払いによって、相手方配偶者の生活が苛酷な状況に置かれないことなどを条件に、５号に基づく離婚請求を認めた。その後の最高裁判例としては、別居期間８年弱の夫婦において離婚請求者が生活費を負担し財産関係の清算に誠意ある提案をしているなどの事情のもとで離婚請求を認めた平成２年11月８日判決、未成熟子がいる場合でも認容した平成６年２月８日判決などがある。

１号から４号に該当する事実がなければ、５号で離婚請求するしかないが、その代表例が性格の不一致である。また１号から４号に該当する事実があっても、たとえば夫婦の一方がアルツハイマー型認知症になったことを理由とする離婚（アルツハイマー離婚）については４号に該当する可能性があるが、裁判所が該当しないと判断する場合もあるので、４号とともに５号をあわせて請求することになる。

なお、裁判所は、離婚原因が認められる場合でも、諸般の事情を考慮し離婚請求を棄却できるとされている（民法770条２項）。

離婚原因をめぐっては、４号の削除、５年間の別居による離婚の導入などが検討されている。

今後とも熟年離婚・高齢者離婚が拡大する傾向なので、離婚問題も成年後見の中で大きな比重を占めると思われる。夫婦の不和、葛藤などに対するカウンセリング、離婚手続に対するリーガルサービスなどの拡充が求められている。

《事例９－１》

妻Ａは判断能力（意思能力）を喪失している状態にある（成年後見人Ｃが選任されている）が、夫ＢはＡとの離婚を進めたいと思っている。

夫Ｂは判断能力を喪失した妻Ａに対して離婚調停を申し立てることはできず、離婚訴訟を提起するしかないが、その場合には成年後見人Ｃを被告として離婚訴訟を提起することになる（人事訴訟法14条１項）。この場合の成年後見人Ｃは成年被後見人Ａの法定代理人ではなく、法定訴訟担当と理解されている。

なお、人事訴訟法上は、後見などが開始されていても、成年被後見人に意思能力（残存能力）が認められる限り、訴訟能力の制限は受けないとされているので（人事訴訟法13条１項）、そのような場合には成年被後見人に対して離婚訴訟を提起できるが、裁判所は成年被後見人の申立てを受けて、または申立てがない場合にも必要があれば、被告とされた成年被後見人に対して職権で弁護士を訴訟代理人に選任することができるとされている（同条２項・３項）。

(D) 離婚の効果

婚姻によって氏を改めた夫または妻は、離婚によって復氏（ふくし）する（民法767条１項）。婚姻中の氏を継続したい場合には、離婚から３カ月以内に届け出る必要がある（同条２項）。

夫婦に未成年の子どもがいれば、夫または妻のいずれかを親権者にしなければならないが、協議によって、たとえば親権者を夫、子どもを引き取る妻を監護者とし、夫が負担する養育費、夫と子どもの面会交流を取り決めることもできる（民法766条）。

離婚に際して父母のいずれかを親権者にした後、親権者を変更することもできるが、これは父母の協議ではなく、家庭裁判所の審判によらなければならない（民法819条６項）。

婚姻中の財産の清算は、財産分与の請求によって行われる（民法768条）。

なお、離婚に伴う厚生年金等の分割にも留意する。

《事例９－２》

夫Ｃ（会社員）と妻Ｄ（無職）が離婚することになった。Ｃ名義の財産として、結婚後にＣ名義で購入した自宅マンションのほか、Ｃが父から相続した貸家が存在している。また、自宅マンションを購入した際の住宅ローンも残っている。

原則として、妻に２分の１の財産分与請求権があると考えられているので、事例９－２の場合、ローンを控除したマイホームの評価額をその割合で清算しなければならないが、この不況下ではマイホームを売却してもローンの残金さえ返済できないといった事態が続出し、かといって銀行や親戚などから借金できる状況ではないため、離婚が紛糾する事態が発生している。

夫に財産があっても、それが婚姻前に取得していたものである場合や、婚姻後であっても相続とか贈与などによって取得したものである場合には、財産分与の対象にはならないが、夫が将来取得するであろう退職金・年金などは財産分与の対象になる。また、2007年から導入されている年金分割制度についても留意する必要がある。

この財産分与請求権は、離婚後２年以内に行使しないと消滅する（民法768条２項）。

なお、たとえば夫の暴力・虐待などによって離婚を余儀なくされた妻は、財産分与とは別に、夫に対して、不法行為に基づき慰謝料を請求することができる（民法709条）。

また、たとえば妻の不倫に対して、夫は、妻に対する離婚および財産分与とは別に、妻の不倫相手に対して不法行為に基づく慰謝料を請求することもできる。

なお、土地を妻に財産分与した夫には、譲渡所得税が課税される。そのことを忘れて、離婚した後に大きな譲渡所得税を課税されて往生する例があるので、あらかじめ税理士の助言を得て検討する必要がある。

ここで再婚禁止期間について説明する。民法733条１項は女性に対し離婚後６カ月、再婚を禁止していたが、最高裁平成27年12月16日判決は民法733条１項につき、100日を超えて再婚を禁止する部分は憲法14条１項、24条２項に違反すると判示した。これを受けて民法が改正され（平成28年６月７日公布・施行）、再婚禁止期間が100日に短縮され（733条１項）、また再婚禁止期間内でも再婚できる場合が規定された（733条２項）。

(E) 事実上の離婚（外縁）

離婚の実態はあるが離婚届が提出されていない夫婦は、内縁と対比して外縁と呼ばれる。

離婚が成立していないので、内縁と違って相続権は認められる。

(4) 子

(A) 胎児の特例

胎児はまだ出生していないので、権利能力はない（民法３条１項）。

しかし、損害賠償請求（民法721条）、相続（同法886条１項・965条）に関しては、「既に生まれたものとみなす」という特例が認められ、生きて生まれた場合には、不法行為または相続の時点にさかのぼって権利能力があったとみなされる。

(C) 嫡出子（ちゃくしゅつし）・非嫡出子と準正（じゅんせい）

婚姻届をした夫婦に生まれた子を「嫡出子」、婚姻届のない男女に生まれた子を「非嫡出子」と呼ぶ。母子関係はいずれも出生によって生じるが、非嫡出子の父子関係は父が認知しない限り生ぜず、したがって養育費の請求や相続権の主張ができない（民法779条。ただし、母子関係は認知を待たず、分娩の事実によって成立するというのが判例・通説である）。

非嫡出子が認知されたからといって、非嫡出子が嫡出子になるわけではないが、父の認知後に父母が婚姻した場合には婚姻の時点から（婚姻準正）、父母の婚姻後に父が認知した場合には認知の時点から（認知準正）、非嫡出子は嫡出子になり、これを準正と呼ぶ（民法789条）。

(C) 認　知

父は、認知届または遺言によって任意に子を認知できる（民法781条）。

ただし、子がまだ胎児の場合にはその母親の承諾（民法783条１項）、子がすでに成人していれば本人の承諾（同法782条）が必要である。

また、子がすでに死亡していても、認知する父からみて孫がいる場合には、死亡した子を認知できる（民法783条２項）。

認知を受ければ、非嫡出子としての相続権などが発生する。

父が認知しない場合には、子は認知の訴えを提起できるので（強制認知）、認知判決があれば養育費を請求できるし、父が死亡していても３年以内であれば、検察官を被告とした認知の訴えが認められているので（民法787条ただし書）、死後認知の判決があれば、判決の効力は出生の時点にまでさかのぼり（認知の遡及効）、生まれた時から父子関係があったことになるので、非嫡出子が認知された場合には相続権が与えられる（民法784条）。なお、虚偽の出生届が受理された場合、認知届としての効力を認めるのが判例である（昭和53年2月24日最高裁判決）。しかし虚偽の認知届に関しては、これを有効な養子縁組届として認めないのが判例である（昭和54年11月2日最高裁判決）。

(D) 普通養子縁組

養子縁組は縁組届によって成立する（民法739条）。

養子縁組によって養親子関係が成立するが、実親子関係も併存するので、養子は実親・養親双方に対して、相続権などを主張することができる。

養子が未成年であれば養親が親権者になり、実親は親権を失うが、離縁すれば実親の親権が復活する。養子は養親の氏を称し、離縁によって復氏するが、養子縁組中の氏を継続するための届出ができるのは、養子縁組から7年が経過した養子でなければならない（民法816条）。

養子縁組の解消に関しては離婚と同じように、協議離縁、調停離縁、判決離縁などがあるが、判決離縁に関しては悪意の遺棄（民法814条1項1号）、生死不明3年以上（同項2号）、その他縁組を継続しがたい重大な事由（同項3号）が離縁原因とされている。なお、他人の産んだ新生児をもらった夫婦が嫡出子として出生届をした場合（「藁（わら）の上からの養子」）、有効な養子縁組届として認めないのが判例である（昭和50年4月8日最高裁判決）。

(E) 特別養子縁組

特別養子縁組の理念は、養育する親のいない子の福祉である。そのため特別養子縁組は、養親の請求に基づく家庭裁判所の審判によって成立する（民法817条の2）。その要件は、①連れ子養子を除き、夫婦共同縁組であること、②養親は25歳以上であること、③養子は原則として6歳未満であること（平成31年4月現在、15歳未満と改正する法案が国会で審議中である）、④棄児、被虐待児などを除き、実親の同意があること、⑤実親による監護が著しく困難または不適当その他特別な事情があること、⑥6カ月の試験養育期間をおくことである（同法817条の3～817条の8）。

特別養子縁組が成立すると、実親およびその血族との親族関係が終了する。養親は、特別養子との離縁を請求できない。養子、実親などからの請求に基づき家庭裁判所の審判で離縁が認められるのは、①養親による虐待、悪意の遺棄などがあった場合、②実親に相当な監護ができる場合に制限される（民法817条の10）。離縁が認められれば、実親およびその血族との親族関係が復活する。

(5) 親権・未成年後見

(A) 親　権

年齢20歳をもって成年とし（民法4条）、成年に達しない子は父母の親権に服する（民法818条）。ただし前述したように、令和4年4月1日以降、成年年齢は18歳に引き下げられるので、親権（未成年後見）の及ぶ範囲が狭められることになる。

子に対する親の地位を親権と呼ぶ。夫婦が婚姻中は、親権は共同で行使しなければならない（民法818条3項）。

子に対する親の地位は親権という権利の概念で理解され、その内容は、かつては支配権とされていたが、現在は親の子に対する配慮（義務）が強調されている。

親権の内容は、①監護および教育（民法820条）、②居所の指定（同法821条）、③懲戒（同法822条）、④職業の許可（同法823条）、⑤財産の管理および代理（同法824条）に大別されるが、⑥身分上の行為の代理（同法787条・775条・791条3項・797条・802条・815条・917条）も含まれる。①～④⑥を身上監護権、⑤を財産管理権と呼ぶこともできる。なお民法5条1項の親権者の同意権は、民法824条の財産管理権から派生していることに留意する。

また、利益相反行為（民法826条）に留意する必要がある。親が子の利益と相反する行為を行う場合には、家庭裁判所に子のための特別代理人の選任を請求しなければならない。特別代理人を選任せずに行った利益相反行為は無権代理であり（民法113条）、その法律効果は子に及ばない。

親権を有する者についてまとめると、①父母が婚姻していれば、実子は実父母、養子は養父母が共同親権者に、②父母が婚姻していない非嫡出子は、認知された場合でも原則として母が単独親権者に、③父母が離婚した場合には、協議によって父または母が単独親権者に、④父母の共同親権において、父母の一方が死亡した場合、生存する父または母が単独親権者になる。⑤父または母の単独親権において、その父または母が死亡した場合、学説は後見開始説が有力であるが、最近の裁判例は子どもの福祉の観点から後見開始（民法838条1号前段）と親権者の変更（同法819条6項の準用）のいずれが望ましいかを判断する傾向にあるという（内田貴『民法Ⅳ　親族・相続〔補訂版〕』238頁）。

なお、離婚の場合には協議によって、たとえば父を親権者に、母を監護者にすることができるが、この場合には親権の内容である財産管理権が父に、身上監護権が母に分担されることを意味する。

最後に、深刻な児童虐待に対応し、子どもの権利を擁護する視点から改正された民法（2012年4月1日施行）について説明する。

改正の要点は、親権と親権制限の制度の見直しである。その概要は、①子どもの利益の観点の明確化、②親権停止制度の創設、③親権喪失・管理権喪失の原因の見直し、④親権喪失等の請求権者の見直しである。

①については、第1に、監護・教育に関する民法820条に「子の利益のために」が挿入され、第2に、民法822条に関して、「第820条の規定による監護及び教育に必要な範囲内で」が追加され、これによって懲戒権は「子どもの利益のために行われる監護・教育に必要な範囲で」行使されるべきことが明確にされた（なお、改正前の民法822条には1項と2項があったが、懲戒場に関する2項および1項の懲戒場に関する部分が削除されている）。第3に、離婚後の子どもの監護に関する事項として、親子の面会交流等が民法766条1項に明記され、離婚に際しては子どもの利益を最優先して協議しなければならないとされた。

②については、親権の一時停止制度が民法834条の2として導入され、家庭裁判所は「父又は母による親権の行使が困難又は不適当であることにより子の利益を害するとき」は、親権停止の審判をすることができるようになった。親権を停止する期間については、その原因が消滅するまでに要すると見込まれる期間など一切の事情を考慮し、2年を超えない範囲で定められる（同条2項）。

③については、「父又は母が親権を濫用し、又は著しく不行跡であるとき」は、家庭裁判所は「親権の喪失を宣告することができる」とされていた民法834条を見直し、「父又は

母による虐待又は悪意の遺棄があるときその他父又は母による親権の行使が著しく困難又は不適当であることにより子の利益を著しく害するとき」は、家庭裁判所は、親権喪失の審判をすることができるとした。また「親権を行う父又は母が、管理が失当であったことによってその子の財産を危うくしたとき」は、家庭裁判所は管理権の喪失を宣告できるとされていた民法835条を改め、「父又は母による管理権の行使が困難又は不適当であることにより子の利益を害するとき」は、家庭裁判所は、管理権喪失の審判をすることができるとされた。

④については、家庭裁判所に対する親権喪失、親権停止、管理権喪失の各審判の請求権者として、「子の親族及び検察官」とともに、子、未成年後見人、未成年後見監督人が追加された（民法834条～835条）。なお、親権喪失宣告および管理権喪失宣告の取消しに関する民法836条に、親権停止が追加されるとともに、「宣告の取消し」が「審判の取消し」に改められている。取消しの請求権者はこれまでどおり「本人又はその親族」であるが、審判の請求権者として追加された「子」は「親族」に含まれるので、取消しの請求ができることはいうまでもない。

以上のような民法改正にあわせて改正された児童福祉法の要点は、①児童相談所長への請求権の付与、②児童相談所長による親権代行、③児童相談所長、施設長等の監護措置等、④一時保護の見直しである。

①は、これまで親権喪失宣告についてしか請求権のなかった児童相談所長に対し、親権停止、管理権喪失の審判に関する請求権、さらに親権喪失、親権停止、管理権喪失の各審判の取消しに関する請求権が付与された（児童福祉法33条の７）。

②は、児童福祉施設に「入所中」の子どもに親権者または未成年後見人がいない場合には、施設長が親権を代行するが（児童福祉法47条１項）、「里親委託中又は一時保護中」の親権代行に関する規定がなかったのでこれを改め、「児童相談所長」の親権代行を明確にした（同条２項）。

③は、親権者または未成年後見人がいる場合にも、児童福祉施設の施設長、里親等には、「入所中又は受託中の子どもの監護、教育、懲戒」に関して、「その福祉のため必要な措置」を行うことが認められているが（児童福祉法47条２項）、児童相談所長には認められていなかったので、「一時保護中」の監護等に必要な措置の権限が児童相談所長にも付与された（同条３項）。また施設長、里親等の監護等に必要な措置と親権等との関係が不明確であったため、親権者等は施設長等の措置を「不当に妨げてはならない」（同条４項）とされるとともに、子どもの「生命又は身体の安全を確保するために緊急の必要がある場合」には、「親権者等の意に反して」も監護等に必要な措置を行うことができるとされた（同条５項）。

④は、２カ月を超える親権者等の同意のない一時保護について、その延長の是非には関しては児童福祉審議会の意見を聴かなければならないとされた（児童福祉法33条５項）。

(B) 未成年後見

単独親権者の死亡、親権の辞任（民法837条）、親権喪失宣告（同法834条）などによって、法律上親権者が存在しなくなった場合、または、親権者に対して後見開始の審判がなされた場合には、未成年後見が開始される（同法838条）。

親権者の心神喪失、心神の著しい障害、行方不明、重病など身体の著しい障害、長期不在、受刑服役中など、事実上親権を行使できない場合でも、未成年後見が開始すると理解されている。

前述した民法の改正によって未成年後見制度も見直され、①複数の未成年後見人を選任できるようにするとともに（民法840条２項。842条は削除）、②法人を未成年後見人に選任できるようになった（同法840条３項）。

なお、未成年後見人を確保しやすくするため、厚生労働省は報酬の補助および損害賠償保険料の補助に関する「未成年後見人支援事業」を立ち上げている。

(6) 扶　養

(A) 扶養義務

扶養義務の類型には、①夫婦の扶養義務、②未成熟の子に対する親の扶養義務、③それ以外の親族相互に関する扶養義務がある。

①は夫婦の扶助義務（民法750条）または婚姻費用分担義務（同法760条）に根拠があり、②は民法に明文はないが、父母の監護義務（同法820条）に含まれると理解され、③は民法877条以下から導かれる。

民法877条１項は原則として直系血族・兄弟姉妹相互に扶養義務があるとしているが、２項で例外的にそれ以外についても３親等までの親族に限って、特別な事情がある場合、家庭裁判所の審判によって扶養義務を命ずることができるとしている。したがって、いわゆる長男の嫁は舅・姑（１親等の直系姻族）に対して、原則として扶養義務はないことになる。

①と②は生活共同体を前提とした生活保持義務、つまり一粒の米、一片のパンをも分かち合う関係、③は個人主義を前提とした生活扶助義務、つまり生活に余裕があれば援助する関係と理解されている（〈図10〉参照）。

したがって、自己に配偶者と子、それに親がいる場合、法的にはまず配偶者と子の扶養を最優先し、その後に親を援助すればよいということになる。配偶者と子さえも扶養できなければ、親を含めて生活保護を受けるしかないし、配偶者と子は何とか扶養できるが、親までは及ばないというのであれば、親を別世帯として生活保護を請求することになる。

〈図10〉　生活保持義務と生活扶助義務との関係

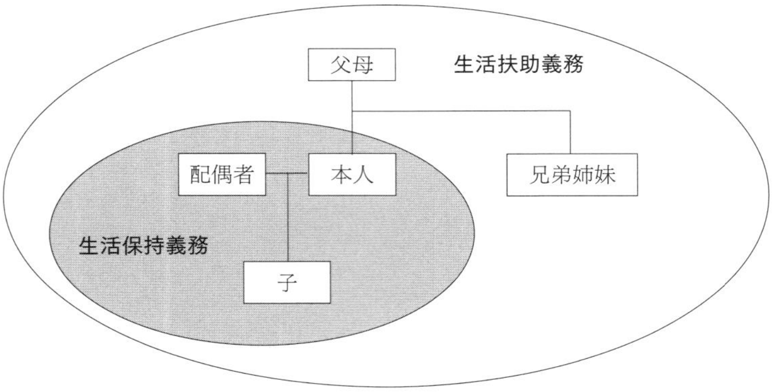

(B) 介護義務

扶養に介護が含まれるかどうか、介護に同居（引取り）を絡めるかどうか議論があるが、民法では消極論が有力である。

旧民法には引取り扶養（961条）があったが、戦後の民法改正によって削除された。

したがって、民法における扶養義務には、引き取って同居し介護する義務（以下、「介護義務」という）は含まれず、経済的な負担に純化されていると理解される。すなわち、介護が必要になった場合に、本人が商品としての介護サービスを買うか公的な介護福祉サービスを受け、その費用を自己負担できないときに、それを扶養義務者に請求するという関係である。

ただし、扶養義務の内容として、介護義務を認める少数説はある。この少数説は直系血族および同居の親族の扶け合い義務を規定した民法730条を根拠にしているが、多数説はこの民法730条は家制度の復活につながるとして死文扱いし、少数説を否定している。しかし、高齢者問題がクローズアップする中で、少数説が再浮上している。これに対して多数説は、扶養義務の中に監護、介護、家事などの労働義務を含めることは、未成熟な子に対する親の監護を除けば、家族、特に女性（長男の嫁）に、いわゆるアンペイドワーク、シャドーワークを法的に強制する結果になるので、そのような解釈は好ましくないとしている。

なお、民法858条は、成年被後見人の生活、療養監護、財産管理に関する事務を成年後見人が行うに際して、成年被後見人の意思を尊重し、その心身の状態、生活の状況に配慮しなければならないとして、いわゆる身上配慮義務を強調している。

そして、民法876条の5は保佐人に、民法876条の10は補助人に、それぞれ民法858条の身上配慮義務を準用している。

しかしこの身上配慮義務は、介護（労働）義務、家事（労働）義務を意味しない。成年後見制度はあくまで、判断能力を減退・喪失した成年被後見人の「法律行為」を成年後見人が「代理」する制度であって、決して介護・家事などの「事実行為（世話）」を行う制度ではないからである。そのような介護・家事サービスが必要な場合、成年後見人はたとえば在宅福祉サービス事業者と契約し、ホームヘルプサービスなどを成年被後見人が受けられるようにすればよいのである。

そのような介護サービスや家事サービスが十分受けられるように、介護保険法が成立したことは周知のとおりである。

これに関連して、扶養の順序・方法・程度は扶養義務者の協議に委ねられているので（民法878・879条）、たとえば扶養義務者として長男と弟がいる場合、長男が経済的援助よりも親を引き取って介護したいというのであれば、扶養権利者である親と介護を引き受ける妻が同意する限り、とやかくいう必要はないのであるが、家庭裁判所が命じた場合を除いて扶養義務はなく、扶養義務が命じられたとしても介護義務のない長男の嫁に、事実上の介護義務がしわ寄せされる結果になりやすいので、介護福祉サービスの拡充が急務である。

なお、この場合の嫁は弟に介護の分担を請求することはできないが、長男が弟に介護費用の分担を請求することは認められる。

3 相続法

(1) 相続をめぐる民法改正の歩み

はじめに、相続をめぐる民法改正の歩みを概観する。

・昭和22年改正　家督相続制度の廃止、配偶者の相続権の確立
・昭和37年改正　特別縁故者への分与制度の導入
・昭和55年改正　配偶者の法定相続分の引き上げ、寄与分制度の導入、代襲相続制度の見直し、遺留分の見直し
・平成11年改正　公正証書遺言の方式の見直し（手話通訳等の導入）
・平成25年改正　非嫡出子の相続分を嫡出子の２分の１とする民法900条４号ただし書前段の削除

このようにして現在の相続に関するルールが確立されたのであるが、平成30年７月６日に成立した民法改正（「民法及び家事事件手続法の一部を改正する法律」、平成30年７月13日公布法律第72号。以下、「平成30年７月改正民法」という）によって、相続に関するルールは大きく手直しされることになった。

その概要は以下のとおりである。

① 配偶者の居住権を保護するための方策
　ⓐ 配偶者短期居住権の新設
　ⓑ 配偶者居住権の新設
② 遺産分割等に関する見直し
③ 遺言制度に関する見直し
　ⓐ 自筆証書遺言の方式緩和
　ⓑ 遺言執行者の権限の明確化
　ⓒ 公的機関（法務局）における自筆証書遺言の保管制度の創設
④ 遺留分制度に関する見直し
⑤ 相続の効力等に関する見直し
⑥ 相続人以外の親族の貢献を考慮するための方策

この改正民法の具体的な施行期日は次のように定められている。

㋐ 原則は公布の日から１年を超えない範囲内において政令で定める日（令和元年７月１日）
㋑ ③ⓐは公布の日から６か月を経過した日（平成31年１月13日）
㋒ ①および③ⓒは公布の日から２年を超えない範囲内において政令で定める日（①は令和２年４月１日、③ⓒは令和２年７月10日）

改正の要点は、必要に応じて後に本文で説明する。

なお民法は平成30年に二度の改正が行われたが（６月改正は総則（前述の成年年齢に関する改正）、７月改正が相続法）、それぞれ改正民法が施行されるまでは、現在の民法が適用されることに留意が必要である。

(2) 相　続

(A) 相続の機能

市民法の基本原理は、私的所有権の保障を前提に、契約自由の原則、過失責任の原則などによって構成されているが、相続制度の機能はこの私的所有権を所有者の死亡を超えて相続人に継承させ、社会の所有関係を継続させることにある。

また相続制度には、契約や不法行為などによって生じた債務（借金）を相続人に継承させ、

債務者の死亡によって債権債務の関係が消滅しないようにして、取引の安全を確保する機能がある。

このように相続は積極財産だけでなく、消極財産も重要な対象であることに留意する必要がある。

(B) 共同相続制度の意味

家族法は旧民法の家督相続制度を廃止し、原則として子と配偶者の共同相続制度を導入している。

《事例9－3》

A（会社員）には、妻B（無職）との間に子C（2歳）がいる。先日、Aが交通事故で突然死亡してしまったところ、Aの父母からBに対し、「Aは一人っ子であり、私たちの長男です。Aの財産を私たちに渡してほしい。また、Cは私たちが育てます」と言ってきた。

事例9－3の場合、妻Bは自己責任の原則に基づき、ひとり親として子育てをしながら明日からの生活を支えなければならないが、それは並大抵のことではない。したがって夫Aに遺産があれば、それを妻子に共同相続させ生活の支えにさせるのが合理的である。

ただし、各家族にはさまざまな事情があるので、その事情をよく承知している夫が遺言によって、あるいは残された妻子が遺産分割協議によって、具体的な共同相続のあり方を修正できるように配慮する必要がある。

家族法が導入している共同相続、遺言、遺産分割協議の制度は、このような相互関連になっている。事例9－3でいうと、Aが遺言を作成しているのであればそれに従い、遺言がない場合には、妻Bと子Cが法定相続人となり、BとCの間で遺産分割を行うことによって相続手続が進められることになるのである。

(C) 相続制度の光と陰

相続制度の光の部分が上述した家族の生活保障だとすると、遺産の取得をめぐる争いは相続制度の暗い陰の部分といえる。

《事例9－4》

父Aには子B・C・Dの3人の子がいるが、先日、Aは死亡してしまった。Dの成年後見人である社会福祉士Eは、Aの相続手続を進めるためBに連絡したところ、Bから「遺産はすべてBに相続させる」との遺言があると言われた。ところが、Cは、「あの遺言は、父が認知症のときにBが無理に書かせものであって、認められない」と否定している。

葬儀が兄弟姉妹の罵り合いの場面になったり、あるいは家族の事情を踏まえてよく考え抜かれた遺言書の内容をめぐって、それまで仲よくしてきた兄弟姉妹が失望したり妬んだりして絶交するといったことも少なくない。

事例9－4の場合、EはBに対し遺言書の存在を確認し、遺言書があればCに対し、「Bが無理に書かせた」と言う状況の説明を求めることになるが、公正証書遺言の場合、そのような状況は想定しにくい。次にEは作成当時、Aはどの程度の認知症（判断能力）であったのか調査することになるが、長谷川式簡易認知評価スケールなど裏付け資料のない場合が多い。Eとしては、遺産分割の協議を行うか、家裁に遺産分割調停を申し立てるか、地方裁判所に遺言無効確認訴訟を提起するか、難しい判断を求められることになる。

《事例9－5》

夫Fと妻Gは夫婦仲が悪く、Fが病気で入院した際も、GはFの見舞いにすら来ない状況である。そこで、Fは、入院中に、「すべての財産を娘Hに相続させる」との遺言を作成した。その後、Fは危篤状態となり、Gも病院を訪れたところ、FがGに不利な遺言を作成していることを知ってしまった。そこで、GはF名義の預金通帳と印鑑を持ち出して、Fの預金を全額下ろしてしまった。

夫が危篤の場合、妻子はその看護に必死のはずであるが、妻子の中には自宅の書斎をひっかきまわして遺言書を探し、自分に不利な内容であればそれを破棄したり、あるいは預金通帳と銀行印を持ち出して預金の払戻しに狂奔するといった例は決して珍しくない。

さらに、たとえば実家の土地と別荘地が遺産として残された場合に、長男が欲得づくであくまで実家の土地に固執し、その他の兄弟姉妹に別荘地を押し付け、遺産分割協議が骨肉の争いに化すこともしばしばである。

相続人がたとえば後妻と先妻の子、いわゆる本妻と愛人の子というような場合には、相続争いは泥沼化し悲惨である。

特にバブル経済の時代においては、相続制度の陰が多くの人たちを迷わせたが、現在のような不況下ではそれも下火になりつつある。しかし、相続制度の暗い陰は決して消えることはなく、成年後見人等が関与する重要な分野であることは疑いない。したがって相続法は、成年後見人等にとって必須の領域である。

事例9－5の場合、Fはまだ死亡していないので、FがGに対し、不当利得返還請求を行うことになる。しかしFはすでに危篤状態なので、HがFのために法定後見の開始を申し立て、その請求手続を成年後見人に委ねることになる。またFが死亡すれば、全財産を遺言で取得したHがGに対する不当利得返還請求を担うことになるが、Gには遺留分が認められるので、HのGに対する請求は遺留分額を差し引いた残金ということになる。

(D) 相続手続

相続手続は以下のとおりである（〈図11〉参照）。

まず、遺言があればそれに従い（①)、次に遺言はないが法定相続人がいる場合には、法定相続が開始され（②)、最後に遺言もなく法定相続人の存在が明らかでない場合には、相続人不存在の手続になる（③)。

(E) 相続の開始原因・対象・時期・場所

相続は人の死によって生じる（民法882条)。

ただし、民法には「死」の定義はない。

したがって、「死」は社会通念によって判断されることになるが、現在はいわゆる「心臓死」を「死」とみなしている。

いわゆる臓器移植法によって、臓器移植に関する限りいわゆる「脳死」も「死」とされるようになったが、相続の基準となる「死」は依然として「心臓死」によって判断されている。なお、死がない法人には相続はない。

相続によって、被相続人に帰属していた権利義務は、すべて相続人に移転する（民法

〈図11〉 相続の手続

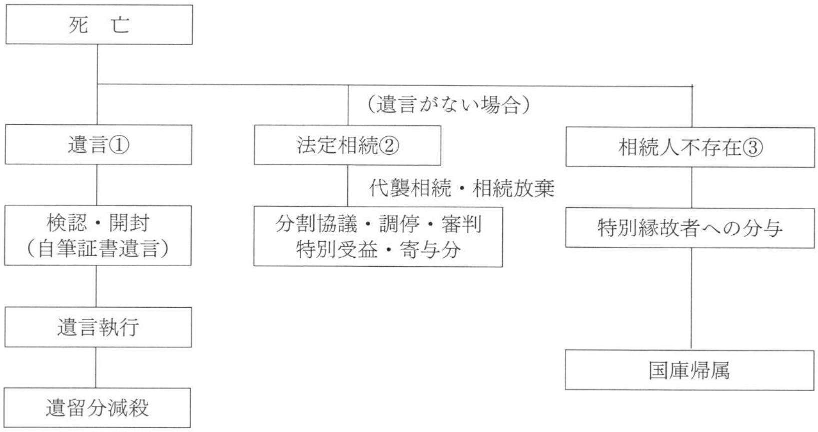

896条）。

相続は死の瞬間に発生する。事故死、病死などの場合年月日だけでなく、○時○分と戸籍に記載されるのはそのためである。これは、いずれが先に死亡したかによって、相続関係が大きく左右されることがあるためである。

相続の場所は、被相続人の住所地である（民法883条）。

そこで、相続人が相続放棄の手続をしたり、相続財産管理人の選任の申立てをする場合には、被相続人の最後の住所地を管轄する家庭裁判所で手続を行うことになる。

なお、遺産分割の調停は、相手方の住所地の家庭裁判所または当事者が合意で定める家庭裁判所が管轄となるとされている（家事事件手続法245条１項）。

(F) 遺　産

遺産の代表例は不動産、動産、現金、預貯金、有価証券などであるが、たとえば交通事故の損害賠償請求権、借地権、金銭債務（借金）、保証債務、連帯保証債務なども含まれる。なお、配偶者や内縁の妻等の居住の問題については、平成30年７月民法で大きく変わったため、(G)で扱う。

被保険者が死亡したとき受取人に支払われる生命保険金は、①受取人が被保険者の場合（貯蓄型）には、被保険者の死亡によって相続人が受取人としての地位を承継するので相続財産に含まれるが、②受取人が妻や子など特定の相続人である場合には、受取人に指定された妻や子が保険契約に基づき取得し、相続に基づいて取得するのではないため相続財産には含まれない。また、③受取人を抽象的に「相続人」と記載している場合にも、保険契約に基づく相続人の権利とされ相続財産から除外される。

次に、公務員、民間企業の社員などが死亡したときに、勤務先から支払われる死亡退職金は、法律、内規、就業規則などによって受給権者の範囲・順序が決められているので、受給権者が自己の権利として取得し、相続財産には含まれない。遺族年金も受給権者の権利であって、相続財産からは除外される。

ただし、相続財産には含まれない生命保険金、死亡退職金、遺族年金などであっても、公平性の見地から特別受益として扱われることがある。

香典・弔慰金も慣習上、喪主ないし遺族への贈与であって、相続財産には含まれないと理解されている。

さらに系譜（系図）、祭具（位牌、仏壇）、墳墓（墓石、墓地）は、相続財産には含まれず、慣習に従って祖先の祭祀を主宰すべき人が承継するが（民法897条1項）、死亡した被相続人の指定があれば、その人が承継するし（同項ただし書）、慣習が明らかでなければ家庭裁判所が決定する（同条2項）。ただし、判例によれば、遺体・遺骨は相続人に帰属する。

祭祀の承継者を指定することは滅多になく、通常は話合いで決められるが、今でも長男が承継することが多いようである。ただし、長男の承継という慣習——戦前の家制度の残滓（ざんし）としての——が成立しているとまでは、もはやいえないであろう。家庭裁判所が祭祀の承継者を決定する場合も、たとえば長男でなければ認めないとか、結婚して氏を変更した長女は認めないというような対応はしていない。

なお、結婚した場合には、婚家の墓に必ず入らなければならないという決まりはない。あくまで本人の自由なので、祭祀承継者の承諾があれば、実家の墓に入ることも認められる。ただし、寺院・霊園などによっては氏が違うと埋葬・納骨を拒否されることもある。

また、散骨について、「墓地、埋葬等に関する法律」によれば、埋葬、焼骨の埋蔵は墓地以外の区域に行ってはならないとしているし（同法4条）、刑法190条は遺骨などを遺棄してはならないとしているので、この可否が問題になり得るが、条例によって規制する動きもある。

この祭祀財産の承継は、相続分・遺留分とは関係なく、相続放棄の適用もないことに留意する必要がある。

(G) 配偶者の居住権の保護

遺産は後に説明するように、遺言、死因贈与などがない限り、法定相続分の割合に応じて相続するのが原則であるが、前述した民法の相続に関するルールの見直しにおいては、常に配偶者の保護が課題であった。

平成30年7月改正民法においても、そのような観点から見直しが行われ、以下のような配偶者短期居住権および配偶者居住権が創設された。

前者は比較的短期間の保護、後者はある程度長期間の保護である。

① 配偶者短期居住権（新民法1037条）

相続開始時に被相続人の居住建物に無償で住んでいた場合、配偶者は以下の期間、その居住建物を無償で使用することができる権利である。

- 配偶者が居住建物の遺産分割に関与するときは、居住建物の帰属が確定するまでの間、または相続開始の時から6カ月を経過する日のいずれか遅い日までの間
- 居住建物が第三者に遺贈された場合や配偶者が相続放棄した場合、所有者はいつでも配偶者に対し配偶者短期居住権の消滅を申し入れることができるが、配偶者がその申入れを受けた日から6カ月を経過するまでの間

② 配偶者居住権（新民法1028条・1029条）

相続開始時に配偶者が居住していた被相続人所有の建物について、遺産分割または遺言によって、終身または一定の期間、配偶者がその建物を使用または収益することができる権利である。

(3) 相続人と相続分

(A) 法定相続人と法定相続分

法定相続人と順位、法定相続分は〔表17〕のとおりである（民法886条・887条・888条・890条・900条）。

相続人の第1順位は子、第2順位は直系尊属、第3順位が兄弟姉妹である。配偶者は常に同じ順位の相続人になる。ただし、内縁の配偶者、離婚した配偶者は含まれない。

たとえば、夫婦と子の家族で夫が死亡した場合、第1順位の相続人である子(胎児を含む)が2分の1を相続し、それと同順位で妻が2分の1を相続する。なお、胎児は相続に関してすでに生まれたとみなされる（民法886条1項）。

《事例9－6》

Aは妻Bと父Cと同居しているが、先日、Aが死亡した。次の場合に、誰が法定相続人となり、それぞれの法定相続分はどれだけになるのだろうか。

① Aには3人の子がいるが、現在、妻Bは妊娠中である。

② Aには子がいなかったが、兄も同居していた。

事例9－6①のように、子が3人に胎児がいれば、妻の相続分は2分の1、胎児を含む子の相続分は8分の1ずつになる。

この場合、それがたとえば父子家族であれば、父の死亡に伴う相続人は第1順位の子だけである。

また、第1順位の子がいない夫婦であれば、第2順位以下の相続人がいるかいないかで結果が大きく違う。すなわち、父母など第2順位の相続人が健在であれば、父母が3分の1、妻が3分の2を相続し、第2順位の相続人がおらず第3順位の兄弟姉妹しかいなければ、兄弟姉妹が4分の1、妻が4分の3を相続し、第3順位の兄弟姉妹もいなければ、妻がすべての遺産を相続する。

相続人と相続分に関しては誤解が少なくないので繰り返し強調するが、法定相続人は第1順位から第3順位まであるとはいえ、第1順位の相続人がまず最優先で相続し、第2順位の相続人は、第1順位の相続人がいる限り相続人には決してなれず、第3順位の相続人に至っては、第1順位と第2順位の相続人がいない場合に限って、はじめて相続人になれるのだということである。事例9－6②では、第2順位である父と第3順位である兄がい

〔表17〕 法定相続人と順位、相続分

	相　続　人	相　続　分
第1順位	子（代襲相続人の孫、曾孫などを含む）	2分の1
	配偶者	2分の1
第2順位	直系尊属	3分の1
	配偶者	3分の2
第3順位	兄弟姉妹	4分の1
	配偶者	4分の3

ることになるが、第２順位である父が相続人となり、第３順位である兄は相続人とはならないのである。

要約すると、子、親、兄妹姉妹がいる場合、まず子、次に子がいない場合に限って親、最後に子も親もいない場合に、はじめて兄妹姉妹が相続人になるわけである。

そして配偶者は、第１順位から第３順位の中で確定した相続人（たとえば第１順位の子）と同順位で、常に相続人になるのである。

この同順位という意味も誤解を招きやすいのであるが、たとえば第３順位の兄妹姉妹が相続人の場合、配偶者は兄妹姉妹と同順位で相続人になるのであるが、相続分は均等ではなく、配偶者４分の３、兄妹姉妹４分の１（４人兄弟姉妹であれば、それぞれ16分の１ずつ）と較差がある。すなわち、同順位ということは、相続分が均等であることを意味するものではない。事例９－６②では、妻Ｂが３分の２、父Ｃが３分の１となる。

相続の較差についてさらに付言すると、第１順位の子には、嫡出子と非嫡出子、第３順位の兄弟姉妹には、父母の双方を同じくする兄妹姉妹（全血兄妹姉妹）と父母の一方のみを同じくする兄妹姉妹（半血兄妹姉妹と呼ばれ、異父兄弟姉妹と異母兄弟がある）の区別があって、非嫡出子（婚姻届のない男女に生まれ父から認知を受けた子）の相続分は嫡出子の２分の１（民法900条４号ただし書前段）、半血兄妹姉妹の相続分は全血兄妹姉妹の２分の１とされていた（同号ただし書後段）が、平成25年９月４日最高裁決定は、非嫡出子の相続分を嫡出子の２分の１とする民法900条４項ただし書前段は、遅くとも平成13年７月の時点で、法の下の平等（憲法14条）に違反すると判示した。これを受けて民法が改正され、900条４項ただし書前段が削除され（平成25年12月11日法律第94号、同日施行）、嫡出子と非嫡出子の相続分は同等になった。なおこの最高裁決定は平成13年７月１日以降に開始された相続が遺産分割協議、調停、審判等ですでに確定している場合には影響を及ぼさないと判示しているので、確定済みの相続を法の下の平等に違反するとして蒸し返すことはできないが、確定していなければこの最高裁決定に従うことになる。また改正後の民法900条は最高裁決定のあった翌日の平成25年９月５日以降に開始された相続に適用される（平成25年法律第94号附則２項）。

《事例９－７》

Ｄは Ｅの成年後見人である。先日、ＦからＥに宛てて「遺産相続の話をしたい」との手紙が届いた。その手紙によると、Ｅの父Ｇには前妻の子としてＨとＦがいるが、Ｈ（配偶者も子もいない）が死亡したとのことであった。すでに父Ｇは死亡しているし、Ｇの前妻も死亡している。

この事例において、Ｈの相続人と相続分はどうなるかをみていく。相続人は、子・直系尊属がいないため、第３順位の兄妹姉妹、すなわち全血兄弟姉妹のＦと半血兄妹姉妹のＥということになる。相続分は、半血兄弟姉妹は全血兄弟姉妹の半分なので（Ｆ：Ｅ＝２：１）、Ｆが３分の２、Ｅが３分の１ということになる。

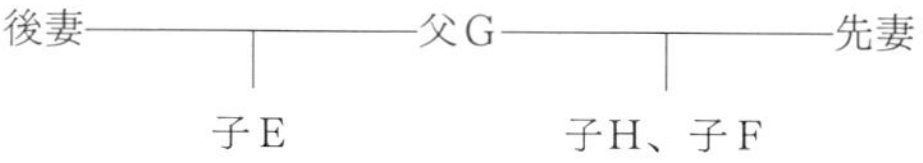

相続人を確定し相続分を算定するためには、戸籍謄本・除籍謄本・原戸籍謄本などを取

り寄せ、正確な相続関係図を作成しなければならないが、離婚・再婚・養子縁組・認知などが絡まった複雑な家族の場合には容易ではないので、司法書士との連携は不可避である。

相続分の算定には、さらに不動産の評価が必要になるし、相続税の問題もあるので、不動産鑑定士、税理士との連携も視野に入れておかなければならない。

なお、遺言書の作成、遺言の執行、遺産分割などの問題も考えれば、弁護士との協力も不可欠となる。

(B) 代襲（だいしゅう）相続

第1順位と第3順位の相続人には、代襲相続が認められる（民法887条2項・889条2項）。

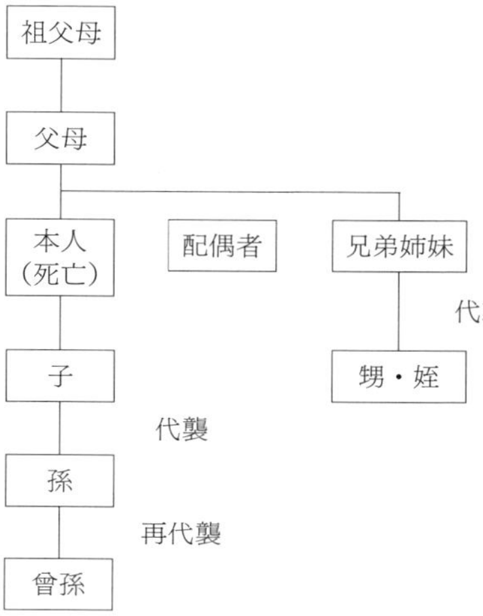

たとえば、本人が死亡し相続が開始される以前に子が死亡している場合には、その子を代襲して孫が相続人になる。すでに孫も死亡していて曾孫がいる場合には、曾孫が再代襲する。また、第1順位、第2順位の相続人がなく、第3順位の兄弟姉妹しかおらず、しかも兄弟姉妹はすでに死亡し、甥・姪しかいない場合には、兄弟姉妹の甥・姪が兄弟姉妹を代襲相続する。ただし、甥・姪もすでに死亡し、甥・姪の子しかいない場合には、曾孫のような再代襲相続は認められていない。

第2順位の直系尊属には下から上に繰り上がるという代襲相続はなく、もし父母ではなく祖父母が健在であれば、後順位の祖父母が相続する（民法887条2項は「被相続人の子が相続の開始以前に死亡したとき、……その者の子が代襲して相続して相続人となる」と規定しているため、たとえば本人の子がすでに死亡し孫が健在な場合には、その孫が代襲相続人となる。これに対して民法889条1項1号は、第2順位の法定相続人として「被相続人の直系尊属。ただし、親等の異なる者の間では、その近い者を先にする」と規定し、代襲相続の規定はないため、たとえば父母と祖父母が健在な場合には親等の近い父母が相続し、たとえば父母がすでに死亡し祖父母が健在であれば（親等の近い父母が死亡してすでにいないので）、親等の近い祖父母が相続することになる）。

なお、代襲原因には、死亡のほかに、相続欠格、廃除（いずれも後記(C)参照）がある。

ただし、相続人本人が自己決定に基づき相続放棄（後記(F)参照）した場合には、代襲相続は認められない。

また、代襲相続がない第2順位の場合には、たとえば父母に死亡、相続欠格、廃除だけでなく、相続放棄があれば、祖父母が相続人になる。

(C) 相続欠格と廃除

被相続人の殺害、詐欺・強迫による遺言、遺言書の偽造などを行った相続人の相続権を当然に剥奪する相続欠格（民法891条）、被相続人を虐待したり、重大な侮辱をした相続人、非行を繰り返す相続人について、被相続人が家庭裁判所に請求することによって、相続人の相続権を剥奪する廃除（民法892条）という制度がある。

かつては親子の縁を切る勘当という制度があったが、廃除は問題のある相続人を相続から除外するという意味を持つにすぎない。

廃除はいつでも家庭裁判所に取消請求できるので（民法894条）、たとえば虐待を繰り返す妻とか、親泣かせの息子を改心させるため、あえて廃除を請求し、問題が解決された場合には取消請求するといったことも行われている。

これがどの程度効果的かわからないが、社会福祉士ないし成年後見人等が高齢者虐待などに対処する手段として記憶しておくことも無意味ではないと思われる。

ただし、廃除の対象は兄弟姉妹以外の相続人、具体的には配偶者、子、父母などに限られる。(9)で後述するように、兄弟姉妹には遺留分が認められていないので、兄弟姉妹に相続させたくなければ、第三者に財産を贈与とか遺贈すればよいのであるが、それ以外の相続人には遺留分が認められているため、相続から除外するためには廃除によるしかないためである。

なお、遺言によっても、廃除を請求することができる（民法893条）。

(D) 相続人不存在、特別縁故者への分与

死亡した本人が天涯孤独で法定相続人がいない場合には、相続財産管理人による相続人不存在の手続をした後（民法951条以下参照）、被相続人と生計を同じくしていたか（内縁の配偶者とか事実上の養子など）、被相続人の療養看護に努めたか（ホームヘルパー、特別養護老人ホームなど）、その他特別な縁故があった個人・団体から請求がある場合には、家庭裁判所が遺産の全部または一部を分与し（民法958条の3）、そのうえで残余があれば遺産を国庫に帰属させる（同法959条）。

特別縁故者の存在は、相続人不存在手続の中で、利害関係人の請求によって家庭裁判所が選任した相続財産管理人によって明らかになることが多いのであるが、家庭裁判所が職権で分与するのではなく、あくまで特別縁故者からの請求を受けて、家庭裁判所が分与を検討するにすぎない。

特別縁故者として請求しても分与を受けられないこともあるし、分与が認められたとしても全部ではなく一部にすぎないこともある。

なお、相続人不存在手続が開始された後、すべての財産を包括的に遺贈する遺言の存在が明らかになれば、相続人不存在の手続は中止され、遺言に従って相続が行われることになるし、相続人の存在が明らかになれば、相続人不存在手続ではなく、法定相続の手続になる。

高齢社会の中で、在宅・施設での一人暮らし高齢者が拡大する傾向にあるので、相続人不存在手続、特別縁故者への相続財産分与手続などは、社会福祉士ないし成年後見人等の重要な役割になると思われる。

繰り返して強調するが、特別縁故者への分与手続はあくまで本人からの請求待ちなので、遠慮して沈黙している特別縁故者を見落とさないように留意する必要がある。

(E) 相続人の所在不明（行方不明）

相続人の所在不明（行方不明）は、相続人の不存在とは違って、相続人は存在するがその所在（行方）が不明だというにすぎない。

《事例9－8》

ＢはＡの成年後見人である。先日、Ａの父Ｃが多額の財産を残して死亡したため、成年後見人ＢはＡのために相続手続を進めていたところ、Ａには兄Ｄがいることが判明した。しかし、Ｄは住民票上の住所には居住しておらず、所在（行方）が不明となっ

ている。

このような場合、Bは家庭裁判所に対し、Aのために不在者財産管理人の選任を請求し（民法25条）、不在者財産管理人と遺産分割の協議を行うことになる。この不在者財産管理人には代理権がないので、Bと遺産分割の協議または調停を成立させるためには、不在者財産管理人が家庭裁判所から許可を受ける必要がある（同法28条）。

またDの生死が7年以上不明であれば、Bは家庭裁判所に対し、Dの失踪宣告を申し立てることもできる（民法30条）。

失踪宣告によってDは死亡したとみなされるので（民法31条）、BはDの法定相続人を相手に遺産分割手続を行うことができる。

なお、所在不明（行方不明）のDが未成年の場合には、BはDの親権者（親権者不在であれば未成年後見人の選任を家庭裁判所に求めることとなる）を相手に遺産分割手続を行えばよいので、不在者財産管理人の選任などは必要ない。

参考までに、水難、火災、震災、航空機事故、犯罪など死亡は確実とみられるが死体が発見されない場合、警察署長、海上保安庁、都道府県知事などが死亡を認定して市町村長に死亡の報告を行うと、戸籍に死亡が記載され死亡が事実上推定される認定死亡の制度がある（戸籍法89条）。また、戸籍上の高齢者で所在不明の場合、死亡の蓋然性が高いと判断し、死亡を原因に戸籍から職権消除する高齢者職権消除の制度もある（対象になる戸籍上の高齢者は90歳以上100歳未満と100歳以上であり、市町村長からの申請に基づき、所轄の法務局長が調査したうえ、職権消除を許可する取扱いであるが、90歳以上100歳未満の場合には、関係者の申し出がなければ市町村長の申請は実務上行われていない（戸籍法44条3項・24条2項、昭和32年8月1日民事甲1358号通達など））。ただし、高齢者職権消除は戸籍を整理するための手続にすぎず、相続が開始するわけではない。相続を開始するためには、前述した失踪宣告が必要になる。

(F) 相続の承認と放棄、事実上の放棄

相続の方法には承認、限定承認、放棄がある。

これは債務の相続と関係する制度、つまり積極財産よりも消極財産（借金や保証など）が多い場合には、それを引き継ぐ相続人は苦境に陥ることになるため、放棄によって相続から離脱することを認めるとともに、限定承認によって積極財産の限度で消極財産を清算することを相続人に認めたのである。

相続債権者に与える影響が大きいことから、限定承認・放棄は原則として3カ月以内にしなければならないが、相続関係が複雑な場合には期間の延長を家庭裁判所に求めることができる（民法915条）。

限定承認・放棄をしなければ、承認したことになる（民法921条2号）。

なお、相続放棄は、相続債務からの解放というよりは、たとえば複数の相続人の中で長男に跡取りさせるための手段（単独相続の実現）として行われることも少なくない。

《事例9－9》

AはXの成年後見人である。先日、Xの父Wが3カ所の土地を残して死亡した。Wには、X、Y、Zの3人の子どもがいるが、YもZも「長男であるXが跡取りであるのだから3カ所の土地はXに相続してもらってかまわない」と言っている。Xの

成年後見人であるAとしては、どのような手続を進めればよいだろうか。

事例9－9の場合、Xに3カ所の土地を相続させるための方法としては、以下のようなものがある。第1に、ＸＹＺが、全部の土地をXが取得するという内容の遺産分割協議書を作成し、3カ所の土地につきX名義で相続登記する類型、第2に、ＹとＺが相続分不存在証明書をXに交付し、3カ所の土地につきX名義で相続登記する類型がある。いずれの類型も、ＹＺの相続分がゼロになるという意味で、ＹＺが3カ月以内に家庭裁判所へ申述して法律上の相続放棄をしたのと同じ結果になるが、この類型は家庭裁判所への申述手続ではなく相続人の遺産分割協議書によって、法律上の相続放棄と同じ効果を狙うため、「事実上の相続放棄」と呼ばれている。

(G) 同時死亡の推定

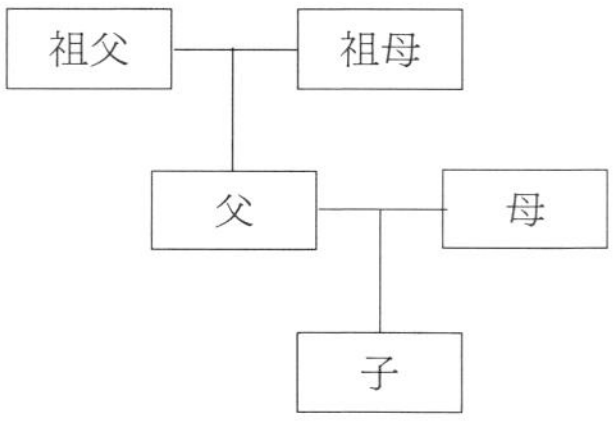

相続はいずれが先に死亡したかによって利害が大きく左右されるが、たとえば父と子が海外旅行中に飛行機が墜落し、いずれが先に死亡したかはっきりしない場合、同時死亡と推定される（民法32条の2）。

この場合、父の相続に関して子は死亡して存在していないことになるので、祖父母が3分の1、母（妻）が3分の2を相続し、次に子の相続に関して父は死亡して存在していないことになるので、母が全部相続する。

(4) 特別受益と寄与分

法定相続分に基づき具体的な相続分を算定するためには、特別受益と寄与分を考慮しなければならない。

特別受益とは、相続人の中で、被相続人から婚姻、養子縁組のために、あるいは独立に際して生計の資本として生前贈与を受け、または遺言によって遺贈を受けることになっている場合、その相続人がそれ以外の相続人と同じ相続分を受けるのでは不公平なので、それを特別受益として相続分から控除する制度である（民法903条）。

なお前述した平成30年7月改正民法の施行後であれば、婚姻期間が20年以上である配偶者の一方が他方に対し、その居住用建物またはその敷地（以下、「居住用不動産」という）を遺贈または贈与した場合、民法903条3項の持戻しの免除の意思表示があったものと推定し、遺産分割において、原則としてその居住用不動産の持戻し計算が不要となる（新民法903条4項）。つまりその居住用不動産の価格を特別受益として扱わずに計算すればよいことになる。

これも改正の趣旨である配偶者保護の一環である。

また寄与分とは、被相続人の事業に関する労務の提供または財産上の給付、被相続人の療養看護その他の方法によって、被相続人の財産を維持または増加させるうえで特別に寄与した相続人がいる場合には、それを相続分に加算する制度である（民法904条の2）。

たとえば長男の妻（嫁）、内縁の妻、事実上の養子などの相続人でない者には寄与分が認められない。長男が妻の特別な寄与を自己の寄与とみなして、寄与分を主張することも許されない。特別な寄与でなければならないため、通常の扶養義務程度では寄与分とは認められない。

なお前述した平成30年９月改正民法の施行後であれば、たとえば長男の妻等、相続人以外の親族が無償で被相続人の療養看護等を行った場合、一定の要件の下で、相続人に対して金銭の支払いを請求することができるようになる（新民法1050条）。

また平成30年７月改正民法によれば、特別受益のある相続人が遺産分割前に遺産を処分した場合、不公平な結果を招くので、これを是正する方策を導入している（新民法906条の２）。

《事例９－10》

Ａは E の成年後見人である。先日、Ｅの父Ｂが5000万円相当の財産を残して死亡した。Ｂには、Ｃ、Ｄ、Ｅの３人の子がいるが、Ｃには寄与分500万円があり、Ｄには特別受益として、事業資金として生前贈与を受けた1500万円がある。Ｃ、Ｄ、Ｅの具体的な相続分はいくらになるだろうか。

まずは、計算上の相続財産を、以下のように算出する。

5000万円 ＋ 1500万円 － 500万円 ＝ 6000万円
（遺産総額）（特別受益）（寄与分）（計算上の相続財産）

6000万円÷３（ＣＤＥ）＝2000万円（法定相続分）

ＣＤＥの法定相続分は2000万円となる。

Ｅには特別受益も寄与分もないので、2000万円がそのまま具体的な相続分になる。

Ｃについては、法定相続分に寄与分を加算し、2000万円＋500万円（寄与分）＝2500万円が具体的相続分となる。

Ｄについては、法定相続分から生前贈与の1500万円を特別受益として控除し、2000万円－1500万円（特別受益）＝500万円が具体的相続分となる。

事例９－10のように特別受益または寄与分が確定していれば、あとは計算するだけなのであるが、実際の遺産分割では特別受益ないし寄与分があるかどうか、特別受益ないし寄与分があるとしてどの程度に評価すべきか、それ自体が大きな争いになる。

争いを解決して円満な遺産分割協議を成立させるためには、形式的に特別受益ないし寄与分を問題にするのではなく、全体としてＣＤＥの具体的な相続分をどの程度に算定すればよいのか、その調整こそが重要である。

(5) 遺産分割

遺産分割の協議は自由である。法定相続分にこだわらず、協議によって自由に増減してかまわない。

たとえば母と子３人が法定相続人である場合に、いわゆる事実上の相続放棄によって、母だけあるいは長男だけに全部相続させることができる。

相続実務ではこのような場合、実際には特別受益がないのに十分な生前贈与を受けたことにして、相続分不存在証明書（特別受益証明書）を遺産分割協議書に添付することがある。

実体のない証明書に基づく遺産分割協議は無効ではないかという問題があるが、真意に基づくのであれば、事実上の相続放棄があったと理解できるので有効とされている。

なお、債務に関しては、相続人だけで一方的に増減することはできない。支払能力のない相続人に債務を全部相続させ、それ以外の相続人が債務を逃れることは許されないからである。

次に遺産分割協議の解除という問題がある。

たとえば、兄が残された母の老後を引き受けるという約束で、母と弟妹が事実上の相続放棄をすることによって、すべての遺産を兄に相続させた後、兄が約束に反して母の老後の面倒をみることを拒否した場合、母と弟妹は遺産分割協議を解除して再分割を求めることができるかという問題である。最高裁平成元年2月9日判決は扶養義務の問題だとして遺産分割協議の解除を否定している。

また、遺産分割協議後に死後認知された非嫡出子の権利について、非嫡出子は再分割を求めることはできず、相続分に見合う金銭的な請求しか認められていない（民法910条）。

社会福祉士ないし成年後見人等として、このような死後認知とか、胎児がいる場合の遺産分割に関与したときは、成年被後見人等の利益を図るだけでなく、非嫡出子、胎児が著しく不利益を受けないように、しばらく遺産分割協議を中断するなどの努力が求められると思われる。なお、これまで預貯金は被相続人の死亡により相続人に分割され、遺産分割の対象にはならないとされてきたが、平成28年12月19日最高裁決定は、これまでの判例を変更して、預貯金も遺産分割の対象になると判示した。

なお前述した平成30年7月改正民法の施行後は、相続された預貯金債権について、遺産分割前にも払戻しを受けられる二つの制度が導入される。

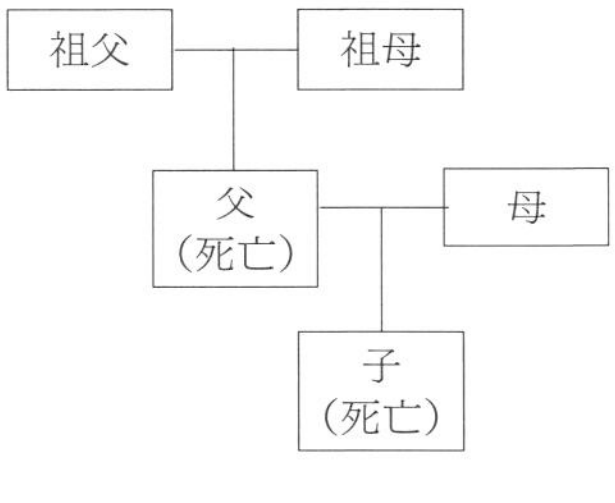

第1は、遺産分割の審判または調停において、相続財産に関する債務の弁済、相続人の生活費、葬儀費用の支払いその他の事情により遺産に関する預貯金債権を行使する必要があると認めるとき、家庭裁判所は申立てに基づき、共同相続人の利益を害しない限り、特定の預貯金債権の全部または一部を仮に取得させることができる（新家事事件手続法200条3項、仮分割の仮処分）。

第2に、各共同相続人は、遺産に属する預貯金債権のうち、一定の計算式で求められる額まで、他の共同相続人の同意がなくても単独で払戻しをすることができる（新民法909条の2）。ただし、払戻しには限度額があり、法務省令によれば、各金融機関ごとに150万円と定められている。

(6) 遺　言

(A) 遺言の概要

遺言は、15歳になれば未成年者でもできるし（民法961条）、成年被後見人、被保佐人でも自由にできる（同法962条）。

ただし、遺言をするには判断能力（意思能力）がなければならないので、成年被後見人が遺言できるといっても、本心に復していることが前提になるので（民法973条）、たとえば重度認知症の高齢者などの遺言は無効であることが多いと考えられる。

なお、後見の計算の終了前における被後見人の後見人またはその近親者に対する遺言は、無効とされる場合があるので留意を要する（民法966条1項。なお、同条2項参照）。

(B) 遺言の方式──普通方式と特別方式

遺言には厳格な方式がある（民法960条）。これは、遺言の効力が問題になる時点では、もはや本人が死亡しているので、その真意の確認ができないという事情によるものである。

遺言には、普通方式と特別方式がある。

① 普通方式（民法967条以下）　自筆証書遺言、公正証書遺言、秘密証書遺言

② 特別方式（民法976条以下）　危急時遺言、隔絶地遺言

普通方式のうち、自筆証書遺言（民法968条）は作成が容易で、他人にその内容を知られないという長所があるが、遺言書の紛失・偽造などの危険といった短所がある。公正証書遺言（同法969条）は原本が公証役場に保存されるため、紛失・偽造といった危険がないという長所があるが、遺言書の内容が立ち会った証人に知られるという短所がある。秘密証書遺言（同法970条）は自筆証書遺言と公正証書遺言の長所を兼ね備えているが、作成が難しいという短所がある。

なお前述したように、平成30年7月改正民法の施行後、法務局における自筆証書遺言の保管等が開始された場合には（同時に成立した「法務局における遺言書の保管等に関する法律」による）、原本が公証役場に保管される公正証書遺言と同じように、遺言書の紛失、隠匿、改ざん、廃棄等を未然に防止することができるようになる。

特別方式のうち、危急時遺言（民法976条）は、病気、船舶の遭難、航空機の墜落事故などのために死亡の危急が迫っているような場合、隔絶地遺言（同法977条以下）は、伝染病で隔離されている、航海中であるといった場合に、特別簡易な方式で遺言できるように認められているものである。これらはあくまで応急のための方式なので、普通方式による遺言ができるような状況になって6カ月生存している場合には、特別方式の遺言は無効とされる（同法983条）。

(C) 自筆証書遺言

自筆証書遺言によって遺言をするには、遺言書の全文・日付・氏名を自書し、押印する（民法968条1項）。

この場合、遺言書の財産目録（土地建物、預貯金等々）も手書きしなければならないが、財産目録を正確に手書きすることは容易ではない。そこで前述した平成30年7月改正民法の施行後であれば、財産目録をパソコン等で作成して遺言書に添付するとか、預金通帳のコピーや不動産の登記事項証明書を財産目録として遺言書に添付することができるようになる。ただしこの場合には、財産目録にも署名押印が必要である（新民法968条）。

夫婦が共同で1通の遺言書を作成することは認められず、必ずそれぞれが各別に遺言書を作成する必要がある（同法975条）。

以下、作成の際のポイントについて説明していく。

(a) 自　書

自書が要件なのでタイプライター、ワープロ、パソコン、ビデオ録画、録音テープなどによる遺言は認められていないが、自書・捺印したうえで、補助的に録音・録画しておくことは問題ない。

カーボン紙による複写は有効とされている（最高裁平成5年10月19日判決）。

他人が代筆することも認められない。

その意味で、通常は視覚障害者にとって、自筆証書遺言の作成は不可能なため、点字による遺言書の作成が検討されているが、現在まで認められていない。

添え手による遺言書の作成が自書か代筆か問題になるが、最高裁昭和62年10月８日判決は、老人性白内障と脳動脈硬化症（認知症）によって手の震えがひどく字の判読ができそうにないため妻が添え手をして整然とした遺言書を作成したという事例に関して、自書能力がなかったとして遺言書を無効としたうえで、添え手が許されるのは始筆、改行に際して、あるいは字の間配り、行間などを整えるため、手を用紙の正しい位置に導くにとどまるか、筆記を容易にするための支えを借りたような場合に限られると判示している。

(b) 日　付

日付のない遺言は無効である。

○年○月吉日という日付の記載は、「吉日」では日付が特定できないため無効とされている。

なお、最高裁昭和52年11月21日判決は、日付が真実の作成日付と違っていても、それが誤記であり、真実の作成日付が遺言の記載その他から容易に判明する場合には、無効ではないと判示している。

(c) 署　名

署名は、氏名だけでなく雅号・通称でもよいとされているが、トラブルにならないように氏名をしっかり記載するほうがよい。

(d) 押　印

押印に使用する印章について民法968条１項が特に限定していないので、認印（三文判）でもよいと解釈され、判例は日本の慣行等を理由に指印も有効としている（平成１年２月16日最高裁判決）が、これもトラブルを避けるために実印を押印し、印鑑証明書を添付したほうがよいと思われる。押印に関連して付言すると、遺言書自体には押印がなく、これを封入した封筒の封じ目に押印がされていた自筆証書遺言を判例は有効としている（平成６年６月24日最高裁判決）。

なお、日本に帰化した外国人が英文で自書し署名したが押印のない遺言書について、判例は欧米には署名捺印という慣行のないことを考慮して有効と判示している（昭和49年12月24日最高裁判決）。

(e) 加除・訂正

遺言書の加除・訂正は、欄外に、たとえば「何行目」と指示し、加除訂正したことを付記し、付記した部分に署名し、加除訂正した部分に押印しなければならない（民法968条２項）。

(D) 公正証書遺言

公正証書遺言は、公証役場に出向いて、証人２人以上の立会いのもとに、公証人に遺言の趣旨を口述し、公証人がそれを筆記したうえで、その内容を遺言者と証人に読み聞かせてその承認を受け、遺言者と証人が署名・押印して作成する遺言である（民法969条）。

病気その他で遺言者が公証役場まで出向けない場合には、公証人に出張してもらうこともできる。

証人は２人以上なので、２人でもかまわない。

詳しいことは最寄りの公証役場に問い合わせれば教えてもらえるが、通常は遺言者がまず公証役場に出向き、遺言の概要を公証人に説明し、公証人から必要な助言を受け、費用の概算を聞いたうえで、あらためて遺言者と証人が公証役場に出向き、あらかじめ公証人が作成しておいた公正証書遺言（案）に基づき、前記のような手続が行われる。

前述したように公正証書遺言は、遺言者の公証人に対する「口授」、公証人の遺言者および証人に対する「読み聞かせ」を要件としているため、以前は言語・聴覚障害者は公正証書遺言を作成したり証人になったりすることができなかったが、平成11年の民法改正によって「口のきけない者」が遺言する場合には、口授を「通訳人の通訳による申述」（手話通訳など）または「自書」（筆談など）に代え、遺言者または証人が「耳の聞こえない者」である場合には、「読み聞かせ」を「通訳人の通訳」（以上、民法969条の2）または「閲覧」（同法969条3号）に代えることができることとなっている。なお「閲覧」は、障害者だけでなく、一般的に利用することができるようになっている。

(E) 秘密証書遺言

秘密証書遺言は、公証人役場において公証人や証人に封書に入れて封印した遺言書を提出し、遺言の存在を明らかにしつつ、内容を秘密にして遺言書を保管してもらう制度である（民法970条）。具体的な手続は、①遺言書の作成と署名・押印、②遺言書の封書と封印、③公証人1名と証人2名への封書の提出、④自己の遺言書であること、氏名・住所の申述、⑤公証人による遺言書の提出日付と遺言者の申述の封紙への記載、⑥公証人および証人の封紙への署名・押印である。

あまり利用されていないが、遺言書の作成に自筆証書遺言のような要件はなく、本文は代書、ワープロ、点字などでもよい。なお、秘密証書遺言としての要件が欠落していても、自筆証書遺言としての要件を具備していれば、自筆証書遺言として有効とされる（民法971条）。

(F) 死亡危急者遺言

死亡危急者遺言とは、疾病その他によって死亡の危急が迫っている場合に、証人3人以上の立会いのもとで、その1人に遺言の趣旨を口述して行う遺言である（民法976条）。

この場合、口述を受けた証人は、これを筆記して遺言者およびその他の証人に読み聞かせ、各証人がその正確なことを承認した後、それに署名・押印する。

このような死亡危急者遺言は、20日以内に、証人の1人または利害関係者から家庭裁判所に請求し、遺言者の真意に基づく遺言書であることの確認を得なければ無効である（民法976条4項・5項）。

死亡の危急が去り、遺言者が6カ月生存すれば遺言書は無効になる（民法983条）。

(G) 船舶遭難者遺言

船舶遭難者遺言は、船舶遭難の場合に、船舶中にあって死亡の危急に迫られた者が行う遺言であり（民法979条）、死亡危急者遺言よりも要件が緩和されている。

証人は2人でよいし、口授された遺言の内容を筆記する必要もない。

このような船舶遭難者遺言は、航空機遭難の場合にも類推適用される。

なお、船舶遭難者遺言の場合にも、証人の1人または利害関係者から遅滞なく請求して、家庭裁判所の確認を得ないとその効力がない（民法979条3項・4項）。また遺言者が普通方式による遺言ができるようになったときから6カ月生存する場合には、船舶遭難者遺言は失効する（民法983条）。

(H) 隔絶地遺言

隔絶地遺言には、伝染病隔離者遺言（民法977条）と在船者遺言（同法978条）がある。前者は立会人として警察官１人、証人１人以上の立会いをもって、後者は立会人として船長または事務員１人、証人２人以上の立会いをもって、遺言書を作成できる。

遺言書は自筆である必要はないが、遺言者、筆者（遺言書を代書した場合）、立会人、証人が遺言書へ署名・押印しなければならない。

なお、隔絶地遺言は、家庭裁判所の確認を得る必要はないが、遺言者が普通方式による遺言ができるようになったときから６カ月生存する場合には、いずれの隔絶地遺言も失効する（民法983条）。

(I) 成年被後見人の遺言

ここで成年被後見人の遺言について説明する。民法973条によれば、①事理を弁識する能力（判断能力）を一時回復したとき、②医師２名の立会いがあること、③立ち会った医師が遺言書作成時に精神上の障害により事理を弁識する能力を欠く状態になかったことを遺言書に付記して署名押印すること、という要件を充たせば、成年被後見人の遺言は有効とされている。なお成年後見人が代理して成年被後見人の遺言書を作成することはできない。また被保佐人、被補助人の遺言には成年被後見人の遺言のような制限はない。

最後に、民法966条１項によれば、後見の計算が終了する前に、成年被後見人が成年後見人またはその配偶者もしくは直系卑属の利益になる遺言をしたときは無効とされる。ただし同条２項によれば、成年後見人が成年被後見人の直系血族、配偶者、兄弟姉妹である場合には、遺言は有効とされている。

(J) 遺言の無効と撤回

①方式違背の遺言（民法960条）、②共同遺言（民法975条）は無効とされる。また③遺言能力が欠如していれば、その遺言は無効である。民法962条は遺言には行為能力の制限は及ばないとしているが、遺言も法律行為である以上、意思能力（判断能力）が前提になる。民法961条は15歳になれば遺言能力があるとしているが、15歳になっていたとしても意思能力（判断能力）が不十分であれば、その遺言は無効である。裁判で遺言能力が争われるのは、多くは判断能力の低下した認知症高齢者の遺言である。民法963条は、遺言能力は遺言時に存在しなければならないとしているので、医師の診断書、長谷川式簡易知能評価スケール（HDS-R）、ミニメンタルステート検査（MMSE）等、遺言能力を裏付ける資料が必要となる場合がある。

遺言は、死亡によって効力が発生するまでは、いつでも自由に遺言の方式に従って全部または一部を撤回できる（民法1022条）。遺言の方式に従えばよいので、元の方式と同じ方式である必要はなく、たとえば公正証書遺言を自筆証書遺言で撤回してもよい。

次に、たとえばＡがＢに高価な絵画を相続させるという遺言書Ｘを作成した後、Ａがたとえば、①Ｃにその絵画を相続させるという新しい遺言書を作成した場合、②その絵画を美術商に売却した場合、③遺言書を切断、焼却して破棄した場合、④その絵画自体を破棄した場合、いずれも遺言書ＸはＡによって撤回されたと見なされる（民法1023条・1024条）。

ただし、上記③について、公正証書遺言の場合、原本が公証役場に保管されるので、Ａが手元の謄本を破棄しても遺言の撤回には該当しない。

なお、撤回の自由をあらかじめ放棄することはできず、たとえばこの遺言は撤回しないと遺言書に記載しても無効である（民法1026条）。

第１の遺言が第２の遺言で撤回され失効した後、第３の遺言で第２の遺言を撤回した場合、第１の遺言が復活するかという問題があるが、第２の撤回遺言が詐欺・強迫によってなされた場合には復活、それ以外は復活しないとされている（民法1025条）。

(K) 遺言書の検認と開封

遺言書の保管者、遺言書の発見者は、相続の開始後、速やかに遺言書を家庭裁判所に提出し、その検認を受けなければならない（民法1004条１項）。

これは遺言書の滅失、毀損、偽造、変造などに備えて、家庭裁判所が遺言書を記録する制度である。

公証役場に原本が保存されている公正証書遺言以外、すべての遺言書がその対象になる（民法1004条２項）。

平成30年７月改正民法と同時に成立した法務局における遺言書の保管等に関する法律11条によれば、法務局に保管された自筆証書遺言も、公正証書遺言と同じく、家庭裁判所の検認が不要になる。

前述したように、死亡危急者遺言、船舶遭難者遺言などは家庭裁判所の確認が要件であるが、その場合でも確認後に検認が必要とされている。

遺言書は封印が要件ではないが、封印されている遺言書は家庭裁判所で、相続人全員またはその代理人の立会いのもとで、開封しなければならない（民法1004条３項）。

なお、検認は、家庭裁判所が遺言書の効力を確定する手続ではない。したがって、遺言書に偽造された疑いがあれば、筆跡鑑定などによって無効を争うことは可能である。

(7) 遺　贈

(A) 遺贈とは

遺言によってできる民法上の行為は、①財産の処分（遺贈）、②相続人の廃除、③相続分の指定、④遺産分割の指定、⑤遺産分割の禁止、⑥遺言執行者の指定、⑦認知、⑧未成年後見人の指定、その他である。

遺贈は、相続分の指定とともに法定相続の内容を修正する機能があり、遺言による財産処分の中心である。

相続財産の全部とか、たとえば３分の１という割合で示された一部を遺贈する場合が「包括遺贈」、特定の土地や株式を指定して遺贈する場合が「特定遺贈」である。

たとえば、相続財産の３分の１を包括遺贈された場合は、その割合で相続人と同じ権利義務を継承し、遺産分割協議によって相続財産を取得し、遺産債務について限定承認または相続放棄できる。

(B) 負担付き遺贈

たとえば、遺言によって実家の土地建物を次男に遺贈するとともに、母親の世話を次男に負担させたい場合に、負担付き遺贈という方法が選択されることがある（民法1002条）。
相続に際し、財産の継承と介護の問題について、同時に解決することを目的にしているが、次男の態度などから十分な介護が期待できない場合には、遺贈はいつでも自由に取り消すことができる（同法1022条）。

逆に、次男からすれば、遺贈を放棄して介護・扶養の負担を免れることができる（民法986条）。

次男が遺贈を受けた場合には、その他の兄弟姉妹は次男に対して母親の介護を求めることができるし、次男が十分な介護をしない場合には遺言の取消しを家庭裁判所に請求できるが（民法1027条）、次男は受けた遺贈の限度で介護すればよいので（同法1002条１項）、どの程度の介護が相当なのか争われることがある。

なお、負担付き遺贈の一形態として、後継ぎ遺贈がある。これは、たとえば先祖代々の土地を後妻に遺贈（第１の遺贈）するとともに、後妻が死亡した場合には先妻の長男にその土地を遺贈（第２の遺贈）せよという内容の遺言が遺された場合、「後妻を遺贈義務者とし、その死亡時を期限とする長男への第２の遺贈」が第１の遺贈にとっての負担（負担付き遺贈）となるが、このような後継ぎ遺贈の効力に関しては議論が対立している。

(8) 遺言の執行

相続分の指定、遺産分割の禁止、遺言執行者の指定などの遺言は、その内容を実現するために特別な手続は必要ないが、たとえば認知の遺言は認知届の提出、廃除の遺言は家庭裁判所への請求が必要であり、認知に関しては戸籍法64条、廃除に関しては民法893条によって遺言執行者が不可欠とされている。

遺贈に関しては、たとえば土地の管理、引渡し、登記手続など遺言の執行が必要であるが、遺言執行者ではなく相続人でも行うことができるので、遺言執行者が不可欠とはされていない。

ただし、遺言執行者が指定または選任された場合、相続人は遺言執行者の執行を妨げることは許されず、妨害行為はすべて無効とされる（民法1013条）。

遺言執行者は、まず遺言で指定されるが、その指定を第三者に委託することもできる（民法1006条）。指定がない場合、利害関係者の請求があれば家庭裁判所が選任する（同法1010条）。

前述した認知、廃除の遺言に関して、遺言執行者の指定がない場合には、必ず利害関係者から家庭裁判所に遺言執行者の選任を請求する必要がある。

遺言執行者の指定は１人でも複数でもよく（民法1006条１項）、法人も特に除外されていない（信託業法５条１項５号は信託会社に遺贈に関する遺言執行を認めている）。共同相続人の１人を遺言執行者に指定し、受遺者を自筆証書遺言の執行者に指定することもできると解釈されている。

なお未成年者、破産者は遺言執行者になることができない（民法1009条）。

遺言執行者が遺言書の保管者であれば、家庭裁判所に対して遺言書の検認を求め、財産目録を作成して相続人に交付するなどの義務とともに、遺産を管理し、預貯金などの払戻しを受け、遺贈された財産を引き渡し、移転登記するなどの権限が認められる（民法1012条）。

また、遺言執行者は、遺言無効確認の訴えなど、遺言に関するすべての訴訟に関して原告・被告になる。

このように遺言執行者には絶大な権限が付与されるので、遺言書を作成する場合には必ず遺言執行者を指定しておくべきである。

なお前述した平成30年７月改正民法は、遺言執行者の権限を明確化しているので（新民法1007条・1012条・1013条～1016条)、施行後は留意が必要である。

遺言執行者には弁護士が指定されることが多いが、社会福祉士が遺言執行者に指定された場合には、繰り返して強調するように弁護士、司法書士、税理士その他専門職との事前・事後の連携を忘れないように留意したいものである。

(9) 遺留分（いりゅうぶん）

(A) 遺留分とは

遺留分とは、相続人に残さなければならない相続財産の割合である。

財産は、自由に処分できる部分と、相続人に遺留しなければならない部分に大別され、遺留分が侵害された場合には、その限度で取り戻すことが認められている。これが遺留分減殺請求権（民法1031条）である。

遺留分は法定相続人にとっていわば最後の砦なので、家庭裁判所の許可がなければ事前放棄は認められない（民法1043条)。

なお、遺言によって遺留分が侵害されたとしても、遺言が無効とされるわけではなく、遺留分を侵害された相続人がその減殺を請求できるにとどまる。

つまり、遺留分減殺請求権を行使するかしないかは、相続人の自由に委ねられている。行使しない場合には、事後的に遺留分減殺請求権を放棄したのと同じ結果になるが、事前の放棄と違って家庭裁判所の許可は不要である。

(B) 遺留分権利者と遺留分の割合

遺留分が認められているのは兄弟姉妹以外の法定相続人である。それぞれの遺留分の割合は〔表18〕のとおりである（民法1028条)。なお、相続放棄、相続欠格、廃除などによって相続権を失った場合には、遺留分もない。また、胎児にも遺留分が与えられる。

〔表18〕 遺留分の割合

(1) 相続人が直系卑属（子およびその代襲相続人）だけの場合　遺産の２分の１ たとえば子が２人の場合 遺留分２分の１×２人＝４分の１ずつ
(2) 相続人が直系卑属と配偶者の場合　遺産の２分の１ たとえば妻と子２人の場合 妻は、遺留分２分の１×法定相続分２分の１＝４分の１ 子は、遺留分２分の１×法定相続分２分の１÷２人＝８分の１ずつ
(3) 相続人が直系尊属だけの場合　遺産の３分の１ たとえば父母がが相続人の場合 遺留分３分の１÷２人＝６分の１ずつ
(4) 相続人が直系尊属と配偶者だけの場合　遺産の２分の１ たとえば父母と妻が相続人の場合 妻は、遺留分２分の１×法定相続人３分の２＝３分の１ 父母は、遺留分２分の１×法定相続分３分の１÷２人＝12分の１ずつ
(5) 兄弟姉妹　なし
(6) 兄弟姉妹と配偶者　配偶者のみ２分の１
(7) 配偶者　２分の１

(C) 遺留分額と遺留分減殺(げんさい)請求

遺留分があるといっても、生前贈与または遺贈によって全財産を第三者に与えてしまえば、遺産は残っていないので、遺留分を算定する場合には、残された相続財産（遺贈、死因贈与分を含め）に、死亡前１年以内にされた贈与の価額を加え、その合計額から債務を控除した残額を「相続財産」とみなし（民法1029条）、そのうちのたとえば２分の１を遺留分額として算定することにしている。

１年以上前の贈与であっても、遺留分権利者に損害を与えることを知ってなされた場合には、その価額を相続財産に加えることができる（民法1030条）。

なお、特別受益としての贈与は、１年以上前であっても無条件で相続財産に含まれる（民法1044条・903条）。

算入される贈与の評価は、贈与の時点ではなく相続の時点で算定する（民法1044条・904条）。

《事例９－11》

Ａには B と C の２人の子がいるが、先日、「すべての遺産（5000万円相当）をＣに相続させる」との遺言を残して死亡した。ところで、Ａは15年前にＢに対して土地を生前贈与していたが、同土地の評価額は、贈与の時点では1000万円相当であったが、Ａの死亡当時は3000万円相当となっていた。

事例９－11の場合には、贈与の時点で1000万円だったとしても、相続の時点で3000万円になっていたとすれば、3000万円を相続財産に算入する。また、たとえば15年前に贈与された特別受益としての金銭が100万円だったとしても、相続財産に算入する場合には相続の時点における貨幣価値に換算することになる。

遺留分減殺請求の対象となる順序は、まず遺贈について検討し、次いで贈与について検討することとされている（民法1033条）。

また、減殺すべき贈与・遺贈の存在を知った時から１年、相続開始から10年を経過すると、遺留分減殺請求権は消滅するので留意が必要である（民法1042条）。

遺留分減殺請求は配達証明付きの内容証明郵便で意思表示すればよく、１年以内に訴訟を提起しなければならないわけではない。

受遺者等が遺留分減殺請求を受けた場合、たとえば遺贈された土地を戻すか、その価額を弁償するか、いずれかの方法を選択できる（民法1041条）。

繰り返して説明すると、現在のルールによれば、被相続人Ａが相続人Ｂに土地を遺贈した場合、相続人Ｃは遺留分減殺の効果として、その土地に遺留分の侵害割合に相当する共有持分権を取得するとされている（相続人Ｂ、Ｃの共有）。そこで相続人Ｂは相続人Ｃと交渉し、土地を共有持分の割合に応じて分割するか、金銭の支払いで解決することになる。

しかし前述した平成30年７月改正民法の施行後は、相続人Ｃが遺留分減殺請求権の行使によって得る権利は、遺留分の侵害額に相当する金銭債権だけになる（新民法1046条）。したがって相続人Ｂは相続人Ｃに対し、土地を共有持分の割合に応じて分割する必要はない。なお金銭をすぐに準備できない場合、裁判所は相続人Ｂの請求に基づき、相続人Ｃに対する全部または一部の支払いについて、相当の期限を許与できる（新民法1047条５項）。

(D) 遺留分減殺の計算式

《事例９－12》

Ａが遺産1700万円と相続債務300万円を残して死亡した。相続人は妻Ｂと子ＣＤＥである。Ｄは婚姻に際して400万円の贈与を受けていた。Ｂに300万円、Ｃに800万円を遺産から遺贈するというＡの遺言がある。

事例９－12について、遺留分減殺の計算式を示すと、次のとおりである。
まず、相続財産は次のとおりである。

1700万円	＋	400万円	－	300万円	＝	1800万円
（遺産）		（特別受益）		（相続債務）		（相続財産）

これをもとにしたそれぞれの遺留分額は、次のとおりである。

妻Ｂの遺留分額＝1800万円× $\frac{1}{2}$ × $\frac{1}{2}$ ＝450万円
（遺留分率）（法定相続分）

子ＣＤＥの遺留分額＝1800万円× $\frac{1}{2}$ × $\frac{1}{2}$ ÷ ３＝150万円
（遺留分率）（法定相続分）

法定相続分による遺産分割協議に基づく、それぞれの相続額は次のとおりである。

1700万円 － 1100万円 ＝ 600万円
（遺産）　（遺贈合計）
相続額
600万円×２分の１＝300万円（妻Ｂの相続額）
600万円×２分の１÷３＝100万円（子ＣＤＥの相続額）
相続債務300万円
300万円×２分の１＝150万円（妻Ｂの相続債務）
300万円×２分の１÷３＝50万円（子ＣＤＥの相続債務）

以上をまとめると、それぞれの遺留分額は、次のとおりとなる。

① 妻Ｂの遺留分額
450万円 －（ 300万円 ＋ 300万円 － 150万円）＝０
（遺贈）　（相続額）　（相続債務）

② 子Ｃの遺留分額
150万円 －（ 800万円 ＋ 100万円 － 50万円）＝－700万円
（遺贈）　（相続額）（相続債務）

③ 子Ｄの遺留分額
150万円 －（ 400万円 ＋ 100万円 － 50万円）＝－300万円
（特別受益）（相続額）（相続債務）

④　Ｅの遺留分額
150万円 －（100万円 － 50万円）＝100万円
（相続額）（相続債務）

結局、Ｅが100万円遺留分の侵害を受けていることになる。

この場合、Ｅが行う遺留分減殺請求は、次のとおりである。前述のように、減殺の順序はまず遺贈からとされているので、ＢとＣが対象になるが、Ｂは遺留分侵害額がゼロなので、減殺請求はＣの800万円に向けられる。

遺留分減殺後の実質的相続額は、以下のとおりである。

①　妻Ｂ　300万円 ＋ 300万円 － 150万円 ＝ 450万円
（遺贈）（相続額）（相続債務）
②　子Ｃ　800万円 ＋ 100万円 － 50万円 － 100万円 ＝750万円
（遺贈）（相続額）（相続債務）（遺留分減殺額）
③　子Ｄ　400万円 ＋ 100万円 － 50万円 ＝450万円
（特別受益）（相続額）（相続債務）
④　子Ｅ　100万円 － 50万円 ＋ 100万円 ＝150万円
（相続額）（相続債務）（遺留分減殺額）

⑽　相続と登記

遺言、遺産分割などによって不動産を取得した場合、相続登記の手続が必要である。相続登記は義務ではないし期限もないが、相続登記をしないと、取得した不動産を売却できない等々の不都合があるうえ、相続登記手続には必要書類も多い。

その意味で司法書士、弁護士との協働が不可欠になる場合もある。

⑾　相続と裁判手続

ここで相続をめぐる裁判手続を略記する。

まず遺産分割協議によって解決できない場合、審判または調停を申し立てることができる。審判申立ては「被相続人の最後の住所地」を管轄する家庭裁判所（家事事件手続法191条）、調停申立ては「相手方の住所地」を管轄する家庭裁判所（同法245条１項）に対して行う。また調停、審判いずれの場合も当事者が合意した家庭裁判所に申し立てることができる（同法245条１項・66条）。

調停申立て後、合意が成立しない場合には調停不成立とはならず、調停申立て時に審判申立てがあったとみなされて、自動的に審判が開始され（家事事件手続法272条４項）、審判によって最終的な解決に至ることになる。なお調停が成立しない場合、家庭裁判所は職権で「調停に代わる審判」を行うこともできるが（同法284条）、当事者から異議申立てがあれば失効する（同法286条５項）。

しかし遺産の範囲、相続人の範囲などに争いがあれば、遺産分割協議、調停、審判の前提が確定しないので、争う側が民事訴訟を提起し判決によってそれを確定する必要がある。また遺言書の有効性に疑義があれば、最終的には遺言無効の確認訴訟が必要になる。

なお遺留分に関して、調停の申立ては減殺の意思表示にはならないので、時効によって権利が消滅しないように、内容証明郵便等によって遺留分減殺請求の意思表示を別途しておかなければならない（民法1042条）。

⑿ 相続税

(A) 課税される相続財産

相続財産には、たとえば不動産、預貯金、有価証券、貴金属などの「積極財産」と、借金、連帯債務などの「消極財産」がある。

相続税は、この積極財産から消極財産、葬儀費用などを控除した残額に課税される。

なお、死亡退職金、死亡保険金なども課税の対象になる。

(B) 申告と納付

相続税は相続の開始があったことを知った日の翌日から10カ月以内に、被相続人の住所を管轄する税務署に相続税の申告書を提出し、申告期限までに税額を納付しなければならない（相続税法27条１項）。

遺産分割の協議が成立しない場合にも、法定相続分に応じて相続財産を取得したとみなして相続税の申告と納付を行う必要がある。

(C) 基礎控除

相続税には基礎控除がある。これまでは5000万円および法定相続人１人につき1000万円を合計した金額が控除されたが、平成27年１月１日以後に相続によって取得する財産の相続税に関する基礎控除は、3000万円および１人600万円に引き下げられている。たとえば法定相続人が妻と子の２人だとすると、基礎控除額は3000万円＋（600万円×３人）＝4800万円である。

なお、法定相続人が相続放棄した場合も、基礎控除上は法定相続人に算入できる。また、法定相続人の中に養子が２人以上いる場合、法定相続人に実子がいれば１人、実子がいなければ２人として、それぞれ基礎控除額を計算できる。

(D) 配偶者の税額軽減

相続税の納税額に関して、配偶者には税額の軽減がある。１億6000万円または配偶者の法定相続分相当額のいずれか多い金額まで、配偶者には相続税がかからない。

《事例９－13》

課税される相続財産が２億円あり、妻Ａと子（１人）が相続人である。

事例９－13の場合、妻Ａの法定相続分は２分の１として１億円相当なので、妻Ａが法定相続分相当額の１億円を相続する限り課税されないし、法定相続分相当額を超えて相続する場合でも１億6000万円までは課税されない。

配偶者の税額軽減は、配偶者が遺産分割などで実際に取得した財産を基に計算されるので、相続税の申告期限（相続開始の日から10カ月以内）までに分割されていない財産は対象にならない。申告期限を過ぎてしまうなど、問題がある場合は税理士に早急に相談する。

平成30年７月改正民法の施行後は、配偶者居住権と負担付き所有権の評価に留意が必要になる。

第10章 身上監護のための知識

1 身上監護の基本

(1) 身上配慮義務

(A) 身上配慮義務とは

成年後見人等の職務遂行上の基本的な活動指針として、民法858条の規定がある。「身上配慮義務」といわれるものである。

> **(成年被後見人の意思の尊重及び身上の配慮)**
> **第858条** 成年後見人は、成年被後見人の生活、療養看護及び財産の管理に関する事務を行うに当たっては、成年被後見人の意思を尊重し、かつ、その心身の状態及び生活の状況に配慮しなければならない。

この規定は、成年後見人が行うべき事務には、成年被後見人の「生活、療養看護及び財産の管理に関する事務」があり、これらの事務を遂行する際に「成年被後見人の意思を尊重」し、さらに「心身の状態及び生活の状況に配慮」しなければならないと明示している。

同様の義務は、保佐人（民法876条の５）、補助人（同法876条の10)、任意後見人（任意後見契約法６条）にも課せられている。

これらの規定について、立法担当者は、「身上監護の充実の観点から、成年後見人が本人の身上面について負うべき善管注意義務（民法第869条、第644条）の内容を敷衍（ふえん）し、かつ、明確にしたもの」と説明している（小林昭彦ほか『新成年後見制度の解説』142頁、ルビ筆者)。「善管注意義務」とは、民法の委任に基づく受任者の一般的な注意義務で、「受任者は、委任の本旨に従い、善良な管理者の注意をもって、委任事務を処理する義務を負う」（民法644条）として、成年後見人等にも準用されるものである。すなわち、成年後見事務を行うにあたって「その地位にある、思慮分別のある人が通常払う注意（＝善管注意義務)」の内容を具体的に説明し、明確にしたものと解される。さらに立法担当者は、この規定は、①本人の「生活、療養看護及び財産の管理」に関する事務全般についての身上配慮義務が責務とされていること、②「療養看護に関する事務」が法律行為に純化され、事実行為を含まないことが明確にされていることの２点において、「多様なニーズに応える後見事務の遂行の指針となる一般的な責務の内容を法文化したもの」であるとし、さらにこの規定は、「単に善管注意義務の解釈を具現化したものにとどまらず、理念的に本人の身上への配慮が事務処理の指導原理であることを明示することによって、身上面の保護に関する成年後見人の職務・機能の実効性を高めていくことに資する」とさらに踏み込んだ解説を加えている（小林ほか・前掲書142頁)。

また上山は、善管注意義務は特約によって免除や軽減ができるという通説や、委任が無償契約である場合や報酬が非常に低額である場合には、善管注意義務の軽減や義務違反時の責任の軽減を認めるべきという学説があるが、成年後見人等に課せられた身上配慮義務や本人意思尊重義務は、通常の善管注意義務とは異なり、特約や無償性を理由に義務の免除や軽減は認めるべきではないと述べている（上山泰『専門職後見人と身上監護〔第３版〕』100頁〜101頁）。

成年後見人等の職務が、成年被後見人等の財産管理のみならず生活全般に関する重大な権限が付与されることで成立することを考えると、この規定の示す身上配慮義務とその遵守義務の重要性も、おのずと理解できよう。成年後見人等に選任された者は、襟を正して職務と対峙しなければならない。

この規定によって「本人意思尊重義務」と「身上配慮義務」という、成年後見人等が職務を行ううえでの具体的な基本指針、原理原則が示されることとなった。個々の事例に対して、これらの実現とはどうあるべきかを常に問いながら実務にあたる姿勢が求められる。

しかし、実務において、判断能力が不十分な人の本人意思を尊重し、身上に配慮するとは、具体的に何をどうすることなのか。両者のバランスは本人の「最善の利益」が何かを見出すことと言い換えることができるが、本人の「最善の利益」を、第三者である成年後見人等が客観的に判断するにはどうすればよいのかという困難な問題に直面する。この点は、後記(2)で詳しく述べる。

(B) 「身上監護」と「財産管理」の関係

成年後見事務には、大別して、「身上監護」と「財産管理」があるという説明がしばしばなされる。

便宜上「身上監護」と「財産管理」という二分法的に説明されるものの、成年被後見人等の生活全般にわたる支援を行う際に二者は不可分であり、表裏一体の関係である。その人らしい生活の実現（＝身上監護）のために、持てる財産をどう活用するのか（＝財産管理）、言い換えると「身上監護」という目的を達するために「財産管理」を行うことが成年後見人等の職務である。

旧禁治産・準禁治産制度が、資産（とりわけ家産としての資産）の保全、すなわち財産管理中心であったのに対し、現行制度では本人の資産を本人のために活用する、すなわち身上監護中心の財産管理に転換が図られた。しかし、いまだ旧態依然とした財産管理中心の考え方で成年後見制度をとらえている関係者もいると聞く。財産の多寡にかかわらず、成年後見制度の利用が必要な人は存在する。成年後見人等は、後見実務を通して、現行制度の目的を具現化していく役割を担っている。

(C) 立法担当者の見解による「身上監護」に関する職務範囲

「身上監護」実務を行うにあたっては、どこまでできるのか（権限）、どこまでしなければならないのか（義務）、という判断を迫られる場面に直面することがある。関係者においても、後見事務の範囲について共通理解が得られているとはいいがたい状況があることが指摘されている（日本成年後見法学会身上監護研究会「平成19年度報告書」）。

ここでは、成年後見人等としての立場を明確にするためにも、立法担当者が示している身上監護に関する一定の職務範囲について理解し、これを基準に実務にあたることが肝要である。この経緯については、上山・前掲書第４章および第５章に詳しい。同書100頁には、「立法担当者による身上監護に関する職務範囲の整理」として、成年後見人等の職務の範囲が図表化されている（〈図12〉参照）。

〈図12〉 立法担当者による身上監護に関する職務範囲の整理
（上山泰『専門職後見人と身上監護〔第３版〕』106頁より）

■成年後見人の職務範囲となる実務［民法858条の適用対象］

① 医療に関する事項
・契約の締結
・相手方の履行の監視
・費用の支払い
・契約の解除

② 住居の確保に関する事項
・契約の締結
・相手方の履行の監視
・費用の支払い
・契約の解除

③ 施設の入退所、処遇の監視・異議申立て等に関する事項
・契約の締結
・相手方の履行の監視
・費用の支払い
・契約の解除

④ 介護・生活維持に関する事項
・契約の締結
・相手方の履行の監視
・費用の支払い
・契約の解除

⑤ 教育・リハビリに関する事項
・契約の締結
・相手方の履行の監視
・費用の支払い
・契約の解除

⑥ 異議申立て等の公法上の行為
→ただし、上記①～⑥の事項についての法律行為に関連する行為に限られる。

⑦ アドヴォカシー
→ただし、契約等の法律行為に関する権限の行使に伴う注意義務の範囲内（民法858条の解釈として合理的な範囲以内）に限られる。

■成年後見人の職務範囲には含まれない実務

⑴ 権限の及ばない行為
① 身体の強制を伴う事項
手術・入院・健康診断の受診等の医療行為の強制、施設への入所の強制等
② 一身専属的な事項
臓器移植の同意等

⑵ 義務の及ばない行為
③ 現実の介護行為

身上監護に関する実務にあたっては、〈図12〉に示された職務を行うことをまず基本にすべきである。ただし、保佐・補助類型や任意後見契約の場合は、付与された権限の範囲内でのみ行うことはいうまでもない。

まず着目したいことは、「成年後見人の職務範囲となる事務」と「成年後見人の職務範囲には含まれない事務」とに区別されている点である。

前者の「成年後見人の職務範囲となる事務」の詳しい内容を見ると、①医療に関する事項、②住居の確保に関する事項、③施設の入退所、処遇の監視・異議申立て等に関する事項、④介護・生活維持に関する事項、⑤教育・リハビリに関する事項があり、それぞれ、「契約の締結・相手方の履行の監視・費用の支払い・契約の解除」が列挙されている。これを見ると、「身上監護」事務とは成年被後見人等が生活をするうえで必要な諸サービスを利用するための契約行為（法律行為）を行うことであり、それに当然付随して、契約履行の確認事務（定期的な見守り等の法律行為に付随する事実行為）と、費用の支払いといった「財産管理」に関連する事務が伴うことがわかる。また⑥異議申立て等の公法上の行為として、①から⑤の法律行為に関連する異議申立て等の公法上の行為もあげられている。成年被後見人等の権利を擁護するための職務の１つとして、認識しておきたい点である。

後者の「成年後見人の職務範囲には含まれない事務」には、「権限の及ばない行為」と「義務の及ばない行為」がある。「権限の及ばない行為」には、「身体の強制を伴う事項」と「一身専属的な事項」があり、実務を行ううえで留意を要する。

「身体の強制を伴う事項」には、手術・入院・健康診断の受診等の医療行為の強制、施設への入所の強制、教育・リハビリの強制等が含まれる。客観的には医療の受診や施設入所等が適当であると判断される場合でも、成年後見人には強制的にこれらを行う権限はないことを理解しておかなければならない。あくまでも本人の意思を尊重しつつ、一方で本人保護に必要な手だてを検討していくことが基本的な姿勢となる。

なお、精神保健福祉法33条に基づく医療保護入院では、本人の同意がなくても家族等（成年後見人、保佐人を含む）の同意（のみが要件ではない）があれば入院させることができるとされている。

「一身専属的な事項」には、臓器移植の同意や、遺言、身分行為（婚姻、養子縁組、子の認知等）が含まれ、権限が及ばない行為となる。

また「義務の及ばない行為」として「現実の介護行為」があげられている。実際に介護を行うなどの「事実行為」は、成年後見人等の職務には含まれないと説明される部分である。

成年後見制度利用促進法で身上保護（身上監護）と本人の意思尊重が注目されており、今後そのあり方が整理され、支援が推進されることが期待される。なお、意思決定支援については第２章❻を参照されたい。

(2) 自己決定と保護の調和

(A) 事例から考える自己決定と保護との調和

現行成年後見制度は、「自己決定の尊重、残存能力の活用、ノーマライゼーション等の理念と本人保護の調和」を基本理念として掲げている。また「本人意思の尊重」が職務の大原則であることは先に述べた。

しかし、表明された本人意思が必ずしも本人の最善の利益とは考えられない場合は、どうすればよいのだろうか。実務を行ううえで、本人意思の尊重（それに基づく自己決定の尊重）と保護とのバランスをどうとるか、どちらを優先させるかは、最も悩ましい問題である。

次の事例を読んで、「何を考えたか」を考えてみてほしい。

《事例10－１》

知的障害があり施設に入所している成年被後見人が、「自分の車を買いたい。そして、大好きな職員とドライブに行きたい」と希望していることがわかった。車を購入するだけの預貯金はあるが、本人が車を運転することはできない。

この事例では、知的障害があり施設入所中でもあり、しかも本人が運転できない車を購入することは、いくら本人の希望であり購入可能な預貯金があるといっても、財産の無駄使いである。本人に車の購入はあきらめてもらうことが最善であると考える人が多いのではないだろうか。しかし、施設入所中である、本人が運転できないということが、車は購入できない、しないほうがよいという理由になるのはなぜだろうか。また財産の使い方が無駄使いか否かは、誰がどのような基準に基づいて決めればよいのだろうか。初めから無理・無駄と決めつけず、本人の願いに真摯に耳を傾け、本人の要望の本質を探り、その実現可能性について検討してみることが、成年後見人等が持つべき基本的な姿勢であろう。

《事例10－２》

自宅で生活している精神障害のある成年被後見人が、ある日の新聞広告で自然豊かな山間部の土地を安く購入できるとあったのを見て、ぜひ住みたいと思い、即刻、売買契約を結んでしまった。購入できるだけの財産はあるが、本人が有効利用するのは難しいと思われた。取消権を行使すべきか。販売業者は、いわゆる悪質業者ではなさそうである。

在宅で生活する精神障害者には起こりうる出来事であろう。社会生活を営むうえでの基本的なスキルが現存する場合は、本人の意思で次々と契約を結んでしまうこともあり、成年後見人等がその事後的な対応に追われることもある。しかし、成年後見人等が取消権を行使することのみを自身の仕事として優先させるのではなく、財産の多寡や契約内容、収支のバランスなど総合的な判断に基づき、本人の財産を本人の意思に基づいて使うことを尊重するといった姿勢が必要である。当たり前のことではあるが、本人の財産はあくまでも本人のものなのである。

《事例10－３》

独居高齢者の認知症が少しずつ進んできた。近隣に家族はいるが、長年にわたり本人との関係がこじれていることもあり、家族は本人を早く施設に入れて家を処分してほしいという。成年後見人は福祉サービスを利用して独居生活を継続することが可能ではないかと考えており、本人も何としても住み慣れた家から離れたくないと言って耳を貸さない。

この事例のように、家族と本人の板挟みになって成年後見人等が対応に窮する状況も考えられる。しかし、成年後見人等はあくまでも本人の代理人・支援者であり、本人の意思よりも家族の意向を優先させるようなことがないよう、成年後見人等としての立場を守り、明示していかなければならない。時として家族と対決しなければならない状況もあろう。この事例の場合も、本人の意思を最大限尊重し、住み慣れた家で暮らせる方法を検討することが、成年後見人等の仕事といえる。

(B) 本人の支援者としての成年後見人等

ここで、あらためて成年後見人等として踏まえるべき基本的な視点を確認してみよう。

成年後見人等はあくまでも本人の立場に立ち、本人の最善の利益を追求することを基本姿勢としなければならない。

保護を優先するあまり、パターナリスティックに「これは無理、あれもだめ」と決めつけていないだろうか。本人の意思を尊重した、その人らしい生活の実現可能性を検討してみただろうか。どうすればできるか、どうすれば可能かを検討することなく、成年後見人等が自分自身の価値観を押しつけていないか、独断や決めつけで成年後見人等自らが権利侵害者になっていないか、点検してみる必要がある。他人からは「愚行」と思える行為でも、本人の自己決定に基づいてその行動を選択する自由（愚行権、愚行の自由）があることまで尊重する姿勢がないと、本人意思を尊重した自己決定の支援はできないだろう。本人意思を尊重した自己決定支援は、本人と成年後見人等の信頼関係が基盤となる。本人が自由に意思を表明でき、成年後見人等が本人の意思を受け止め、考えられる選択肢やリスクを共に検討するというプロセスを経ることが必要である。そのうえでなお、最終的な自己決定権は本人にあるということを尊重することである。また、施設入所の強制など身体の強制を伴う事項は、成年後見人等の権限が及ばない行為であることを再度確認しておきたい。

さらに、本人の代弁者として、施設と交渉したり、契約不履行や権利侵害が行われていると判断した場合には異議を申し立てたり、あるいは家族とも対決しなければならないことも時としてありうる。あくまでも本人の立場に立って代弁者として機能しているか、施設や家族といった相手方の立場で、相手方の都合に合わせて、ものわかりよく物事を進めていないか、確認してみる必要もあろう。

しかし一方で、本人意思の尊重に忠実であろうとするあまり、本人保護の職務がおろそかになっていないか、同時に検証しなければならない。本人意思の尊重とは、本人が言うとおりに、言われたことを言われたままに行えばよいというものではない。まさに、「心身の状態及び生活の状況」を配慮したうえで、さまざまな角度から総合的に判断した結果、場合によっては取消権を行使することを検討する必要もあろう。また本人保護のために生活上必要なサービス利用の手配などは、当然しなければならない職務である。

意識障害がある、障害が重度で意思確認が困難であるといった場合でも、本人の意思を引き出すための方法を探ることや、過去に表明された意思があればそれを尊重するといった姿勢が求められる。また本人の信条や生活歴の情報などから、本人が意思表示できるとすればどのような選択や決定をするだろうかと推定できる場合もあろう。

いずれにせよ専門職後見人には、専門職としての説明責任がある。本人の最善の利益をどのような情報に基づいて判断したのか、説明責任が果たせるよう、判断根拠を明確にしておくことが求められる。

(3) 法律行為と事実行為

立法担当者が示している身上監護に関する一定の職務範囲のうち、「義務の及ばない行為」として「現実の介護行為」があげられていた（前記(1)(C)〈図12〉参照）。これは、成年後見人等の職務の中核が契約等の「法律行為」であり、実際に引き取って面倒をみるといった介護労働義務はないという意味であって、すべての「事実行為」が職務から排除されているという意味ではない。職務の中核が「法律行為」であること、あるいは介護労働といった「事実行為」が排除されていることを強調するあまり、すべての「事実行為」が成年後見人等の職務ではないかのような誤解が生じているきらいがある。

立法担当者も「法律行為」に当然付随する「事実行為」は職務の範囲であると述べている（小林昭彦＝原司『平成11年民法一部改正法等の解説』267頁）。

たとえば、施設サービスの利用を検討しようとする場合、当然ながら、本人の意向確認のために、定期的に訪問して本人の生活状況を確認したり、面談をするといった「事実行為」が不可欠である。また、施設サービスの情報も集めなければならないだろう。パンフレット等の紙面では十分にわからなければ、実際に本人と見学に行くことがあるかもしれない。これらは、施設サービス利用契約を締結するという「法律行為」を適正に実施するために、当然に付随して行う「事実行為」である。もちろん、相談機関等に依頼して情報を集めるなど、成年後見人等自らが行わない方法があるにせよ、相談機関等に相談することはこの場合、「事実行為」の範囲といえよう。施設と利用契約を締結すること自体は「法律行為」であるが、その後、契約の履行状況の確認をする際には、やはり定期的に訪問して本人や施設職員と面談し本人の生活状況を確認したり、ケアプランや支援計画を確認するといった「事実行為」が必要である。また、利用料等の費用の支払事務も法律行為（契約）に付随する事実行為といえる。

本人意思尊重義務を果たすためには、本人とのコミュニケーションを円滑にし、信頼関係を構築することが前提となる。また身上配慮義務を果たすためには、定期的に訪問して生活状況を見守るといった「事実行為」は、必要不可欠な事務といえる。

しかし一方で、その事実行為は本当に成年後見人等として必要な行為なのか、あるいはすべき行為なのかを検証する必要もあろう。たとえば、訪問のたびに成年後見人等が生活支援をしなければならないような状況があるとすれば、必要なサービスの手配が不足しているということかもしれない。また、特に資力が乏しい成年被後見人等の場合など、他に方法がないのでやむを得ず成年後見人等が事実行為を行っていることも、実際には多いと聞く。しかし、それらをただ漫然と実施するのではなく、他の方法を再検討してみることや、制度やサービスの不備といった課題が背景にあることを認識し、制度改善に向けた取組みを検討していくことも、専門職後見人の役割である。

(4) 関係機関とのネットワーク

これまで述べたように、「身上監護」という成年被後見人の生活全般にわたる支援において成年後見人等が行うことは、医療・福祉・教育等のサービスを成年被後見人等が適切に利用できるように手配することと、見守りを行うということである。しかし実際に成年被後見人等の生活が成り立つためには、それら関係機関やそこに所属する専門職等との連携が円滑に行われてはじめて成り立つものである。時として、弁護士・司法書士等の法律の専門家や税理士など税務の専門家と相談しながら解決すべき問題も出てこよう。また、一般的に地域でごく普通に生活すること自体、住宅の賃貸借や維持管理のために必要な業者との契約や、電気・ガス・水道等々といったさまざまな関係機関との契約によって成り立っている。さらに、本人の家族・友人・知人・近隣住民といったインフォーマルな社会

〈図13〉 ネットワークの中の成年後見人等の立場イメージ

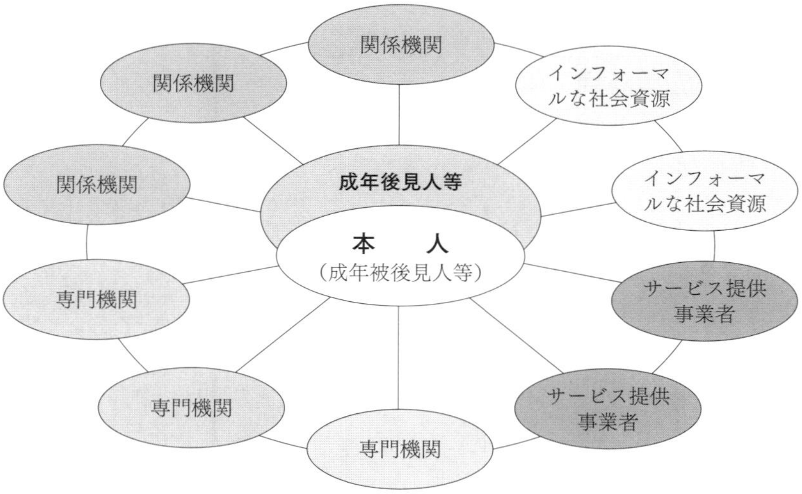

資源も、成年被後見人等がその人らしい生活を送るためには、大切に維持していきたい関係である（〈図13〉参照）。なお、成年後見制度利用促進基本計画では地域連携ネットワークの構築が推進されている。詳細は、第2章❺を参照されたい。

このようにさまざまな関係機関や社会資源等とのネットワークが構築されることで、成年被後見人等の生活が成り立つ。その中で、成年後見人等の機能・役割といったものがどこに位置づけられるのか、再度確認してみたい。

まず、成年後見人等でなければできないことが何か、成年後見人等固有の役割が何か、ということである。いうまでもなく、代理権や同意権・取消権等の付与を受けて、成年被後見人等の法定代理人としての権限を行使することである（もちろん、付与された権限の範囲を常に確認しながら実務にあたることを忘れてはならない）。これが果たせなければ、成年後見人等としての価値はない。成年後見人等の立場は、あくまでも本人の代理人であり、いうなればネットワークの中心にいる本人そのものともいえる。本人に代わって、本人の権利を擁護するための代弁者として機能しなければならない。

また、ネットワークは、ある程度でき上がっている場合もあるが、状況の変化に応じて再構築し、関係者でつくり上げていくものであろう。その際、社会福祉士は、ソーシャルワーカーとしての専門性を活かせることが多々あるはずである。援助者の機能として、媒介的機能、調停的機能、権利擁護的機能、資源動員的機能、連携的機能、能力付与的機能、保護的機能、出向援助機能、協働的機能などがあげられる（岡本民夫ほか『社会福祉援助技術論(下)』11頁〜12頁）が、これらはまさしく成年後見人等として機能する際にも求められる機能ではないだろうか。すなわち社会福祉士は「ソーシャルワーカーである」ことを基本にして、持てる知識・技術を成年後見人等という立場で活用し、ネットワーク構築はもとより、成年被後見人等の生活支援全般にわたる「身上監護」にその力を発揮することが求められている。

一方で、あくまでも成年後見人等としての立場・機能が何か、ネットワークの中でどの部分の役割を果たさなければならないのかを十分に認識しながら、職務にあたることが重要である。サービス提供者側ではなく、成年被後見人等のかたわらに立つという「立場性」

を認識して、権利擁護者として機能しなければならない。

2 身上監護の留意点

(1) 住居の処分

住居は本人の生活拠点であるだけでなく、心理的安定の元となっている面もある。住居の処分を検討する際には、周りの意見に影響されることなく、本人にとっての意味、必要性を基準に考えることが大切である。収支や状況が許すのであれば、入院や入所が長引いている場合も、退院や退所した場合に帰ることになる場所や住民票の所在地は維持していきたい。それでも処分という方針になった場合には、家庭裁判所の許可が必要な事項であるので、居住用不動産処分を求める申立てを行い、許可を得た上で行う（民法859条の３）。アパートの解約も居住用不動産の処分であるので、同様に申立てを行ったうえで解約する（具体的手続については第８章2参照）。

(2) 精神保健福祉法における家族等と成年後見人・保佐人

2013年（平成25年）の精神保健福祉法の改正で保護者制度が廃止となった。医療保護入院は家族等のいずれかの者の同意と精神保健指定医１名の判定による入院となった（同法33条１項）。家族等とは「配偶者、親権を行う者、扶養義務者及び後見人又は保佐人」（同条２項本文）であり、成年後見人、保佐人が含まれていること、順位がないことに注意する。

保護者制度が廃止となったことで、治療を受けさせる義務など精神保健福祉法で特別に保護者に規定されていた義務も廃止となった。退院請求権の規定は残っており、保護者ではなく「家族等」となった（同法38条の４）。なお、保護者の規定は心神喪失者等医療観察法には残されている（詳しくは第２章3参照）。

(3) 医療行為への同意

医療をめぐる法律問題において、日本では未整理や未解決の問題があるため、成年後見人等の職務においても、実務上、対応に戸惑う事項が少なくない。

成年後見人等の権限と医療行為に関して、まず、「医療契約」に関する事項と「医的侵襲行為への同意」に関する問題を区別することが必要である。そして、成年後見人等は、「医療契約」に関する事項については権限を有しているが（保佐人、補助人については代理権がある場合に限る。以下同じ）、「医的侵襲行為への同意」に関する権限は有していないという点、そして本来説明と同意（インフォームドコンセント）は医師と本人の間でしかできない、家族にも同意権がないという点を押さえておかなければならない。

治療についてはまず医師から本人に説明してもらい、本人の同意により行ってもらうことを基本とする。自己決定支援が必要となる場面である。本人の理解力に合わせた情報提供、説明方法の工夫などが必要となる。

「医的侵襲行為」については、身体へのリスクがあるため、その後のトラブルに備えて、多くの医療機関で、家族等の同意を得ることが一般化している。家族と連絡がつくのであれば、説明して了解を得る。

本人が意思表示できない場合および家族がいない場合については、本人の意思を推定し、医師により判断してもらう。厚生労働省「人生の最終段階における医療・ケアの決定プロセスに関するガイドライン」(2006年5月、最終改訂2018年3月）が参考になる（第2章❻参照。同ガイドラインおよびその解説は〈https://www.mhlw.go.jp/stf/houdou/0000197665.html〉参照)。

成年後見人等が医療同意できない旨伝えると医師と対立してしまうという事態が時に起こる。成年後見人等は本人の最善の利益を基準に行動するのであり、それは医師と共有できるはずである。こちらの立場を説明して理解を求めていくことは必要であるが、同時に、本人が何かしら意思表示していたのであれば医師に伝える、医師の説明を聞き、治療方針を理解し、治療に協力していく、こういったかかわりを通して医療関係者との共同関係を築くことが重要である。

⑷ 身元保証、身元引受け

(A) 「身元保証」「身元引受け」という用語

病院への入院や福祉施設への入居にあたって、慣習的に本人の身元保証人を求められることが多い。家族や親族がいない場合や、協力が得られない場合は、成年後見人等である社会福祉士に対して、身元保証人になるよう求められることが少なくない。

しかし、安易に身元保証人となることは、トラブルになることも想定されるので、身元保証人には、どのような役割を求められているのかを事前に確認しておく必要がある。

そもそも「身元保証」という言葉は何を意味するのか。「身元保証ニ関スル法律」(昭和8年法律第42号）における身元保証人は、会社に就職する際など、雇用契約上の身元保証人を意味している。会社等の使用者が被雇用者の行為によって損害を被った場合に、損害賠償の責任を身元保証人が負うことになる。したがって、病院への入院や施設の入居の際に求められる事項の根拠となる法律ではなく、単に損害賠償請求に応じる者という点を準用して「身元保証人」という言葉が使用されていると推測できる。

(B) 基本的な考え方

(A)で見たように、施設や病院でいう身元保証、身元引受けに一般的な定義はない。実際、施設や病院により身元保証人、身元引受人の定義や期待している役割がまちまちなので、その施設、その病院でいう身元保証人、身元引受人はどういう人なのか、施設や病院が心配していることは何なのかを確認することが必要である。身元保証人や身元引受人という名前の人がいるかいないかにとらわれるのでなく、施設や病院のいう役割を果たせる人がいるのかいないのかの確認、病院や施設の心配にどう対応するかの検討が大切である。

(C) 予想される役割

利用料を期日までに支払う、様子に変化があったときに連絡を受ける、などは成年後見人等の職務と考えられる。日用品を持ってくる、洗濯をする、外出させる、などの事実行為は成年後見人等の職務ではないが、生活上必要な事項なので、成年後見人等の役割を説明したうえで、施設・病院との分担、外部サービスの利用などを検討する。病院受診時の送迎、付き添いなどの事実行為も職務ではないが、急変時の受診先病院との対応、特に入院になった場合の手続は成年後見人の業務となり得る。施設とお互い対応できる方法を検討する。死後の引き取り、遺品の整理は遺族・相続人の行うことである。家族や推定相続人がどこまであるいはどこからできるか、分担や連携を検討しておけるとよい。家族や推定相続人がいない場合等は成年後見人等としてどう対応するか想定しておこう。

(D) 連帯保証債務

上記(C)の内容も、引き受ける場合は成年後見人等として引き受け、連帯保証人として引き受けないよう注意する。契約書や誓約書をよく読み、身元保証人や身元引受人が同時に連帯保証人になっていないか確認する。万一、成年後見人等が本人の債務等を支払うような事態が生じた場合は、最終的には、成年後見人等が本人に求償権を有することになり、本人と成年後見人等とが利益相反の関係になり、適正な後見事務継続が困難となりうる。契約書等の修正を行い、連帯保証人とならないようにしたうえで契約締結する。

(E) 身元保証契約

身元保証人がいない場合に、身元保証団体等との契約を施設や病院がすすめてくる場合がある。特別養護老人ホームや介護老人保健施設がこれらの契約を入所の要件とすることは厚生省令違反であり、入院の要件とするのは医師法違反である（指定介護老人福祉施設の人員、設備及び運営に関する基準4条の2、介護老人保健施設の人員、施設及び設備並びに運営に関する基準5条の2、医師法19条）。これらの団体と契約している本人の成年後見人等となった場合は、成年後見人等がいれば不要な項目が入っていないか（会費を払ってでも上記団体等へ委託するかどうか）、医療同意など、基づく権限が不明なものはどう対処するとなっているのか、死後寄付など性質の違う契約が一体化していないか（本人が理解しているか、推定相続人が承知しているか）、利用料は妥当か、請求明細の事務内容や金額は明確で適切か、などを確認し、本人の利益となるかを検討する必要がある。状況や内容によっては解約も検討すべきであろう。

(5) 死後の事務

民法に基づき家庭裁判所に対し行う義務のある「終了時の事務」については第11章❸参照。ここではそれ以外の「死後の事務」についての注意点を述べる。

本人が亡くなると後見事務は終了する。家庭裁判所への報告、後見報酬申立て、決定された報酬の精算が終わるまで一定期間を要するため、元成年被後見人等の財産を元成年後見人等がしばらく保持管理していることになる。本人が亡くなった直後から、いろいろな事務が発生し、元成年後見人等にいろいろな要請がくる。それらには本来行うべき者、権限を持っている者がいる。そもそも、本人が亡くなったことで、成年後見人等の手元にある財産は「相続財産」になっており、権限はすでに自分になく、相続人に移っている。その間起きる事務について、元成年後見人等である自分がすぐ行ったり支払ったりする前に、本来誰が行うものなのか、現実として誰ができるのか、自分がするとしたらどういう立場で行うのか、どこまでできるのか、するのか、どういう方法で行うのか、などよく考えながら行動する必要がある。

死後の事務については、相続人など本来行う者と連絡がとれる場合にはその者に任せることを基本とする。本来行う者から頼まれればほとんどのことを代わって行うことができる。ただし、相続人が支払いを拒んだ場合は当事者間に委ねるようにする。相続人などと連絡がつかない場合は応急処分（民法654条）、事務管理（民法697条）などの法理に基づき事務を行う。一定の事務は民法873条の2を根拠に行えるようになった。家庭裁判所にて手続しながら実施する（第8章❸参照）。

応急処分や事務管理は、次の本来の財産管理人に引き継ぐまでの緊急的な対応であり、なるべく短い期間で終えるようにする。相続財産管理人選任申立て、不在者財産管理人選任申立てなどの手続があるので、漫然と財産を持ち続ける、戸籍調査を長引かせる、相続手続に踏み込んでしまう、といった事態にならないよう注意する。

3 権利侵害に対抗するための手続

成年被後見人等に対する権利侵害の態様はさまざまなものが考えられるが、ここでは前記1(1)〈図12〉に記載されている「成年後見人の職務範囲となる実務」を参考に、①医療に関する問題、②住居の確保に関する問題、③施設の入退所、処遇の監視に関する問題、④介護・生活維持に関する問題、に分類して説明することとする。

(1) 医療に関する問題

(A) 診療拒否

《事例10－４》

知的障害のある成年被後見人Ａの具合が悪くなったので、成年後見人ＢはＡに付き添って近くの診療所を訪れたところ、診察を断られてしまった。

知的障害や自閉症等の発達障害のある人の診察において、医療機関の側に困難が伴うことは否定できないところである。しかし、知的障害や自閉症等の発達障害がある人も、病気になれば、医療機関において適切な医療を受ける必要があることは当然のことである。まず、適切な医療が受けられるよう、自治体の相談窓口に相談すべきである。

また、医師法19条は、「診療に従事する医師は、診療治療の求があった場合には、正当な事由がなければ、これを拒んではならない」と規定し、医師に対して、応招義務を課している。したがって、医師が診療を断る正当な事由がないにもかかわらず診療を断った場合には、その医師は応招義務に違反したことになる。その場合、成年後見人等としては、監督官庁等の行政機関に対して、その医師の応招義務違反の事実を申し立てて、行政上の処分の発動を求めることも考えられる。

事例10－４では、成年後見人であるＢとしては、医師に対してＡの症状を丁寧に説明するとともに、Ａの障害の状況も説明し、医師との間で適切なコミュニケーションを図るように努力をすることが必要である。しかし、それでも、正当な事由がないにもかかわらず医師が診療拒否を行ったのであれば、成年後見人としては、Ａの権利を擁護するために、行政機関に対して応招義務違反の事実を申し立てることなども検討すべきであろう。

(B) 退院請求・処遇改善請求

《事例10－５》

精神障害のあるＡは自傷他害のおそれがあるとして措置入院となった。その後、Ａは成年後見人であるＢに対して、「この病院では食事をきちんと食べさせてもらえないから１日も早く退院したい」と訴えてきている。

退院を求める入院患者およびその家族等は、精神保健福祉法に基づき、都道府県知事に対して、当該患者を退院させ、または精神病院の管理者に対して当該患者を退院させることを命ずることを求め、もしくは、その者の処遇の改善のために必要な措置をとることを命じることを求めることができる（精神保健福祉法38条の4）。成年後見人は、精神障害者の家族等（同法33条2項）となることから、成年後見人も退院請求または処遇改善請求をすることができる。

退院請求や処遇改善請求は、書面で行うのが原則であるが、電話など口頭でも行うことができる。退院や処遇改善の請求に対しては、精神医療審査会（精神保健福祉法12条以下）が審査を行う。

都道府県知事は、精神医療審査会の審査により入院の必要性が認められなかったときは、措置入院患者の場合は退院させ、医療保護入院の患者の場合は精神病院の管理者に対して退院させるよう命じなければならない（精神保健福祉法38条の5第5項）。また、都道府県知事は、精神医療審査会の審査により、当該処遇が精神保健福祉法に違反し、その他当該処遇が著しく適当でないと認められるときは、当該病院の管理者に対し、措置を講ずべき事項並びに期限を示して処遇を確保するための改善計画の提出を求め、もしくは提出された改善計画の変更を命じ、またはその処遇の改善のために必要な措置をとることを命じることができる（同法38条の7第1項）。

退院の請求や処遇改善請求がなされると、都道府県知事は、精神医療審査会に対して審査を求め、精神医療審査会は、請求を受理しておおむね1カ月以内（やむを得ない事情がある場合においてはおおむね3カ月以内）に審査を行い、審査結果を請求者に通知しなければならない。精神医療審査会は、審査にあたり、特に必要がないと認めた場合を除いて、請求事項について、請求者、当該精神病院の管理者の意見を聞かなければならない（精神保健福祉法38条の5第3項）。また、必要があると認めるときは、病院の管理者に対して報告を求め、または診療録その他の書類の提出を求める、立入検査を行うなどをすることができる（同法38条の6第1項）。審査の結果とこれに基づきとった措置について、都道府県知事は請求者に通知する義務がある（同法38条の5第6項）。

事例10－5では、Aは精神病院からの退院を求めているとともに、少なくとも、食事の改善を求めていると考えられる。A自身が退院請求や処遇改善請求をすることも可能であるが、成年後見人であるBが家族等として請求をすることも可能である。Bが家族等の立場として退院請求や処遇改善請求を行った場合には、成年被後見人Bとも十分に話合いを行い、精神医療審査会に対して意見を述べるほか、請求の理由を記載した書面を作成することも検討することが望ましい。

(2) 住居の確保に関する問題

《事例10－6》

精神障害のあるAはアパートを賃借して一人暮らしをしている。家賃は成年後見人であるBが毎月支払っているし、Aも特に近隣とのトラブルを生じていない。しかし、先日、賃貸人から突然、「今月いっぱいで契約を解除するから出ていってほしい。自分で出ていかない場合には、来月に入ったら荷物を外に運び出すし、鍵を換えるから、勝手に入らないように」と通告を受けた。

知的障害のある人、自閉症などの発達障害のある人、精神障害のある人が建物の賃貸借契約の申込みをしたところ、賃貸人や近隣住民の偏見や無理解により、契約を拒否されることがある。また、いったん賃貸借契約を締結した場合でも、何か問題があるとすぐに退去を求められるということもある。

成年後見人等としては、障害があったとしても地域生活は十分に可能であることを説明し、賃貸人や近隣住民の理解を求めることが望まれる。

しかし、それにもかかわらず賃貸借契約の締結を断られた場合、成年後見人等としてはどうしたらよいだろうか。この問題は非常に悩ましいところであるが、現段階では、賃貸人に対して契約の締結を強制することは困難であるといわざるを得ない。成年後見人等として、賃貸借契約の締結をめざして粘り強く交渉を重ねるしかないだろう。

一方、事例10－6のように、いったん締結した賃貸借契約の解除を言い渡された場合はどのように対応したらよいだろうか。

第7章5(8)(C)でも述べているとおり、賃貸人が賃貸借契約を解除するためには、正当な事由が必要である。事例10－6のように、賃借人が家賃を適切に支払っており、また、近隣ともトラブルを起こすことなく適切に建物を利用しているのであれば、賃貸人は、賃貸借契約を簡単には解除することはできない。

そこで、成年後見人Bとしては、賃貸人に対し、賃貸借契約を解除する理由を明らかにするよう求めるとともに、その理由が正当な事由ではない場合には、賃貸借契約の解除は認められないとして争っていく必要がある。その場合には弁護士などの法律専門家に相談することが望ましい。

また、仮に、家賃を滞納するなど、賃貸借契約を解除するための正当な事由が認められる場合であっても、賃貸人は、勝手に賃借人の荷物を外に運び出したり、鍵を換えたりしてはならないとされている（自力執行の禁止。第7章5(2)(B)参照）。したがって、成年後見人としては、新しい居住場所を探すとともに、賃貸人に対して、自力執行を行わないように申入れをすることが必要である。

(3) 施設の入退所、処遇の監視に関する問題

(A) 処遇への不満、身体拘束

《事例10－7》

AはB（認知症高齢者）の成年後見人である。Bは特別養護老人ホームに入所中であるが、先日、Aが施設を訪れたところ、Bは、「寝ているときに職員のCから手を縛られる。Cは日中にも暴言を言ってくるから嫌いだ」との相談を受けた。

事例10－7において、職員のCが実際に利用者Bの手を縛っているとすると、その行為は身体拘束に該当することになる。第1章で述べているとおり、介護施設において身体拘束は原則として禁止されている。緊急やむを得ない場合でないにもかかわらず身体拘束を行っている場合は、重大な人権侵害である。また、職員が利用者に対して暴言を言うことは心理的虐待に該当する行為である（高齢者虐待防止法2条5項1号ハ）。

まずは、身体拘束を行わないという決意を関係者が持つことが求められる。そして、施設従業者等は、利用者一人ひとりの状態を把握し、それを施設の中で共有し、なぜそのよ

うな行動になるのかという原因を理解し、一人ひとりのニーズに応じた個別支援計画を作成・実行していくことが、身体拘束を防止するための第一歩となる。その中で、緊急やむを得ない場合を想定し、本人や家族、そして成年後見人等も、個別支援計画の内容を了解しておくことで、緊急の場合にも統一した方針のもとに対応することが可能となる。施設での生活は、衣食住ともすべてが同一機関の中で行われている。施設という場所は、他機関の連携がないという意味では、他者の視点や意見が入りにくい現場でもある。それゆえに、成年後見人等は、本人のために代弁するという根拠と勇気と決意をもって支援することが必要である。

虐待を発見したときには、都道府県や市町村等へ通報することが国民・関係者の義務となっている。また、処遇への不満がある場合には、そのつど、なぜそのような方法がとられているのかを施設関係者に対して質問し、確認していくことが求められる。必要に応じて各種苦情解決制度を利用することも検討する。

(a) 苦情解決制度の利用

国民健康保険団体連合会による苦情解決制度（介護保険法176条１項３号)、都道府県社会福祉協議会の運営適正化委員会による苦情解決制度（社会福祉法83条)、社会福祉事業の経営者による苦情解決制度（社会福祉法82条）の利用が考えられる。

たとえば、運営適正化委員会に苦情の申立てを行い、その苦情に理由があると判断されたときには、運営適正化委員会は介護事業者の監督権者である都道府県知事へ通知をし、当該事業者の登録の取消しを含む強い対応をしてもらうことも可能となっている（社会福祉法86条)。

(b) 都道府県知事や市町村長への通報

都道府県知事や市町村長には、介護保険法、老人福祉法、社会福祉法等によって各種の監督権限が与えられている。

たとえば、介護保険法は、都道府県知事や市町村長に対して、介護保険上のサービスに関し、必要と認めるときは事業者に報告や帳簿書類の提出、出頭を求め、質問し、設備等を検査する権限等を与えている（介護保険法76条１項・78条の７・83条１項・90条・100条１項・115条の７・115条の17・115条の27・115条の33第１項)。また、運営基準に従った適正な運営をしていないと認めるときには、都道府県知事は事業者に対して勧告をなしたり、勧告に係る措置をとることを命令することができるとされている（同法76条の２・78条の９・83条の２・91条の２・115条の８・115条の18・115条の28・115条の34第１項)。

事例10－７においては、苦情解決制度を利用することも可能であるが、虐待のおそれがある事例であることから、都道府県知事や市町村長への通報をすることによって、各種の監督権限を発動することを促すことも必要である（なお、高齢者虐待防止法21条２項・３項に、要介護施設従事者等による高齢者虐待に係る通報等の規定がある)。

(B) 施設の入退所

《事例10－８》

ＢはＡ（認知症高齢者）の成年後見人である。Ａは特別養護老人ホームに入所中であるが、先日、施設からＢに対して、「契約を解除するから出ていってほしい」との連絡があった。

指定介護老人福祉施設の人員、設備及び運営に関する基準（平成11年厚生省令第39号）4条の2は、「施設は、正当な理由なく施設サービスの提供を拒んではならない」と規定し、施設は入所申込みがなされた場合には原則として応じなければならないとしている（応諾義務）。

そして、契約締結後に入所施設から利用者に対して退所を求める場合についても、特に明文の規定はないが、入所の場合と同様に正当な理由がなければならないと解されている。

そこで、事例10－8のように、施設から契約解除の申入れを受けた場合には、成年後見人等としては、解除の理由を確認するとともに、その理由がはたして正当な理由といえるかについて検討をする必要がある。

たとえば、相当長期間利用料を滞納し、催告を受けたにもかかわらず支払いをしていなかったような場合には、契約解除もやむを得ないことになるだろう。したがって、成年被後見人Ａの利用料の支払いが滞っている場合には、成年後見人であるＢとしては速やかに支払方法を検討しなければならないことになる。

それでは、利用者が何らかの問題行動を行い、他の利用者や施設に対して迷惑をかけたような場合はどうだろうか。この点、利用者が第三者に迷惑をかけたのであれば、契約を解除されてしまうこともやむを得ないと考える人もいるかもしれない。しかし、利用者は、身体上または精神上著しい障害があるからこそ入所施設を利用しているのであるから、精神上の障害により第三者に迷惑をかけてしまった利用者を安易に排除することは許されない。むしろ、施設としては、利用者が問題行動を起こさないように適切な配慮を行うことが求められるのである。施設の側で、問題行動を起こしている状況を改善するための適切な配慮を行っているにもかかわらず状況の改善がみられないような場合には、契約を解除することもやむを得ないかもしれないが、施設側でそのような配慮を怠っているような場合には、施設側からの契約解除は正当化されないこととなるだろう。そこで、成年被後見人Ａが何らかの問題行動を行っていたとしても、成年後見人であるＢとしては、安易に契約解除に応じるのではなく、施設側との間で適切なサービス提供をしてもらうことによってＡの生活状況の改善を図ることができることを説明し、契約解除の申入れを撤回してもらうよう働きかけを行っていくことも必要である。

(4) 介護・生活維持に関する問題

(A) 要介護認定

《事例10－９》

ＡはＢ（認知症高齢者）の成年後見人である。先日、介護保険を利用して、介護サービスを受けることができるようにするために要介護認定を受けたところ、要介護度１と認定された。Ａとしては、Ｂの要介護度はもっと高いのではないかと思っている。

要介護認定に際して調査が不十分であったり、不適切であるなどの事情がある場合には、市町村に対して再調査を申し出たり、主治医に意見書の書き直しをしてもらうことが考えられる。

要介護認定有効期間である６カ月の経過前であったとしても、要介護認定の変更申請をすることができる（介護保険法29条）。

また、再度の認定申請手続を行うこともできる。

以上のほかに、認定に不服があることを理由として、介護保険審査会に審査請求をすることも可能である。審査請求は、原則として処分を知った日の翌日から起算して3カ月以内に、書面または口頭で申し出る（介護保険法192条）。審査請求が受理されると、介護保険審査会は処分を行った市町村および利害関係人に通知を行う（同法193条）。市町村は弁明書を提出することとなるが、審査請求人も、必要に応じて反論書を提出することができ、また口頭で意見を述べる機会を求めることができる（行政不服審査法30条・31条）。処分取消しの場合、原処分庁である市町村を拘束し、市町村はあらためて裁決の趣旨に沿った処分（認定）を行わなければならないとされている。

審査請求を行ったところ、審査請求が棄却された場合には、審査請求人は、裁判所に対して、取消訴訟を提起することができる（介護保険法196条。なお、要介護認定の申請については再審査請求は認められない）。

(B) 生活保護

《事例10－10》

BはA（精神障害者）の成年後見人である。Aはもともと生活保護を受給していたが、福祉事務所長により保護停止処分を受けてしまった。

《事例10－11》

DはC（精神障害者）の成年後見人である。DはCのために生活保護の申請をしたところ、福祉事務所長により棄却されてしまった。

事例10－10も事例10－11も、福祉事務所長による行政処分に対して不服があることを理由として、審査請求をすることが可能である。

審査請求ができるのは、原則として、処分を知った日の翌日から起算して3カ月以内である（行政不服審査法18条）。

審査請求をしたとしても、不服申立てには執行停止の効果は認められていない（行政不服審査法25条1項）。したがって、事例10－10のように福祉事務所長が保護停止処分を行った場合にBが審査請求をしたとしても、保護停止処分の執行は停止されないので、Aに対する保護費は停止されたままとなってしまう。この場合、行政不服審査法上の執行停止を求める申立てをすることができる（同条2項以下）。

事例10－11のように審査請求をしたところ棄却された場合には、裁決があったことを知った日の翌日から起算して1カ月以内（行政不服審査法62条）に、厚生労働大臣に対して再審査請求をすることができる（生活保護法66条1項）。

また、審査請求の裁決または再審査請求の裁決に不服がある場合には、裁判所に対し、取消訴訟を提起することもできる（なお、取消訴訟は審査請求に対する裁決を経た後でなければ提起することができないとされている。生活保護法69条）。この場合、訴えを提起することができるのは、処分または裁決のあったことを知った日から6カ月以内とされている（行政事件訴訟法14条1項）。

(C) 刑事事件の被害者

《事例10－12》

BはA（認知症高齢者）の成年後見人である。先日、Aが1人で外を歩いていたときにCに財布を盗られてしまうという被害にあってしまった。

犯罪による被害者および被害者の法定代理人もしくは法により定められた親族等は、告訴をすることができる（刑事訴訟法230条・231条）。また、被害者でない第三者でも、犯罪があると思料するときは、告発をすることができる（同法239条）。成年後見人は、成年被後見人の法定代理人であるので、成年被後見人が傷害、窃盗、詐欺等の被害にあったときには、法定代理人として告訴をすることができる。また、保佐人・補助人も、被保佐人・被補助人が傷害、窃盗、詐欺等の被害にあったときには、告発をすることができる。

告訴または告発は、書面または口頭で、検察官または司法警察員にしなければならない（刑事訴訟法241条）。

なお、親告罪（信書開封、秘密漏示、過失傷害、名誉毀損、侮辱、器物損壊等）の告訴は、犯人を知った日から6カ月以内にしなければならず、期間経過後は告訴をすることができなくなる（刑事訴訟法235条1項）。

事例10－12では、Aは窃盗事件の被害者であることから、BはAの成年後見人として刑事告訴をすることができる。

第11章 受任の事務

本章では、後見類型で事務の説明を行う。補助人、保佐人に選任された際は付与された代理権の範囲でこれらの実務を行うこととなるので、留意されたい。

1 就任時の事務

《事例11－1》

成年後見人に選任された後の就任に係る手続、家庭裁判所への報告と成年被後見人等との信頼関係構築はどのように進められるべきか。

(1) 記録の閲覧

成年後見人は選任後、遅滞なく成年被後見人の財産の調査に着手し、原則として1カ月以内にその調査を終えて、財産目録を作成し、家庭裁判所に提出しなければならない（民法853条1項）。

そこで、後見開始の審判が確定したら、成年後見人は速やかに家庭裁判所にすでに提出されている申立書、鑑定書、関係者とのやりとり等の記録を閲覧または謄写を行い、成年被後見人に関する大まかな状況を確認すべきである。

なお、保佐人・補助人は代理権が付与された場合に、その範囲において財産管理権を有することから、その範囲において、財産調査・目録作成をすることとなる。

(2) 本人との面会

まずは、本人がどのような人なのか、どのような状況なのかを知る必要がある。基本は、成年後見人自身が本人に直接会って確かめることである。本人の考え、趣味・嗜好、生活の様子などを把握するためであり、同時に、お互いに知り合い、信頼関係を構築するためでもある。必要な事項はまず本人から聞き取り、不足している情報は関係者、関係機関から収集する。

(3) 状況の把握

本人の経済状況、生活状況、心身の状況、病状等を把握し、本人の日常生活の状況を確認する。そのために、家庭裁判所での情報収集とあわせて本人との生活場所での面会、家族や関係者との面会・聴取りなどを行う。

(4) 関係者の把握、役割分担、成年後見人の役割の説明

本人の生活を支えている人たちとその関係を把握し、お互いの連絡方法を確認する。後見活動を開始するにあたり、福祉や医療の場で中心になる人、家族の中で中心になって対応する人の把握は特に重要である。関係者へは成年後見人の職務を説明し、お互いの役割

を確認し合う。成年後見人の職務が理解されていないと、「成年後見人には何でもやってもらえる」と思われ、権限外のことを要求・期待されたり、それまでかかわってきた人がかかわりをやめることもある。反対に、必要なときに連絡をしてもらえない場合もある。機会をみつけて何度でも、成年後見人は何をするのか、何ができないか、繰り返し説明する必要がある。本人の生活状況や障害、疾病に応じ、危機的な状況を想定し、誰がどう動いて、いつ誰に連絡を入れるかなどを話し合っておけるとなおよい。

(5) 財産の引継ぎ

成年被後見人の財産を現在保管している者から、貯金通帳、キャッシュカード、金融機関行届出印、不動産権利証、保険証券、年金証書、個人番号カード、貴金属類等を引き継ぐ必要がある。

なお、財産を保管している者が、成年後見人に財産を引き渡すことを拒むこともある。このような場合は、成年後見人から成年後見制度の趣旨を説明し、理解を得たうえで財産の引渡しを受けることが望ましいが、それでも難しい場合には、預貯金通帳の再発行手続を行ったり、場合によっては民事訴訟を提起して財産の引渡しを求めなければならない場合もあるだろう。その場合には、家庭裁判所とも相談しておくことが必要である。

(6) 関係機関の把握・訪問、成年後見人等の説明

自治体の障害福祉課、高齢福祉課、国民健康保険課、年金課、税務関係課や年金事務所など、本人の状況から関係する機関を把握し訪問して、成年後見人が選任されたことを伝え、自己紹介し、文書や通知類を成年後見人等が直接受け取ったほうがよい場合には送付先を成年後見人等としてもらうように手続をする。福祉サービス事業所、福祉施設、医療機関、水光熱関係、家賃などで、請求書、領収書などの送付先を成年後見人等にしてもらう場合にも同様に行う。

(7) 金融機関への届け出

成年後見人は、預貯金通帳や保険証券の占有を確保した場合は、当該銀行や保険会社・証券会社などの金融機関に対して、成年後見人に選任された旨の届出をする必要がある。通帳等の引継ぎを受けただけでは、成年後見人が知らないうちに、その口座から預貯金が引き出されたり、口座が解約されてしまう危険もある。

届出書は、各金融機関において所定の書式が用意されているので、それぞれの金融機関に確認することが必要である。

(8) 財産調査

記録を閲覧した後、成年被後見人や関係者との面談を行い、その面談結果をもとに自宅の中（金庫、タンス、引出し、押入れ、本棚等）を探したり、貸金庫契約をしている場合には貸金庫を確認したり、郵便物を確認したりして、本人の生活・治療状況を確認したり、成年被後見人の資産・収入・支出の状況を調査する。

確認すべき主な事項として、以下のものがある。

① 預貯金　　最新の残高の記帳された通帳。長期間記帳がなされていないため過去の

取引履歴について合算記帳されている場合もあるが、その間に成年被後見人等の財産侵害が行われているおそれがあるような場合には、その間の取引履歴の開示を求めることも必要であろう。

② 不動産　最新の登記事項証明書、登記済権利証、固定資産評価証明書。法務局で登記事項証明書を取得し、それを確認することによって、現在の所有者や、不動産取引の履歴、抵当権等の設定の有無等を確認することができる。

法務局では、土地または建物の表示登記の申請書に添付された地積測量図・建物図面や、登記申請書・添付書面の写しの閲覧をすることもできる。これにより、委任状等の署名の筆跡・印影、代理人としての司法書士の氏名等を知ることができる。成年後見人等が選任される直前に第三者に名義が移転されていたような場合には、登記申請書類等を確認することによって、手続を調査することが可能である。

また、不動産については、火災保険・地震保険などの加入や保険証券類の確認も必要である。

③ 賃貸借不動産　賃貸借契約書、現在の賃料とその収受方法、敷金関係などを確認する必要がある。

④ 自動車　車検証、自賠責保険証など。自動車の登録事項等証明書は、全国のどこの陸運事務所からでも請求することが可能であり、郵送によっても取得できる。

⑤ 生命保険　保険証券を確認し、受取人、保険料の支払方法等を確認する必要がある。

(9) 文書類、郵便物の確保の手配

役所などから送付される通知類・文書類は、基本的に住民票にある住所地に郵便で送られてくる。これらをどのように受け取り、どのように扱うか、決めておく必要がある。

成年後見人が書類への対応を直接するのであれば、想定される窓口を回り、または電話などで連絡し、成年後見人等が選任されたこと、成年後見人が手続へ対応すること、手続対応等の代理権を持っていることを伝え、成年後見人宛てに送付してもらうように依頼し、手続を行う。

郵便の届く場所が、本人が入所している施設であったり、自宅に住んでいる家族に協力してもらえるなどの状況であるなら、郵便物等が届いたら成年後見人等まで連絡をしてもらって受取りにいく、成年後見人宛てに転送してもらうなどの方法が考えられる。

本人が対応をすることになっているのであれば、送付物の保管方法を決め、どのような書類が届き、本人が何に対しどのように対応したかわかるようにしておく。

送付されてくる書類は、本人の権利・義務にかかわる書類で、手続の期限が設定されていることも多いので、工夫して、速やかにかつ確実に成年後見人が入手または確認できるようにしておく必要がある。ただし、私信等後見事務に関係ないものについては速やかに本人に交付しなければならない。

(10) 親族の把握

親族関係全体を図や表で把握しておく必要がある。申立ての際、親族関係図が添付資料として提出されることが多くなっているが、はっきりしていない場合には、成年後見人等

として選任された後、戸籍や関係者からの聴取りにより、親族関係（特に法定相続人の有無）を把握しておくことが望ましい（場合により、法律の専門職に依頼する）。これは、後見事務遂行にあたって、親族に協力を求める場面が出てくるからである。少なくとも、本人の死亡により後見事務が終了する際には、法定相続人に連絡し、遺言書などで遺言執行者が指定されていなければ、財産を引き渡す必要が出てくる。ただし、本人存命中は本人、配偶者および直系血族は戸籍を入手することができるが、兄弟姉妹やその子どもの戸籍謄本は原則として入手できないので、本人死後に戸籍謄本を請求して法定相続人を確認することになる。その場合の身分を証明する書類は閉鎖登記事項証明書である。

⑾ 登記事項証明書

関係機関に対して、成年後見人であることや、保佐人・補助人としての権限の範囲を証明するため、後見登記法による登記事項証明書が必要となる場合がある。

登記事項証明書は、最寄りの法務局、地方法務局の本局で取り寄せることが可能である。なお、郵送申請は東京法務局民事行政部後見登録課においてのみ取り扱っている。

⑿ 財産目録の作成

成年後見人は、遅滞なく成年被後見人の財産の調査に着手し、1カ月以内にその調査を終わり、かつ、その財産目録を作成しなければならない（民法853条1項本文等）。

財産目録には、プラスの財産（資産）だけでなく、マイナスの財産（負債）も記載しなければならない。プラスの財産としては、不動産、預貯金、その他資産（保険契約、株式、各種金融資産等）が考えられ、マイナスの財産としては、借入金、税金・保険料・賃料・施設利用料等の滞納金が考えられる。特に、賃料の滞納は、賃貸借契約の解除事由になることから、速やかな対応が必要である。財産目録作成期間である1カ月という期間は短いことから、事案が複雑な場合や財産の調査が困難であることが予想される場合は、財産目録作成期間の伸長を求めることができる（民法853条1項ただし書）。

⒀ 後見計画の作成

成年後見人は、その職務を始めるにあたって、成年被後見人の生活、教育または療養看護および財産の管理のために毎年費やすべき金額を予定しなければならない（民法861条1項）。

そのためには、本人が望む生活を送れるよう適宜本人の意向を確認することとともに、本人を取り巻く支援者、関係機関の意見も適宜確認し、定期的に計画の見直しを行うことが求められる。

また、年金等の収入があり、これで日常の生活費を支出することができる場合には問題ないが、収入が少なかったり、支出が多い場合には、成年被後見人等が現在保有している財産を取り崩しながら成年後見人等としての活動を行うことが必要になる。その場合、数年〜十数年後には蓄えがなくなることも予想されるので、成年後見人等としては、そのときに備えて、あらかじめ長期的な視点をもち、年間の支出額を計画するとともに、福祉関係者の協力も得ながら対策を検討しておくことが必要である。

2 初回報告後の事務

成年後見人が受任直後、後見計画の作成を終えてから行う後見開始事務および定期的な活動についてみていこう。

(1) 財産管理事務

(A) 預貯金の管理

成年後見人は、成年被後見人の預貯金通帳を引き継いだときには、金融機関に対して成年後見人に就任したことを速やかに届け出ることが必要である。そうしないと、成年後見人が知らないうちに本人からの申し出により口座が解約されたり、預貯金が引き出されたりするおそれがある。

ただし、金融機関によっては、届出をすると出金ができなくなったり（いったん解約を要求される場合がある）、キャッシュカードの使用ができなくなったりすることがあるので、注意が必要である。一方で、代理人のキャッシュカードを発行する金融機関もある。

成年後見人による出金は、以前は取扱支店でしか対応しないとする金融機関が多かったが、最近では最寄りの支店で取扱いができる場合もあるので確認が必要だろう。

届出の際に必要な添付資料は金融機関によって異なり、成年後見人の登記事項証明書、成年後見人自身の身分証明書は必ず必要であるが、他は異なるので事前に確認が必要となる。

また、従前から存在する本人名義の口座のほか、本人が所持していた現金を管理する必要等から新たに口座を開設する必要がある場合もある。この場合、本人名義の口座を開設できるのか、あるいは、「Ｂ成年後見人Ａ」という口座を開設できるのかは、金融機関によって取扱いが異なるので確認しておくとよい。

定期預金がある場合には、それが満期になった場合にその預金が自動継続されるのかどうかや、利息の受取方法等を含めて、各商品の特性を把握しておくことが必要である。

なお、金融機関が破綻した場合に、預金保険機構から支払われる保険金は、口座の数にかかわらず、一金融機関の本店支店を通じて金融機関ごとに１人あたり1000万円までおよびその利息に限られる（ペイオフ制度）。そこで、成年被後見人に多額の預金がある場合には、このペイオフ対策として、口座の分散を考える必要がある。しかし、小口の預貯金口座が多数にわたっているような場合には、預貯金の管理が煩雑となり、過誤も生じる可能性があることから、小口の口座はできる限りまとめることが望ましいとされている。また、頻繁な預け換えも避けるようにすることが望ましいとされている。

成年被後見人の普通預金を定期預金とすることは差し支えないが、元本が保証されていない株式、投資信託等に投資することは不適切である。同様に、原則として、国債、養老保険、投資型年金も不適切である。

成年被後見人が後見開始前から所有している株式、投資信託等については、保有・売却することは認められるが、売却金で新たな投資をすることは望ましくないとされている。

権利証や契約書等の重要な証書や高額の定期預金証書、実印、銀行印、印鑑登録カードなどの保管をするために、貸金庫を利用することも考えられる。新規契約をする場合も、成年被後見人が契約している貸金庫契約を引き続き利用する場合も、各銀行や支店によって対応が異なるので確認が必要である。銀行は貸金庫の内容物について権限を持たず、関与をしないので、成年被後見人の財産を入れるための貸金庫契約を成年後見人の個人名で契約することも可能であるが、外見的に成年後見人自身の貸金庫と明確に区別する意味で、成年後見人として契約することを明示した名義にすることが望ましい（たとえば、「B成年後見人A」名義とする）。

また、成年被後見人の預金口座から現金を引き出して、成年後見人宅で保管することもあると思われるが、いわゆる日常の収支程度なら許されるが、多額の現金を成年後見人宅で保管することは望ましくないとされている。

(B) 日常的金銭管理

成年後見人は、成年被後見人の生活費をどのように取り扱ったらよいだろうか。

成年後見人が選任されている場合でも、日用品の購入など日常生活に関する行為は、成年被後見人が単独で行うことができ、成年後見人は成年被後見人の行為を取り消すことはできない（民法9条ただし書）。また、保佐人や補助人の同意権の対象から除外されている（同法13条2項ただし書・17条1項ただし書）。たとえば、食料品の購入、衣料品の購入、水道光熱費の支払い、その範囲での預貯金の引出し等については、成年被後見人等の自己決定権が尊重されているのである。

そこで、成年後見人は、日常生活費の管理については成年被後見人が自由に利用できるよう検討する必要がある。たとえば、在宅で生活している成年被後見人であれば、日常生活資金に使用するために少額専用の金融機関口座をつくっておくとか、定期的に訪問した際に日常生活資金を現金で交付するなどの方法も検討すべきである。また、施設に入所している成年被後見人であれば、成年被後見人の日常生活資金の管理を施設に委ねることも考えられるが、その場合は、施設の管理状況に問題がないかを確認するとともに、できれば、委任契約書などの書面を取り交わしておくことが望ましいであろう。

(2) 身上監護事務

(A) 日常生活維持のための事務

本格的な身上監護事務の実施は、財産目録作成後（家庭裁判所への就任時の報告書提出後）となる。

後見事務を継続して行っている間は、成年後見人等は、本人の生活が維持され、福祉サービス等の契約内容が履行されているかを確認するためにも月1回以上の面会を原則として本人を訪問し、成年後見人自身の目で直接確認する必要がある。また、本人の近くで具体的に支援を行っている人たちやかかわっている機関と連絡をとり相談し合いながら事務を行うほうがよい。成年後見人等として行う判断についての情報収集、判断した内容が本人の最善の利益となっているかどうか、その判断に沿った支援を、関係者に受け入れてもらい、協力・実行してもらえるかどうかなどを相談しながら行う必要がある。

身上監護事務とは、法律行為を行うことで生活の手配をし、本人の生活を成り立たせることであるが、多くの場合、契約を通して手配し、契約の履行として支払いが発生する。そのための通帳や現金の管理も必要になる。身上監護事務と財産管理事務とは、事実上、切り離すことはできないといってよい。

身上監護のための法律行為には、多くの事実行為が必要とされ、その事実行為までが成年後見人等の職務範囲となる。以下、事実行為を含めて事務を列挙してみる。

(a) 経済状況への対応

前記の財産状況の把握により、支出に対して収入が不足している場合には、各種年金、手当など、受け取る権利のあるもので受け取っていないものはないかを確認し、あれば申請や手続をする。本人に障害がある場合で、該当する各種手帳を取得していなければ、申請や手続をし、手帳制度による利益が受けられるようにする。ほかに、賃金、地代などの使用料、利息・配当などを確認するほか、臨時収入として医療保険などの給付も検討する。それでも不足する場合は、社会福祉協議会が窓口となっている生活福祉資金貸付制度の不動産担保型生活資金や要保護世帯向け不動産担保型生活資金などの活用も考えられる。しかし利用には要件（連帯保証人や推定相続人の同意書）があり不動産の鑑定費用もかかることから、あくまで選択肢の１つとして受け止めておきたい。

支出については、まず、支出の費目の設定や額が適切か確認する。次に、減額や免除を受けられるものがないか確認し、あれば申請や手続をする。介護保険や障害者総合支援法など、福祉サービスの利用料や医療費の自己負担などの減免制度、税金の減免制度などを検討する。

生命保険などの保険料、車や電話など維持することに経費のかかるものなどについては、適切かどうかを検討する。

居住外の土地・田畑、車、定期預金、株などについては、当面の生活費を確保することが必要な場合には、契約の変更・解消や売却などを検討する。

以上の検討は、財産目録の作成（収入や支出の調査、❶(8)(12)参照）として行い、後見計画（❶(13)参照）にも反映させる。以後も随時行う。

前述の事項について多方面から検討した結果、どうしても収入が見込めない場合には生活保護の受給などを検討する。

(b) 生活維持のための福祉・介護への対応

本人の生活に必要な家事や介護が不足している場合や、適切に行われていない場合には、適切に充足されるよう手配を行う。

成年後見制度の利用者は、何らかの支援が必要な方であるため、本人の状況・状態を確認し、本人に合った福祉サービス等を利用して組み立て、日常生活を維持させていくことが基本となる。

介護保険法に基づくサービスの利用が必要な場合には、認定申請、認定調査の設定（同席）、認定通知・決定通知の受取り、要介護度の確認などの手続をしたうえで、サービスの利用につなげる。

具体的な手続として、介護支援専門員（ケアマネジャー）の決定、ケアプラン作成依頼、サービス事業者の決定、契約書・重要事項説明書の確認・調整、契約、ケア計画の確認、担当者会議への出席などの事務が考えられる。

障害者総合支援法によるサービスを利用する場合には、利用申請、認定調査の設定（同席）、障害支援区分の認定通知の受取り・確認、勘案事項（地域生活、就労、日中活動、介護者、居移状況など）調査やサービス利用意向聴取の同席、指定特定相談支援事業者（相談支援専門員）が作成するサービス等利用計画案・支給決定の確認事務が必要となる。

両者ともサービス履行の確認、要望・改善・必要に応じた苦情申入れ、利用料の支払い、などの事務が考えられる。場合により、不服申立てなど、本人の代弁者としての役割が求められることもある。

また、生活品の手配の方法、小口現金の管理方法、ゴミの出し方、家の鍵の管理の方法なども打ち合わせることになるであろう。

さらに、サービスが不足している場合には、既存のサービスの枠だけでなく、インフォーマルなサービス等も組み合わせ、柔軟な視点で本人の資産に合わせて検討することも必要である。

本人がすでに施設に入所している場合や入所予定の場合には、本人の意向の確認、本人の状況の把握、本人・親族・関係者との相談、方針決定、入所施設の情報収集・調査、見学、体験入所の手配、契約書・重要事項説明書の確認・調整、入所施設の決定、入所申込み、生活品の手配の打合せ、小口現金の管理方法の打合せ、契約、入所準備、入所日の手段や人の手配、ケア計画の確認、ケア会議への出席、ケア履行の確認、利用料の支払い、住所変更手続、住所変更を知らせる必要のある機関や関係者への連絡（介護保険証・障害福祉サービス受給者証・健康保険証・年金給付を扱っている窓口、家庭裁判所、東京法務局など）、希望や改善の申入れ、苦情申立て、退所手続（契約の解消・変更・終了）、などの事務が考えられる。

(c) 医療への対応

成年後見人等は、医的侵襲を伴う医療行為への同意についての権限をもたないが、医療契約はその業務となる（医療同意に関しては第10章**2**(3)参照）。

医療機関との医療契約の締結に伴い、医療機関に関する情報収集、医療機関の決定、受診手続・入院手続（契約）、治療方針・方法の把握（本人の意思確認は大前提であるが、本人の意思表示が難しい場合には家族等から聞いておく）、費用支払いなどが考えられる。

受診や入院の前後としては、通院方法・入院方法の検討、通院日・入院日の手段や人の手配、医師による説明の援助者への伝達、自宅や施設などで行う治療（服薬、食事制限など）の対応や急変時の対応方法確認などが考えられる。

(d) 自宅の管理・維持

在宅時の家の管理・維持および入院・入所で空き家になった家の管理・維持については、家賃・地代の支払い、固定資産税の支払い・減免申請、水・電気・ガスなど公共サービス利用料の支払い・利用停止・解除、NHK・電話等の利用契約・支払い・解除、火災保険などの保険契約・保険料支払い・請求・解除、植木や草など庭の手入れの手配、などが考えられる。

本人の希望や住環境などによっては、ほかにもいろいろな民間サービスの利用を検討することが考えられる。

冷蔵庫など大きな家財道具が故障したような場合には、購入商品についての情報収集、購入店の決定、購入（支払い）、搬入手配、搬入・設置の立会い、保証書・取扱説明書の管理などが考えられる。

下水管が詰まった、カーポートの屋根が飛んだなど工作物の修理が必要な場合には、業者の選定、修理依頼、工事日時設定、工事の立会い、費用の支払い、必要に応じた苦情申入れなどの対応が考えられる。

自宅の改修が必要な場合は、自治体へ相談をし、助成制度の利用が可能な場合は、手続をしてから行う。

(e) 教育、リハビリテーションへの対応

教育やリハビリテーションが必要となる場合には、教育機関やリハビリテーション施設の情報収集、見学、重要事項の確認、契約書の調整、契約、利用時の往復交通機関等の手配、相手方履行の監視、本人の利用状況確認、利用料支払い、担当者との打合せ、効果確認、希望・改善・必要に応じた苦情等申入れなどが考えられる。

教育については、本人が積極的な意向・希望を持っていることが前提となる。リハビリテーションについても、本人が望まない場合に成年後見人等が強要することはできない。

(f) 就労、余暇等への対応

立法時に想定された身上監護事務の中には含まれていないが、就労や余暇についての事務も考えられる。

情報収集、見学、重要事項の確認、契約書の調整、契約、利用時往復交通機関の手配等、本人状況の把握、賃金の受取り、利用料の支払い、担当者との打合せ、希望・改善・必要に応じた苦情等申入れなどが考えられる。

就労については、労働契約の締結についての支援や、雇用主らによる本人の処遇に対する監視などが職務の基本となる。

なお、就労に関する契約を結ぶ（たとえば就労継続支援Ａ型の場合には、労働契約を締結する必要がある）場合には、本人の同意が必要である。

(B) 後見計画の見直し

本人との定期的な面会、ケア会議への参加などを通して状況把握や確認を行い、必要な事務を行って行くのだが、こういった事務は定期的に振り返り（再アセスメント）、方針を確認、状況の変化に合わせて変更し（再計画）、新たな方針に基づき実行していく（再実践）。面会や記録作成の度に、確認や小さな振り返りを実際には行っているのだが、大きな振り返りとしては家庭裁判所への報告、社会福祉士会への報告などの機会が利用できる。その間も気になる点があるときは、社会福祉士会の同僚・経験者や他職種に質問、社会福祉士会や地元の受任者サポート会議などのスーパービジョンの場も利用する。こうして実践は、再アセスメント、再計画、再実践、そしてまた再モニタリングと続いていく。

並行して、研修や自己研鑽により自分自身を理解し、自身のソーシャルワーク力を伸ばす努力を継続する。後見人はソーシャルワーカーとして動くわけではないが、本人理解、状況の理解、問題解決などついて、何にどう気がついたらよいのかなどの実践力を高めるために有効で必要な作業である。

(C) チーム全体としての支援を

以上のように、ある目的の事務を行うことに伴い、その前後には、多くの行為が必要となる。これらの中には事実行為も当然に含まれており、法律行為に付随するという意味で後見業務の範囲である。しかし、すべての事実行為を成年後見人等が行うことは難しい。

そこで介護支援専門員や相談支援専門員、福祉サービス事業所や福祉関係団体・機関、インフォーマルな資源など本人を取り巻く人々とチーム全体として支援していけるように支援環境を整備することが求められる。

その中で意思決定支援について考えると、チームとして役割分担をし、本人の意思を引き出しながら、その実現に向けて進めることが重要となる。たとえば、意思決定には日常

的な場面から重要な事項の決定まで、さまざまな場面、レベルがあるがこれを整理して考え、そこに至るプロセスを重視すること、つまりそこに至るまでどのような人がかかわり、どのような方法で本人の意思について把握され、最終的にどのように決定されたのかを客観的に示していくことが望まれる。これらは支援関係者とのネットワークの活用により、意思決定支援を充実させることであり、最善の意思決定支援が進められるものである。

このようにチーム全体として支援することで、本人の意思を尊重し、生活を支え、生活の質の向上を図ることができるようになる。

(3) 定期的に行われる事務

(A) 事務環境の整備

適切な後見事務を遂行するために、パソコン、コピー機、事務用品などを整える。その際、情報の漏洩等のリスクに十分対応できるように留意する。また、ファイルやノートなどは個別に準備し、小口現金等の管理に際しては、個人別に行い、領収書等もしっかり管理する。

さらに成年被後見人等や関係機関などとの連絡方法（電話、ファクシミリ、メールなど）を確認し、情報のやりとりがスムーズにできる体制を確立しておく。

重要書類の保管は、専用の管理スペース、鍵付きの書棚、金庫、貸金庫などの使用を検討する。

(B) 記録と情報整理

記録は、専門職として説明責任を果たす意義がある。

本人が適切なサービスを受けることや援助の継続性を保証されるように、また万一訴訟などが行われた場合の証拠資料として、行った事務を記録しておくことは重要であるため、面会、行動、連絡、そして活動の内容などを記録しておく。

また、記録をもとに本人の状況について、エコマップ、連絡先一覧、利用しているサービス一覧、疾病、通院先、服薬、病歴、更新手続が必要な事務一覧（有効期限の明確化）、預貯金通帳類の一覧、保管場所など情報整理をしておくとよい。

(C) 後見事務費の支出

後見事務遂行のための経費は、本人の財産からそのつど支出することができる。たとえば、後見活動にかかる通信費や交通費、証明書申請等の手数料などといったものである。認められるのは「実費」であり、一つひとつ根拠を明確にして計上しておく必要がある。

なお、判断に迷う場合には、家庭裁判所と相談することが望ましい。

(D) 定期的に家庭裁判所へ報告

年１回、家庭裁判所に後見事務報告書を提出する。報告書式や時期については管轄する家庭裁判所に確認しておく。

(E) 報酬付与の申立て

家庭裁判所へは、年１回の後見事務報告書の提出とあわせて報酬付与の申立ても行う。報酬の本人負担が困難と思われるケースについては、報酬付与申立て前に当該市町村に「成年後見制度利用支援事業（報酬助成）」の制度等について確認し調整しておくことをすすめたい。

(F) 都道府県権利擁護センターぱあとなあへ報告

家庭裁判所への後見事務報告と同様に、社会福祉士は所属する都道府県権利擁護センターぱあとなあにも報告をする義務がある。書式や時期については各都道府県で異なるので、事前に確認しておく必要がある。

また報告とともに、ひやりはっとした状況がある場合には、インシデントレポートも提出し共有する。この機会に行ってきた事務を振り返り、自身の後見事務を点検し、事例検討会や名簿登録者会議、研修会などで共有する。

3 後見終了時の事務

(1) はじめに

成年後見人の任務は、成年被後見人の死亡、後見開始の審判の取消し、成年後見人の辞任、または成年後見人の解任によって終了する。

成年後見人の任務が終了したときは、成年後見人がそれまで管理していた、成年被後見人の財産について管理の計算をしなければならない。それを家庭裁判所へ報告し、相続人、成年被後見人もしくは新しい成年後見人へ財産の引継ぎをしなければならない。

成年後見人は、後見事務終了の際は、短期間でさまざまな手続を行わなければならないので、受任中からあらかじめその予測と準備が必要である。

(2) 後見終了の原因

(A) 絶対的終了

本人側の次の事由がある場合、成年後見それ自体が終了する。

(a) 成年被後見人の本人の死亡

成年被後見人が死亡したときは、速やか家庭裁判所へ連絡しなければならない。除籍謄本や死亡診断書の写し等を提出する。

(b) 成年被後見人等の判断力が回復して後見開始の審判が取り消されたとき

成年被後見人の判断力が回復して、後見の必要がなくなった場合には、家庭裁判所に「後見開始の審判の取消し」の申立てを行う（民法10条。保佐・補助につき同法14条・18条）。

(B) 相対的終了

次の事由がある場合、後見開始審判の効力は維持し、成年後見人の地位が他者に引き継がれる。

(a) 成年後見人が辞任するとき、または解任されたとき

成年後見人は正当な事由があるときは、辞任の申立てを行い家庭裁判所の許可を得て、その任務を辞することができる（民法844条。保佐人・補助人につき同法876条の2第2項・876条の7第2項で準用）。辞任により新たに成年後見人が必要な場合には、その成年後見人が遅滞なく新たな成年後見人の選任の請求をしなければならない（同法845条。保佐人につき同法876条の2第2項で、補助人につき同法876条の7第2項で準用）。

成年後見人が「不正な行為、著しい不行跡その他後見の任務に適しない事由があるとき」には、家庭裁判所は、後見監督人、成年被後見人、親族、検察官による請求または職権で、

これを解任することができる（民法846条。保佐人・補助人に準用)。家庭裁判所は、成年被後見人もしくは親族やその他の利害関係人の請求により、または職権により成年後見人を選任することになる（民法843条２項。保佐人・補助人につき準用)。

解任対象者は、資格喪失事由ともなり、その後成年後見人へ就任することはできなくなる（民法847条２号。保佐人・補助人に準用)。

(b) 成年後見人の死亡

成年後見人が死亡した場合、当然に成年後見人は、その地位を失う。法人後見の法人が解散した場合等も同様に考えられる。

これにより、成年後見人が欠けたときとなる場合には、家庭裁判所は、成年被後見人等、もしくはその親族、その利害関係人の請求により、または家庭裁判所の職権で、成年後見人等を選任することになる（民法843条２項。保佐人・補助人に準用)。

(c) 成年後見人の資格喪失

成年後見人となることのできない者が規定されている（欠格事由＝民法847条。保佐人・補助人に準用)。欠格事由に該当するものは、成年後見人とはなり得ず、成年後見人を行っていたものは、その後成年後見人に就任できなくなる。

① 未成年者
② 家庭裁判所で免ぜられた、法定代理人、保佐人及び補助人
③ 破産者
④ 成年被後見人（被保佐人・被補助人）に対して、訴訟をし、また者並びにその配偶者及び直系血族
⑤ 行方の知れないもの

(3) 後見終了時の事務

成年被後見人の死亡により後見が終了した際は、下記のような手続を速やかに行う必要がある。

(A) 家庭裁判所へ連絡

成年被後見人が死亡した場合には、速やかに家庭裁判所へ連絡を行う。家庭裁判所に指示に従い、死亡診断書の写しや除籍謄本を提出することもある。

(B) 終了の登記

東京法務局へ「登記終了申請書（終了の登記)」に記入し、除籍謄本や死亡診断書の写しをつけて提出（郵送）する。

(C) 財産の計算

成年後見人の任務が終了してから２カ月以内に、財産管理の収支について計算をして家庭裁判所へ報告しなければならない（民法870条)。この期間は、家庭裁判所において伸長することができる。２カ月以上の期間が必要な事情があるときには、家庭裁判所に期間伸長の申立てをしておく必要がある。

(D) 報酬付与申立て

財産の管理計算とともに報酬付与申立てを行う。

報酬の受け取りについては、成年被後見人の死亡によって、成年後見人の代理権限は失われており、成年被後見人の銀行預金に対する管理権限はなくなり、払出しを受けること

ができなくなる。

相続人に引き継ぐ際に受け取れる場合はよいが、それが難しい場合には、生前（危篤時）に、おおよその報酬予想額の現金を準備しておく方法や、死亡後に払出し許可の申立てを行い、払戻しを受ける方法が考えられる（第８章3参照）。

成年被後見人に財産がない場合は、市区町村の成年後見制度利用援助事業の報酬助成の活用が考えられる。

(E) 財産の引継ぎ

成年後見人は任務が終了すれば、管理していた財産は、本人または相続人、次の成年後見人へ引き継がなければならない（民法873条１項参照）。

① 管理していた財産は、相続人等管理権を有する者に、引き継ぐ。

② 成年被後見人の判断力が回復して後見開始の審判が取り消されたとき管理していた財産は、成年被後見人であった本人へ引き継ぐ。

③ 成年後見人が辞任するとき、または解任されたとき管理していた財産は、新しい成年後見人へ引き継ぐ。

④ 管理していた財産を、相続人等へ引き継ぐまでは、善管注意義務（民法869条･644条）のもと適切に管理を行う。その間、急迫な事情（同法654条）で財産の処分や不動産の保全等が必要な場合がある。その際は、応急処分義務（同法874条･654条）事務管理（同法697条１項）のもと対応を行うが、家庭裁判所へ相談や、死後事務についての許可の申立て（同法873条の２）を行う必要がある。

財産を相続人へ引き継ぐ際には、いくつかの形がある。相続人間の紛争性やトラブルが予想される場合には、法律家を活用することが必要となってくる。

(a) 相続人の調査

戸籍の附票等を取り寄せ、手紙などで相続人と連絡をとる。

(b) 相続人が多数いる場合

相続人間で、遺産分割協議してもらうか、受領代表者を定めてもらい、この者に引き渡す。

(c) 相続人が不存在の場合（その他、相続人の受け取り拒否や、受け取れる状況にない等）

成年後見人は、利害関係人として、相続財産管理人選任の申立てを行う（民法952条）。成年後見人は、相続財産管理人に財産を引き渡す。

相続人が受け取りを拒否する場合や、相続人が受けとれる状況にない等、引継ぎに時間を要する場合も、家庭裁判所へ相談し、速やかに相続財産管理人選任の申立てを行う。

死後に相続人調査をする場合は、後見終了の登記を行い、新たに閉鎖事項証明書を法務局でとり、その証明書をもとに行政機関で戸籍謄本等の請求など行う。

(d) 相続人が行方不明の場合

その行方不明者の住所の管轄の家庭裁判所に、不在者財産管理人の選任の申立てを行い（民法25条１項）、不在者財産管理人に財産を引き渡す。

(F) 後見事務終了の報告

財産の引継ぎが終了したら、家庭裁判所へ後見事務が終了したことを報告する。

(4) 本人死亡後の事務

(A) 事務の種類と法改正

社会福祉士等の第三者が成年後見人であるとき、死後の事務の対応を緊急的にせざるを得ない場合がある。必要な事務と、本来行うべき者とを時系列で整理すると、〔表19〕のようになる。

通常、②～⑩については、本来、相続人・遺族・祭祀継承者が行うことである。しかし、それが期待できないなどの場合には、その対応を成年後見人等に求められることになる。

遺体の引取りや安置、葬儀の手配および納骨といった事項は、緊急な対応が求められた場合に放置できない事項である。したがって、本人に身寄りのない場合等には、あらかじめ、死後の事務の一連の流れについて、どのように対応するのか、本人が居住する市区町村や、家庭裁判所と事前に検討しておく必要がある。

成年後見人等が死後の事務を行う際には、これまで、応急処分義務や事務管理の解釈のもとで行われてきたが（応急処分義務：民法874条・654条、事務管理：同法697条１項）、2016年（平成28年）10月13日に円滑化法が施行されたことに伴い、成年被後見人の死亡後の事務の要件が明確化された（民法873条の２）。これにより、成年被後見人の死亡後には、火葬や埋葬の契約、金融機関からの払出しについて、家庭裁判所への許可の申立てが必要となる。そのため、事前に家庭裁判所と費用の支払いについて確認をしておく必要がある。ただし、この申立ては、保佐、補助は対象外となっている。

なお、この法律の施行後も、後見終了時の応急処分や事務管理を根拠として、死後事務を行うことは否定されないと解されている（第８章❸参照）。

〔表19〕 死後事務と本来行う者（時系列）

① 死亡の事実確認（死亡日時、場所、要因など）	遺族・相続人・成年後見人等
② 遺体の引取り	遺族・相続人
③ 死亡届および埋火葬許可申請	遺族・相続人（成年後見人）
④ 火葬	遺族･祭祀継承者（成年後見人）
⑤ 葬儀	遺族・祭祀継承者
⑥ 埋葬	遺族・祭祀継承者
⑦ 生前の入院費や施設利用料などの各支払いの対応	相続人
⑧ 遺品の引取り	相続人
⑨ 賃借アパート等の引渡し・家財道具の処分	相続人
⑩ 各種資格証の返還、年金の手続	相続人（成年後見人）

(B) 死亡の事実確認

死亡の連絡を受け訪問し、医師より死亡の確認を受ける。その際、医師から死亡診断書を渡されるが、家庭裁判所へ死亡の報告の際に必要となるため、写しをとっておく。

(C) 遺体の引取り

成年被後見人が死去したとき、成年後見人が対応せざるを得ない場合、葬儀社等へ移送の手配が必要になる。病院と葬儀社と連絡、連携をとる。

なお、検体の登録がなされている場合は、登録している医療機関へ引取りの連絡を行うことになる。あらかじめ、登録している医療機関へ確認をしておく。

(D) 死亡の届出

2006年（平成19年）の戸籍法の改正により、成年後見人（保佐人・補助人）および任意後見人による死亡の届出が可能となっている（同法87条2項）。なお、2019年（平成31年）4月現在、任意後見受任者も死亡の届出ができるようにする戸籍法の改正案が国会で審議中である。

(E) 葬　儀

葬儀は、成年後見人が行う事務の範囲ではないとされている。しかし、やむを得ず行う場合は、家庭裁判所と十分に相談のうえ執り行う必要がある。なお、生活保護を受給されていた場合では、市区町村が代わりに執り行うが、成年後見人がいる場合には、対応されない場合が多い。やむを得ず成年後見人で行った場合には、生活保護課へ連絡を行うとともに、葬祭扶助費の確認も行う。

(F) 火葬・埋葬

成年後見人については、家庭裁判所の許可を得て行うことができると明文化された（民法873条の2第3号。第8章❸参照）。

補助人、保佐人の場合は、家庭裁判所へ相談する。

(G) 生前の入院費や施設利用料などの各支払いの対応

成年後見人については、弁済期が到来した債務については支払うことができる（民法873条の2第2号）。ただし、支払いのため、成年被後見人の死去後に金融機関から払出しを行う場合は、家庭裁判所の許可が必要になる場合がある（同条3号。第8章❸参照）。

補助人、保佐人の場合は、家庭裁判所へ相談する。

(H) 遺品の引取り

施設や病院にある残置物の引取りについて、相続財産の範囲であり、成年後見人の判断で勝手に引き取り処分はできない。しかし、相続人がいないなどの場合には、応急処分事務として、衣類や日用品など財産価値のないものは、処分を行う場合もある。

(I) 賃借アパート等の引渡し・家財道具の処分

賃借権および家財道具の処分は、相続の対象となり（民法896条）、契約解除や引渡しなどは、相続人が行うことになる。

(J) 各種資格証の返還、年金停止の手続

成年被後見人の死去後、管理していた、医療被保険者証、介護保険証、身体障害者手帳等の資格証は、行政機関へ返還する。また、年金は停止の連絡を行う。

死去後に年金や保険税等の還付・返還の書類を受け取った際は、相続人へ返還する。

第12章 後見事務とリスク・マネジメント

1 リスク・マネジメント

成年後見制度では、その類型に応じて成年後見人等が成年被後見人等（以下、「本人」ともいう）の保護という目的のもと、さまざまな権限や代理権を持つことになる。それゆえに本人に対してはもちろんのこと、成年後見人等自身に対しリスクを回避する、あるいはリスクを予防することが必要とされる。

厚生労働省は「医療安全推進総合対策～医療事故を未然に防止するために～」医療安全対策検討会議（2002年（平成14年）4月17日）の中で、リスク・マネジメントは、従来、産業界で用いられた経営管理手法であり、事故を未然に防止することや、発生した事故を速やかに処理することにより、組織の損害を最小の費用で最小限に食い止めることを目的としている。また、リスクとは「損害の発生頻度とその損害の重大さ」の二つの要素によって定義付けられている。世の中のすべての事象にリスクは付随しており、安全とはリスクが許容できるものであるという状態をいう。「リスクは常に存在する」こと、また同時に「適切な管理によってリスクを許容範囲にまで減らすことができる」ことが「リスク・マネジメント」の出発点である、としている。

成年後見人等としての義務としては前章までに説明されているが、ここでは専門職の成年後見人等が陥りやすい内容をなるべく事例とともに提示し、必要なリスク・マネジメントについて考えていきたい。

2 リスクのとらえ方

(1) 後見事務に潜むリスク

後見事務に潜むリスクについて振り返っていくこととする。

専門職として後見事務のみならず、本業の福祉サービスの提供時に多い事故は、ヒューマン・エラー（人為的なミスの結果）に基づくものが多い。ヒューマン・エラーとは、「達成しようとした目標から意図せずに逸脱することとなった期待に反した人間行動」である。この定義を分解すれば、次のように条件づけることができる。

① 期待されない行為をした、または、期待される行為をしなかった。

② 達成しようとした目標とは違う結果になった。

③ 目標と違う結果になる意図はなかった。

これらは言い換えれば、人が介在することでのエラーということになるので、マネジメントすることでリスクを軽減させることが可能となる。このマネジメントで参考になるのが、ハインリッヒの法則とインシデント・アクシデントの考え方である。

(2) ハインリッヒの法則

1941年にアメリカの損害保険会社に勤めるH. W. ハインリッヒが、事故や災害について調査した結果確立した法則で、「1件の重大事故の裏には29件のかすり傷程度の軽微な事故があり、さらにその後ろには、ヒヤリとしたりハッとして冷や汗が流れるような事例が300件潜んでいる」というもので、ある意味事故は確率現象であるということである(〈図14〉参照)。

たとえ少しでもヒヤリとした経験をしたとき、同じ背景には重大事故につながるような要因があるということを認識し、十分な対策を立てれば重大事故が未然に防げるという考え方である。

〈図14〉 ハインリッヒの法則

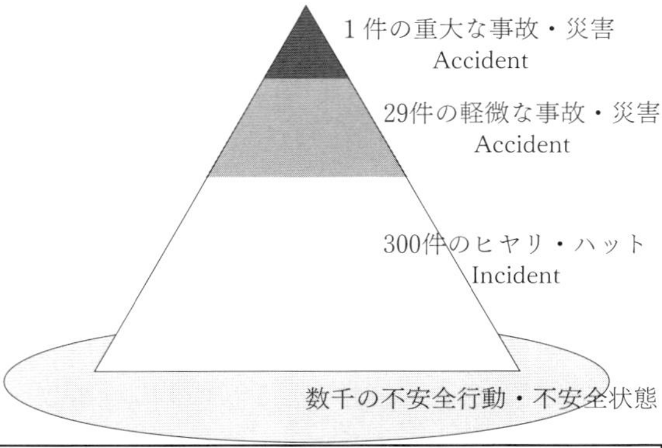

1件の大きな事故・災害の裏には、29件の軽微な事故・災害、そして300件のヒヤリ・ハット(事故には至らなかったもののヒヤリとした、ハッとした事例)があるとされる。重大災害の防止のためには、事故や災害の発生が予測されたヒヤリ・ハットの段階で対処していくことが必要である。

(3) インシデントとアクシデント

「ヒヤリ・ハット」については、医療現場や社会福祉の現場でよく使われ、そのレポートは人為的なミスを減らすきっかけとすることができるツールとして活用されている。医療現場でのインシデントレベルと介護現場でのインシデントレベルでは若干異なるが、ここではヒヤリ・ハット=認識された潜在的失敗=インシデントと同義語として考え、インシデントとアクシデントの差については、前者は「本人や成年後見人等に結果的に影響はなかった」=(事件)=「出来事や発見したこと」と考え、後者は「本人や成年後見人等に処置や特別な対応をする必要が生じる影響があった」=(事故)として考えることとする。

後見事務を遂行する中で、ヒヤッとした経験は、誰にでも存在する。そのことを成年後見人等自身が振り返って、次に活かそうとすることがほとんどだろう。つまり「事件」の段階で、「事故」にならないように対処法や防止策を考え、意識的にあるいは無意識的に実践しているわけである。このことが結果的にリスク管理となっていることになる。この結果が本人や成年後見人等に何らかの影響を与え、特別な対応等が必要になったという場合が、アクシデント(事故)となるわけである。当然、アクシデントの部分は、賠償責任等が発生するものと考えるほうが適当である。

ここでインシデント(事件)=「影響はなかったがヒヤッとした出来事や発見したこと」が、他の後見事務をする人からその情報を得ているとしたら、もっと簡単にリスク回避できる可能性が存在するのではないか。日本社会福祉士会では後見事務のリスクを回避・予防するために、後見活動報告時のインシデントレポートの開発を行った。現在は各都道府県社会福祉士会において、インシデントレポートを活用し、組織としてリスク・マネジメントを行っている。

なお、各家庭裁判所では、後見事務の参考になるように、ホームページ上などで、FAQやQ&A集を作成しているところも多い。後見事務を遂行するうえで参考や指針となるので、活用することが求められている。

以下は例として、奈良家庭裁判所Q&A集より「後見人が責任に問われる場合」を引用してみたので、参考にしてほしい（http://www.courts.go.jp/nara/saiban/tetuzuki/kouken_qa/index.html#q26）。

Q26　成年後見人等としての責任を問われる場合は、どのような場合ですか？

A26　後見人に不正な行為、著しい不行跡その他後見の任務に適さない事由があるときには、家庭裁判所が後見人解任の審判をすることがあります。

「不正な行為」とは、後見人が被後見人の財産を横領するなど、違法な行為又は社会的にみて非難されるべき行為をいいます。「著しい不行跡」とは、品行がはなはだしく悪いことをいいます。「その他その任務に適しない事由」とは、後見人の権限を濫用したり、不適当な方法で財産を管理したり、任務を怠ったりした場合をいいます。

また、これとは別に、不正な行為によって被後見人に損害を与えた場合には、その損害を賠償しなければなりません。さらに悪質な場合には、業務上横領罪等の刑事責任を問われることがあります。

家庭裁判所のホームページのFAQ等には、不適切と考えられる例なども掲載されていることがあるので、参考にするとよい。たとえば、山口家庭裁判所の後見申立てセット中の「成年後見人の仕事と責任」には、次のような記述がある。

不適切と考えられる財産管理の例

① 被後見人の口座から、必要以上に多額の預貯金を引き出し、現金を後見人等宅で保管する。
② 被後見人の財産を元本保証されないようなものに投資する。
③ 保険契約の際に契約者や受取人を被後見人以外とする
④ 遺産分割の際、被後見人の相続分をゼロとしたり、相続放棄する。（法定相続分を確保する必要があります。）
⑤ 被後見人の不動産を親族や他人に贈与したり低価格で売却する。
⑥ 被後見人の財産の中から親族や他人に金を貸し付ける。
⑦ 被後見人が住む見込みのない不動産の購入や改築をする。　など

3 後見事務とリスク

(1) 善管注意義務と身上配慮義務

後見事務全般にわたって「善管注意義務」と「身上配慮義務」が課せられていることを

忘れてはならない。

民法644条には、「委任者の注意義務」として、「受任者は、委任の本旨に従い、善良な管理者の注意をもって、委任事務を処理する義務を負う」とあり、民法869条（委任及び親権の規定の準用）において、「第644及び第830条の規定は、後見について準用する」とされている。

ここであらためて善管注意義務の意味を復習しておく。善管注意義務とは、一般的に、職業上や社会通念上、客観的に期待される程度の注意義務で、自己の財産を管理する場合の注意と同じ注意をする義務（自己同一注意義務という）よりも重い義務といわれる。

成年後見人等は本人を代理・保護する立場であるため、社会福祉士等の専門職の成年後見人等には常にその専門性に応じて、家族等の成年後見人等よりも高度な、専門的な考えに基づく管理者としての注意義務が要求されていると判断し行動することが必要となる。また、当然にこの注意義務を怠って本人等に何らかの損害や損失を与えた場合は、賠償責任を負うことになる。

専門職後見人の場合、本人に対するリスクを予見できることも多くあると推測される。そのような場合、前述の善管注意義務を果たしていないとされた場合には、責任を問われる立場となり得る。

一方身上配慮義務は、善管注意義務の具体的内容として課せられているといえる。成年後見人等は、常に本人の意思を尊重し、その心身の状態および生活の状況に配慮しながら、職務を行わなければならない。つまり、本人不在での後見事務は成り立たない。障害者の権利宣言（1975年国連総会採択）の考え方の元になった、障害者の自立生活運動スローガンの“Nothing About Us Without Us!”の考え方が参考になるだろう。この考え方は、意思決定支援の基本的な考え方でもある。

成年後見事務に潜むリスクを考えると、上述のアクシデント内容にかかることについては当然回避することが要求されるが、ハインリッヒの法則から考えると日常の後見事務の中に潜むリスクこそ注意深く考えなければならないことに気づかされるだろう。

(2) 事実行為と法律行為に付随する事実行為

一般的に法律行為は、私法上の法律行為と公法上の法律行為に大別され、契約締結や解除などが前者にあたり、行政への申請や不服申立てなどが後者とされている。この私法上および公法上の法律行為を行うために必要な事実行為が法律行為に付随する事実行為といわれる。後見事務を遂行する中で、特に注意を要することが、いわゆる「事実行為」とこの「法律行為に付随する事実行為」の区別である。

本人の世話をすることや介護することは、いわゆる事実行為となり、法律行為を行うためのものではない。成年後見人等にとってすべきことは、本人に世話や介護を行える環境や具体的なサービスを手配することで、本人に必要なサービスを確保することである。福祉系の専門職は特にこの部分で、環境を整えることより自分でやったほうが早いと判断することが多く、結果的に知らず知らずのうちに多大なリスクを負っていることがある。

(3) 成年後見人等ができること・できないこと

あらためて成年後見人等ができること・できないことを確認しておくことにする。以下は財産管理に特化しているように読めるかもしれないが、財産管理を手段として身上監護を目的にすることで、本人の資産を有効に活用することができる。資産を維持するのではなく、本人自身の幸せのために使うことが必要である。もちろん、リスクに注意しながら、善管注意義務と身上配慮義務を果たしながらの話である。これらは後見事務を遂行する際の基本である。

成年後見人ができること

① 本人の財産に関する法律行為の代理
② 本人の財産の管理
③ 本人が行った法律行為の取消し

保佐人ができること

① 家庭裁判所が審判した特定の法律行為の代理
② 民法13条1項の法律行為の同意権と取消し
③ 上記以外の行為で家庭裁判所の審判があった法律行為の同意権と取消し

補助人ができること

① 家庭裁判所が審判した特定の法律行為の代理
② 民法13条1項の法律行為の一部の同意権と取消し

成年後見人等ができないこと

① 成年被後見人等がした日用品の購入の取消し
② 事実行為（介護そのもの）
③ 医療行為の代諾
④ 身専属権にかかわること（遺言、離婚、養子縁組、離縁など）
⑤ 本人の居住用不動産の処分（家庭裁判所の許可が必要）

(4) 法律行為に付随する事実行為に関する事例検討

インシデントレポートなどから事例を設定して検討してみる。

《事例12－1》

高齢者施設に入所している本人が、「墓参したい」と希望を成年後見人に伝えた。成年後見人は、本人の希望なので外出できるように職員を配置してほしいと利用施設に交渉したが、職員の派遣は難しいと言われた。しかたなく本来は成年後見人の職務ではないと思いながらも、成年後見人自身が運転する車で墓参を実施した。幸いに事故等はなく、本人も喜んでいた。

熱心な成年後見人にありがちなことだが、事故の可能性云々が問題となるのではなく、成年後見人が自身の車を運転し本人を乗車させていること自体が大きな問題となる。本人の希望を実現するために事務を遂行することは成年後見人の職務だが、成年後見人自身が本人の介護をすることは事実行為となり、法定代理人としての職務にはあたらない。

成年後見人として考えなければならないのは、どのようにしたら本人の希望をかなえられるか、必要な策をどのように確保するかである。そのために支援者や家族と話し合い、利用可能な高齢者や障害者の移送サービスや移動支援を考慮すること、ボランティアの活用、本人の状況に応じて福祉タクシー等を手配することなどを検討して、成年後見人は移動手段の確保や諸々の費用の支払いを担当することに専念し、介護や移動は家族や支援者、ボランティア等と役割分担することが必要である。

《事例12－２》

成年後見人が高齢者の入所型施設を利用している本人に定期面会に行ったところ、施設職員から天気もよいので車いすを使用して散策をしてみてはと提案された。そこで成年後見人は施設の車いすを借りて、本人と散策を楽しんだ。途中で話をしようと車いすを停め本人と向き合おうとしたときに、車いすのブレーキをかけ忘れ、ちょっと目を離した隙に車いすが数メートル自走してしまい、縁石にぶつかって止まった。幸いに本人にけがはなかった。

社会福祉士は介護のプロとみられることが多いが、介護専門職とは専門性の違いがあることに留意したい。

定期面会を気持ちのよい屋外で行うことは問題ないが、安全対策を十分に考え、その場所までおよび生活場面までの移動は、支援者にお願いすることも考慮したほうがよいだろう。散策とはいえ、直接本人の介助をしている事実行為となるからである。事前に施設職員と打ち合わせをするなどの役割分担をしておくことで、今回の事故は回避できる。

《事例12－３》

① 交通の不便な場所にある病院に本人が長期入院しており、成年後見人は月に一度定期面会をしている。病棟の医療スタッフより「入院中の衣類が不足しているので補充してほしい」と電話で連絡があり、面会時に購入して持参した。

② グループホームに生活する本人から、「衣類が足りないので、自宅から持ってきてほしい」と成年後見人に連絡があり、定期面接の際に自宅に寄り、本人の衣装ダンスから持参した。

①のような事例は意外と多い。問題とするところは、成年後見人自身が買い物をして届ける行為が法律行為に付随する事実行為となるかどうかだろう。また法律行為に付随する事実行為とはならなくても、道義的に行っているという人も多いのではないだろうか。

しかし、今一度振り返って成年後見人の行為をみると、購入した衣類は本人が求めるようなものだったのだろうか。入院中とはいえ、衣類を着用するのは本人であって、本人の好みが十分に反映されているかどうか、これも大事なポイントとなるだろう。

このようにグレーゾーンに入るような内容は、成年後見人の工夫次第では問題とならないようにできることも多い。たとえば、事前に本人から聴取するなど本人の嗜好を調べておき本人の家族に購入をお願いをするとか、病棟の看護師や病院のワーカーと相談して本人の要望を伝え、小口現金を預ける体制を構築するなどの工夫ができれば、特に成年後見人自身が買い物をするという行為をしなくても対応できるようになる。もちろん、家族や病院側の好意に甘んじることにもなりかねないので、事前に十分に話し合いを持ち、コンセンサスを得て、家族や病院側に負担がかかりすぎないよう配慮しなければならないことは言うまでもない。

②については、成年後見人は本人の生活を充実させるために法律行為を行うことが本務であって、この場合は法律行為に付随する事実行為とはいえないだろう。

成年後見人が自宅の管理を成年後見人がしている場合もあるが、そのようなときでも本人を交えてグループホーム職員と話し合い、できるだけ本人自身が必要なものを選んで持ってこられるように配慮することが望ましい。つまり、本人とグループホームの職員で家に行き、必要なものをとってくるような体制をつくることが大切である。このことによって、本人が望むもの以外のものを取ってこないようにすることができ、またプライバシーへの配慮も可能となる。また自宅への立入りの監督等本来の成年後見人の業務として遂行することができるのではないだろうか。

本人の望みや要望されたことを実現していくことは、後見事務を遂行するうえで大事なことだが、成年後見人自身がすべてを行う必要はない。成年後見人は必要な資源や制度・機関を利用し、本人にとって最善が尽くされるような環境調整をすることが本来の職務となる。成年後見人一人が本人の生活に対する支援や直接的な介護を常態として行ってしまうと、本人との関係はどうなるかを日頃より考えておくことも大事である。成年後見人は本人を代理する存在であるにもかかわらず、支援―被支援の関係が強調されることになり、本人の意思に沿った展開が難しくなるだろう。

(5) 代理権目録等に記載されている範囲外の行為

法定後見の場合、その類型により代理権の範囲が定められている。成年後見人等はこの定めを無視しての事務処理はできない。また、補助や保佐類型の場合は代理権目録が作成されることで代理権の範囲を意識できることも多いが、後見類型の場合、強大な代理権等を扱うことになるので、意識しないままに本人の権利を侵害していることも多い。

事例で検討してみよう。

《事例12－4》

本人はグループホームに暮らす知的障害のある女性で、ある法人に勤務する社会福祉士が補助人に選任されている。あるとき、本人がグループホームでの生活を維持することが困難になってきたため、補助人の勤務する障害施設に入所することになった。補助人に付与されている代理権は、主に財産の管理に関することだったが、福祉関係施設への入所に関する契約（有料老人ホームの入居契約等を含む）の締結・変更・解除および費用の支払いも代理行為として含まれていたことから、補助人が入所契約を代理した。

このような場合、状況によっては家庭裁判所も認める可能性もないわけではないが、明らかに本人と補助人は利益相反する関係にあるといえる。したがって、本来なら補助人は入所契約を代理することはできないので、そのための特別補助人の選任を申立てる必要がある。

リスクを回避するうえでは、家庭裁判所担当者によく相談・協議をして、本人は当然だが補助人自身にも不利益が生じないようにすることが大切である。

《事例12－5》

本人は精神科病院に入院中だが、病状も安定し本人も退院を希望していることから、本人の意向をくみ、地域での生活に向けて関係機関でケア会議が開催されて検討しているところである。ところがこの関係機関の職員から都道府県社会福祉士会事務局に、本人の成年後見人を変更することができないか……と、相談が入った。相談の内容は以下のとおりである。

ケア会議の場で成年後見人である社会福祉士が本人の意向を無視し、地域移行は本人にとって困難の一点張りで、また本人との面接も成年後見人である自分を通して行うようにと主張し続け、会議が進展しない。

このケースの場合は、付与されている代理権の行使というよりも、成年後見人の職務のはき違えといえよう。

一般的に成年後見人の基本的なスタンスは、本人の意向を尊重して代理する立場であるが、代理という強大な権限を持っていることを意識したい。それゆえに、時として成年後見人の思い込みや誤った考え方で、知らず識らず本人の権利を侵害してしまい、本人の立場を危うくしてしまうこともあり得る。

このケースの場合も成年後見人の思い込みや言動で、結果的に本人の権利を侵害しており、本来有効に機能するはずのケア会議が機能していない。

4　リスクを減じるための手段

(1)　後見事務の記録

成年後見事務を遂行するにあたって、特に重要になるのが“日々の事務の記録”だろう。前章までに再三書かれていることにもなるが、その時々の成年後見人等の考え方やその考えに基づく本人への後見支援の記録は、リスク管理するうえでも重要な根拠となりアイテムとなり得る。

成年後見人等自身がいくら口頭で「適切に後見事務を遂行している」といっても、その判断の根拠となるものがなければ、疑念を持たれたときに対抗することができない。適切に事務執行し、成年後見人等自身の正当性を証明するためにも、日々の記録をとっておくことが必要である。ただ単に何をやったのかだけでなく、上述したように成年後見人等がそうすることが必要と判断した根拠なども記録しておくことで、執行した事務に対しての説明もでき、後から振り返った時に検証するきっかけにもなるだろう。

判断根拠などを記録することは、かなりの手間となり、事務量も増大することになるが、その手間と結果が本人の生活や成年後見人等自身のスキルアップにつながることを考えれば、やっておいてマイナスとなることはない。

記録を積極的に活用すること、これも成年後見事務に潜むリスクを軽減するための方法である。

(2)　相談先の確保（一人で抱え込まないために）

時として成年後見事務は非常に孤独に感じられる事務となることがある。支援の行き詰まり感を感じたり、ご本人の状況に一喜一憂したりすることになるからである。このようなときは、自分の思いを聴いてくれる仲間の存在もあることが重要で、そのことが心の支えになる。決して1人で抱え込むことをしないで、自分の胸の内を語れる存在があれば、このような閉塞感を打破できる。都道府県社会福祉士会ぱあとなあや地域連携ネットワーク等を活用することが望まれる。

専門職だからやれて当たり前……ではなく、専門職でも悩むのが当たり前。こう考えられれば相談もしやすいし、また相談も受けやすい。心の距離や具体的な距離の近さで相談できる存在をつくることが、リスクを減じる早道にもなるだろう。成年後見人等自身が1人で悩む必要はない。思いや考えをオープンにすることで、リスクを減じることにもつながり、何よりも安心感が得られるだろう。

「話すことは放すこと」……福祉専門職の本来業務にも通じる言葉だが、自らをオープンにする言葉として覚えておくとよい。

(3) 制度の活用

(A) 複数後見人の活用

社会福祉士や弁護士・司法書士などの専門職が市民後見人等と同時に成年後見人等に就任することも多くなってきている。

成年後見制度の施行当初は、専門職後見人同士で、たとえば財産管理を弁護士が担い社会福祉士が身上監護を担うという複数後見人の選任や、専門職後見人と親族後見人の複数後見という形で選任されることが、比較的多かった時期がある。これらは、専門職の専門性の活用や、親族との後見を実施することで、後見事務を相互に補完する方法としても有効に機能していた。現在このような選任の方法が全くないわけではないが、一頃に比べると減少しているような印象がある。むしろ現在は、市民後見人の養成が進むのに従い、専門職後見人と市民後見人の複数後見という形も少しずつ増えているようである。これも一つのリスクを減じるための手段といえるだろう。

(B) 成年後見監督人等の選任（家庭裁判所の判断による）

成年後見人等が適切に事務を執行しているかどうかを見るために、成年後見監督人等が選任される場合がある。成年後見人等は成年後見監督人等の指示に基づいて報告等を行う必要がある。

本来、後見監督は裁判所の職権で行われるべきものと思われるが、後見事案の件数の増加に比較して職員数が少ないなどの問題もあり、十分に機能が果たせていないという現状もある。また、専門職後見人であっても不祥事を引き起こすこともあり、専門職としての資質を問われていることも、成年後見監督人等の選任が増えている要因の1つといえるのではないだろうか。

成年後見監督人の主な職務は、次のとおりである（千葉家庭裁判所の成年後見監督人への交付資料より）。

① 後見人の事務を監督すること
② 後見人が欠けた場合に遅滞なくその選任を裁判所に請求すること
③ 急迫の事情がある場合に必要な処分をすること
④ 後見人と本人が利益相反する場合に本人を代表すること

⑤　財産の調査及び財産目録の作成に立ち会うこと
⑥　後見人に後見事務の報告を求めたり、本人の財産状況等を調査すること
⑦　後見人が本人に代わって営業又は民法13条１項各号に掲げる行為（元本の領収を除く。）等をする場合に、監督人が同意をすること
⑧　後見人の解任を請求すること

5　これからの成年後見事務を考えるために
――成年後見人等が遭遇しやすいリスク――

成年後見人等に就任し、実際に後見事務を遂行していると、さまざまなことで思い悩むことが生じることも予想される。同時に、意図せずヒヤッとしたりハッとすることも多くなるだろう。

以下は上述してきたカテゴライズに依らずに、成年後見人等が遭遇しやすいリスク場面を、事例としてあげてみる。

《事例12－６》

障害者施設に入所している本人はこだわりが強く、他人とのコミュニケーションが苦手で、今までは家族が成年後見人をしていた。しかし家族が高齢となり成年後見人を継続することが困難になったため、ある社会福祉士が受け継いだ。

この社会福祉士は、まず本人とのコミュニケーションをとることから始めようと、さまざまなアプローチを試みたがうまくいかず、他の家族からお菓子やジュースを持参すると喜ぶと聞いた。そこで試したところ、少なくとも面会室で一定時間過ごすことができるようになった。以後、面会の度にお菓子やジュースを差し入れるようにしていたが、しばらくして、施設長より差し入れは、やめてほしいと注意を受けた。

このケースに限らず本人とのコミュニケーションをとることは、専門職後見人にとって基本的なことである。しかしその方法は十分に検討された内容であることが求められる。食べ物や現金等の差し入れにより興味を惹かせる方法は、確かに表面的にはうまくいくかもしれない。しかし施設は本人だけが生活している場ではなく、たとえ個室対応の状態であっても、ある意味集団生活をしている場となる。そこには他の利用者が存在し、さまざまな場面を共有している。少なくとも福祉専門職の成年後見人にとって、他の利用者たちへの影響を考えないということはあってはならない。

このケースの場合、本人がコミュニケーションをとることが困難なのであるから、その施設での対応方法や、今までの家族の対応など調べることから始めるほうがよい。そのうえで、最初は施設職員に面接場面に同席してもらうことなども考慮できるはずである。日常の様子や変化点など、本人を観察しながら職員から聴取することも、本人を理解するうえで役立つ。

以下はよく施設職員が話していることである。物や食べ物の差し入れは悪いことではないが、本人の状況を理解し、施設での支援を十分に理解して、職員に相談してから実施してほしい。施設での生活は制約があり理解しづらい部分もあるだろうが、意味もなく対応

していわけではない。他の利用者への影響や、本人への影響も考慮したうえで、本人が望むことを実践しようとしていることに違いはない。

《事例12－７》

施設で生活する本人に定期面接に行ったところ、本人がベッドに拘束されていた。職員に状況を聞いたところ、以下のような説明があった。

ある日おかしな歩き方をしていたため様子を見ていたが、翌日も状態に変化がなく本人の足を調べた。足首にかなりの腫れと熱感があったため病院に連れていった。幸い骨折ではなく捻挫のようだと診断があり、湿布薬の処方と安静の指示が医師よりあった。しかし本人は湿布をしてもすぐに剥がしてしまい、また歩き回って安静状態を保つことができず、職員も本人に付き切りになることができないため、（ベッドに）拘束することにして１週間が経過した。

この説明を聞いて、本人のふだんの様子から判断して納得できたので、その日はベッドサイドで本人の様子を確認して帰宅した。

本人が重度の認知症や知的障害である場合は、安静を保つことが困難になることも多い。しかし、拘束は本人の尊厳を貶め、時には生命を脅かす状態となることは、もはや常識である。成年後見人として、このような状況を見過ごすことのないようにすることが大切である。

あらためて言うまでもないが、介護保険の運営基準では、利用者または他の利用者等の生命または身体を保護するため、緊急やむを得ない場合には厳格に定められた条件下で身体拘束が認められている。３つの要件を満たし、かつ、それらの要件等の手続が極めて慎重に実施されているケースに限られる。ここではそれぞれの詳細については省略するが、３つの要件とは「切迫性」「非代替性」「一時性」であり、「施設全体の判断であること」「利用者本人や家族に対してできる限り詳細に説明すること」「要件に該当しなくなった場合には直ちに解除すること」が手続として求められ、拘束に関する記録が義務となっている（各地方自治体ホームページなどを参照するとよい。ここでは、神奈川県のホームページで該当するところを参照した〈http://www.pref.kanagawa.jp/cnt/p26962.html〉）。

したがって、身体拘束がやむを得ない状況にあたるか否か、またそれぞれの基準に照らし合わせて、正しく処理されているかどうかをチェックすることが、成年後見人に求められる。少なくとも拘束されて１週間経過しているのに、成年後見人に対して施設側からの連絡がなかったことや、受傷し通院したこと自体の連絡がなかったことについては、明らかに施設側の問題となることであろう。そのことを知って放置することは、社会福祉士としてあってはならない。

《事例12－８》

本人が利用している施設より、施設内を移動中に転倒し、腕を骨折したと電話連絡が定期面接日の翌日にあった。状況について確認すると、職員が他の利用者の動きに気を取られた一瞬に転倒してしまったようで、受診したところ、骨折が判明した。現在はギプスをしているとのことである。この施設は、丁寧に利用者の面倒をみていることを知っているので、詳細は１か月後の定期面接で確認することで了解した。

本人の事故に関する報告を受けた場合、まず必要なことを聴取することが大切だが、状況等を把握するために、成年後見人自身による直接の確認が必要だろう。そのうえで、施設側と治療に関することやリハビリに関することなどを検討することが望ましい。

このケースの場合、定期面接直後の受傷であるが、次の定期面接を待たずにできるだけ速やかに状況を直接確認し、関係者と今後の対応や予防策について検討することが大事となるだろう。

《事例12－９》

本人は知的障害関連の施設で生活しているが、以前から職員とのトラブルが多く落ち着けない様子があった。このところ他の利用者とのトラブルも多くなってきていることから、施設の担当職員から医師に相談して服薬治療を開始したと報告があった。本人との面接から、本人は日頃から職員からの指示に不満を持っていることを確認していたが、本人の日常を把握しているのは施設職員であることから、そのまま了解した。

成年後見人には医療行為についての同意権はないが、本人に服薬治療が必要であれば医師はもちろんのこと、家族や施設職員と本人がよく相談したうえで決めていくことになるだろう。

このケースの場合、本人と他者のトラブルに起因する治療となるが、成年後見人の継続した面接の中で、本人が日頃から職員に対して不満を持っていることが確認されていることについて、問題の解決が図られていないことに気づく。もしかすると、この問題が解決されれば、もう少し安定した生活ができる可能性も捨てきれないのではないか。服薬を開始することで、本人の行動が安定していくことも期待できる。同時にADL（日常生活動作）が低下する等の薬剤の副作用もないわけではないことに注意をしたい。成年後見人として、本人の職員に対する不満とともに、これらのことも施設側に指摘することも、本人の代理行為であり重要な職務である。

《事例12－10》

① 家庭裁判所に後見事務の報告を控え、後見事務報告書、財産目録など作成した。提出期限前日に、近くのコンビニエンスストアでコピーを作成したが、店が混んでいたこともあり、コピーを済ませると足早に店を出た。帰宅してから１枚原本がないことに気づき、落とした可能性もあることから、慌てて探しにいったところ、コピーをしたコンビニエンスストアで発見した。店員の話では、コピー機に置き忘れられていて、コピーしようとしたお客さんが届けてくれたとのことであった。

② 後見事務の報告を自宅のパソコンで作成してプリントアウトしたが、確認したり失敗した紙はそのまま半透明のゴミ袋に入れ捨てた。この間、近隣の方からゴミの集積所近くに書類が落ちていたのでと、プリントアウトされた書類を持ってきてくれたが、確認に使用した後見事務書類だった。

このようにヒヤッとする出来事はわりと多い。

①のケースの場合は、コピー原稿を取り忘れていたことが原因となるが、本人の個人情報が流出する可能性もあったことを考えると、成年後見人にとって、重大なミスと考えて

もよいだろう。コンビニエンスストアでのコピーをすることがいけないと言う人も存在するが、だからといって成年後見人自身が勤務する職場でコピーをすれば、業務に関係のない私的なことを持ち込むことになる。肝心なことは、どこでコピーするかよりも、原本とコピーの両方の存在をきちんと確認し、なおかつ移動に際して紛失する危険性を限りなくゼロにする工夫をすること、そのことを意識し続けることだろう。たとえば、原本とコピーとをそれぞれ異なる色のクリアファイルに入れる。それらを入れる書類入れを設定する等、工夫ができる点はさまざまにある。

②のケースの場合は、自宅にシュレッダーなどあれば防止できたことかもしれないが、半透明のゴミ袋に無造作に入れて、そのまま捨てていたということが問題だろう。書類を処分する場合は、最低限書類に書かれている個人を特定できないようにすることに注力してほしい。今回の場合、少なくとも書類が作成者の元に戻ってきたということは、その書類を誰が作成したかも含めてわかってしまったということを意味する。

《事例12－11》

① 本人はある障害者施設に生活している。施設の利用料は毎月請求書に基づき、成年後見人が指定口座に振り込んでいる。請求額については、事前に準備する都合上ファクシミリで教えてもらうことにしている。ある時、ファクシミリが故障しうまく受信できない状態となってしまい、気づいたときには振込みの指定日を１週間ほど超えてしまっていた。

② 本人は障害年金だけでなく、市の障害者福祉手当も受給している。市から封書が送られてきていることはわかっていたが、日々の忙しさで存在を忘れてしまい、通知の封書を開封したのが申請期間を過ぎてのことだった。あわてて市の担当課に確認をしたが、申請日を過ぎていることから受け付けてもらえなかった。

①のケースは、利用料が遅れたことで、本人に何かしらの不都合は生じなかったようだが、成年後見人が気を付けていれば防げた可能性は高い。利用料そのものは月々変化するが、振込期限はそう変化がないはずである。忘れないようにカレンダーに印をつける、あるいはスマートフォンのリマインダーを利用するなど工夫できる点はある。また、利用料を口座引落しにすることができれば、忘れることはなく安心できるだろう。

②のケースも成年後見人の単なる手続ミスで、市からの通知を開封もしていないということに問題がある。成年後見人自身宛ての用件の封書であれば開封しないということはまずないだろうから、本人にとっての重要な情報であるかもしれないものを確認しなかったというミスである。

以上、ざっとではあるが後見事務を遂行しているうえで、比較的遭遇しやすいリスク場面をみてきた。

日頃から危険性を回避することを常に意識し後見活動を行うことは、時として閉塞感を生じることもある。繰り返しになるが、成年後見人自身が一人で抱え込まずに、問題や課題を本人に配慮しつつオープンに語ることができ、他人からのアドバイスやスーパーバイズを真摯に受け止められるようになれば、福祉専門職としてよりよい後見事務を遂行できるようになるだろう。

【資料１】 意思決定支援を踏まえた成年後見制度の見直しと運用改善に関する本会意見の論点整理（中間まとめ）

2016年６月18日
（公社）日本社会福祉士会

【Ⅰ　現状に対する認識】

論点１　成年後見制度をどう見るか

(1)　2000年にスタートした新しい成年後見制度は、前年度に制度化された地域福祉権利擁護事業（現「日常生活自立支援事業」）と相まって、判断能力の不十分な高齢者・障害者の権利擁護に、大きく寄与した。

(2)　成年後見制度の利用を通じて、高齢者・障害者のその人らしい地域生活の実現、消費者被害、虐待等権利侵害からの救済や予防につながった。

①　判断能力の不十分な者の契約概念の確立

・福祉サービス等の利用にあたって、従来家族等による契約が行われていたが、介護保険制度の導入にともなう成年後見制度や日常生活自立支援事業の利用により、利用者主体の契約概念が次第に定着した。

②　権利侵害からの防止

・消費者被害や経済的虐待等の権利侵害に対して、成年後見制度の利用による救済や予防の効果が専門職や行政機関において認識されてきた。

・成年後見人等による消費者被害等の防止については、取消権の行使によらずとも、権限が付与されている成年後見人等の存在とその関与が、他の支援者の発見や気づきを促し、専門の相談機関や行政等につながり、権利侵害の実効的防止につながった面がある。

・成年後見制度の利用による高齢者虐待の防止の効果については、例えば、親族の経済的虐待に対する成年後見人等の財産管理による防止、やむを得ない措置での分離保護の後に成年後見人等との契約による保護先の継続的確保、養介護施設従事者等の虐待における成年後見人のサービス状況チェック、ケアプランの見直し要請や通報等による行政対応を促すなどの効果が指摘できる。

③　支援者としての機能

・専門職の成年後見人等、とりわけ社会福祉士が身上監護を軸とした後見事務を遂行することにより、単に金銭管理や法律行為の代理・代行決定だけでなく、生活のコーディネートや見守り等本人支援の中核としての役割を果たしてきた。また、成年後見人等が関係支援機関との関係を確立することによって、本人を取り巻く支援のネットワークが強化され、役割を分担して支援していく道筋も示されてきている。

(3)　一方で、成年後見人等による横領などが続いており、社会的批判を招いている実態もある。

・親族後見人については、従来から行われていた親族による財産の横領、着服に歯止めをかけ、防止する役割を果たした側面もあるが、完全に横領や着服を防止するには至っていない。

・また、専門職後見人においても、一部において、横領等の不正行為が発覚している。これらの行為は、専門職の倫理綱領に反し、成年後見制度への社会の信頼を裏切る絶対に容認できないものであり、各団体の自浄努力が求められている。

・いずれにしても、成年後見人等の不正を防止するための体制整備が急務であり、家庭裁判所、関係行政機関、成年後見人受任団体等が連携して、実効的なものにしていくことが求められている。

(4)　また、成年後見制度が内包する広範な権利制限が、成年被後見人の選挙権回復訴訟や成年後見制度の欠格条項による公務員の失職に関する訴訟等に見られるように成年被後見人等自身による権利回復の動きが見られている。

こうした成年後見制度の広範な権利制限については、現在、「法の前の平等を定める障害者権利条約第12条に抵触するので早急な制度改正が必要である」との議論を生んでいる。

論点２　成年後見制度の運用実態をどう見るか

(1)　現在の成年後見制度の利用実態は、後見類型に偏重し、活動は、家庭裁判所の監督方針に顕著なように財産管理を重視したものとなっており、当初理念として打ち出された本人の有する能力を活用するための「任意後見制度」「補助制度」の活用は進んでいない。また、社会福祉士が重視してきた生活支援に着目した「身上監護」の理念についても、後見実務においてどのように評価するかについて家庭裁判所等においても必ずしも定まっていない面がある。

(2)　市町村長申立ての増加、第三者後見人の増大（70％を占める）、市民後見人の育成事業、成年後見制度利用支援事業による資産の無い者に対する助成制度など、「社会的後見」を実現するための体制整備は徐々に進められてきている。

一方、市町村によっては、市町村長申立てへのハードルが高いことや、成年後見制度利用支援事業の報酬助成の要件を市町村長申立て以外に適用しないなど、都道府県や市町村の格差も大きい。

【2014年度研究事業報告書、他】

【Ⅱ　改革の必要性と方向】

論点３　障害者権利条約に基づく制度改革と運用改善をどのように進めるべきか

(1)　成年後見制度は、今後も必要性の高い制度であるが、論点１(3)(4)で述べた成年後見制度の負の側面や論点２で述べた現在の運用実態から、成年後見制度が真に高齢者・障害者の権利擁護の制度として機能するためには、制度の改革と運用方法の改善が不可欠である。

(2)　成年後見制度の改革は、各界各層の議論を踏まえて早急になされるべきであるが、障害者権利条約、とりわけ12条と19条を踏まえて、次の諸点の検討が必要である。

①　「後見類型」のあり方を中心に法定後見の三類型及び診断書や鑑定書における本人の能力評価のあり方

・「後見類型」については、現在の利用実態から見直しが必要である。見直しにあたっては、広範な包括的代理権や欠格条項など権利制限の観点から廃止すべきか、極めて重度の認知症や心身の障害により判断能力・意思決定の能力を欠くと評価せざるをえない利用者に限定的に適用する仕組みとするか、なお検討が必要である。

②　代理権行使のあり方

・意思決定支援を行うために必要な支援体制の充実を図り、実質的な意思決定ができる仕組みを目指すための取り組み

・代理権行使は意思決定支援を尽くした上での最後の手段である原則の確立とそのための枠組み

③　後見実務で問題となる個別事項の整理

・医療同意

・死後事務

・精神保健福祉法の医療保護入院

④　成年後見制度の利用のための体制整備

・市町村長申立ての適切な運用を行うためのシステム

・成年後見制度利用支援事業の拡充と義務化

・市民後見人の育成と活用のシステム

・成年後見推進団体への支援と関係機関の連携システム

⑤　虐待や刑余者への対応など一人の専門職や一機関が対応できる範囲を超えている困難な案件に対して自治体が関与する後見センターで受任する体制や生活保護制度における「後見扶

助」の創出など、成年後見制度の利用を公的責任で保証する「公的後見」の仕組みの創出

⑥　家庭裁判所の監督機能の見直し

【2010年度成年後見制度及び運用改善に関する意見書】

【2014年度研究事業報告書】

(3)　本会は、上記制度改革の諸点について検討するための場を設け、社会福祉士の後見実践の事例収集と分析から、実態に即した制度改革について今後検討していく。

論点４　現行制度の枠組みでの意思決定支援に配慮した後見実務のあり方はどうあるべきか

(1)　意思決定支援については、医療や福祉など支援に関わる従事者のみならず、本人の身近で支援する家族、友人、知人にも求められるが、介護保険や障害者総合支援法などのあり方として意思決定支援や意思表明支援が不十分である現状があり、意思決定支援を支援の一般原則として確立する仕組みが求められている。

(2)　判断能力の不十分なものに対する成年後見人等の支援においては、意思決定支援に配慮した後見実務を確立する上で、これまでの成年後見制度利用や後見実務について、真摯な振り返りが必要である。

①　成年後見制度の利用が、本人の課題よりも周囲の家族や支援者のニーズが優先されてこなかったか。

②　付与された権限の行使について、その判断基準や根拠を明確にすることなく、安易になされることはなかったか。

③　本人の意思を実現するために、個人のネットワークだけに頼らない組織的対応や地域への働きかけが出来ていたか。

(3)　その上で、ソーシャルワーク手法を積極的に活用することにより、本人を中心に置き、意思決定支援に配慮した後見実務の原則を確立すべきである。

①　予防的支援

現在の成年後見制度の利用は、本人の財産管理や契約締結能力の低下や権利侵害に対して、本人の意思よりも家族や支援者の事情でなされる事後的な対応になっていることが多い。これを本人の意思表出がより容易である任意後見制度や日常生活自立支援事業の充実、強化を図るとともに、補助類型、保佐類型の活用により早期に成年後見制度に繋げることにより、本人の意思を反映できる権利擁護の制度利用を進めるべきである。

②　意思決定支援のプロセスの可視化（アセスメント手法の導入）

成年後見人等が行う支援のあらゆる場面において、意思決定支援の優先とそのためのプロセスを明確にした支援手法を確立するために「アセスメントシート」等のツールを開発し、活用すべきである。

・本人の生活上の課題に対して、何かを選択したり、決定したりする必要がある場合には、まず意思決定支援を行い、本人をエンパワメントし、本人による意思決定を目指すことを第一とすべきである。

・その上で、代理権の行使が必要な場合は、本人が決定すべき課題の軽重やそれに求められる能力と本人の有する能力を見立てた上で、最後の手段として代理権の行使を行う原則を明確にすべきである。

・本人の生活を守り権利侵害から防止するために必要な決定について、本人による意思決定が困難な場合や本人の同意が得られない場合は、「ベストインタレスト（最善の利益）」に基づく代理権行使の根拠と手順を明確にすべきである。

・本人の意思のゆらぎや代理権の行使が必要な状況の変化を注意深くモニタリングし、決定した代理権行使について検証し、変更していく姿勢が重要である。

③　権限行使する場合の根拠や評価の明確化（ケース会議手法の導入）

意思決定支援を尽くした上で、最後の手段として代理・代行決定等を行う場合は、本人が

可能であれば参加する関係者を含めたケース会議を活用して、権限行使の根拠、その内容、担当者等を決定し、事後に評価を行う手法を確立すべきである。

④　本人を中心としたネットワークの確立（ソーシャルサポートネットワークの導入）

本人を中心に、家族・友人、日常的支援者、成年後見人等がネットワークを形成し、解決すべき課題に応じた役割分担を行い、連携して支援する体制を確立するべきである。

(4)　これらの後見実務の原則は、社会福祉士後見人において先ず確立されるべきであるが、他の専門職後見人、市民後見人とも共有しうる視点であると考える。

またこれは、一つの提案であって、今後の社会福祉士（会）の実践を通じ、また関係機関、団体との意見を交換する中で深めていくべきものである。

そのためにも成年後見制度を軸とする権利擁護に係る専門職、行政、社会福祉協議会等関係諸団体および市民によるネットワーク構築に向けての日常的連携と協働が求められる。

【2014年度研究報告書及び2015年度研究での検討】

【資料２】「『成年後見制度利用促進基本計画の案』に盛り込むべき事項について」意見

2017年２月17日
公益社団法人　日本社会福祉士会

内閣府が、成年後見制度利用促進委員会の意見（平成29年１月13日）を踏まえて整理した「『成年後見制度利用促進基本計画の案』に盛り込むべき事項について」を１月19日に公表し、意見を募集している。

この「成年後見制度利用促進基本計画の案に盛り込むべき事項」として、本人の意思決定支援や身上保護等の福祉的な観点を重視した運用の必要性が明記された点は、従来の財産管理を中心とした成年後見制度のあり方を大きく変える重要な提起であると考え、この間の関係者の真摯な議論に敬意を表するものである。

これまでも成年後見制度の一端を担ってきた専門職団体として、今後の検討に積極的に参画することを表明するとともに、ここに意見を述べたい。

該当項目	公益社団法人　日本社会福祉士会　意見　（※各項目500字以内）
1　成年後見制度利用促進基本計画について (1)　成年後見制度利用促進基本計画の位置づけ	Ｐ１　９～11行目　市町村が基本的な計画を定めるに際し、計画における目標を達成するための財源確保と人員配置は必須である。 また、国・都道府県が進捗状況を把握するとともに評価を行い、その結果を公表すべきである。
(2)　基本計画の対象期間	
2　成年後見制度利用促進に当たっての基本的な考え方及び目標等 (1)　基本的な考え方	Ｐ２　下から５～８行目 本人の意思決定支援や身上保護等の福祉的な観点を重視した運用の必要性について明記された点は大いに歓迎したい。この観点からの実効性のある制度運用を図るため、国は、早急に成年後見活動における意思決定支援のあり方のガイドライン、後見人のための研修プログラムを専門職団体等と協働して策定し、地域の実情に応じた運用ができるよう各自治体と専門職団体等で協議を行なっていくべきであると考える。
(2)　今後の施策の目標等	Ｐ３　24～28行目 医師が作成する診断書の検討がなされているが、医師は医学的見地によってのみ判断すべきであり、自治体等からの生活レポート等に基づき医師の診断書と生活レポートから複数の協議により総合的判断は家庭裁判所が行うべきと考える。 Ｐ３　19～22行目　家庭裁判所が本人の生活状況を踏まえ類型や代理権の判断を行い最も適切な後見人を選任する際、上記生活レポート等をふまえた総合的な判断となる仕組みが必要である。 また総合的な判断ができる福祉人材の活用や仕組みの提案がなされるべきである。 実際参与員として社会福祉士が関与する地域があり、効果を上げている。

	P 4　30～32行目 中核機関の設置に際し、配置する人材には専門的知識・技術を備える専門職が必要である。特にコーディネートは、法的知識を有し、権利擁護の機能を果たす専門職である社会福祉士の活用が効果的であると考えられる。 権利擁護支援の地域連携ネットワーク推進に伴い、中核機関に配置する人材に対する手引き等の整備、研修プログラムの開発が必要である。また自治体や施設の職員等がネットワークに参加し、権利擁護ニーズに対応するための研修の強化が求められる。
3　成年後見制度の利用の促進に向けて総合的かつ計画的に講ずべき施策 (1)　利用者がメリットを実感できる制度・運用の改善	P 7　16～18行目 障害福祉サービス従事者向けの「意思決定支援ガイドライン（案）」が紹介されているが、本項では「高齢者と障害者の特性」が謳われており、高齢に関する意思決定支援の基準も早急に検討し、示すべきである。 なお、意思決定支援ガイドラインに関連して、平成27年度老人保健事業推進費等補助金事業「権利擁護人材育成・活用のための都道府県の役割と事業化に関する調査研究」では「意思決定支援に配慮した成年後見制度活用のための手引」が示されており、並記いただきたい。
(2)　権利擁護支援の地域連携ネットワークづくり	P 15　21行目 「日常的に相談等を」は「日常的に相談・助言等を」と記載すべきである。 P 17　12行目 ウ）の後に新たに「エ）運営体制」を設け、以下の項目を加えるべきである。 「中核機関が期待される役割を担うためには、相談から申立て、そして第三者の後見人をつけるマッチングを行い、また親族を含む後見人等に関しての助言やサポートを行う際、権利擁護に見識と経験がある専門職の配置が必要である。」 なお、中核機関に求められる機能を適確に行うため、国は、市町村（広域的に都道府県）の標準化のための手引き・ガイドライン等の策定と職員の研修体制の構築（研修プログラムの開発）を示すべきである。 P17　14～18行目 「特に、専門職団体は、市町村と協力し・・・」とあるが、市町村を主語とし、以下のような記述に改めるべきである。 「市町村は、協議会等の構成メンバーとなる関係者のうち、特に、専門職団体（弁護士会、司法書士会、社会福祉士会等）との連携を必須とし、専門職団体は市町村と協力し、協議会等の設立準備会に参画するとともに・・・業務運営等に積極的に協力するとともに、その機能の維持向上に努める。」
(3)　不正防止の徹底と利用しやすさとの調和	P 19　14～17行目 各専門職団体等においても自主的な不正防止の徹底は努力すべきと考える。一方、専門職団体においても、個人情報保護法に基づく個人情報の扱いの制限等の限界がある中、家庭裁判所の監督責任の強化は欠かせないと考える。

(4) 制度の利用促進に向けて取り組むべきその他の事項	P20　4～10行目 成年後見制度利用支援事業は、障害者総合支援法（地域生活支援事業）では既に必須事業であり、介護保険法（地域支援事業）でも必須事業とすべきである。そのため「検討が行われることが望ましい」は「検討が行われるべきである」と記載すべきである。 その上で県は未実施市町村の実態調査、全市町村実施に向けた推進計画作成、実施が困難な市町村に対する必要な支援を講ずべきである。 また国の財源の確保、生活保護法における後見扶助の創設、介護保険・障害者総合支援法との連動等の検討が必要である。 P20 項目「市町村長申立ての要件」を起こし、以下を追記すべきである。 「生活保護の被保護者や親族が申立人として適切でない場合等も、成年後見制度の利用が必要と判断されるケースは市町村長申立ての対象とすることが検討されるべきである。」 P20 項目「困難事例の受け皿の整備」を起こし、以下を追記すべきである。 「虐待案件、触法障害者、刑務所出所者等本人や関係者で後見人等への不当接触や圧力が予想される等個人受任の限界があるケースが増加している。地域の中核機関が中心となり、専門性の高い受任体制を構築する必要がある。」
(5) 国、地方公共団体、関係団体等の役割	P23　18～19行目 本人の意思決定の支援に際し、ソーシャルワークの理念や技術が位置づけられたことは世界的な趨勢にも合致しており、専門性に裏打ちされた支援の必要性が明記されたこととして非常に重要であると考える。 P23　30行目～ P24　3行目 社会福祉法人が自ら成年後見等を実施することについて、サービス提供側の法人が後見人となることは、利益相反の関係となり、本人の立場に立ちきる立場性を重視する観点から、十分注意をすべき事項であり、削除すべきであると考える。
(6) 成年被後見人等の医療、介護等に係る意思決定が困難な人への支援等の検討	P26　1～11行目 後見人の判断が困難と考えられる重大な医療行為（手術への同意や延命等）については、一部の医療機関で実施されている、複数の医師や第三者が関与した倫理委員会での判断など、専門性と客観性が担保された第三者機関に後見人が相談でき、判断を求めることができるような仕組みが必要である。ただし、実務上、軽微な医療行為（予防接種の同意等）は後見人に権限を認める方向が望ましいと考える。「指針の作成」等が迅速に検討され、早急に体制が整備されることを求める。
(7) 成年被後見人等の権利制限に係る措置の見直し	P26　16～22行目 本項では欠格条項が扱われているが、この議論は法定後見の三類型の見直しとともに検討がなされるべきである。障害者の権利に関する条約の第12条・第19条を踏まえ、法定後見の三類型及び診断書や鑑定書における本人の能力評価のあり方の見直しが必要である。 特に「後見類型」については、現在の利用実態から見直しが必要であり、広範な包括的代理権や欠格条項など権利制限の観点から廃止すべき

	か、極めて重度の認知症や心身の障害により判断能力・意思決定の能力を欠くと評価せざるをえない利用者に限定的に適用する仕組みとする等の検討が必要である。
(8) 死後事務の範囲等	P 26 平成28年10月13日施行の改正法についての状況把握を早急に行い、実務上の不都合・不十分な面の改善を検討すべきである。なお、後見人のみの権限とされていることについても、本人の置かれている状況に鑑み、保佐人及び補助人についてもその権限付与について検討をすべきである。

以　上

【資料３】 市民後見のあり方に関する提言

2010年　９月30日
社団法人　日本社会福祉士会

はじめに

2000年４月から施行された新たな成年後見制度は、本年４月で10年を迎えた。この制度の利用は、毎年増加傾向にあり、2009年の１年間に選任がなされた成年後見関係事件数は、約２万5000件に達し、現在、成年後見制度を利用している人々の累計は推定で12万人と言われている。

他方、各種の統計の推定によれば、認知症高齢者数は約200万人、知的障害者・精神障害者を加えると、判断能力の不十分な人は、約500万人ともいわれており、現在の成年後見制度の利用数に照らしてみれば、利用が必要な人々の多数がこの制度利用に至っていないものと思われる。

このような潜在的なニーズに対応できない主たる原因のひとつに、親族以外の専門職などの第三者後見人候補者が不足していることにあると言われてきた。これを受け、現在、法人後見制度の整備が進んでおり、法人後見を行っている社会福祉協議会は、全国で77個所（2009年10月20日付全国社会福祉協議会作成の「法人後見受任社協アンケート」）である。

このような法人後見制度の整備の他に、後見人候補者の受け皿作りとして、市民後見人の養成が自治体の他、大学・ＮＰＯ等さまざまな形で全国で始まりつつある。　しかし、市民後見の位置づけを明確にした上で、その位置づけをふまえた養成研修カリキュラムの作成、養成後の市民後見人のバックアップ体制の整備、継続的な取り組みを可能とするための公的機関の組織的・財政的関与のあり方についての検討が未だ不十分であると言わざるをえない。特にその後の支援・監督を整備しないままの養成研修の先行は、市民後見人の有する権限・責務の重大性に鑑みるとき極めて危険な事態であると言わざるをえない。今後、成年後見の利用が増大していくなかで、市民後見人の養成・支援・監督に対する公的な支援のあり方、専門職の関与の仕方などについての検討は、まさに急務である。

そこで、本会は、成年後見制度全体の中での市民後見のあり方について、下記の通り提言する。

本提言が、今後の市民後見のあり方、よりよい制度構築に反映されることを期待するものである。

なお、本提言は市民後見のあり方についてのみ提言するが、成年後見制度の担い手の多様なあり方、本人の権利擁護の視点に立った、親族・専門職・法人後見などのあるべき形、市民後見などとの相互の関係性も含めて、成年後見制度のグランドデザインをどのように構築するかが、今後の重要な検討課題であることは付言しておく。

また、「市民後見人」の定義自体未だ確立していないものの、本提言書においては、日本成年後見法学会平成18年度報告書における「弁護士や司法書士などの資格は持たないものの社会貢献への意欲や倫理観が高い一般市民の中から、成年後見に関する一定の知識や技術・態度を身につけた良質の第三者後見人」を一応の定義として、以下議論を進めるものとする。

第１　提言の趣旨

１　国及び地方公共団体は、市民後見人制度の推進にあたり、公的責任及び公的費用負担のもとで、権利擁護の観点に立った、制度整備を進めるべきであり、その制度整備に際しては、市民後見人の養成に止まらず、支援・監督等の一貫した体制を構築し、中核となる拠点（センター）を設置・運営すべきである。

２　市民後見人候補者には、権利擁護に対する深い理解・高い倫理観・社会的信頼の獲得が求められるべきであり、その養成に際しては、必要かつ十分な研修を義務づけ適正などの担保が不可欠であるとともに、養成・支援・監督等の一貫した体制の構築、中核拠点の設置・運営について、専門職の関与・連携が行われるべきである。

3　市民後見人を地域における権利擁護の担い手として、積極的に位置づけるべきであり、国及び地方公共団体は、市民後見人制度の意義を含めた成年後見制度理解の浸透を図り、地域社会に対する働きかけをすべきである。

第2　提言の理由

1　公的責任での市民後見制度、中核拠点整備の必要性

(1)　公的責任の下での権利擁護の観点に立った制度整備

成年後見制度は、判断能力が不十分となった高齢者、障害者等が、自己決定の尊重や残存能力の活用との調和の中で、本人の財産管理や身上監護における必要な保護を図るため、これを必要とする国民に広く活用されるべき制度である。

高齢者及び障害者も国連の障害者の権利宣言などが示すように、人権の享有主体として、主体的な権利を確立し、保障されるべきであるのは当然であり、成年後見制度は、判断能力の低下した人が地域で生きるための不可欠の制度であり、その人らしく生きる権利を実現すべき責任は、憲法13条及び25条などから国や地方公共団体に責任がある。

すなわち、高齢者及び障害者も、憲法25条、13条により、「健康で文化的な最低限度の生活」のみならず、「より快適な生活を営む権利」を保障されているのであり、国及び地方公共団体は、これらの権利を保障するため、社会福祉、社会保障などの向上及び増進に務めるべき責務を負っているのであり、この責務は、社会福祉、社会保障等の制度を公的責任と公的費用負担によって運営すべきことを当然に含むものであって、国や地方公共団体に公的責任がある。

特に、平成12年に成年後見制度及び介護保険制度が同時に施行されたことにより、多くの福祉サービスが契約方式で利用する制度に転換された中で、後見的支援を含む福祉サービス利用者の権利擁護のための取組は行政が担うべき新たな役割であることが認識された。セーフティネットとして、身寄りや資力のない人などを含めて誰もが成年後見制度を利用できる仕組みづくりを、行政の責任において進めるべきである。

しかしながら、前述したように、潜在的なニーズに対し、成年後見制度の利用者はごく一部にすぎず、今後も一層のニーズの増大が予想され、成年後見制度を実効あらしめるには、第三者後見人の確保は不可欠であり、地域における権利擁護の担い手として、専門職以外の市民後見人の果たすべき役割はきわめて大きい。

従って、国及び地方公共団体は、権利擁護の観点から市民後見についての制度整備を進める公的責任があり、成年後見制度の利用を十全たらしめるため、公的責任と公的費用負担によって運営すべきである。

なお、現在、国及び地方公共団体以外の団体などによる市民後見養成講座等が行われている動向については、問題も存することを付言しておく。

国及び地方公共団体の公的関与のない養成については、超高齢化社会となり、高齢者が様々なマーケットのターゲットとされている現状からすると、市民後見自体が営利目的に利用されるなど、本人に対する権利侵害の危険性が生ずる可能性があり、権利擁護の視点から乖離し、公平性・信頼性・透明性が損なわれる危険性が大きくなることは言うまでもない。一般的な啓発活動として講座を行うことは、歓迎すべきであろうが、啓発の域を超えた市民後見「養成」と誤解されるような名称は使用せず、濫用の危険のある修了証などの発行は慎重であるべきである。

(2)　中核拠点設置による養成・支援・監督など一貫した組織的支援体制の整備

市民後見人による後見活動の適正を担保するためには、養成のみではなく、養成後の登録・支援・監督まで行う組織的なバックアップ体制の整備が不可欠である。

一貫した組織的支援体制の整備が必要であるのは、登録・選任前後の支援体制のないままに養成だけを行うと、受講者は選任がなされず、養成後の選任の期待が害され、ひいては任意後見人

に就任して報酬を得ることを目的として、養成講座の修了証を利用する受講者が出る事も予想され、本人の権利擁護から乖離した事態が生じかねない。

また、養成のみを行いその後の一貫した組織的支援体制の整備がないと、適正さの担保が困難となり、市民後見への社会的な信頼を失墜させる危険性がある。

すなわち、必要な研修を受けているとはいえ、養成後の監督・支援体制が不十分であれば、不適切な後見業務が行われたり、権限が濫用されている状況が看過されるおそれがある。市民後見においても、権利擁護の視点に立って、後見業務の遂行に適正などの担保が不可欠であることは言うまでもない。

後見業務は、事後規制では対応できにくいということに注意すべきである。後見人は、対象者の財産・身上監護全般についての権限・責務の主要な部分を担っている。仮に後見人の不適切な業務が発覚した場合に、発覚後その後見人を解任したからといって、対象者の失われた過去の不適切な生活が回復されることは不可能である。その意味で、不適切な業務を防止するために事前の濃密な支援・監督が不可欠である。

市民後見人に適する事案としては、一般的には、難易度の低い事案、具体的には、「日常的な金銭管理（収入の少ない場合もある）や安定的な身上監護が中心の事案、紛争性のない事案など、必ずしも専門性が要求されない事案が想定されるが、時の経過・人間関係や経済事情等の状況の変化に応じて困難事案に転化するリスクがあるほか、医療同意・死後事務などの問題点に直面する可能性もあり、更には、市民後見人自身に発生した事情により後見人の交替が必要になることもあり、これらの問題に対応するためのバックアップ体制は不可欠である。

また、養成から一貫して中核拠点が関与することにより、各市民後見人の特性の見極めも可能となり、事案に応じた適切な候補者の推薦・助言・支援・監督も可能となる。

このような理由から、具体的には、養成後の登録、継続的な研修、活動状況の確認、活動に対する相談･助言、執務管理支援、監督などを行う組織の整備、実施機関として中核となる拠点（センター）の設置が必要である。

先行して適切に実施している東京の世田谷区成年後見支援センター・大阪市成年後見支援センターなどは、養成後の登録、支援、受任調整、監督などの組織整備を行っている。

監督の方法として世田谷区成年後見支援センターは、センター自体が後見監督人として選任されて監督を行っているのに対し、大阪市成年後見支援センターは、監督人として選任されるのではなく事実上の支援・監督を行っている。

なお、市民後見人の報酬については、世田谷区成年後見支援センターは家庭裁判所に対する報酬付与の申立を認めているのに対し、大阪市成年後見支援センターは無報酬としている。

市民後見人制度は、もともとは後見人の受け皿不足を背景に、市民のボランティアとしての地域における社会参加をふまえて検討された制度である。

その意味で基本的に無報酬或いは低額報酬を前提とした制度である。しかしながら、今後とも無報酬を前提とした制度設計で足りるのかについては議論が必要である。

市民後見人の適切事案は、対象者に対する、濃厚な見守り及び地域の一員としての活動であるが、そこには後見人としての責務が伴っている。その観点からすれば、後見人業務に対して、対象者に経済的な余裕のない場合であっても、一定の報酬負担を念頭においた公的な援助が必要な場合も存すると思われる。しかしながら、他方で市民後見人業務がビジネスとして行なわれることは極力避けるべきである。今後拡充されることが期待される公的援助が市民後見人のビジネスモデルに寄与するものであるとすれば、それは本来の市民後見人の理念と真っ向から対立するものである。

市民後見人の報酬と公的援助のあり方についても今後検討していくことが不可欠な課題であることを付言しておく。

2　市民後見養成内容等の充実、専門職との連携

(1)　市民後見人養成における研修内容の充実

市民後見人には、権利擁護に対する深い理解・高い倫理観・社会的信頼の獲得が求められ、市民後見人の養成には、内容が担保された必要かつ十分な研修が義務づけられるべきである。

市民後見人においても、権限や責任は他の第三者後見人と同様で、弁護士や社会福祉士等の専門職が行う第三者後見業務に比して権限や責任が異なるものではないことは明らかである。従って、市民後見人においても、「自己決定の尊重」・残存能力の活用・ノーマライゼーション等の制度の基本理念を正確に理解した上で、身上配慮義務・本人の意思尊重義務などの民法上の職務遂行指針に基づき、具体的な職務を行うことができるようにならなければならない。また、財産管理・身上監護方法の決定を行なう際には、職務の公正さ・高い倫理観が必要とされ、社会的信頼を得る必要がある。

そこで、市民後見人に対しては、第三者後見人として業務遂行するために必要かつ十分な内容を有した研修が実施され、また、この研修を受講した市民から、市民後見人が選任されることが必要である。

具体的には、成年後見制度について制度の理念・制度の具体的な内容の理解が必要であり、市区町村における福祉制度について、介護保険制度や障害者等に関する制度・社会資源の理解、後見実務について具体的な事例を通じての身上監護・財産管理の実践学習等が必要となる。

(2)　中核拠点における専門職の連携の必要性

高齢者・障害者の抱えている問題は、法律・福祉・医療などのさまざまな領域に密接に関連している場合が多く、これらの問題解決のためには、法律・福祉・医療などの密接な連携が不可欠である。

そのため、市民後見人が的確な後見活動を行っていくには、養成段階での研修やその後の継続研修、活動に関する相談においてはもちろんのこと、市民後見人にとって適切な事案を受任できるようにするための事案の見極めや、当該事案についての適切な候補者の推薦といった選任段階における調整の場面においても、法律職・福祉職・保健医療職などが関与し、協働して相談・支援等を行うことが必要である。

よって、国及び地方公共団体において市民後見の組織的支援の中核となる拠点（センター）を運営するにあたっては、上記のような専門職と連携することにより、市民後見の活動に対する専門的な養成・支援機能を充実させることが求められる。

そのことは、ひいては、高齢者・障害者の有する権利を実質的に保障することにつながるものであり、その意味において、上記のように専門職との連携・協働を図って市民後見人の養成・支援体制を充実させることは、憲法25条・地方自治法１条の２の規定に基づく国及び地方公共団体の本来の責務であると言うこともできる。

また、成年後見制度に関しては、これまで、いわゆる第三者後見人として主に弁護士、司法書士、社会福祉士の各専門職が選任されて活動してきており、それらの専門職や職能団体において、成年後見制度の実務に関する一定の蓄積がなされてきていることを踏まえれば、市民後見の実施機関として中核となる拠点（センター）の制度整備や運営上の検証においても、上記の専門職が関与していくことが求められているというべきであり、国及び地方公共団体は、それら専門職と意見交換を行うなどして連携を図りながら、体制自体が十分に機能するようにすべきである。そのためには、中核拠点自体に専門職が構成員として内部的に関与することが望ましい。

3　市民後見人の積極的役割、及び地域社会への制度の啓発活動

(1)　市民後見人の権利擁護の担い手としての積極的位置づけ

前記のように、成年後見等申立件数の増加と潜在的ニーズに対し、専門職後見人には人数的限

界があり、後見人の確保が必要となっている現状がある。

しかし、このような人数的な限界への対策、あるいは、安価な市民後見人という消極的な意味合いにおいて、市民後見人を捉えることは相当ではない。

必要とされる第三者後見人の資質は多様であり、市民後見人は、同じ市民としての立場で、専門職とは異なる身近な関係を活かした支援を行い、地域における日常的な見守り、きめ細かな対応が可能であり、地域における権利擁護の担い手として、市民が成年後見制度を支える社会資源のひとつとなる意義がある。

特に、判断能力が不十分な高齢者・障害者が継続的に悪質商法の被害者の対象となり、また虐待被害の対象ともなっている現状において、地域に生活する後見人は、手厚い見守りと地域社会の一員としての活動が可能であり、この意味で市民後見人は適任である。

従って、地域福祉の推進、成年後見制度の普及、特に身上監護の充実、セーフティネットの拡充に資するものとして、市民後見を積極的に位置づけるべきと思われる。

⑵　市民後見制度を含む成年後見制度の地域社会への啓発活動の必要性

市民後見を推進するには、市民後見を含めた成年後見制度に対する理解の浸透を図り地域社会に対する働きかけがなされるべきである。

市民後見は、養成はもちろん、支援体制が整備されている地域は少数であるのが現状であり、そもそも成年後見制度自体も、社会においてその意味（意義）が十分周知されておらず、ましてや市民後見自体の認知は極めて不十分であり、市民後見人の実際の活動において阻害要因となっている現実がある。

そこで、成年後見制度と共に、市民後見自体の啓発活動を行い、自治体・金融機関・地域等における周知・徹底を図る必要がある。

また、市民一人ひとりが成年後見制度等への理解を深め、多くの人が市民後見人として活動し、地域福祉の担い手となることが望ましい。

そのためには、あるべき市民後見の形を明示し、構築されるべき市民後見制度は信頼に足る安心できるものであることを訴えていく必要がある。

⑶　成年後見ネットワーク構築及び地域権利擁護システムの確立

さらに、市民後見を十分機能させるためには、国及び地方公共団体は、地域社会における成年後見ネットワークを構築し、地域権利擁護システムを確立すべきである。

また、市民後見を地域福祉の担い手として十分機能させるためには、中核となる拠点(センター)の整備だけではなく、地域における家庭裁判所・行政・社会福祉協議会・地域包括支援センター・専門職団体・地域住民・民生委員・社会福祉施設等までを含んだ地域ネットワークを構築すること不可欠であり、市民後見もこの地域ネットワークの一環として位置づけていくべきである。

すなわち、市民後見を含む成年後見制度推進のためには、地域における後見制度支援システムの構築が必要であり、地域の様々な主体が、地域福祉の視点に立ち、参画・協働し、それぞれの特性を活かして役割を分担し、連携を図っていくことにより、成年後見制度を有効利用し、地域の高齢者・障害者の権利擁護を図り、地域福祉の推進をしていくことが重要である。

【資料4】「後見制度支援信託」の運用にあたって（見解表明）

社団法人日本社会福祉士会
会　長　山　村　睦

本会は、「後見制度支援信託」の利用について、2011年3月に会としての見解を表明しました。その後、関係団体との協議が不十分であることから、その運用は延期され、5月以降、本会は最高裁判所との協議を重ねるため、日本弁護士連合会、日本司法書士会連合会、公益社団法人成年後見センター・リーガルサポートとともに、「後見制度支援信託」に関する合同協議会に参加しました。

合計7回の合同協議会をふまえ最高裁判所から10月24日に「後見制度支援信託」を開始することのプレスリリース、10月27日に「後見制度支援信託の目的と運用（イメージ）」が示されましたが、当内容について本会は下記のとおり見解を表明します。

2011年11月6日

1．「後見制度支援信託」の運用の実態把握と見直し

身上配慮義務は当然に後見人等に課せられた義務であり、「後見制度支援信託」を利用する場合でも、本人の身上への配慮を怠ってはならない」ことが明記されてはいるが、今回提示された「後見制度支援信託」は、親族後見人の不正のリスクを回避することが前面に出されている以上、親族後見人が被後見人のための身上監護およびそれに伴う積極的な財産活用よりも財産の保全が優先されることは否定できない。

従って、被後見人の権利擁護、身上監護の後退とならないよう、親族後見人に対する支援や研修体制、専門職の活用など、具体的な対応策について、継続的に検討が必要である。そこで、専門職能団体が関与して「後見制度支援信託」の運用の実態把握と見直しが定期的に実施されることを求める。

2．後見制度を支える監督支援体制のあり方の継続的な検討

「後見制度支援信託」は、親族後見人の不正を防止するためのひとつの方策として提案されたものであるが、そもそもの根本の問題として、後見人等を支える監督支援体制が現実に十分機能していないことが合同協議の場では明らかになった。

この問題について、最高裁判所はもとより、関係省庁との継続的な協議検討の場が設置されること、そこに専門職能団体が関与していくことが必要である。

3．後見人等推薦団体として専門職能団体が取り組むべき課題

後見制度の啓発推進とともに、後見人となるべき受け皿の拡大が求められている。専門職能団体が取り組むべき課題は、後見人等の養成・受任とともに、それぞれの地域において、家庭裁判所と連携し、親族や市民後見人に対する支援の役割を担うことが挙げられる。その際には、個人としての関わりのみではなく、地域の仕組みのなかで専門職能団体がその一翼を担うことが必要である。

また、後見人等推薦団体として、後見人等の質の担保も大きな課題である。

これらの課題について、本会は、都道府県社会福祉士会とともに引き続き取り組んでいく。

【参考文献】

〈書籍・論文〉

WHO 融道男ほか監訳『ICD—10精神および行動の障害——臨床記述と診断ガイドライン——〔新訂版〕』(医学書院、2005年)
赤沼康弘＝鬼丸かおる編著『成年後見の法律相談〔第2次改訂版〕』(学陽書房、2009年)
アメリカ精神遅滞学会（茂木俊彦監訳）『精神遅滞〔第9版〕』(学苑社、1999年)
アメリカ精神医学会（高橋三郎訳）『DSM－IV　精神障害の診断・統計マニュアル』(医学書院、1995年)
池田惠利子ほか『成年後見と社会福祉』(信山社、2002年)
池田惠利子＝谷川ひとみ『ケアマネジャーのための権利擁護実践ガイド』(中央法規出版、2006年)
池田惠利子ほか「地域包括支援センターの権利擁護業務」大渕修一監修『わかりやすい！　地域包括支援センター事業サポートブック』(財団法人東京都高齢者研究・福祉振興財団、2006年)
池田直樹＝谷村慎介＝佐々木育子『Ｑ＆Ａ高齢者虐待対応の法律と実務』(学陽書房、2007年)
内田貴『民法IV　親族・相続〔補訂版〕』(東京大学出版局、2011年)
遠藤浩ほか編集『民法⑴』～『民法⑺』(有斐閣双書)
大阪弁護士会高齢者・障害者総合支援センター編集『新版　成年後見人の実務〔追補版〕』(大阪弁護士協同組合、2012年)
大友信勝＝朝倉美江『福祉オンブズネット』(一橋出版、2002年)
大渕修一監修・池田惠利子ほか『高齢者虐待対応・権利擁護実践ハンドブック』(法研、2008年)
岡本民夫監修『社会福祉援助技術論（下）』(川島書店、2004年)
小田兼三＝杉本敏夫＝久田則夫編著『エンパワメント実践の理論と技法～これからの福祉サービスの具体的指針』(中央法規出版、1999年)
上山泰『成年後見と身上配慮』(筒井書房、2000年)
上山泰『専門職後見人と身上監護〔第2版〕』(民事法研究会、2010年)
北野誠一編『講座　障害をもつ人の人権③ 福祉サービスと自立支援』(有斐閣、2000年)
権利擁護研究会編『ソーシャルワークと権利擁護“契約”時代の利用者支援を考える』(中央法規出版、2001年)
厚生労働省老健局編『地域包括支援センター業務マニュアル』(東京都社会福祉協議会編、2006年)
高次脳機能障害研究会編著『やってみよう！　こんな工夫——高次脳機能障害への対応事例集』(筒井書房、1999年)
小林昭彦ほか『新成年後見制度の解説』(きんざい、2000年)
小林昭彦＝大鷹一郎編『わかりやすい新成年後見制度〔新版〕』(有斐閣、2000年)
小林昭彦＝大鷹一郎＝大門匡編『一問一答　新しい成年後見制度〔新版〕』(商事法務、2006年)
杉山孝博『認知症の理解と援助』(クリエイツかもがわ、2007年)
杉山孝博『認知症の9大法則と1原則』(法研、2017年)
成年後見実務研究会編『書式成年後見の実務』(民事法研究会、2008年)
ゾフィア・T・ブトゥリム著（川田誉音訳）『ソーシャルワークとは何か』(川島書店、1986年)
第一東京弁護士会成年後見センター編『Q&A 成年後見の実務』(新日本法規、2008年)
高橋三郎、大野裕、染矢俊幸訳『DSM－IV－TR　精神疾患の診断・統計マニュアル』(医学書院、2002年)
武田雅俊編『現代老人精神医療』(永井書店、2005年)
多々良紀夫編著『高齢者虐待　日本の現状と課題』(中央法規出版、2001年)
田中嗣久＝田中義雄著『民法がわかった〔改訂第4版〕』(法学書院、2008年)
中邑賢龍『AAC 入門　拡大・代替コミュニケーションとは』(こころリソース ブック出版会、

1998年）
南雲直二『障害受容』（荘道社、1998年）
西尾祐吾＝清水隆則編著『社会福祉実践とアドボカシー』（中央法規出版、2000年）
日本社会福祉士会編『改訂　成年後見実務マニュアル』（中央法規出版、2011年）
日本社会福祉士会編『改訂　地域包括支援センターのソーシャルワーク実践』（中央法規出版、2012年）
日本社会福祉士会編『養護者による高齢者虐待対応の手引き』（中央法規出版、2011年）
日本弁護士連合会高齢者・障害者の権利に関する委員会編『Ｑ＆Ａ高齢者・障害者の法律問題〔第２版〕』（民事法研究会、2007年）
日本弁護士連合会高齢者・障害者の権利に関する委員会編『高齢者虐待防止法活用ハンドブック』（民事法研究会、2006年）
日本弁護士連合会高齢者・障害者の権利に関する委員会編『障害者虐待防止法活用ハンドブック』（民事法研究会、2012年）
日本老年精神医学会編『改訂・老年精神医学講座〈総論〉』（ワールドプランニング、2009年）
日本老年精神医学会編『改訂・老年精神医学講座〈各論〉』（ワールドプランニング、2009年）
野村総一郎＝樋口輝彦＝尾崎紀夫＝朝田隆編『標準精神医学〔第５版〕』（医学書院、2012年）
兵庫県弁護士会消費者保護委員会＝兵庫県国民健康保険団体連合会編著『これで安心！　介護トラブルの処方箋』（兵庫県社会福祉協議会、2005年）
藤野邦夫＝早川俊一『精神障害者福祉相談の手引〔改訂〕』（全国社会福祉協議会、2002年）
前田泰『民事精神鑑定と成年後見法』（日本評論社、2000年）
松川正毅編『成年後見における死後の事務』（日本加除出版、2011年）
水野賢一『相続人不存在の実務と書式〔第２版〕』（民事法研究会、2013年）
森田ゆり『エンパワメントと人権』（部落解放・人権研究所、1998年）
矢部久美子『ケアを監視する　英国リポート』（筒井書房、2000年）
山内俊雄＝小島卓也＝倉知正佳＝鹿島晴雄編『専門医をめざす人の精神医学〔第３版〕』（医学書院、2011年）
米本恭三＝渡邉修＝橋本圭司『高次脳機能障害対応マニュアル』（南江堂、2008年）
ローナ・ウイング（久保紘章＝佐々木正美＝清水康夫監訳）『自閉症スペクトル――親と専門家のためのガイドブック』（東京書籍、1998年）
五十嵐禎人「能力と鑑定」新井誠＝赤沼康弘＝大貫正男編『成年後見制度――法の理論と実務』363頁～419頁（有斐閣、2006年）
大橋正洋「疾患評価　脳外傷」臨床リハ別冊175頁～184頁（2000年）
大石剛一郎「権利侵害への対応場面から――ソーシャルワークの重要性」権利擁護研究会編『ソーシャルワークと権利擁護“契約”時代の利用者支援を考える』（中央法規出版、2001年）
北野誠一「アドボカシー（権利擁護）の概念とその展開」河野正輝＝大熊由紀子＝北野誠一『講座　障害をもつ人の人権３』（2000年）
望月昭＝野崎和子「「自己決定」のためのコミュニケーション」月刊実践障害児教育５月26日号・50頁～53頁（1998年）
望月昭＝野崎和子「「自己決定」を援助するコミュニケーション」月刊実践障害児教育６月26日号・50頁～53頁（1998年）
望月昭＝野崎和子「「自己決定」を阻害するもの」月刊実践障害児教育８月26日号50頁～53頁（1999年）

〈報告書等〉
厚生労働省社会・援護局障害保健福祉部、国立障害者リハビリテーションセンター 編「高次脳機

能障害者支援の手引き」(2008年)
国立身体障害者リハビリテーションセンター「高次脳機能障害支援モデル事業報告書」(2004年)
最高裁判所事務総局家庭局「成年後見制度における鑑定書作成の手引」
最高裁判所事務総局家庭局「成年後見制度における診断書作成の手引」
社会福祉法人全国社会福祉協議会地域福祉部「2008年日常生活自立支援事業推進マニュアル」(2008年)
成年後見制度利用促進体制整備委員会(事務局 日本社会福祉士会)『地域における成年後見制度利用促進に向けた体制整備のための手引き』(2018年3月)
地域包括支援センター運営マニュアル検討委員会編「地域包括支援センター運営マニュアル2012」〈http://www.nenrin.or.jp//chiiki/manual/index.html〉
東京都福祉保健局高齢社会対策部在宅支援課「高齢者虐待に向けた体制構築のために——東京都高齢者虐待対応マニュアル——」(2006年)
日本自閉症協会「自閉症の手引き」(1995年)
日本社会福祉士会「権利擁護人材育成・活用のための都道府県の役割と事業化に関する調査研究報告書」(2016年)
日本成年後見法学会身上監護研究会「平成19年度報告書」(2008年)
日本成年後見法学会制度改正研究委員会「法定後見実務改善と制度改正のための提言」(2008年)
成年後見関係事件の概況(裁判所ホームページ〈http://www.courts.go.jp/about/siryo/kouken/index.html〉)

【編集・執筆者一覧】

（2019年４月現在）

《執筆者（執筆順）》

池田　恵利子（いけだ　えりこ）〔第１章1～7〕
社会福祉士（東京社会福祉士会）／いけだ権利擁護支援ネット代表、公益社団法人日本社会福祉士会参事

栗原　直樹（くりはら　なおき）〔第１章8〕
社会福祉士（埼玉県社会福祉士会）／公益社団法人日本社会福祉士会理事

髙山　直樹（たかやま　なおき）〔第２章12〕
社会福祉士（神奈川県社会福祉士会）／東洋大学社会学部社会福祉学科教授

岩崎　香（いわさき　かおり）〔第２章3〕
早稲田大学人間科学学術院教授

竹田　匡（たけだ　ただし）〔第２章4〕
社会福祉士（北海道社会福祉士会）／公益社団法人日本社会福祉士会理事

須田　俊孝（すだ　としゆき）〔第２章5〕
厚生労働省医薬・生活衛生局生活衛生・食品安全企画課長
（前内閣府参事官、前厚生労働省大臣官房参事官（併）社会・援護局地域福祉課成年後見制度利用促進室長）

星野　美子（ほしの　よしこ）〔第２章6、第３章1〕
社会福祉士（東京社会福祉士会）／公益社団法人日本社会福祉士会理事、TRY 星野社会福祉士事務所

大澤　理尋（おおさわ　みちひろ）〔第４章、第７章〕
弁護士（新潟県弁護士会）／社会福祉士（新潟県社会福祉士会）

五十嵐　禎人（いがらし　よしと）〔第５章12〕
千葉大学社会精神保健教育研究センター法システム研究部門教授

小嶋　珠実（こじま　たまみ）〔第５章3〕
社会福祉士（神奈川県社会福祉士会）・公認心理師／一般社団法人成年後見センターペアサポート理事

西岡　慶記（にしおか　よしのり）〔第６章〕
仙台地方・家庭裁判所判事
（元最高裁判所事務総局家庭局付）

矢頭　範之（やとう　のりゆき）〔第８章〕
公益社団法人成年後見センター・リーガルサポート理事長

若穂井　透（わかほい　とおる）〔第９章〕
弁護士（千葉県弁護士会）／元日本社会事業大学社会福祉学部教授

前本　好江（まえもと　よしえ）〔第10章、第11章〕
社会福祉士（愛知県社会福祉士会）／前本社会福祉士相談室

小川　政博（おがわ　まさひろ）〔第11章❶〕
社会福祉士（埼玉県社会福祉士会）／あかね社会福祉士事務所

長岡　芳美（ながおか　よしみ）〔第11章❷〕
社会福祉士（山形県社会福祉士会）／山形市社会福祉協議会

三角　明裕（みすみ　あきひろ）〔第11章❸〕
社会福祉士（佐賀県社会福祉士会）／佐賀県社会福祉士会

齋藤　憲磁（さいとう　けんじ）〔第12章〕
社会福祉士（神奈川県社会福祉士会）／国立県営神奈川障害者職業能力開発校

※第３章❷～❹については（公社）日本社会福祉士会において執筆した。

《初版・第２版執筆者》

千木良　正（ちぎら　ただし）〔第４章、第７章、第８章、第10章❸〕
弁護士（神奈川県弁護士会）／社会福祉士（神奈川県社会福祉士会）

西原　留美子（にしはら　るみこ）〔第10章❶〕
社会福祉士（神奈川県社会福祉士会）／東海大学健康科学部社会福祉学科非常勤講師

古井　慶治（ふるい　けいじ）〔第10章❷〕
社会福祉士（静岡県社会福祉士会）／ふるい後見事務所

《第３版　編集》

（公社）日本社会福祉士会　権利擁護センターぱあとなあ運営協議会
後見研修テキストプロジェクト

［編集委員一覧］

委員長　星野　美子（ほしの　よしこ）
委員　大澤　理尋（おおさわ　みちひろ）
委員　小川　政博（おがわ　まさひろ）
委員　齋藤　憲磁（さいとう　けんじ）
委員　長岡　芳美（ながおか　よしみ）
委員　前本　好江（まえもと　よしえ）
委員　三角　明裕（みすみ　あきひろ）

〔編者所在地〕
公益社団法人　日本社会福祉士会
〒160-0004　東京都新宿区四谷１-13
カタオカビル２階
TEL 03-3355-6541　FAX 03-3355-6543
http://www.jacsw.or.jp

権利擁護と成年後見実践〔第３版〕
～社会福祉士のための成年後見入門～

2019年６月15日　第１刷発行
2024年７月17日　第４刷発行

編　者　公益社団法人 日本社会福祉士会
発　行　株式会社　民事法研究会
印　刷　株式会社　太平印刷社

発行所　株式会社　**民事法研究会**
〒150－0013　東京都渋谷区恵比寿３－７－16
〔営業〕　☎03－5798－7257　FAX03－5798－7258
〔編集〕　☎03－5798－7277　FAX03－5798－7278
http://www.minjiho.com/　　info@minjiho.com

カバーデザイン／関野美香　　ISBN978-4-86556-299-6
本文組版／民事法研究会（Windows10 Pro 64bit+InDesign2019+Fontworks etc.）
落丁・乱丁はおとりかえします。

成年後見実務で参照すべき法令をもれなく収録した実務六法！

公益社団法人成年後見センター・リーガルサポート　編

後見六法
〔2024年版〕

Ａ５判・721頁・定価 4,400円（本体 4,000円＋税10％）

- ▶障害者の地域生活支援の強化等により、障害者の希望する生活を実現するための障害者総合支援法等の改正を収録！
- ▶「家族等」の定義から虐待加害者を除く、精神科病院における虐待防止の明文化、入院理由の書面による通知義務、一定期間ごとの入院要件の確認、家族等が同意・不同意の意思表示を行わない場合にも市町村長の同意により医療保護入院を可能とする等の精神保健福祉法の改正を収録！
- ▶接近禁止命令の発令要件を「心身」に重大な危害を受けるおそれが大きいときに拡大する等のＤＶ防止法の改正や2024年の生活保護法等改正も収録！
- ▶弁護士・司法書士・社会福祉士等の後見の専門家や志望者はもとより、市区町村の成年後見・高齢者福祉・障害者福祉（権利擁護）担当者、社会福祉協議会、ＮＰＯ法人や市民後見人、裁判所・法務局関係者、医療・福祉関係者等の必携書！

本書の主要内容

民法／任意後見契約に関する法律／後見登記等に関する法律・政令・省令／家事事件手続法／家事事件手続規則／配偶者からの暴力の防止及び被害者の保護等に関する法律／人身保護法／第二期成年後見制度利用促進基本計画／意思決定支援を踏まえた後見事務のガイドライン／墓地、埋葬等に関する法律／社会福祉法／生活保護法／生活困窮者自立支援法／互助・福祉・司法における権利擁護支援の機能強化事業実施要領／持続可能な権利擁護支援モデル事業実施要領／行旅病人及行旅死亡人取扱法／介護保険法／地域支援事業実施要綱／老人福祉法／高齢者虐待の防止、高齢者の養護者に対する支援等に関する法律／障害者の日常生活及び社会生活を総合的に支援するための法律／障害者虐待の防止、障害者の養護者に対する支援等に関する法律／障害を理由とする差別の解消の推進に関する法律／障害者の雇用の促進等に関する法律／知的障害者福祉法／精神保健及び精神障害者福祉に関する法律／心神喪失等の状態で重大な他害行為を行った者の医療及び観察等に関する法律／発達障害者支援法／日本国憲法／障害者の権利に関する条約　ほか

HPの商品紹介は
こちらから↓

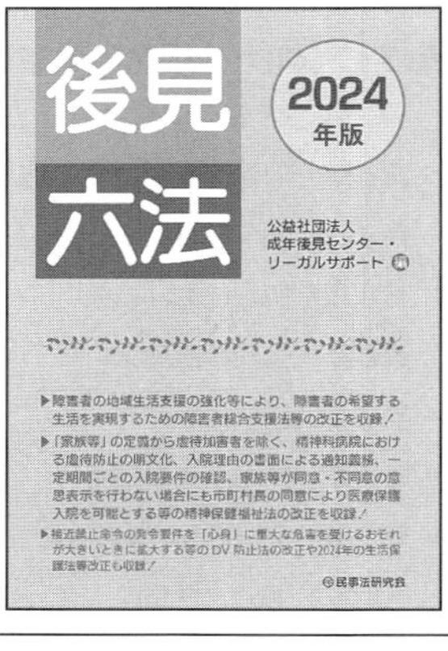

発行　民事法研究会

〒150-0013　東京都渋谷区恵比寿 3-7-16
（営業）TEL. 03-5798-7257　　FAX. 03-5798-7258
http://www.minjiho.com/　　info@minjiho.com

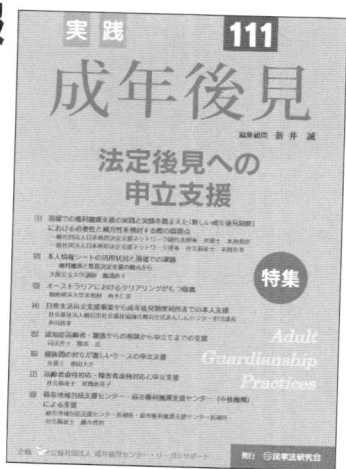